Die Briefe, die der Maler Vincent van Gogh an seinen Bruder Theo richtete, ergeben eine nahezu lückenlose Biographie von hohem literarischen Rang. Geht er doch in diesen Briefen nicht nur allein auf die äußeren Lebensumstände ein, sondern gibt sich und seinem Bruder auch Rechenschaft über sein künstlerisches Schaffen als Maler. Die erste Ausgabe dieser Briefe an seinen Bruder erschien schon drei Jahre nach seinem Tod 1893 und war 1895 vollendet. Der Schweizer Autor Paul Nizon hat aus diesem umfangreichen Werk eine Auswahl getroffen, die den werkgeschichtlichen und ästhetischen Aspekt in diesen Briefen besonders hervorhebt. Van Gogh entwickelte nämlich für seine Malerei ein kompliziertes ästhetisches System, über das er seinem Bruder referiert.

insel taschenbuch 177

Van Gogh

Briefe

VAN GOGH IN SEINEN BRIEFEN

Von Paul Nizon

Mit Abbildungen

Insel Verlag

insel taschenbuch 177
Erste Auflage 1977
Erstausgabe

Vertrieb durch den Suhrkamp Taschenbuch Verlag
Umschlag nach Entwürfen von Willy Fleckhaus
Satz: Gutfreund & Sohn, Darmstadt
Druck: Ebner, Ulm
Printed in Germany

Inhalt

Borinage

Dezember 1878 bis Oktober 1880

Dem eigentlichen Künstlerweg des Pfarrerssohns Vincent van Gogh – er fällt in die kurze Zeitspanne von Mai 1881 bis Mai 1890 – gehen verschiedene Anläufe zur Gründung einer bürgerlichen Existenz voraus. Diese Anläufe bewegen sich, wie es der Familientradition entspricht, zwischen den Polen Kunsthandel und Theologie, und sie scheitern einer nach dem andern an Vincents missionarischem Übereifer, der alle Grenzen der Konvention sprengt. Der letzte in der Reihe von Fehlschlägen zeigt den Siebenundzwanzigjährigen auf verlorenem Posten: 1878 war er als Evangelist probeweise im belgischen Kohlebergwerksdistrikt Borinage eingesetzt worden, hatte seine Aufgaben aber in einer an das Urchristentum gemahnenden Weise übertrieben – und war kurz darauf abgesetzt worden.

»... er sucht die Lehre Christi *buchstäblich* in die Praxis umzusetzen, verschenkt alles, sein Geld, seine Kleider, sein Bett, verläßt die gute Unterkunft und Verpflegung ... und zieht allein in eine armselige kleine Hütte, wo es am nötigsten fehlt ...« (Johanna van Gogh-Bonger, 1913)

»... unser Evangelist ... hatte meist ein schmutzigeres Gesicht als die Bergarbeiter ... er war ganz erfüllt von seinem Ideal der Entsagung; übrigens behauptete er, seine Haltung sei kein Sich-gehen-Lassen, sondern die getreuliche Anwendung der Gedanken, die sein Gewissen leiteten ...« (Pastor Bonte an Louis Piérard, 1924)

»... Sobald er sich in die Arbeiterklasse eingereiht hatte, verfiel unser Freund in die größte Erniedrigung und zögerte nicht, alle seine Kleider zu verschenken. Als es so weit war, daß er kein

Hemd mehr hatte und keine Socken am Fuß, haben wir gesehen, daß er sich Hemden aus Packleinwand machte... Meine gute Mutter sagte zu ihm: ›Herr Vincent, warum geben Sie denn alle Ihre Kleider weg. Sie sind doch aus einer feinen holländischen Pastorenfamilie.‹ Er antwortete: ›Ich bin der Freund der Armen, wie es der Herr Jesus war.‹ Sie antwortete: ›Sie sind nicht mehr normal.‹« (Bäcker Denis an Louis Piérard, 1924)
»Ach, Esther, der Barmherzige Samariter hat noch mehr getan! Warum nicht im Leben anwenden, was man in der Bibel bewundert.« (Vincent zu Frau Denis, die ihm Vorwürfe machte, weil er seine Wäsche zerriß, um sie zu den Familien zu bringen, wo es Verunglückte gab, die vom Grubengas verbrannt waren)
»Van Gogh brachte unter den Protestanten von Wasmes berühmte Bekehrungen zustande...« (Stimmen aus dem Borinage, gesammelt von Louis Piérard, 1924)
Seines Amtes enthoben, in einer Einsamkeit, die dem Gefühl eines endgültigen Ausgestoßenseins aus der menschlichen Gesellschaft gleichkam, nahm er die Neigung seines Knabenalters, das Zeichnen, wieder auf, um wenigstens im schildernden Nachbilden am Leben der Menschen teilhaben zu können.
»...Er hockte sich auf den Halden hin und zeichnete Frauen, die dort Kohlen sammelten oder Säcke davontrugen. Man beobachtete, daß er keine ansprechenden Dinge wiedergab, Dinge, die wir schön finden. Er hat einige Bildnisse von alten Frauen gemacht; im übrigen schenkte man diesem Tun keinerlei Aufmerksamkeit, man betrachtete es als Zeitvertreib. Es scheint jedoch, als habe unser junger Mann auch in der Malerei eine Vorliebe für das, was eigentlich elend und unglücklich war...« (Pastor Bonte, 1924)

Schon seiner Zeit in England habe ich mich um eine Stelle als Missionar unter den Bergleuten in den Kohlenminen beworben; damals schlug man meine Bitte in den Wind und sagte: ich müsse mindestens 25 Jahre alt sein. Du weißt wohl, daß eine der Wurzeln oder Grundwahrheiten des Evangeliums nicht allein, sondern sogar der ganzen Bibel dies ist: »Licht, welches in der Finsternis aufgeht«. Durch Finsternis zum Licht. Nun wohl, manche haben ein ausgesprochenes Bedürfnis danach, manche werden Ohren dafür haben. Die Erfahrung hat gelehrt, daß diejenigen, die in der Finsternis, im Schoße der Erde, arbeiten, wie die Bergleute in der schwarzen Kohlengrube, durch das Wort des Evangeliums sehr ergriffen werden und ihm auch glauben. Nun gibt es im Süden von Belgien, im Hennegau, etwa in der Nähe von Mons bis an die französische Grenze, ja noch weiter darüber hinaus, eine Gegend, Le Borinage genannt, wo eine eigentümliche Bevölkerung von Arbeitern, die in den zahlreichen Steinkohlenminen tätig sind, lebt. Folgendes fand ich unter anderem in einem geographischen Büchelchen über sie: »Die Borins, Bewohner der Borinage, einer Gegend westlich von Mons, beschäftigen sich nur mit der Kohlengewinnung. Es ist ein imposantes Schauspiel, diese Kohlenminen von 300 m Tiefe zu sehen, in die hernieder tagaus, tagein eine Arbeiterbevölkerung steigt, die unserer Achtung und unserer Sympathien wohl würdig ist. Der Kohlenarbeiter ist ein besonderer Typus der Borinage. Der Tag existiert für ihn nicht, und mit Ausnahme des Sonntags genießt er kaum die Strahlen der Sonne. Er arbeitet mühsam beim Scheine einer bleichen und matten Lampe unter einer engen Galerie; den Körper gebogen, und manchmal gezwungen zu kriechen, arbeitet er, um dem Innern der Erde dieses Mineral zu entreißen, dessen großen Nutzen wir alle kennen; er arbeitet inmitten von Gefahren, die beständig wiederkehren. Aber der belgische Bergmann hat einen glücklichen Charakter, er ist an ein derartiges Leben gewöhnt, und wenn er in die Grube steigt, die kleine Lampe auf dem Hute, die ihn in der Finsternis leiten soll, so vertraut er sich seinem Gotte an, der seine Arbeit sieht und ihn beschirmt, ihn, sein Weib und seine Kinder«.

Die Borinage liegt also südlich von Lessines, wo man die Steinbrüche findet.
Ich wünschte sehr, dorthin als Prediger des Evangeliums zu gehen. – (126)

Petites Wasmes, 26. Dez. 1878, Borinage, Hainant
Bereits verschiedene Male habe ich hier gesprochen, zuweilen in einem ziemlich großen, für religiöse Zusammenkünfte eingerichteten Raum, dann bei anderen Zusammenkünften, die man des Abends abzuhalten pflegt und am besten Bibelstunden nennen kann, in den Arbeiterwohnungen. Ich sprach unter anderem über das Gleichnis vom Senfkorn, vom unfruchtbaren Feigenbaum und von den Blindgeborenen, zu Weihnachten natürlich über den Stall von Bethlehem und über ›Friede auf Erden‹. Möge es mit Gottes Segen dazu kommen, daß ich hier fest angestellt werde, ich möchte es von Herzen wünschen! –
Auf einer Zusammenkunft in dieser Woche sprach ich über den Text Apostelgeschichte 16,9: »Und Paulus erschien ein Gesicht bei der Nacht; das war ein Mann aus Mazedonien, der stand vor ihm und bat ihn und sprach: Komm herüber nach Mazedonien und hilf uns.« Und man lauschte mit Andacht, als ich zu beschreiben versuchte, welcherart dieser Mazedonier war, der Bedürfnis und Verlangen nach dem Troste des Evangeliums, nach der Erkenntnis des einigen, wahrhaften Gottes hatte und wußte, daß wir ihn uns vorstellen müssen als einen Arbeiter mit Zügen von Schmerz, Leiden und Mühseligkeit auf dem Antlitz, ohne Ansehen und Herrlichkeit, aber mit einer unsterblichen Seele, die ein Bedürfnis hat nach der Speise, welche nicht vergeht, nämlich nach dem Worte Gottes.
Ich sprach darüber, wie Jesus Christus der Meister sei, der einen Mann wie diesen Mazedonier, einen Werkmann und Arbeiter, der ein mühsames Leben hat, stärken, trösten und erleuchten kann, weil er selbst der große Mann der Schmerzen ist, der unsere Krankheiten kennt, der selbst der Zimmermannssohn

genannt wird, obwohl er der Sohn Gottes war; wie er dreißig Jahre lang arbeitete in einer Zimmermannswerkstatt, um den Willen Gottes zu vollbringen; wie Gott will, daß der Mensch in der Nachfolge Christi demütig leben und wandeln soll auf Erden, daß er nicht nach hohen Dingen trachten, sondern sich in Demut fügen und aus dem Evangelium lernen soll, sanftmütig zu sein und von Herzen demütig. Ich hatte bereits Gelegenheit, einige Kranke zu besuchen, da hier viele Kranke sind.
Heute schrieb ich an den Präsidenten des Komitees für Evangelisation, um darum zu bitten, daß meine Angelegenheit auf der ersten Versammlung des Komitees behandelt werden möge. – Die Kirchlein der Protestanten sind klein, sie gleichen denen in Hoeven, sind aber etwas größer; dort, wo ich gesprochen habe, ist nur ein einfacher großer Raum, der zur Not etwa 100 Personen fassen kann. Auch nahm ich an einer Andachtsübung in einer Art Stall oder Scheune teil, da ist es einfach und ursprünglich genug. –
Soeben besuchte ich eine greise Mutter in einer alten Köhlerfamilie, sie ist ernstlich krank, doch geduldig und gläubig. Ich las ein Kapitel mit ihr und betete mit ihnen allen. Das Volk hier hat doch etwas Eigenartiges in seiner Einfalt und Gutherzigkeit, ebenso wie das Brabanter Volk in Zundert und Etten. – (127)

Vor kurzem habe ich einen sehr interessanten Gang gemacht, ich bin nämlich sechs Stunden lang in einem Bergwerk gewesen, und zwar war ich in einer der ältesten und gefährlichsten Gruben der Gegend, Marcasse genannt. Sie steht in sehr schlechtem Rufe, weil so viele darin umkommen, sei es beim Ein- oder Ausfahren, sei es durch Stickluft und durch Gasexplosionen, durch Grundwasser oder das Einstürzen veralteter Gänge. Es ist ein düsterer Fleck, und auf den ersten Blick hat alles im Umkreise etwas Trauriges und Totes. Die Arbeiter dort sind meistens vom Fieber abgemagerte, bleiche Leute und se-

hen ermüdet und ausgemergelt aus, verwittert und frühzeitig gealtert, die Frauen im allgemeinen fahl und verblüht. Rings um die Grube armselige Bergmannswohnungen, mit ein paar abgestorbenen Bäumen, ganz schwarz verräuchert, und Dornhecken, Mist- und Aschenhaufen, Berge unbrauchbar gewordener Steinkohlen etc. Maris würde ein prachtvolles Bild daraus machen. Nachher werde ich versuchen, eine Skizze davon zu machen, um Dir eine Idee davon zu geben.
Ich hatte einen guten Führer, einen Mann, der schon dreiunddreißig Jahre dort tätig gewesen ist, einen freundlichen und geduldigen Mann, der alles gut erklärte und sich bemühte, es verständlich zu machen. So gingen wir zusammen nach unten, diesmal siebenhundert Meter tief, und gingen bis in die verborgensten Winkel dieser Unterwelt. Die maintenages oder gredins, Zellen, in denen die Leute arbeiten, die am weitesten vom Ausgang entfernt sind, nennt man »descaches«, Verstecke. Diese Grube hat fünf Stockwerke, die drei obersten sind erschöpft und verlassen, und man arbeitet nicht mehr darin, weil keine Steinkohle mehr da ist. Wenn jemand es versuchen würde, ein Bild von den maintenages zu malen, so wäre das etwas Neues, etwas Unerhörtes oder, besser, Nochniegesehenes.
Stelle Dir eine Reihe von Zellen in einem ziemlich engen und langen Gange vor, gestützt durch rohes Holzwerk. In jeder dieser Zellen ist ein Arbeiter in einem groben Leinenanzuge, schmutzig und beschmiert wie ein Schornsteinfeger, beim schwachen Schein einer kleinen Lampe beschäftigt, die Kohle loszuhacken.
In einigen Zellen steht der Arbeiter aufrecht, in anderen (tailles à plat) liegt er auf dem Boden. –

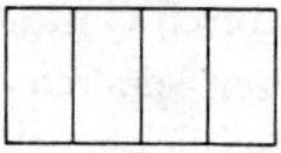
tailles à droit

tailles à plat

Die Einrichtung ähnelt den Zellen in einem Bienenkorbe, einem dunklen, finsteren Gang in einem unterirdischen Gefäng-

nis, einer Reihe kleiner Webstühle, eigentlich aber sehen diese Zellen wie eine Reihe von Backöfen aus, wie man sie bei den Bauern sieht, oder wie Nischen in einem Grabgewölbe.
Die Schächte selbst sind wie die großen Schornsteine bei den Brabanter Bauern.
In manchen sickert das Wasser überall durch, und das Licht der Grubenlampen erzeugt eigentümliche Effekte und spiegelt sich wie in einer Tropfsteingrotte. Ein Teil der Arbeiter schafft in den maintenages, andere laden die abgelösten Kohlen in kleine Wagen, die, wie Tramways auf Schienen gesetzt, fortgeschafft werden; es sind hauptsächlich Kinder, die das besorgen, Jungen wie Mädchen. Auch ist dort, siebenhundert Meter unter der Erde, ein Pferdestall mit etwa sieben alten Pferden, die große Massen fortschaffen und sie nach der sogenannten accrochage, der Stelle, von der aus sie nach oben gefördert werden, bringen.
Andere Arbeiter sind, um das Einstürzen zu verhüten, damit beschäftigt, die alten Gänge auszubessern oder neue in die Steinkohlenader hineinzutreiben.
Ebenso wie die Seeleute an Land das Heimweh nach der See haben, trotz all den Gefahren und Mühen, die sie bedrohen, so auch der Bergmann; er ist lieber unter als über der Erde.
Die Dörfer haben hier etwas Verlassenes, Stilles und Ausgestorbenes, weil sich das Leben unter dem Boden abspielt statt darauf. Man könnte hier Jahre lang sein, aber wenn man nicht unten in den Gruben gewesen ist, würde man sich noch keine rechte Vorstellung vom Wesen dieser Dinge machen können.
Die Leute sind hier sehr unentwickelt und unwissend und können meistens nicht lesen, doch sie sind zu gleicher Zeit verständig und rasch zugreifend in ihrer schweren Arbeit und mutig und frei; sie sind klein von Statur, aber vierschrötig in den Schultern, und haben düstere, tiefliegende Augen. Sie sind geschickt in vielen Dingen, arbeiten erstaunlich viel und sind von sehr nervöser Konstitution, ich meine nicht: schwach, sondern

fein empfindend. Sie haben einen eingefressenen und eingewurzelten Haß und ein inniges Mißtrauen gegen jeden, der den Herrn mit ihnen spielen möchte. Bei Kohlenbrennern muß man Kohlenbrennerart und -charakter haben und keine Prätentionen, keinen Stolz, keine Schulmeisterlichkeiten, sonst kann man mit ihnen nicht fertig werden und würde nimmer ihr Vertrauen gewinnen. – (129)

Ich bin ein leidenschaftlicher Mensch, fähig und dazu bestimmt, mehr oder weniger unsinnige Dinge zu tun, die ich dann mehr oder weniger zu bereuen habe. Es passiert mir wohl, ein wenig zu schnell zu sprechen und zu handeln, wo es besser wäre, mit mehr Geduld zu warten. Ich glaube, daß andere auch manchmal ähnliche Unklugheiten begehen können.
Was muß man nun unter diesen Umständen tun – muß man sich als gefährlichen, zu allem unfähigen Menschen betrachten? Ich denke nicht. Aber es handelt sich darum, mit allen Mitteln zu versuchen, selbst aus seinen Leidenschaften Nutzen zu ziehen. Um z. B. eine Leidenschaft unter anderen zu nennen, so habe ich eine nahezu unausrottbare Leidenschaft für die Bücher, und ich habe das Bedürfnis, mich beständig zu belehren, zu studieren, ebenso, wenn Du willst, wie ich es nötig habe, mein Brot zu essen.
Du wirst das verstehen. Als ich in einer anderen Umgebung war, in einer Umgebung von Bildern und Kunstwerken, hat mich, wie Du wohl weißt, für diese Umgebung eine heftige Leidenschaft erfaßt, die bis zum Enthusiasmus ging. Und ich bereue es nicht, und jetzt, außer Landes, habe ich oft Heimweh nach dem Lande der Bilder.
Du erinnerst Dich vielleicht, daß ich sehr wohl wußte – und vielleicht weiß ich es auch noch –, was Rembrandt war oder was Millet war, oder Jules Dupré oder Delacroix, oder Millais oder Mathys Maris. Gut – nun habe ich diese Umgebung nicht mehr, aber dennoch ein gewisses Etwas, das sich Seele nennt, und

man behauptet, daß dieses niemals stürbe, sondern, daß es ewig lebe und immer suche, immer und immer fort.
Anstatt also dem Heimweh zu erliegen, habe ich mir gesagt, daß die Heimat überall ist, statt mich in Verzweiflung geraten zu lassen, habe ich die tätige Melancholie erwählt für soweit, wie ich imstande war, mich zu betätigen, oder, mit anderen Worten, ich habe die Melancholie, die hofft, die strebt und die sucht, derjenigen vorgezogen, welche stillstehend verzweifelt. Ich habe mehr oder weniger ernstlich die Bücher, die mir zu Gebote standen, studiert, so die Bibel, die französische Revolution und Michelet und, vorigen Winter, Shakespeare, ein wenig Victor Hugo, Dickens und Beecher Stowe, und dann kürzlich Aeschylus und einige andere Klassiker; ebenso mehrere große Kleinmeister. –
Nun ist derjenige, welcher von all diesem absorbiert wird, manchmal anstößig, shocking, für die anderen, und ohne es zu wollen, sündigt er mehr oder weniger gegen gewisse Formen, Gebräuche und gesellschaftliche Schicklichkeiten. Dennoch ist es schade, wenn man das übel nimmt. Du weißt z. B., daß ich oft meine Kleidung vernachlässigt habe, ich gebe das zu, und ich gebe zu, daß es shocking ist. Aber Bedrängnis und Elend haben ihren Zweck, und dann sind sie manchmal ein gutes Mittel, sich die Einsamkeit zu verschaffen, die man braucht, um sich in dieses oder jenes Studium, welches einen einnimmt, vertiefen zu können.
Ein notwendiges Studium ist die Medizin; es gibt kaum einen Menschen, welcher nicht ein ganz klein wenig davon zu wissen sucht, welcher nicht wenigstens zu erfahren suchte, um was es sich handelt, und sieh, ich – ich weiß durchaus noch nichts davon.
Aber alles das absorbiert, das alles beschäftigt einen, aber alles das gibt Dir zu träumen, zu sinnen und zu denken. Nun sind es vielleicht schon fünf Jahre, genau weiß ich es nicht, daß ich ohne Stellung bin, umherirrend; nun sagst Du: seit der und der Epo-

che bist Du gesunken, Du bist erloschen. Du hast nichts getan.

Ist das wirklich wahr?

Es ist wahr, daß ich meine Brotrinde bald verdient habe, und daß bald irgend ein Freund sie mir aus Gnade gegeben hat – ich habe so gut oder so schlecht gelebt wie ich konnte; es ist wahr, daß ich das Vertrauen von mehreren verloren habe; es ist wahr, daß meine Geldangelegenheiten sich in einem traurigen Zustand befinden; es ist wahr, die Zukunft ist nicht wenig düster; es ist wahr, daß ich es besser hätte anfangen können; es ist wahr, daß ich, gerade um mein Brot zu verdienen, Zeit verloren habe; es ist wahr, daß selbst meine Studien in einem ziemlich traurigen und verzweifelten Zustand sind und daß mir unendlich viel mehr fehlt als ich habe. –

Aber auf dem Wege, auf dem ich mich befinde, muß ich fortfahren, denn wenn ich nichts tue, wenn ich nicht studiere, wenn ich nicht mehr suche, dann bin ich verloren, dann wehe mir.

So sehe ich die Sache an – fortfahren, fortfahren, das ist es, was not tut.

Aber was ist dein endgültiges Ziel, wirst Du sagen? Dieses Ziel wird bestimmter werden, wird langsam und sicher schärfere Umrisse annehmen, so wie die Zeichnung zur Skizze wird und die Skizze zum Bilde, in dem Maße, als man ernster arbeitet, als man die anfangs unbestimmte Idee, den ersten flüchtigen und vorübergehenden Gedanken mehr erforscht, solange, bis sie sich festigen.

Du mußt wissen, daß es mit den Evangelisten ebenso geht wie mit den Künstlern. Es gibt eine alte akademische, oft scheußliche, tyrannische Schule, ein Greuel, eine Trostlosigkeit, kurz Männer, die einen Panzer, eine stählerne Rüstung von Vorurteilen und Konventionen haben; wenn diese an der Spitze der Geschäfte stehen, dann verfügen sie über die Stellen, und durch ein System der Umschweife suchen sie ihre Schützlinge zu behaupten und den natürlichen Menschen davon auszuschließen. –

Eine der Ursachen nun, warum ich seit Jahren ohne Stellung bin, ist ganz einfach die, daß ich andere Ideen habe als die Herren, welche die Stellen den Individuen, die wie sie denken, geben. Das ist nicht eine einfache Toilettenfrage, wie man mir heuchlerischerweise vorgeworfen hat, es ist eine ernstere Frage als das, ich versichere Dich.

Warum sage ich Dir das alles? Nicht um mich zu beklagen, auch nicht, um mich wegen dessen zu entschuldigen, worin ich mehr oder weniger Unrecht haben könnte, sondern ganz einfach, um Dir folgendes zu sagen: Während Deines letzten Besuches im vorigen Sommer, als wir bei dem verlassenen Graben, den man die Hese nennt, zusammen spazieren gingen, hast Du mich daran erinnert, daß wir seinerzeit auch zusammen spazieren gingen längs des alten Kanals mit der alten Mühle von Ryswyk, und damals, sagtest Du, waren wir einig über sehr viele Dinge, aber, fügtest Du hinzu, seitdem hast Du Dich sehr verändert, Du bist nicht mehr derselbe. Nun wohl, das ist nicht ganz so, denn, was sich geändert hat ist dies, daß damals mein Leben weniger schwierig und meine Zukunft scheinbar weniger düster war, aber was das Innere angeht, meine Art zu sehen und zu denken, das hat sich nicht geändert; wenn in der Tat eine Änderung vorhanden wäre, dann ist es die, daß ich jetzt viel ernsthafter denke, glaube und liebe, was ich damals auch schon dachte, glaubte und liebte. –

... ich bin eine Art Gläubiger in meinem Unglauben, und obwohl ich mich verändert habe, bin ich derselbe, und mein Kummer ist kein anderer als dieser: wozu könnte ich tauglich sein, könnte ich nicht helfen und in irgendeiner Weise nützlich sein, wie könnte ich mehr wissen und diesen oder jenen Gegenstand ergründen? – Mancher hat ein großes Feuer in seiner Seele, und niemand kommt jemals, sich daran zu wärmen, und die Vorübergehenden gewahren nur ein klein wenig Rauch oben über dem Schornstein und sie gehen ihres Weges von dannen. Nun, was beginnen, diese Glut im Innern unterhalten, sein Salz in sich verschließen, geduldig warten, gleichviel mit wieviel Ungeduld, die Stunde erwarten, da es irgend jemandem beliebt, sich dort niederzulassen, und da bleiben wird, was weiß ich? Wer an Gott glaubt, möge die Stunde erwarten, welche früher oder später kommen wird.

Für den Augenblick nun steht es sehr schlecht um alle meine Angelegenheiten, wie es scheint, und das ist schon seit einer nicht unbeträchtlichen Zeit so gewesen, und es kann sogar so bleiben, während einer Zukunft von weniger langer Dauer; aber es kann auch sein, daß, nachdem alles verkehrt zu gehen schien, dann alles besser gehen wird. Ich rechne nicht darauf, vielleicht wird es auch nicht geschehen, aber für den Fall, daß irgendeine Wendung zum Besseren einträte, würde ich das schon wie einen Gewinn ansehen, ich wäre zufrieden und würde sagen: endlich, es war also doch etwas. Aber, wirst Du sagen, du bist dennoch ein elendes Geschöpf, weil du unmögliche Ideen über Religion hast und kindische Gewissensskrupel. –

Nun denke ich mir ebenso, daß alles, was wahrhaft gut und schön ist, von einer inneren, moralischen, geistigen und erhabenen Schönheit in den Menschen und in ihrem Schaffen, von Gott kommt, und daß alles Schlechte und Böse, welches im Tun der Menschen und in ihnen selbst ist, nicht von Gott kommt, und daß Gott dies auch nicht gut findet.

Aber unwillkürlich neige ich immer dazu, zu glauben, daß, viel zu lieben, das beste Mittel ist, um Gott zu erkennen. Liebe einen Freund, eine Person, eine Sache, was Du willst, Du wirst auf dem rechten Wege sein, mehr darüber zu erfahren, sage ich mir. Aber man muß mit einer hohen und innig ernsten Sympathie lieben, mit Willen und Intelligenz, und man muß immer trachten, eingehender, besser und mehr zu wissen. Das führt zu Gott, das führt zu unerschütterlichem Glauben.

Jemand liebt z. B. Rembrandt, aber ernsthaft, und er wird sicher wissen, daß es einen Gott gibt, er wird fest daran glauben.

Jemand vertieft sich in die Geschichte der französischen Revolution – er soll nicht ungläubig sein! Er wird sehen, daß es in großen Dingen auch eine souveräne Macht gibt, die sich kund tut.
Jemand hätte für kurze Zeit den unentgeltlichen Kursen der großen Universität des Elends beigewohnt und hätte aufgemerkt auf die Dinge, welche er mit seinen Augen sieht und mit seinen Ohren hört und er hätte darüber nachgedacht – auch er würde dahin kommen, zu glauben, und er würde vielleicht mehr lernen, als er sagen könnte.
Trachte das letzte Wort von dem zu verstehen, was die großen Künstler in ihren Meisterwerken sagen, die ernsten Meister, Gott wird darinnen sein. Der hat ihn in einem Buche geschrieben oder genannt, und jener in einem Bilde.
Und dann lies ganz einfach die Bibel und das Evangelium, das gibt zu denken, und zwar viel zu denken und alles zu denken. Dieses gut Denken, dieses viel Denken, dies alles erhebt den Gedanken wider Deinen Willen über das gewöhnliche Niveau.
Wenn man lesen kann, so lese man doch!
Hinterher kann man dann für Augenblicke ein wenig zerstreut, ein wenig Träumer sein. Manche werden zu zerstreut, ein wenig zu sehr Träumer, das passiert mir vielleicht, aber das ist meine Schuld, und schließlich, wer weiß, hatte es vielleicht seine Ursache, wenn ich aus diesem oder jenem Grunde absorbiert, in Gedanken, unruhig war; aber man belebt sich wieder. Der Träumer stürzt manchmal in einen Brunnen, aber nachher steigt er wieder empor, sagt man.
Und der zerstreute Mensch hat für Augenblicke auch seine Geistesgegenwart, gleichsam zur Entschädigung. Manchmal ist das jemand, der aus diesem oder jenem Grunde seine Existenzberechtigung hat, die man nicht immer gleich im ersten Moment erkennt oder die man aus Zerstreutheit sehr oft unwillkürlich vergißt. Derjenige, der lange wie ein Spielball auf stürmischer

See umhergetrieben wurde, erreicht endlich seine Bestimmung, derjenige, welcher zu nichts nütze schien, unfähig, irgendeinen Posten auszufüllen, irgend eine Funktion, findet zum Schlusse eine und zeigt sich, tätig und tatkräftig, ganz anders, als er anfangs erschienen war.

Ich schreibe Dir ein wenig aufs geratewohl, was mir in die Feder kommt, ich wäre sehr befriedigt, wenn Du in gewisser Hinsicht etwas anderes in mir sehen könntest als eine Art Tagedieb. Außerdem gibt es Faulenzer und Faulenzer, welche sich voneinander unterscheiden.

Dieser ist ein Tagedieb aus Faulheit und Feigheit des Charakters, infolge der Verworfenheit seiner Natur; wenn Du es richtig findest, kannst Du mich für einen solchen halten.

Sodann gibt es den anderen Müßiggänger, den Nichtstuer wider Willen, der innerlich von einem großen Verlangen zur Tat verzehrt wird, der nichts tut, weil er nicht in der Lage ist etwas zu tun, weil er nicht die Mittel hat, um produktiv zu sein, weil das Mißgeschick der Verhältnisse ihn bis zu diesem Punkte herunterdrückt; solch einer weiß nicht einmal selbst immer, was er tun könnte, aber er fühlt dennoch instinktiv: ich tauge zu etwas, ich habe eine Existenzberechtigung, ich weiß, daß ich ein ganz anderer Mensch sein könnte! Womit könnte ich nützlich sein, wozu könnte ich dienen? Es ist etwas in mir, was ist es doch? Dies ist ein ganz anderer Nichtstuer, und, wenn Du es richtig findest, dann magst Du mich für einen solchen halten! Ein Vogel im Käfig weiß sehr gut im Frühling, daß es etwas gibt, wozu er tauglich wäre, er fühlt sehr wohl, daß es etwas zu tun gibt, aber er kann es nicht ausführen.

Was ist es doch gleich? Er erinnert sich nicht mehr gut; er hat nur eine dunkle Ahnung; sagt sich: »Die andern bauen ihre Nester, haben ihre Jungen und ziehen die Brut auf«. Dann zerschlägt er sich den Schädel am Gitter des Käfigs, aber der Käfig bleibt, und der Vogel ist wahnsinnig vor Schmerz.

»Seht den Tagedieb«, sagt ein anderer Vogel, welcher vorbeifliegt, »das ist ja eine Art Rentner!« Dennoch lebt der Gefangene und stirbt nicht, nichts zeigt sich äußerlich von dem, was in seinem Innern geschieht, er befindet sich wohl und ist bei Sonnenschein mehr oder weniger munter. Aber die Zeit des Wanderns kommt, er hat Anfälle von Melancholie – aber er hat doch alles, was nötig ist, sagen die Kinder, welche ihn in einem reinen Käfig pflegen. Er sieht jedoch da draußen den bewegten Himmel sturmgeladen und fühlt den Aufruhr gegen das Schicksal in seinem Innern. »Ich bin im Käfig, ich bin im Käfig, es fehlt mir aber nichts, Ihr Dummköpfe! Habe ich aber alles, was ich nötig habe? Oh, die Freiheit, ein Vogel sein zu können wie die anderen Vögel!«

Solch ein Müßiggänger gleicht diesem müßigen Vogel. Und die Menschen sind oft nicht in der Lage, etwas zu tun, sind gefangen in irgendeinem Käfig, was der Schrecken aller Schrecken ist. Es kommt auch eine Befreiung, ich weiß es, eine verspätete Befreiung. Ein, zu Recht oder Unrecht, verdorbener Ruf, Bedrängnis, mißliche Verhältnisse und Unglück, das macht einen zum Gefangenen.

Man könnte nicht immer sagen, was es ist, das einen einschließt, mit einer Mauer umgibt und einen zu begraben scheint, aber man fühlt doch irgendeinen Riegel, ein Gitter, Mauern.

Ist das alles Einbildung, Phantasie? Ich denke nicht, und dann fragt man sich: mein Gott, ist das für lange, ist es für immer, für alle Ewigkeit? Weißt Du, was das Gefängnis verschwinden läßt? Jede ernste, tiefe Neigung, Freund sein, Bruder sein, lieben, das öffnet das Gefängnis mit souveräner Macht, mit übermächtigem Zauber. Wer aber das nicht hat, verharrt im Tode. Dort aber, wo die Sympathie ersteht, ersteht das Leben. – (133)

Ich hatte eine Fußtour, hauptsächlich ins Pas de Calais, nicht den Canal, sondern das Departement, unternommen. Ich hatte diese Fußreise dorthin unternommen in der Hoffnung, dort vielleicht, wenn möglich, irgendwelche Arbeit zu finden; ich hätte alles angenommen.

Übrigens war es ein wenig unwillkürlich, was ich – ich könnte nicht genau erklären, warum – da tat. Du mußt Courrières sehen, hatte ich mir gesagt. Ich hatte nur zehn Francs in der Tasche, und da ich anfangs die Bahn benutzt hatte, war ich bald am Ende dieser Hilfsquelle, und da ich eine Woche unterwegs war, habe ich mich ziemlich mühselig durchgeschlagen. – Obwohl dieser Marsch mich fast daniedergeworfen hätte und ich von Müdigkeit erschöpft zurückkehrte, die Füße durchgelaufen, und in einem ziemlich melancholischen Zustande, so bedauere ich ihn doch nicht; denn ich habe interessante Dinge gesehen, und man lernt mit anderen Augen sehen in den rauhen Prüfungen des Elends.

Ich habe unterwegs hier und da ein Stück Brot durch Tausch gegen einige Zeichnungen, welche ich in meiner Reisetasche hatte, verdient. Als aber meine zehn Francs zu Ende waren, habe ich die letzten Nächte im freien Felde biwakieren müssen, einmal in einem leeren Wagen, morgens ganz weiß von Reif, ein ziemlich schlechtes Nachtlager, einmal in einem Reisighaufen, und ein anderes Mal in einem angebrochenen Kornschober, wo es mir gelang, eine etwas komfortablere Nische herzurichten; zudem vermehrte ein feiner Regen nicht gerade die Behaglichkeit. Und dennoch fühlte ich gerade in diesem starken Elend meine Energie zurückkehren, und ich sagte mir: Wie dem auch sei, ich werde wieder in die Höhe kommen, ich werde meinen Stift, den ich in meiner großen Entmutigung im Stiche gelassen habe, wieder aufnehmen, und ich werde mich wieder ans Zeichnen begeben, und seitdem hat, wie mir scheint, sich alles für mich geändert, und nun bin ich unterwegs, und mein Stift ist ein wenig fügsamer geworden und scheint es von Tag zu Tag mehr zu werden. –

Ich habe noch etwas anderes während dieses Ausfluges gesehen, nämlich die Dörfer der Weber.

Die Bergleute und die Weber sind noch ein von den anderen Arbeitern und Handwerkern etwas verschiedener Menschenschlag, ich fühle eine große Sympathie für sie und ich würde mich glücklich schätzen, wenn ich sie eines Tages zeichnen könnte, damit diese noch unbekannten oder fast unbekannten Typen eines Tages ans Tageslicht gezogen würden.
Der Arbeiter der Kohlengruben ist ein Mensch von der Tiefe eines Abgrunds, »de profundis«, der Weber dahingegen hat ein träumerisches Aussehen, fast nachdenklich, beinahe somnambul. Nun lebe ich schon beinahe zwei Jahre bei ihnen und habe ihren originellen Charakter ein wenig kennen gelernt, wenigstens den der Kohlenbergleute. Und mehr und mehr finde ich etwas Rührendes und selbst Erschütterndes in diesen armen und niedrigen Arbeitern, in diesen, sozusagen, Letzten und Verachtetsten von allen, die man sich für gewöhnlich, vielleicht infolge einer lebhaften Phantasie, aber sehr zu Unrecht, als eine Rasse von Übeltätern und Räubern vorstellt. Bösewichter, Trunkenbolde und Räuber gibt es hier wie überall, doch ist das nicht der wahre Typus. – (136)

Etten

April 1881 bis Dezember 1881

Umgang mit Bildern und Künstlern suchend, zog van Gogh vorerst nach Brüssel, wo er Unterricht in Anatomie und Perspektive nahm. Aus Geldgründen brach er aber seinen Studienaufenthalt in der belgischen Hauptstadt nach kurzem ab und zog sich ins väterliche Pfarrhaus nach Etten zurück, wo er seine Ausbildung autodidaktisch fortsetzte. Das Leben im Familienkreis erwies sich jedoch als äußerst schwierig, da sich Vincents Standpunkte von denjenigen seiner konservativen Eltern kraß unterschieden. Für Spannungen sorgte außerdem eine Kusine aus Amsterdam, die sich vorübergehend im Ettener Pfarrhaus aufhielt.

»Unter den Gästen, die sich in diesem Sommer länger im Pfarrhaus zu Etten aufhielten, war auch eine Kusine aus Amsterdam – eine junge Witwe mit ihrem vierjährigen Söhnchen. Noch ganz vertieft in die Trauer um ihren Mann ... bemerkte sie nichts von dem Eindruck, den ihre Schönheit und rührende Traurigkeit auf den um einige Jahre jüngeren Vetter machten. ›Er war so freundlich zu meinem Jungen‹, sagte sie, als sie sich später dieser Zeit erinnerte; denn Vincent, der es erstaunlich gut verstand, mit Kindern umzugehen, suchte das Herz der Mutter dadurch zu gewinnen, daß er sich sehr viel mit dem Kind abgab. Sie gingen zusammen spazieren und sprachen viel miteinander ..., aber der Gedanke an ein innigeres Verhältnis kam ihr nicht in den Sinn, so daß, als Vincent endlich von seiner Liebe zu ihr sprach, ein sehr entschiedenes ›Nein‹ ihre sofortige Antwort war. Sie fuhr nach Amsterdam zurück und hat ihn nie wiedergesehen. Vincent jedoch konnte sich nicht damit

abfinden, und mit der ihm angeborenen Beharrlichkeit bleibt er dabei, sie zu bedrängen und auf eine Änderung ihrer Haltung ihm gegenüber zu hoffen...
›Er bildet sich ein, mich zu lieben‹, hat sie später gesagt, aber für ihn war es bitterer Ernst, und ihr ›Nein‹ wurde zu einem Wendepunkt seines Lebens. Hätte sie seine Liebe erwidert, so wäre ihm das vielleicht ein Ansporn gewesen, sich eine Stellung in der Welt zu erobern, und er hätte für sie und ihr Kind sorgen müssen; jetzt sagt er endgültig allem Ehrgeiz ab und lebt fortan nur für seine Arbeit, ohne auch nur einen einzigen Schritt zu tun, sich unabhängig zu machen...« (Johanna van Gogh-Bonger, 1913)

Vorerst muß ich Dich einmal fragen, ob es Dich auch nur einigermaßen verwundert, daß es eine Liebe gibt, ernst und feurig genug, um nicht zu erkalten, auch nicht durch viele »Nein, niemals, nimmermehr«. Mich dünkt, dies wird Dir, weit entfernt davon, Deine Verwunderung zu erregen, ohne allen Zweifel sehr natürlich und raisonnable* vorkommen.
Die Liebe ist jedoch etwas Positives, etwas Starkes, etwas so Wirkliches, daß es für jemanden, der liebt, durchaus unmöglich ist, dieses Gefühl zu widerrufen, etwas so Unmögliches wie Hand an sein eigenes Leben zu legen. –
Ich habe sehr viel Lust zum Leben bekommen und ich bin sehr froh, daß ich liebe. Mein Leben und meine Liebe sind eins. –
Sie hat allerdings einen anderen lieb gehabt, und ihre Gedanken sind noch immer in der Vergangenheit, und selbst bei dem Gedanken an eine mögliche neue Liebe scheint sie Gewissensbeschwerden zu haben. Ich sah, daß sie stets an die Vergangenheit dachte und sich mit Hingebung darein vertiefte. Da dachte ich: wiewohl ich dieses Gefühl respektiere und diese ihre tiefe Trauer mich rührt und ergreift, so finde ich doch etwas Verhängnisvolles darin.

* vernünftig

Es darf mich also nicht weich machen, sondern ich muß fest und entschlossen sein wie eine Stahlklinge. Ich will trachten »etwas Neues« zu erwecken, welches das Alte nicht wegnimmt, doch ebensoviel Daseinsberechtigung hat.
Und dann begann ich; anfangs plump, ungeschickt, doch entschlossen, und es endigte mit den Worten: »K...., ich habe Dich lieb, wie mich selbst«, und dann sagte sie: »niemals, nein, nimmermehr«. »Niemals, nein, nimmermehr!« – Was steht dem gegenüber? Aimer encore!* Du wirst mir sagen: »Wovon wirst Du leben, wenn Du sie gewinnst?«, oder vielleicht: »Du wirst sie nicht kriegen«. Doch so sollst Du nicht sprechen. Wer liebt, lebt, wer lebt, arbeitet, wer arbeitet, der hat Brot.
So bin ich denn ruhig und gefaßt darin, und gerade das hat Einfluß auf meine Arbeit, welche mich je länger je mehr anzieht, gerade weil ich mir bewußt bin, daß ich darin etwas erreichen werde. Nicht, daß ich etwas Außergewöhnliches werden könnte, etwas »Gewohntes« jedoch auf jeden Fall, und dann verstehe ich unter »Gewohnt«, daß meine Arbeit gesund und raisonnable sein wird und eine Daseinsberechtigung haben und zu etwas nütze sein wird. Ich glaube, daß uns nichts so sehr in die Wirklichkeit verschlägt, wie eine wirkliche Liebe. Und wer in die Wirklichkeit verschlagen wird, ist der auf einem schlechten Wege? Ich denke nicht.
Doch womit soll ich es vergleichen, dieses eigentümliche Gefühl, diese eigenartige Entdeckung »liebhaben«?
Denn wahrlich, es ist die Entdeckung eines neuen Weltteiles für einen Menschen, wenn er in seinem Leben wirklich ernsthaft verliebt wird. – (154)

Wenn bei jemandem Geld- und Ehrsucht nicht geringer sind als die Liebe, dann ist meines Erachtens etwas verkehrt in dem Menschen, und wenn ein Mann nur Liebe hat und es nicht versteht, Geld zu verdienen, dann hapert es auch mit etwas an ihm.

* von neuem lieben

Ehrsucht und Geldgier ist eine Firma in unserem Innern, die der Liebe sehr feindlich ist. Diese beiden Kräfte sind in uns allen im Samen oder Keime von Beginn an, später im Leben entwickeln sie sich meistens in ungleichem Verhältnis, bei dem einen die Liebe, bei dem andern Ehrsucht und Geldgier. Doch nun können wir, Du und ich, in unserem Alter einigermaßen wohl selbst ab und zu etwas tun, um den Kram in unserem Innern in Ordnung zu halten. Ich bin der Meinung, daß die Liebe, wenn sie zu voller Entwicklung kommt, Menschen von wertvollerem Charakter liefert, als die gegenüberstehende Leidenschaft, Ehrsucht & Comp. Aber gerade weil die Liebe so stark ist, sind wir, besonders in unserer Jugend, ich meine mit 17, 18-20 Jahren, meistens nicht stark genug, um unser Steuer alsdann gerade zu halten.
Die Leidenschaften sind die Segel des Schiffleins, siehst Du. Und jemand, der sich mit seinem 20ten Jahre ganz seinem Gefühle hingibt, fängt zuviel Wind, sein Boot läuft voll Wasser und er geht unter – oder, vielleicht, er kommt doch wieder obenauf. Wer hingegen das Segel Ehrsucht & Co. und kein anderes an seinem Maste hißt, segelt gerade hin durch das Leben ohne Unglücksfälle, ohne Bocksprünge, bis daß – bis daß endlich, endlich die Umstände kommen, in denen er merkt: ich habe nicht Segel genug – und dann sagt er: »alles, alles, was ich habe, möchte ich für einen Quadratmeter Segel mehr geben und ich habe ihn nicht!« Er verzweifelt.
Nun jedoch besinnt er sich, daß er noch andere Mittel beisetzen könnte, er denkt an das bis heute verachtete Segel, welches er bisher beim Ballast geborgen hatte. Und dieses Segel rettet ihn. Das Segel Liebe muß ihn retten, wenn er das nicht beisetzt, dann kommt er nicht ans Ziel.
Der erste Fall, der von dem Manne, dessen kleines Boot in seinem 20sten Jahre, oder daherum, umschlug und unterging, nicht wahr – oder nein? erschien es nicht unlängst wieder im Fahrwasser? – ist eigentlich der Deines Bruders V.

Was für eine Liebe war das, die ich in meinem 20sten Jahre hatte? Schwer zu definieren, meine physischen Leidenschaften waren damals sehr schwach, vielleicht durch ein paar Jahre arger Armut und harter Arbeit. Meine intellektuellen Leidenschaften aber waren stark, ich meine damit, daß ich darauf ausging, nur geben, doch nicht empfangen zu wollen, ohne daß ich etwas zurückverlangt oder Gnade angenommen hätte. Unsinnig, verkehrt, übertrieben hochherzig, vermessen; denn in Sachen der Liebe muß man nicht allein nehmen, vielmehr auch geben, und umgekehrt nicht allein geben, vielmehr auch nehmen.
Wer zur rechten oder zur linken Seite abweicht, der fällt; da gibt es keine Gnade. Ich stürzte also, und es war ein Wunder, daß ich mich wieder davon erholte.
Was mich allmählich wieder in Ordnung brachte, war mehr als irgend etwas anderes das Lesen verständiger Bücher über körperliche und sittliche Krankheitszustände. – (157)

Ich habe jetzt sei Mai hier gearbeitet, ich beginne meine Modelle zu kennen und zu verstehen, meine Arbeit macht Fortschritte; doch hat es mich nicht wenig Schinderei gekostet, um recht in Zug zu kommen. Und nun ich im Gange bin, sollte Vater mir sagen: »Weil Du Briefe schreibst an... und deshalb Unannehmlichkeiten entstehen zwischen uns –«; denn dies ist die Grundursache, und was sie auch sagen mögen, daß ich mich nicht in Formen schickte, oder was weiß ich mehr, es ist eigentlich eitles Geschwätz; »weil also Unannehmlichkeiten entstehen, jage ich Dich vor die Türe«.
Das ist doch etwas stark und es wäre doch lächerlich, deswegen eine Arbeit, welche in Angriff genommen ist und die sich gut anzulassen beginnt, aufzugeben. –
Vater und Mutter werden alt und sie haben ihre Vorurteile und veralteten Ansichten, die weder Du noch ich mehr teilen können.

Wenn Vater mich z. B. mit einem französischen Buche in der Hand sieht, von Michelet oder Victor Hugo, dann denken sie an Brandstifter und Mörder und »Unsittlichkeit«. – Ich habe schon so oft zu Vater gesagt: »Lies doch einmal, wenn auch nur ein paar Seiten, aus einem solchen Buche, und es wird auch Dich bewegen«; doch weigert Vater sich hartnäckig. Ich las gerade jetzt, derweil diese Liebe in meinem Herzen Wurzel schlug, das Buch von Michelet »L'amour« aufs neue, und so viele Dinge wurden mir klar, die mir sonst Rätsel geblieben wären. Ich sagte auch rund heraus zu Vater, daß ich im gegebenen Falle mehr von dem Rate Michelets hielte, als von dem seinigen, wenn ich wählen müßte, welchen von den beiden ich befolgen solle. Doch dann kommen sie mit einer Historie von einem Großonkel, der mit französischen Ideen behaftet war und an den Trunk kam, und insinuieren also, daß auch ich eine derartige Karriere machen werde. –
Du wirst mich begreifen, wenn ich Dir sage, daß man »Liebe« nötig hat, um zu arbeiten und Künstler zu werden, wenigstens jemand, der mit seiner Arbeit das Gefühl sucht; er muß selbst fühlen und mit seinem Herzen leben. Doch Vater und Mutter sind härter als ein Stein in puncto »Existenzmittel«, wie sie es nennen. Wenn es sich noch um sofortiges Heiraten handelte, dann würde ich ihnen gewiß zustimmen, doch nun handelt es sich darum, das »Nein, niemals, nimmermehr« aufzutauen, und das können Existenzmittel nicht tun. –
Ich habe »sie« und »ihren Einfluß« nötig, um einen höheren künstlerischen Standpunkt zu erreichen, ohne sie bin ich nichts, doch mit ihr ist Aussicht vorhanden. – (159)

Vielleicht schadet es nichts, daß ich lange sozusagen »unter der Erde« gelebt habe, daß ich einer bin »who has been down«*. Doch nun brauche ich nicht zum Abgrund zurückzukehren, und ich denke, daß ich wohl daran tue, wenn ich alle Melancho-

* der unten war (im Sinne von verloren, tief gesunken)

lie fahren lasse, das Leben auf ebenen Wegen, etwas größer und fröhlicher auffasse und alte Beziehungen, sofern es möglich, erneuere und neue anknüpfe.
Ich werde mir meinen Kopf hier und da wohl einmal stoßen, que soit*, aber ich will es doch einmal durchsetzen und sehen, ob wir uns nicht radikal durchringen können.
Ich habe schon oft darüber nachgedacht, ob es gut sein würde und ob es möglich wäre, für einige Zeit nach dem Haag zu gehen. Das Arbeitsfeld hier und die Brabanter Typen als mein eigentliches Werk zu betrachten, daran muß ich quand même** festhalten, und noch jahrelang kann ich hier Stoff finden, nun ich alles dieses einmal einigermaßen kennen gelernt habe. Hier bei den Brabanter Typen bleiben, braucht jedoch nicht auszuschließen, daß ich anderswo Beziehungen anzuknüpfen suche und mich selbst zeitweilig anderswo aufhalte. – (161)

Ich ging also dorthin mit dem Gedanken, es ist solch mildes Wetter, wer weiß, ob das »Nein, niemals, nimmermehr« nicht am auftauen ist.
Und an einem gewissen Abende schlenderte ich die Keizersgracht entlang, um das Haus zu suchen, und ich fand es denn auch. Ich klingelte natürlich und hörte, die Familie sei noch bei Tische. Aber dann hieß es, ich könnte doch wohl eintreten, und da waren sie alle da, mit Ausnahme von K....
Sie hatten alle einen Teller vor sich, aber es war kein Teller zuviel: diese kleine Besonderheit fiel mir auf. Man wollte mich in den Wahn bringen, K.. sei nicht da, und hatte ihren Teller fortgenommen; ich wußte jedoch, daß sie da war, und fand das eine Art Komödie oder ein Spielchen. Nach einiger Zeit frug ich – nach ein paar gewöhnlichen Phrasen und Begrüßungen –: »Aber wo ist K..?« Nun wiederholte Onkel S. meine Frage, indem er zu seiner Frau sagte: »Mutter, wo ist K..?« Nun frug ich

* was soll's
** trotzdem

vorläufig nicht weiter... Nach dem Essen verschwanden die anderen, und Onkel S., seine Ehegattin und die bewußte Persönlichkeit blieben allein und setzten sich in Positur. Onkel S. ergriff das Wort als Priester und Vater und sagte, daß er gerade einen diesbezüglichen Brief an die fragliche Persönlichkeit habe schicken wollen, und er würde diesen Brief vorlesen. – Gleichwohl frug ich erst aufs neue: »Aber wo ist K..?« Denn ich wußte, daß sie in der Stadt war. Nun sagte Onkel S.: »K.. hat das Haus verlassen, sobald sie vernahm, daß Du da warst«. Ich kenne sie zwar einigermaßen, aber ich muß Dir sagen, daß ich damals nicht wußte und auch jetzt noch nicht mit Sicherheit weiß, ob ihre Kühle und Rauheit ein gutes oder ein schlechtes Zeichen ist. Soviel weiß ich, daß ich sie niemals gegen einen anderen scheinbar oder wirklich so kühl, abstoßend und roh gesehen habe. Ich sagte nicht viel darauf und blieb ganz ruhig, »Laß mich den Brief einmal hören, es liegt mir zwar nicht viel daran«. Nun kam die Epistel. Es stand eigentlich nichts darin, als daß ich ersucht wurde, meine Korrespondenz zu unterlassen, und es wurde mir der Rat erteilt, den energischen Versuch zu bewerkstelligen, mir die Sache aus dem Kopfe zu schlagen. Endlich war die Vorlesung des Briefes beendigt, ich hatte genau so ein Gefühl, als ob ich in der Kirche den Pfarrer, nach einigem Erheben und Sinkenlassen seiner Stimme, Amen sagen hörte: es ließ mich ebenso kühl wie eine gewöhnliche Predigt. – Während dieser drei Tage, die ich durch Amsterdam lief, langweilte ich mich zu Tode, ich fühlte mich verdammt elend. – Bis daß ich mich endlich mir selbst zur Last zu finden begann und mir sagte: »Solltest Du am Ende wieder melancholisch werden wollen?« Und dann sagte ich, nein, laß dich doch nicht übertölpeln. Es war also an einem Sonntagmorgen, als ich zum letzten Male zu Onkel S. hinging und sagte: »Höre einmal, werter Onkel, wenn K.. ein Engel wäre, dann würde sie mir zu hoch stehen, und ich glaube nicht, daß ich in einen Engel verliebt bleiben würde. Wäre sie ein Teufel, ich möchte wohl mit ihr zu tun haben wollen. Aber unter den gegebenen Umständen sehe ich in ihr eine echte Frau, mit weiblichen Leidenschaften und Launen, und ich halte enorm viel von ihr; das ist nun einmal so, und ich bin froh darüber. Solange sie kein Engel oder Teufel wird, ist der fragliche Fall nicht erledigt«. –

Es blieb mir stets eine Kälte in Mark und Bein sitzen, nämlich in Mark und Bein meiner Seele infolge der obengenannten eingebildeten oder wirklichen Kirchenmauer, und ich will mich durch dieses fatale Gefühl nicht unterkriegen lassen, sagte ich mir dann. Dann dachte ich mir, ich möchte wohl einmal bei einem Weibe sein, ich kann nicht leben ohne Liebe, ohne Frau. –

Ob ich nun richtig oder unrichtig handle, ich kann nicht anders; diese verdammte Mauer ist mir zu kalt, ich suche mir ein Weib, ich kann, ich mag, ich will nicht ohne Liebe leben. Ich bin nur ein Mensch, und zwar ein Mensch mit Leidenschaften, ich muß zu einem Weibe, sonst erfriere ich, oder versteinere oder, enfin*, ich bin verdonnert. –

Ich fand ein Weib, lange nicht jung, lange nicht schön, mit nichts Besonderem, wenn Du willst. –

Es ist nicht zum ersten Male, daß ich diesem Gefühl von Zuneigung keinen Widerstand leisten konnte, der Zuneigung und Liebe gerade zu diesen Frauen, welche die Pfaffen so verdammen, von der Höhe ihrer Kanzel herab verurteilen und verachten. Ich verdamme sie nicht, ich verurteile sie nicht, ich verachte sie nicht. –

Diese Frau hat mich nicht übervorteilt – ach, wer alle diese Mädels für Betrügerinnen ansieht, ist so im Irrtum und ist so wenig klarblickend. –

Es war ein stimmungsvolles, einfaches Zimmerchen, in dem sie wohnte, mit einem grauen, stillen Ton von der einfachen Tapete, und doch warm wie ein Bild von Chardin; der Fußboden mit einer Matte und einem Stück dunkelroten Teppichs, ein gewöhnlicher Küchenofen, eine Kommode, ein großes, höchst

* nun

einfaches Bett, enfin, das Interieur einer echten ouvrière*. Sie mußte den nächsten Tag am Waschfasse stehen. Gerade sehr gut, und mit einer violetten Jacke und einem schwarzen Rock hätte ich sie ebenso charmant gefunden, wie nun mit ihrem braunen oder rotgrauen Kleide.
Sie war nicht mehr jung, vielleicht ebenso alt wie K.. – Wenn ich an K... denke, ja so sage ich noch: »Sie und keine andere«. Aber diese Frauen, welche von den Pfarrern verurteilt und verflucht werden... es ist nicht seit gestern, daß ich ein Herz für sie habe, ja, ich fühle eine Liebe zu ihnen, die eigentlich älter ist als die zu K... –
Siehe, ich finde ihn mausetot, diesen Gott der Pfaffen. Aber bin ich darum Atheist? Die Pfarrer halten mich dafür – aber siehe, ich liebe, und wie würde ich Liebe fühlen können, wenn ich selbst nicht lebte und andere nicht lebten, und wenn wir denn leben, so ist etwas Wunderbares darin. Nenne das nun Gott oder die menschliche Natur oder was Du willst, aber es gibt ein gewisses Etwas, das ich nicht definieren kann, und das, obwohl es außerordentlich lebendig und wirklich ist, mir eine Art System scheint, und siehe, das ist nun mein Gott, oder so gut wie mein Gott. – (164)

Draußen ist es jetzt prachtvoll von Farbe und Ton, und wenn ich im Malen erst einmal etwas weiter bin, werde ich wohl einmal dazu kommen, etwas davon wiederzugeben; doch wir müssen bei der Sache bleiben, und nun ich einmal am Figurenzeichnen bin, setze ich das fort, bis ich etwas weiter bin, und wenn ich draußen arbeite, dann werde ich Baumstudien machen, doch die Bäume so betrachten, als wenn sie eigentlich Figuren wären. Ich meine, man muß sie vor allen Dingen im Hinblick auf Kontur, Proportion und wie sie ineinander sitzen betrachten. – (165)

* Arbeiterin

Den Haag

Dezember 1881 bis September 1883

Die nächste Wegstation ist die Zeit im Haag. Hier hatte van Gogh – erstmals – ein eigenes Atelier und widmete sich mit höchster Energie dem Figurenzeichnen nach Modell. Als Modelle heuerte er sich mit Vorliebe Armenhäusler an, einesteils weil sie weniger kosteten als die professionellen Modelle, aber mehr noch, weil er sich zu diesen Randexistenzen hingezogen fühlte. Er lebte mit einer Frau, einer ehemaligen Prostituierten, zusammen, die ein Kind hatte und bereits wieder schwanger war, als er sie zu sich nahm. Mit ihnen teilte er das wenige, das ihm sein jüngerer Bruder Theo, der im Pariser Kunsthandel tätig war, allmonatlich zukommen ließ.

»... Es erfüllt ihn mit Triumph, daß er nun doch eine eigene Familie hat – aber als das Zusammenleben zur vollendeten Tatsache geworden ist, als er endgültig eine rohe, ungebildete, durch Pocken entstellte Frau mit häßlicher Sprache und schwierigem Charakter um sich hat, eine Frau, die Schnaps trinkt und Zigarren raucht, die eine bedenkliche Vergangenheit hat und ihn obendrein in allerlei Intrigen mit ihrer Familie hineinzieht, da schreibt er schon bald nicht mehr viel über sein häusliches Leben... Dieses unselige Abenteuer entzieht ihm die Sympathie eines jeden, der sich bisher im Haag für ihn interessiert hat; weder Mauve (ein Maler aus der Verwandtschaft) noch Tersteeg (ein mit der Familie befreundeter Kunsthändler) können damit einverstanden sein, daß er, der finanziell völlig von seinem jüngeren Bruder abhängt, die Sorge für eine Familie auf sich nimmt... aber es bedeutet doch einen großen Kampf mit sich selbst, wieder aufzugeben, was er einmal auf sich genommen hat und die arme Frau ihrem Schicksal zu überlassen.« (Johanna van Gogh-Bonger, 1913)

Zu Weihnachten hatte ich eine ziemlich heftige Szene mit Vater, und die Wogen gingen so hoch, daß Vater sagte, es wäre besser, wenn ich nun das Haus verließe. Es wurde so bestimmt gesagt, daß ich wirklich am selben Tage abreiste. Es kam eigentlich daher, daß ich nicht zur Kirche ging, weil ich sagte, daß, wenn das Zurkirchegehen ein Zwang sei und ich zur Kirche gehen müßte, ich sicherlich nun niemals mehr aus Höflichkeit hingehen würde, wie ich es während dieser ganzen Zeit, die ich in Etten war, fast regelmäßig tat. Aber ach, eigentlich sitzt viel mehr dahinter, unter anderem die ganze Geschichte, die diesen Sommer zwischen K.... und mir vorfiel. Ich war so erregt, wie ich mich nicht erinnere jemals in meinem Leben gewesen zu sein, und ich habe rund heraus gesagt, daß ich das ganze System dieser Gottesverehrung abscheulich fände; dies deshalb, weil ich mich während einer elenden Zeit meines Lebens zu sehr in diese Dinge vertieft habe, nicht mehr damit zu tun haben will und mich wie vor etwas Verhängnisvollem dafür hüten muß. –
Ich ging zu Mauve zurück und sagte: »Höre einmal, Mauve, in Etten kann es nicht gehen, und ich muß irgendwo anders wohnen, am liebsten hier.« Nun sagte Mauve: »Dann lieber hier.« Und ich habe also hier ein Atelier gemietet, nämlich ein Zimmer mit einem Alkoven, welches man dazu herrichten kann, billig genug, eben außerhalb der Stadt auf dem Schenkweg, etwa 10 Minuten von Mauve. –
Ich muß nun einige einfache Möbel haben, und obendrein werden all meine Ausgaben für Zeichen- und Malgerät nicht geringer dadurch. Auch muß ich versuchen, mich etwas besser zu kleiden.
Es ist gewagt, und es handelt sich um biegen oder brechen, aber es mußte doch einmal dazu kommen, daß ich mich installierte;

was will ich also, es ist nur schneller gekommen, als ich erwartet hatte.
Ich muß eine böse Zeit überwinden, das Wasser steigt hoch, vielleicht bis an die Lippen, vielleicht noch höher, was weiß ich im voraus davon.
Aber ich werde meinen Kampf kämpfen und mein Leben teuer verkaufen und versuchen zu gewinnen und obenauf zu kommen.
Zum 1. Januar beziehe ich das Atelier. Ich werde, was die Möbel angeht, das Allereinfachste nehmen, einen einfachen hölzernen Tisch und ein paar Stühle. Als Bett würde ich mich mit einer Wolldecke und dem Fußboden begnügen, aber Mauve will, daß ich doch ein Bett nehmen soll, und will es mir zur Not vorschießen. Du begreifst, daß ich nun außerordentlich in Sorge sitze und daß ich vieler Schererei entgegensehe, aber es ist mir doch eine Beruhigung, daß ich so weit gegangen bin, daß ich nicht mehr zurück kann, und daß, obwohl mein Weg mühsam zu gehen ist, er sich mir doch deutlich genug abhebt.
Es versteht sich von selbst, daß ich Dich bitte, Theo, schicke mir, wenn Du es tun kannst, dann und wann, was Du kannst, ohne Dich selbst in die Klemme zu bringen. –
Ich finde es herrlich, im Haag zu sein, und ich finde hier so unendlich viel Schönes, und ich muß versuchen, davon etwas wiederzugeben. – (166)

Es versteht sich von selbst, daß ich sehr froh sein würde, wenn ich eine Zeichnung verkaufte, doch macht es mir noch viel mehr Vergnügen, wenn ein wahrhafter Künstler wie Weißenbruch von einer unverkäuflichen (???) Studie sagt: »Das ist getreu, und danach würde ich arbeiten können.«
Sieh, obwohl das Geld, besonders jetzt, viel Wert für mich hat, so bleibt es doch No. 1 für mich, etwas zu tun, was vernünftig ist. Nun, etwas Ähnliches, wie es Weißenbruch von der Arbeit an einer Landschaft im Plaggenfeld sagte, das sagte Mauve von

einer Figur, nämlich einem alten Bauern, der am Herd sitzt und vor sich hinstarrt, als ob er Dinge aus der Vergangenheit im Scheine des Feuers oder im Rauche auftauchen sähe.
Möge es etwas länger oder kürzer dauern, aber der einzige Weg ist doch: tief eindringen in die Natur. Il reste à être vrai*, sagt Gavarni. Möge man dann eine Zeitlang in pekuniären petites misères** sein, darüber kommt man hinaus, und die Zeichnungen, die früher zurückgewiesen wurden, verkauft man alsdann. – (177)

Es ist ein neues Modell, welches ich jetzt habe, obwohl ich sie früher schon einmal oberflächlich gezeichnet hatte, oder besser gesagt, sie ist mehr als ein Modell; denn aus demselben Hause habe ich schon drei Personen gehabt, eine Frau von etwa 45 Jahren, die durchaus eine Figur von Ed. Frère ist, und dann ihre Tochter von etwa 30 Jahren und ein jüngeres Kind von 10 oder 12 Jahren.
Es sind arme Leute, die, das muß ich sagen, unbezahlbar willig sind. Ich habe es nicht ohne Mühe zu Wege gebracht, daß sie posieren wollten, und nur unter der Bedingung, daß ich ihnen feste Arbeit versprechen würde. Das war nun gerade das, was ich selbst so außerordentlich gern wollte, und ich halte es für sehr günstig.
Die junge Frau ist nicht schön von Gesicht, weil sie die Pocken gehabt hat, doch das Figürchen ist sehr graziös und hat viel Charme für mich. Auch haben sie nette Kleider aus schwarzer Wolle, Mützen von hübscher Façon und ein schönes Umschlagtuch etc. Du brauchst Dich nicht allzusehr wegen des Geldes zu beunruhigen, denn ich werde es mir mit ihnen im Anfang schon einrichten; ich habe ihnen versprochen, daß ich ihnen einen Gulden pro Tag geben werde, sobald ich etwas verkaufe, und daß ich dann zulegen werde, was ich nun zu wenig gebe. –

* Die Hauptsache ist, wahr zu sein
** in kleinen Miseren

Theo, es ist doch etwas angenehmes, wenn einem ein klein wenig Licht aufgeht, und mir geht ein wenig Licht auf. Es ist etwas schönes, einen Menschen zu zeichnen, etwas was lebt, es ist verdammt schwer, aber enfin, es ist herrlich!
Ich bekomme morgen Kindervisite; zwei Kinder, die ich amüsieren und zugleich zeichnen muß, ich will, daß Leben in mein Atelier kommt, und ich habe schon allerlei Bekannte in der Nachbarschaft. Sonntag kriege ich einen Waisenknaben, außerordentlich typisch, doch kann ich ihn leider nur für kurze Zeit haben.
Es ist vielleicht wohl wahr, daß ich nicht dazu geeignet bin, mit Menschen umzugehen, die sehr auf Formen halten, doch habe ich andererseits vielleicht einiges Geschick für Arme oder Bürgerleutchen, und verliere ich auf der einen Seite, so gewinne ich auf der anderen, und ich gebe es dann einfach auf, denke, after all* ist es recht und billig, daß ich als Künstler in dem lebe, was ich fühle und auszudrücken suche. – (178)

Ich bin dabei, Köpfe zu zeichnen; auch muß ich, doch es geht nicht alles auf einmal, Hände und Füße zeichnen; das ist höchst notwendig.
Und wenn es Sommer wird und das Hindernis der Kälte wegfällt, muß ich notwendigerweise auf die eine oder andere Weise einige Aktstudien machen. Durchaus nicht akademische Stellungen, doch möchte ich so gerne z. B. einmal Aktmodell für einen Grabenden oder eine Näherin haben, von vorne, von hinten und von der Seite, um die Form gut durch die Kleider hindurch sehen und fühlen zu lernen und um mir die Bewegung zu erklären. Ich rechne darauf, daß ein Dutzend Studien, 6 Männer und 6 Frauen, mir schon viel Licht bringen würde. Jede Studie kostet einen Tag Arbeit. Die Schwierigkeit steckt jedoch auch vor allem darin, zu diesem Zwecke Modell zu finden. – (182)

* nach allem

Ich muß noch ein Jahr zeichnen, wenigstens noch einige Monate, bis meine Hand und mein Blick für die Dinge wirklich sicher sind, und dann sehe ich fürs weitere durchaus kein Hindernis im Wege stehen, daß ich nicht sehr produktiv für den Handel sollte werden können. Daß ich einige Monate Zeit verlange, ist nur billig. Es geht nicht schneller, oder ich würde schlechte Arbeit liefern, und das ist nicht nötig, denn mit ein wenig Warten liefere ich gute Arbeit. – (183)

Hier eine Liste von holländischen Bildern, die für den Salon bestimmt sind.
Israëls: Ein alter Mann (wenn es kein Fischer wäre, würde es Thom. Carlyle, der Schreiber der Französischen Revolution und des Oliver Cromwell, sein; denn er hat durchaus den charakteristischen Kopf von Carlyle). Ein alter Mann sitzt in einer Ecke beim Herd, auf dem ein kleines Stückchen Torf in der Dämmerung noch eben glüht. Es ist ein dunkles Hüttchen, in dem der alte Mann sitzt, ein altes Hüttchen mit einem kleinen Fensterchen mit weißen Gardinen. Sein Hund, der mit ihm alt geworden ist, sitzt neben ihm, die beiden Alten sehen einander an, sie sehen einander in die Augen, der Hund und der Alte. Und währenddem holt der Mann seine Tabaksdose aus der Hosentasche und stopft sich im Dämmerlicht ein Pfeifchen. Nichts anderes, die Dämmerung, die Stille, die Einsamkeit dieser beiden Alten, Mann und Hund, das Einanderkennen dieser beiden, das Nachdenken dieses alten Mannes – worüber denkt er nach? Ich weiß es nicht, ich kann es nicht sagen – aber es muß ein tiefes und langes Nachdenken sein, etwas – ich weiß nicht was – aus ferner Vergangenheit, das aufdämmert; vielleicht gibt das dem Gesicht seinen Ausdruck, einen Ausdruck, wehmütig, zufrieden, ergeben, etwas, was an den berühmten Vers von Longfellow denken läßt, welcher endigt: But the thoughts of youth are long, long thoughts.* Ich möchte dieses Bild von

* Aber die Gedanken an die Jugend sind lang, lange Gedanken

Israëls als Pendant von Millets »La mort et le bûcheron« sehen.
Ich kenne gar kein anderes Bild, das neben La mort et le bûcheron bestehen könnte und das man zugleich damit sehen könnte, als diesen Israëls; ich wüßte andererseits kein Bild, das sich neben diesem Israëls halten könnte, als La mort et le bûcheron von Millet, kein anderes Bild, das man zugleich mit diesem Israëls sehen könnte. Sodann fühle ich ein unwiderstehliches Bestreben, dieses Bild von Israëls und das andere von Millet in meiner Vorstellung zusammenzubringen und sie einander ergänzen zu lassen. –
Auch ein Mauve ist da, das große Bild mit der Pinke, welche auf die Düne geschleppt wird; es ist ein Meisterwerk.
Ich habe niemals eine gute Predigt über die Resignation gehört, noch mir eine gute vorstellen können, ausgenommen das Bild von Mauve und das Werk von Millet. Das ist Resignation. Du verstehst, die echte Art, nicht diejenige der Prediger. Diese Gäule, diese armen geschundenen Gäule, schwarz, weiß, braun, wie geduldig stehen sie da – ergeben, bereit, still resigniert. Gleich müssen sie das schwere Schiff noch das letzte Ende Weges schleppen, die Arbeit ist fast verrichtet, nun noch einmal stille stehen, sie atmen schwer, sie schwitzen, aber sie murren nicht, sie protestieren nicht, sie klagen nicht und über nichts. Darüber sind sie schon lange hinaus, seit Jahren hinaus. Sie haben sich darein ergeben, daß sie noch ein wenig zu leben und zu arbeiten haben, doch morgen müssen sie zum Schinder, que soit*, sie sind dazu bereit.
Ich finde eine so außerordentliche, hohe, praktische, schweigende Philosophie in diesem Bilde. – (181)

Es darf Dich nicht wundern, daß ich Dir schrieb: werde Maler – ich bin nämlich gerade jetzt in einer Zeit, da ich ein wenig Vergnügen von meiner früheren Plackerei habe. Es steht nun so,

* Sei's drum

daß ich jede Woche das eine oder andere mache, was ich früher nicht machen konnte, und das ist es, wovon ich sagte, es ist einem, als würde man aufs neue jung.
Und es ist das Bewußtsein, daß nichts, es sei denn Krankheit, mir diese Kraft, die sich nun zu entwickeln beginnt, entreißen kann, es ist dieses Bewußtsein, das macht, daß ich mit Mut in die Zukunft sehe und auch in der Gegenwart viel Unangenehmes ertragen kann.
Es ist ein herrliches Ding, etwas anzuschauen und es schön zu finden, darüber nachzudenken und es festzuhalten, und dann zu sagen: das werde ich nun einmal zeichnen, und dann so lange daran zu arbeiten, bis es dasteht. –
Welch herrliches Wetter ist es, es ist Frühling in allen Dingen.
Ich kann die Figuren nicht loslassen, denn das ist No. 1, aber ich kann mich manchmal nicht zurückhalten, ins Freie zu gehen; doch ich bin mit schwierigen Dingen beschäftigt, die ich nicht fahren lassen darf. In letzter Zeit mache ich viele Detailstudien nach Modell – Kopf, Hals, Brust, Schultern.
Hier siehst Du eine kleine Skizze.
Ich möchte wahnsinnig gern noch viele Aktstudien machen. Du weißt, ich habe die »Exercices au fusain« gezeichnet, sogar verschiedene Male, aber es sind keine weiblichen Figuren dabei.
Es ist etwas ganz anderes, es nach der Natur zu machen, das versteht sich von selbst. Eine solche Zeichnung, wie die beiliegende, ist einfach genug in der Linie. Doch, diese einfachen, charakteristischen Linien zu erfassen, ist schwierig, wenn man vor dem Modell sitzt. Die Linien sind nun so einfach, daß man sie mit der Feder nachziehen kann, aber, ich sage nochmals, die Frage ist, diese großen Linien zu finden, so daß man mit ein paar Strichen und ein wenig Gekratze das Wesentliche sagt. Die Linien so zu wählen, daß es selbstverständlich ist, daß sie so laufen müssen, ist jedoch etwas, was nicht von selbst geht.
Es ist allerdings wahr, Theo, daß ich in der letzten Zeit, seitdem

ich hier im Haag bin, mehr als 100 Frcs. im Monat ausgegeben habe; wenn ich das jedoch nicht täte, dann würde ich nicht nach Modell arbeiten können und so, ohne Fortschritte, auf stets derselben Höhe bleiben. –
Wenn ich hier also mehr als 100 Francs per Monat ausgegeben habe, dann geschah es, weil es mit weniger nicht ging. Und glaube nur, daß ich nicht leichtfertig oder allzu freigebig damit umspringe. –
Die beiliegende kleine Zeichnung ist nach einer größeren Studie skizziert, in der ein düsterer Ausdruck ist. Ich glaube, es ist ein Gedicht von Tom Hood, in dem er von einer großen Dame erzählt, die nachts nicht schlafen kann, weil sie tagsüber, als sie ausging, Näherinnen, bleich, schwindsüchtig, ausgemergelt, in dumpfigem Raume bei der Arbeit gesehen hat.
Und nun hat sie Gewissensbisse wegen ihres verschwenderischen Überflusses und fährt nachts aus dem Schlafe auf. Kurzum, es ist ein schlanker, weißer Frauenkörper, unruhig im Dunkel der Nacht. – (185)

Heute habe ich per Post eine Zeichnung (die Zeichnung »Sorrow«) an Dich geschickt, die ich Dir als Beweis meiner Dankbarkeit für so vieles, was Du während dieses sonst so harten Winters für mich getan hast, gebe. Als Du vorigen Sommer den großen Holzschnitt von Millet »La bergère« bei Dir hattest, dachte ich, wieviel kann man doch mit einer einzigen Linie ausdrücken. Ich habe natürlich nicht die Prätention, mit einem einzigen Umriß so viel zu sagen wie Millet. Gleichwohl habe ich getrachtet, einiges Gefühl in diese Gestalt hineinzulegen. Nun hoffe ich nur, daß diese Zeichnung Dir sympathisch sein wird. Und daran siehst Du nun zugleich, daß ich eifrig bei der Sache bin. Nun ich einmal damit begonnen habe, möchte ich wohl gern an die dreißig Aktstudien machen. Die beifolgende ist, wie mich dünkt, die beste Figur, welche ich noch gezeichnet habe, darum dachte ich sie Dir zu schicken. – (186)

... ich fürchte, daß ich um so mehr Schwierigkeiten und Widerstand begegnen werde, je besser ich zeichne; weil ich nämlich durch verschiedene Eigentümlichkeiten, die ich nicht ändern *kann*, viel zu leiden haben werde.

Erstens mein Auftreten und meine Art zu sprechen und mich zu kleiden, und dann, daß ich auch später, wenn ich mehr verdiene, mich stets in einem anderen Kreise bewegen und bleiben werde als die meisten Maler, da die Auffassung, welche ich von den Dingen habe, die Gegenstände, welche ich darstellen will, dies unerbittlich fordern. Einliegend eine kleine Skizze von Grabenden; ich werde Dir sagen, warum ich es beilege.

T. sagt mir: »Es ist früher auch nicht gut mit Dir gegangen und es ist Dir alles fehlgeschlagen, und nun ist es wieder genau dasselbe«.

Erlaube einmal, nein! es ist ganz etwas anderes als früher, und dieses Urteil ist eigentlich ein Trugschluß.

Daß ich für den Handel oder das Studium als eigentlichen Beruf nicht taugte, beweist keineswegs, daß ich auch zum Maler untauglich sein sollte. Im Gegenteil, wäre ich zum Pfarrer oder zum Kaufmann im Betriebe anderer brauchbar gewesen, dann würde ich vielleicht nicht zum Maler oder Zeichner getaugt haben, und dann hätte ich meinen Abschied weder genommen noch erhalten.

Gerade weil ich eine Malerfaust habe, kann ich vom Zeichnen nicht ablassen, und ich frage Dich, ob ich von dem Tage an, da ich zu zeichnen begonnen habe, gezweifelt, gezaudert oder gewankt habe? Mich dünkt, Du weißt sehr wohl, daß ich mich nun durchgefochten habe und daß ich, natürlich, stetig besser werde im Gefecht.

Nun komme ich zu dieser Skizze – sie ist auf der Geest gemacht, bei Staubregen, in einer Straße, wo ich, bei all dem Tumult und Lärm, im Schlamme stand, und ich schicke sie Dir, um Dir zu zeigen, daß mein Skizzenbuch beweist, daß ich die Dinge auf frischer Tat zu fassen suche.

Setze T. zum Beispiel einmal vor ein Sandloch auf der Geest, wo Baggerleute dabei sind, eine Wasserleitung oder ein Gasrohr zu legen, nun, ich möchte einmal sehen, was für ein Gesicht er da schneiden und was für eine Skizze er davon machen würde. Sich herumzutreiben auf Werften, in Gassen und Straßen und in Häusern, in Wartesälen, sogar in Schänken, das ist kein angenehmer Beruf, *es sei denn, daß man Künstler ist.*
Als solcher ist man lieber in dem schmierigsten Viertel, vorausgesetzt, daß es dort etwas zu zeichnen gibt, als in einer Teegesellschaft mit hübschen Damen – es sei denn, daß man Damen zeichnet, denn dann ist eine Teegesellschaft selbst für einen Künstler unterhaltend. Ich will nur sagen, das Suchen nach Vorwürfen, sich unter Arbeitern bewegen, sich herumschlagen und abplagen mit Modellen, das Zeichnen nach der Natur und an Ort und Stelle ist eine schwere Arbeit, manchmal sogar eine schmierige Arbeit, und, wahrhaftig, die Formen und die Kleidung eines Commis sind nicht gerade die geeignetsten für mich oder einen anderen, der nicht schönen Damen und reichen Herren Rede stehen muß und ihnen teure Dinge verkaufen und Geld verdienen muß..., aber zum Beispiel mit Erdarbeitern in einer Grube auf der Geest zu tun hat. –
Ich, der ich mich in einem ziemlich guten Rock in einem feinen Laden nicht wohl fühlte, und der ich mich nun schon gar nicht mehr dort wohl fühlen und mich vielleicht langweilen und langweilig sein würde, ich bin ein ganz anderer Mensch, wenn ich irgendwo auf der Geest, oder auf der Heide, oder in den Dünen an der Arbeit bin. Dann paßt mein häßliches Gesicht und mein verwitterter Rock auch vollkommen zu meiner Umgebung, und ich bin ich selbst und arbeite mit Vergnügen. –
Bin ich denn in einem anderen Sinne jemand ohne Formen, nämlich flegelhaft oder ohne Feingefühl? –
Es will mir nicht in den Kopf, Theo, daß ich ein solches Monstrum von Grobheit und Unhöflichkeit sein soll, daß ich verdiente, aus der menschlichen Gesellschaft ausgeschlossen zu

werden, oder daß ich wenigstens, nach T.s Ausspruch, »nicht im Haag sollte bleiben können«. – (190)

Man verdenkt mir etwas... es liegt in der Luft, es steckt etwas hinter mir.
Vincent hält etwas hinterm Rücken, was das Licht scheut...
Nun wohl, meine Herren, ich werde es Ihnen sagen, Ihr, die Ihr solchen Wert legt auf Formen und Bildung, und das mit Recht, vorausgesetzt, daß der Kram echt sei –: was ist gesitteter, feinfühlender, männlicher, eine Frau zu verlassen oder sich einer verlassenen anzunehmen? Ich bin in diesem Winter einer schwangeren Frau begegnet, die von dem Manne, dessen Kind sie im Leibe trug, verlassen war.
Eine schwangere Frau, die im Winter auf der Straße umherirrte – und ihr Brot verdienen mußte; Du weißt wohl, wie.
Ich habe die Frau als Modell genommen und den ganzen Winter mit ihr gearbeitet.
Ich konnte ihr den vollen Tagelohn eines Modells nicht geben, aber das schließt nicht aus, daß ich ihr die Miete bezahlt habe und daß ich sie und ihre Kinder vor Hunger und Kälte, Gott sei Dank, bisher habe bewahren können, dadurch, daß ich mein Brot mit ihr teilte. Als ich dieser Frau begegnete, fiel mein Auge auf sie, weil sie krank aussah. Ich habe sie Bäder und Mittel zur Kräftigung nehmen lassen, soviel ich vermochte; sie ist viel gesünder geworden. Ich bin mit ihr nach Leiden gefahren, wo ein Wöchnerinnenasyl ist, in dem sie ihre Niederkunft erledigen wird. Es war kein Wunder, daß sie kränklich war, das Kind saß verkehrt, und sie mußte sich einer Operation unterziehen, das Kind mußte nämlich mit der Zange umgelegt werden. Gleichwohl ist viel Aussicht vorhanden, daß sie doch noch gut durchkommt. Im Juni muß sie niederkommen. Mich dünkt, daß jeder Mann, der das Leder seiner Schuhe wert ist, dasselbe getan haben würde, wenn er einem solchen Falle gegenübergestanden hätte.

Ich finde das, was ich getan habe, so einfach und selbstverständlich, daß ich dachte, es für mich behalten zu können. Das Modellstehen fiel ihr schwer, gleichwohl hat sie es gelernt, und ich habe dadurch, daß ich nun ein gutes Modell habe, Fortschritte im Zeichnen gemacht. Diese Frau hängt nun an mir wie eine zahme Taube; ich für meinen Teil kann mich nur einmal verheiraten, und wie könnte ich es besser tun als mit ihr, weil ich ihr allein dadurch weiter helfen kann, während sie sonst aus Entbehrung wieder auf dieselbe Bahn müßte, welche auf einen Abgrund hinausläuft. Sie hat kein Geld, doch hilft sie mir bei meiner Arbeit Geld verdienen. –
Ich konnte nicht anders, ich tat, was meine Pflicht war, ich arbeitete. Ich meinte, man müßte mich verstanden haben, ohne Worte. Ich dachte wohl an eine andere Frau, für welche mein Herz schlug, doch die war in weiter Ferne und wollte mich nicht sehen; und diese – sie lief da einher im Winter, krank, schwanger, hungrig. Ich konnte nicht anders, Mauve, Theo, T. – Ihr habt mein Brot in Händen! Werdet Ihr mich brotlos machen oder mir den Rücken kehren? Nun habe ich gesprochen und warte ab, was mir ferner gesagt werden wird. – (192)

Als ich aus Amsterdam kam, fühlte ich meine Liebe, welche doch aufrichtig, ungeschminkt und stark war, buchstäblich totgeschlagen; doch nach dem Tode steht man auf aus dem Tode. Resurgam.
Dann habe ich Christine gefunden. Zaudern, Hinausschieben waren nicht am Platze; es mußte gehandelt werden. Wenn ich sie nicht heirate, wäre es freundlicher von mir gewesen, wenn ich mich einfach nicht um sie gekümmert hätte. Durch diesen Schritt entsteht jedoch eine Kluft, dadurch tue ich, so entschieden wie nur möglich, was man »aus seinem Stande austreten« nennt; aber das ist nicht verboten und es ist nicht schlecht, obwohl die Welt es verkehrt nennt.
Ich richte meinen Haushalt wie einen Arbeiterhaushalt ein. Ich

fühle mich da mehr zu Hause; ich habe es schon früher gewollt, es damals jedoch nicht ausführen können. Ich hoffe, daß Du mir auch fernerhin über die Kluft hin die Hand reichen wirst. – Sie und ich, wir wollen uns einschränken und behelfen, wenn wir nur heiraten. Ich bin 30, sie ist 32, wir beginnen also nicht als Kinder. Was ihre Mutter und ihr Kind betrifft – letzteres nimmt ihren Makel hinweg, und vor einem Weibe, das Mutter ist, habe ich Respekt und da frage ich nicht nach ihrer Vergangenheit.

Ich bin froh, daß sie ein Kind hat, denn gerade dadurch weiß sie, was sie wissen muß.

Ihre Mutter ist sehr arbeitsam und verdiente wohl einen Orden, weil sie Jahre hindurch einen Haushalt mit 8 Kindern über Wasser gehalten hat. Sie würde keine Abhängigkeit wollen, sie verdient ihren Unterhalt damit, daß sie arbeiten geht. –

In Amsterdam bin ich so entschieden abgewiesen, so abgeschoben worden, daß es wahnsinnig von mir gewesen wäre, es fortzusetzen.

Aber hätte ich damals verzweifeln und ins Wasser springen sollen, oder dergleichen? –

Da ich die Vorurteile der Welt kenne, weiß ich, daß das, was ich zu tun habe, darin besteht, daß ich selbst mich aus dem Kreise meines Standes, der mich übrigens schon lange ausgestoßen hat, zurückziehe. Aber dann ist auch nichts mehr zu regeln, und weiter darf man nicht gehen. –

Ich will nur von einem Ding etwas wissen, nämlich vom Zeichnen, und sie hat auch ihre feste Arbeit, Modellstehen. Ich wünschte von Herzen, daß es mir möglich wäre, die Wohnung hier nebenan zu nehmen, die gerade groß genug ist, weil der Boden so ist, daß man ein Schlafzimmer daraus machen kann, und das Atelier gut von Größe und Licht, viel besser als hier. Doch wird das möglich sein?

Wäre es auch nur ein Loch, in dem ich wohnen muß; ich habe lieber eine Brotrinde am eigenen Herd, wie arm er auch sei, als daß ich leben möchte ohne zu heiraten. Sie weiß, was Armut ist, ich auch. Armut hat etwas für sich und gegen sich, aber trotz der Armut wagen wir es. Die Fischer wissen, daß die See gefährlich ist und der Sturm entsetzlich, aber sie haben niemals begreifen können, daß die Gefahren ein Grund wären, an Land zu bleiben und spazieren zu gehen. Diese Weisheit lassen sie denen übrig, die Lust dazu haben. Kommt der Sturm, sinkt die Nacht, was ist ärger: die Gefahr, oder die Furcht vor der Gefahr? – (193)

Diese Frau, mit welcher ich nun zusammen bin, hat mich besser verstanden. In kurzer Zeit wurde sie so zutraulich wie eine zahme Taube; sicherlich nicht infolge einer Vergewaltigung von meiner Seite, sondern weil sie sah, daß ich nicht roh war. Enfin, diese hat es erfaßt und sie sagte zu mir: »Ich weiß, daß Du nicht viel Geld hast, doch hättest Du noch viel weniger, ich will mich in alles schicken, wenn Du nur bei mir bleibst und mich bei Dir bleiben läßt, ich hänge zu sehr an Dir, als daß ich wieder allein sein könnte.«

Wenn jemand das zu mir sagt und in allem zeigt, viel mehr mit Taten als mit Worten, daß er es ernstlich meint, dann ist es kein Wunder, wenn ich ihm gegenüber die Maske von Kühlheit, beinahe Rauheit, die ich lange vorgehalten hatte, weil ich nicht schmeicheln wollte, fallen lasse.

Ist diese Frau nun schlechter dabei gefahren, oder bin ich schlechter dabei gefahren, daß es so gegangen ist? Ich stehe verwundert da, sie täglich stärker werden und aufblühen zu sehen, so daß sie eine ganz andere Person zu sein scheint als diese kranke, bleiche Frau, welcher ich diesen Winter begegnete. –

Ich war vielleicht besser imstande, sie zu verstehen, als ein anderer, weil sie ein paar Eigentümlichkeiten hat, die manchen abstoßen könnten.

Erstens ihre Sprache, die häßlich ist und die sie aus ihrer Krankheit behalten hat, dann ihre Launen, die von einer nervö-

sen Konstitution herrühren, so daß sie Anwandlungen hat, die für manchen unerträglich sein würden.
Ich verstehe diese Dinge, mich hindern sie nicht, und bis jetzt konnte ich recht wohl damit fertig werden, und sie ihrerseits begreift meine eigene Launenhaftigkeit, und es ist sozusagen eine stillschweigende Abmachung zwischen uns, einander nicht zu bekritteln. – (194)

Nun habe ich zwei größere Zeichnungen fertig. Erstens »Sorrow«, doch in größerem Format, die Figur allein, ohne Umgebung. Die Stellung ist jedoch einigermaßen verändert, das Haar hängt nicht nach hinten auf den Rücken, sondern nach vorn, zum Teil in einer Flechte. Dadurch werden das Schultergelenk, der Nacken und der Rücken sichtbar; und die Gestalt ist mit mehr Sorgfalt gezeichnet.
Die andere, »Les racines« – einige Baumwurzeln in einem Sandboden.
Nun habe ich danach getrachtet, in die Landschaft dieselbe Empfindung zu legen wie in die Figur; das gleichsam krampfhafte und leidenschaftliche Sicheinwurzeln in die Erde und ein dabei doch Halblosgelöstsein durch die Stürme.
Ich wollte sowohl in dem weißen, schlanken Frauenkörper wie in diesen schwarzen, knorrigen Wurzeln mit ihren Auswüchsen etwas vom Streit des Lebens ausdrücken. Oder, vielmehr, weil ich getrachtet habe, der Natur, die ich vor mir hatte, getreu zu sein, ist, ohne daß ich dabei philosophiert hätte, fast unwillkürlich in beiden Fällen etwas von diesem großen Streit hineingekommen. Wenigstens kam es mir so vor, als ob einiges Empfinden darinnen wäre, ich könnte mich jedoch irren, enfin, Du mußt einmal sehen. –
Ich habe, sozusagen, keine »Leitung« oder »Unterricht« von anderen gehabt, sondern mich selbst gelehrt, und es ist kein Wunder, daß meine Art der Ausführung bei oberflächlicher Betrachtung von der anderer verschieden ist; aber das ist doch kein

Grund, warum meine Arbeiten unverkäuflich bleiben sollten. Ich habe die feste Überzeugung, daß die große »Sorrow«, das Weib aus der Geest, die eine, wenn Du willst, vielleicht eher als die andere, eines Tages ganz gewiß einen Liebhaber finden werden. – (195)

Ich fühle, daß meine Arbeit im Herzen des Volkes liegt, daß ich mich auf bescheidenen Bahnen halten muß, daß ich tief in das Leben eindringen und durch viele Sorge und Mühe vorwärts kommen muß.
Ich kann mir keinen anderen Weg denken und verlange nicht, ohne Mühe oder Sorge zu sein, solange ich nur arbeiten und bei solchen, wie Du es bist, auch fernerhin ein wenig Sympathie vermuten darf. –
Christine ist mir kein Klotz am Bein oder eine Last, sondern eine Hilfe. Wenn sie allein wäre, ginge sie möglicherweise zugrunde; eine Frau darf nicht allein sein in einer Gesellschaft und einer Zeit wie der, in welcher wir leben, die die Schwachen nicht schont, sondern unter die Füße tritt und mit Rädern darüber hinfährt, wenn ein schwaches Geschöpf gefallen ist.
Deshalb, weil ich soviele Schwache zertreten sehe, zweifle ich sehr an der Echtheit von vielem, was man Fortschritt und Bildung nennt. Ich glaube wohl an Bildung, selbst in dieser Zeit, doch allein an jene Art, die auf wirkliche Menschenliebe gegründet ist. Was Menschenleben kostet, finde ich barbarisch und das respektiere ich nicht. – (197)

Gemeinde-Krankenhaus, 4. Klasse, Saal 6, No. 9.
Brouwersgracht.

Wenn Du etwa gegen Ende Juni hierher kommst, findest Du mich, hoffe ich, wieder an der Arbeit, doch nun im Augenblick bin ich im Krankenhause, wo ich aber nur 14 Tage bleiben werde. Ich hatte schon etwa drei Wochen sehr an Schlaflosigkeit und Fieber gelitten und Schmerzen beim Urinieren gehabt. Dafür muß ich nun hier still zu Bett bleiben, viel Chininpillen schlucken, und dann und wann bekomme ich auch Einspritzungen, teils mit klarem Wasser, teils mit Alaunwasser, also so unschuldig wie es nur sein kann, weshalb Du Dich hierüber auch nicht zu beunruhigen brauchst. – (206)

Ich hoffe, daß es einen guten Einfluß auf mein Zeichnen haben wird, daß ich einmal etwas stille liege; denn es führt oft dazu, daß man mehr Blick für die Dinge bekommt, wenn man eine Zeitlang nicht daran arbeiten kann und später alles sozusagen neu und frisch wiederfindet.
Die Aussicht aus dem Fenster des Krankensaales ist herrlich für mich: Werften, die Gracht mit Kartoffelkähnen, die Rückseiten von Häusern, die abgebrochen werden, Arbeiter, ein Stück Garten, und auf dem folgenden, weiter entfernten Plane der Kai mit seiner Reihe Bäume und Laternen, ein kompliziertes Hofje mit zugehörigem Gärtchen, und dann alle die Dächer. Das Ganze ist à vol d'oiseau*, aber am Abend und besonders am Morgen infolge des Lichteffekts so mysteriös wie ein Ruisdael oder ein van der Meer. Allein ich mag es nicht zeichnen, und ich würde es auch nicht können, solange ich so schwach bin. Aber trotz dem Verbote, nicht aufzustehen, kann ich es nicht lassen, des Abends danach zu sehen. –
Die Ruhe tut mir so gut und stimmt mich so viel ruhiger und befreit mich von der Nervosität, an der ich in der letzten Zeit so sehr litt.
Und es ist hier im Saale für mich nicht weniger interessant als im Wartesaal dritter Klasse. Allein ich darf und kann noch nicht zeichnen. – (207)

Sien ist gestern nacht niedergekommen, hat eine sehr schwere Niederkunft gehabt, ist aber gleichwohl Gott sei Dank lebend

* aus der Vogelperspektive

davon gekommen, und ebenso ein außerordentlich netter kleiner Junge.
Ihre Mutter, ihr Kindchen und ich waren zusammen hingegangen; Du kannst Dir denken, daß wir in großer Spannung waren, als wir im Krankenhause die Wärterin nach ihr frugen, da wir nicht wußten, was wir zu hören bekommen würden.
Wir waren außerordentlich froh, als wir hörten: »Diese Nacht niedergekommen ... aber Ihr dürft nicht viel mit ihr sprechen«. Ich werde das »Ihr dürft nicht viel mit ihr sprechen« nicht so leicht vergessen; denn es hieß: »Du kannst noch nicht mit ihr sprechen«, und es hätte ebensogut sein können: »Du wirst sie nie mehr sprechen«. Theo, ich war so glücklich, als ich sie wiedersah. Sie lag dicht beim Fenster, welches auf den Garten voll Sonnenschein und Grün hinaussah, und, infolge der Erschöpfung, in einer Art Schlummer zwischen Schlafen und Wachen, und dann schaute sie auf und sah uns alle. Mein lieber Kerl, wie schaute sie uns an, und sie war so froh, uns zu sehen, und weil wir gerade zufällig genau zwölf Stunden, nachdem es geschehen war, dort waren, und weil es nur eine Stunde in der Woche ist, in der man sie besuchen darf. Und sie heiterte sich so auf und sie war in jeder Hinsicht in dem Augenblicke bei ganz klarem Bewußtsein und frug nach allem. –
Und nun hat sie noch viel Schmerzen. Doch vergaß sie alles, als sie uns sah, und sie wußte mir selbst zu erzählen, daß wir bald wieder beim Zeichnen sein würden, und ich habe durchaus nichts dagegen, daß ihre Prophezeiung ganz genau eintreffen möge. Es ist kein Einriß oder so etwas vorgekommen, was in einem solchen Falle so sehr leicht geschehen kann.
Sapperlot, ich bin so dankbar dafür. Allein der düstere Schatten droht noch immer, und Meister Albrecht Dürer wußte wohl, warum er den Tod hinter das junge Paar stellte, in jener prachtvollen Radierung, welche Du kennst. – (210)

Sien war also *anfangs* für mich nur ein Mitmensch, eine Un-

glückliche, wie ich selbst. Obwohl ich nicht mutlos war, war ich damals doch gerade in einer Stimmung, um ihr praktisch eine Art Stütze geben zu können, was zugleich für mich eine Aufmunterung war, standhaft zu bleiben.
Aber nach und nach wurde es dann allmählich zwischen ihr und mir etwas anderes, *ein ausgesprochenes Bedürfnis nach einander*, so daß wir, sie und ich, nicht mehr voneinander wichen, und daß wir, je länger desto mehr, einer in des anderen Leben eindrangen, und dann war es *Liebe*. Was zwischen Sien und mir besteht, ist *wirklich*, es ist kein Traum, es ist Realität.
Daß meine Gedanken und meine Arbeitskraft einen festen Punkt, eine bestimmte Richtung gefunden haben, halte ich für einen großen Segen. –
Siehst Du, was das Resultat ist? – Wenn Du nun kommst, findest Du mich nicht mutlos oder melancholisch, sondern Du kommst in eine Umgebung, wo Du Frieden, wenigstens eine heitere Stimmung, ein junges Atelier, einen noch jungen Haushalt in voller Tätigkeit finden wirst.
Kein mystisches oder geheimnisvolles Atelier, sondern eines, welches Wurzel in das volle Leben selbst geschlagen hat. *Ein Atelier mit einer Wiege und einem Kakstuhl.* Wo also kein Stagnieren ist, sondern wo alles zur Aktivität drängt und stimmt und aufmuntert. –
Diesen Winter haben wir die Schwangerschaft meiner Frau gehabt, die Ausgaben, um mich einzurichten, nun ist meine Frau niedergekommen, ich bin vier Wochen krank gewesen und noch nicht recht wohl, aber, trotz alledem ist die Wirtschaft hübsch, blühend, sauber und aufgeräumt, und meine Möbel, Bettzeug und Malgerät habe ich nun zum größten Teile. –
Für mich ist es klar wie der Tag, daß man fühlen muß, was man macht, daß man in der Wirklichkeit leben, und daß man ein Familienleben leben muß, wenn man das Familienleben, eine Mutter mit ihrem Kinde, eine Waschfrau, eine Näherin, was auch immer, intim wiedergeben will. Durch hartnäckige Arbeit

wird die Hand dem Gefühle allmählich gehorsam. Aber, wenn ich dieses Gefühl, die Kraft einen eigenen Haushalt zu haben, auslöschen sollte, dann wäre das Selbstmord. –
Oft bin ich entsetzlich lästig, melancholisch, reizbar, verlange nach Sympathie wie mit einer Art Hunger und Durst, zeige mich, wenn ich diese Sympathie nicht finde, gleichgültig und scharf und gieße oft selbst noch etwas Öl ins Feuer. Ich bin nicht gern in Gesellschaft, und der Umgang mit Menschen, das Sprechen mit ihnen, ist mir oft peinlich und schwierig. Aber weißt Du, woher dies, wenn nicht alles, so doch sehr viel davon, kommt? Einfach aus meiner Nervosität – ich, der ich entsetzlich feinfühlig bin, sowohl im Physischen wie im Moralischen, habe das, sozusagen, *abgekriegt*, abgekriegt in den Jahren, da ich es so miserabel hatte. Frage einen Arzt, und er wird sofort alles verstehen, frage, ob es anders sein kann, als daß auf kalter Straße oder draußen zugebrachte Nächte, die Angst zu Brot zu kommen, die fortwährende Spannung, weil ich eigentlich ohne Stellung war, Verdruß mit Freunden und Familie, nicht zu mindestens drei Vierteln die Ursache mancher Eigentümlichkeiten und meiner Launenhaftigkeit sein müssen, und ob es nicht dem zuzuschreiben ist, daß ich manchmal diese unangenehmen Anfälle von der Gedrücktheit habe? (212)

Es ist nun der Abend vor meiner Rückkehr ins Krankenhaus, und ich weiß nicht, was sie dort sagen werden, vielleicht bin ich nur sehr kurz dort, vielleicht werde ich tagelang in meinem Bette Ruhe halten müssen. Deshalb schreibe ich nun noch einmal nach Hause. Es ist so still und ruhig jetzt hier im Atelier, es ist schon spät, allein draußen stürmt und regnet es, das macht die Ruhe drinnen noch größer. Wie wünschte ich, Bruder, daß ich Dich in dieser stillen Stunde einmal hier hätte, wie vieles würde ich Dir zu zeigen haben! Das Atelier sieht recht tüchtig aus, dünkt mich, glatte graubraune Tapete, gescheuerter Fußboden, Nessel auf Latten gespannt, alles sauber.

Und natürlich die Studien an der Wand, eine Staffelei auf jeder Seite, und ein großer Arbeitstisch aus weißem Holze. Dann schließt an das Atelier eine Art Alkoven an, wo die Zeichenbretter, Mappen, Dosen, Stöcke etc. stehen, wo auch alle die Abbildungen liegen, in der Ecke ein Schrank mit allen Töpfchen und Flaschen, und ferner alle meine Bücher. Dann das Wohnzimmerchen mit einem Tische, einigen Küchenstühlen, einem Petroleumkocher, einem großen Rohrsessel für die Frau im Eckchen am Fenster, das auf die Dir aus der Zeichnung bekannte Werft und die Wiesen hinaussieht, und daneben eine kleine eiserne Wiege mit einer grünen Wiegendecke. Das letztere Möbel kann ich nicht ohne Rührung ansehen; denn es ist eine starke und mächtige Erregung, welche einen Menschen erfaßt, wenn er neben der Frau, die er liebt, gesessen hat, mit einem Kindchen bei sich in der Wiege. Und war es auch in einem Krankenhause, wo sie lag und wo ich bei ihr saß, es ist immer die ewige Poesie der Christnacht mit dem Kinde im Stalle, so wie die alten holländischen Maler und Millet und Breton es aufgefaßt haben – doch ein Licht ist da im Dunkel, eine Helligkeit inmitten einer dunklen Nacht. Ich habe denn auch die große Radierung von Rembrandt darüber gehängt, die zwei Frauen bei der Wiege, von denen eine bei einer Kerze in der Bibel liest, während große Schlagschatten das ganze Gemach in tiefes clair-obscur* hüllen. –
In der Küche habe ich dann nur das Allernötigste, aber so, daß, wenn die Frau vor mir wieder gesund sein sollte, sie alles, was unentbehrlich ist, finden und in 10 Minuten etwas zu essen fertig machen kann; enfin, so, daß sie sehen kann, daß viel an sie gedacht worden ist, und daß sie in ein Haus mit Blumen an dem Fenster, wo sie sitzen wird, kommt. Und oben auf dem großen Boden ein großes Bett für sie und mich und das alte von mir für das Kind, das Bettzeug alles in Ordnung. –
Ich weiß noch, wie ich vor kurzer Zeit nach Hause kam, aber in

* Helldunkel

ein Haus, welches noch nicht ein eigentliches Zuhause mit all den Gefühlsregungen von heute war, wo vielmehr zwei große Leeren mich angähnten, Tag und Nacht. Dort war keine Frau, dort war kein Kind – infolgedessen weniger Leid – nein, ich glaube, nicht einmal das – aber weniger Liebe, das glaube ich allerdings.

Und auf der Straße gesellten sich rechts und links die beiden Leeren beständig zu mir, bei der Arbeit, und überall und immerzu. – (213)

Ich habe heute etwas mit mir verabredet, nämlich, mein Unwohlsein, oder, besser, die Überbleibsel davon, als nicht vorhanden zu betrachten. Es ist genug Zeit verloren, die Arbeit muß fortgesetzt werden. Also wohl oder nicht wohl, ich gehe wieder ans Zeichnen, regelmäßig vom Morgen bis zum Abend. Ich will nicht, daß jemand mir wieder sagen kann: »O, das sind nur alte Zeichnungen«.

Ich habe heute eine Studie von der Kinderwiege gezeichnet, mit einigen Strichen Farbe darin. –

Leute wie ich dürfen eigentlich nicht krank sein. Du mußt recht begreifen, wie ich die Kunst verstehe. Um zum Wahrhaftigen zu gelangen, muß man lange und viel arbeiten. Was ich mir zum Ziel setze, ist verteufelt schwierig, und doch glaube ich nicht, daß ich zu hoch ziele.

Ich will Zeichnungen machen, die einige Menschen *packen*. »Sorrow« ist ein kleiner Beginn – vielleicht sind die kleinen Landschaften von der Art der Laan van Meerdesvoort, der Ryswyker Wiesen, der Fischtrocknerei auch ein kleiner Beginn.

Darin ist wenigstens etwas Unmittelbares aus meinem eigenen Gemüt.

In den Figuren wie in der Landschaft möchte ich nicht etwas Sentimentales, Wehmütiges, sondern einen ernsthaften Schmerz ausdrücken.

Enfin, ich will es soweit bringen, daß man von meiner Arbeit

sagt, dieser Mann fühlt tief und dieser Mann fühlt fein. Trotz meiner sogenannten Grobheit, verstehst Du, vielleicht gerade dank ihrer. –

Was bin ich in den Augen der meisten? Eine Nullität, oder ein Sonderling, oder ein unangenehmer Mensch, jemand, der in der menschlichen Gesellschaft keine Stellung hat oder haben wird, enfin, etwas Geringeres als die Geringsten.

Gut – vorausgesetzt, das alles wäre genau so, dann möchte ich durch meine Arbeit einmal zeigen, was in dem Herzen eines solchen Sonderlings, eines solchen Niemands steckt.

Dies ist mein Ehrgeiz, der weniger auf Groll, als auf Liebe malgré tout* gegründet ist, mehr auf ein Gefühl der Heiterkeit als auf Leidenschaft gegründet ist.

Bin ich auch oft in Aufruhr, so ist innen in mir dennoch eine ruhige reine Harmonie und Musik. – (218)

Du mußt Dir also nur vorstellen, wie ich morgens schon um 4 Uhr an meinem Bodenfenster sitze, damit beschäftigt, mit meinem Perspektiverahmen die Wiesen und den Zimmerplatz zu studieren, wenn man die Öfen im Hofje anzündet, um Kaffee zu kochen, und der erste Arbeiter auf die Werft geschlendert kommt.

Über die roten Ziegeldächer kommt ein Flug weißer Tauben, zwischen den schwarzen rauchenden Schornsteinen hindurch. Aber dahinter eine Unendlichkeit feinen, zarten Grüns, Meilen und Meilen flachen Wiesenlandes und eine graue Luft, so still, so friedsam wie von Corot oder van Goyen.

Der Blick über die Firsten der Dächer, die Dachrinnen, in denen das Gras wächst, morgens ganz früh, und die ersten Zeichen des erwachenden Lebens – der Vogel, welcher fliegt, der Schornstein, der dort raucht, und das Figürchen ganz unten in der Tiefe, welches dahinschlendert –, das ist nun also das Sujet meines Aquarells. Ich hoffe, daß es Dir gefallen wird.

* trotz allem

Ob es mir in Zukunft gut gehen wird, hängt, dünkt mich, mehr als von etwas anderem von meiner Arbeit ab.
Wenn ich nur auf den Beinen bleibe, wohlan, dann kämpfe ich meinen Kampf in der Stille auf diese Weise und keine andere, so also, daß ich aus meinem Fensterchen ganz lustig nach den Dingen der Natur schaue und sie getreu und mit Liebe zeichne.
Was den Rest betrifft, so werde ich, für den Fall etwaiger Belästigungen, einfach eine defensive Haltung annehmen, aber im übrigen habe ich das Zeichnen zu lieb, als daß ich Lust hätte, mich durch dergleichen, was es auch sei, davon abbringen zu lassen. Die sonderbaren Effekte der Perspektive intrigieren mich mehr als menschliche Intrigen. –
Ich sprach schon mit einem Worte von der Humanität, wie sie manchmal in einem Menschen stecken kann, wie z. B. in Mme. François in Zolas Buch. Humanitären Plänen oder Ideen, so als ob ich nun einem jeden gegenüber in dieser Weise handeln zu können vermeinte, verschreibe ich mich jedoch nicht, aber ich schäme mich nicht zu sagen, obwohl ich sehr gut weiß, daß das Wort Humanität schlecht angeschrieben steht, daß ich stets das Bedürfnis hatte und auch behalten werde, irgendein Geschöpf zu lieben. Ich habe einmal einen armseligen verbrannten Minenarbeiter verpflegt, sechs Wochen oder zwei Monate lang, ich habe mein Essen einen ganzen Winter mit einem alten Manne geteilt, ich weiß nicht, was noch mehr – und nun Sien. Aber ich glaube bis heute noch nicht, daß so etwas verrückt oder schlecht ist, ich finde vielmehr, es ist etwas so Natürliches und Selbstverständliches, daß ich nicht begreife, wie die Menschen für gewöhnlich so gleichgültig gegeneinander sein können. – (219)

Aber noch eins, jeder, der mit Liebe arbeitet, mit Intelligenz, hat gerade in seiner aufrichtigen Liebe zur Natur und zur Kunst eine Art von Panzer gegen die Meinungen der Menschen.
Die Natur ist auch streng und, sozusagen, hart, aber sie betrügt nie und hilft stets vorwärts.

Ich halte es also nicht für ein Unglück, wenn ich bei T. oder bei wem auch immer in Ungnade falle, wie sehr ich es auch bedaure. Denn ein eigentliches Unglück kann *daraus* nicht für mich entstehen; wenn ich keine Liebe zur Natur und zu meiner Arbeit hätte, dann würde ich unglücklich sein. Aber je weniger ich mit den Menschen vorwärts komme, desto mehr lerne ich der Natur vertrauen und mich auf sie konzentrieren. *Alle diese Dinge machen mich innerlich je länger desto frischer*; Du wirst es schon sehen, daß ich nicht bange bin vor einem frischen Grün oder einem zarten Blau und den tausenderlei verschiedenen Graus; es gibt nämlich fast keine Farbe, die nicht auch ein Grau ist: Rotgrau, Gelbgrau, Grüngrau, Blaugrau. Darauf läuft die ganze Farbenmischung hinaus. – (220)

Es gibt nur 3 Grundfarben, Rot, Gelb, Blau. Die zusammengesetzten sind Bronze, Grün, Violett.
Daraus entstehen durch Beimischung von Schwarz und etwas Weiß die unendlichen Variationen von Grau: Rotgrau, Gelbgrau, Blaugrau, Orangegrau, Violettgrau.
Es ist z. B. unmöglich, zu sagen, wie viele verschiedene Grüngraus es gibt, es variiert ins Unendliche.
Die ganze Chemie der Farben ist nicht komplizierter als diese wenigen einfachen Grundprinzipien es sind, und ein guter Begriff davon ist mehr wert als 70 verschiedene Farbentöne, da man mit den drei Hauptfarben und Weiß und Schwarz mehr als 70 Töne herstellen kann. Ein Kolorist ist derjenige, der beim Sehen einer Farbe in der Natur diese ganz munter zu analysieren versteht und z. B. sagen kann: »das Grüngrau ist gelb mit Schwarz und beinahe ohne Blau etc.«, und der, kurzum, die verschiedenen Graus der Natur auf der Palette herzustellen weiß. Um nun draußen Notizen oder um eine kleine Skizze zu machen, ist, ebenso wie für die weitere Ausführung, ein stark entwickeltes Gefühl für die Kontur absolutes Erfordernis.
Das nun wird einem, glaube ich, nicht von selbst, sondern er-

stens durch Beobachtung, sodann durch hartnäckiges Arbeiten und Suchen zuteil, und schließlich muß entschieden das Studium von Anatomie und Perspektive hinzukommen. Ich habe neben mir eine Landschaftsstudie von Roelofs, eine Federskizze, und ich kann Dir nicht sagen, wie ausdrucksvoll diese einfache Kontur ist. Alles ist darin. Ein anderes, noch sprechenderes Beispiel ist der große Holzschnitt »Bergère« von Millet, den Du mir voriges Jahr zeigtest, und der mir stets in der Erinnerung geblieben ist, ferner z. B. die Federzeichnungen von Ostade und dem Bauern-Brueghel.

Wenn ich solche Resultate sehe, dann fühle ich am allerdeutlichsten die große Wichtigkeit der Kontur, und Du weißt, z. B. durch die »Sorrow«, daß ich mir viel Mühe gebe, mich in dieser Hinsicht hinaufzuarbeiten.

Aber Du wirst, wenn Du ins Atelier kommst, sehen, daß ich, außer diesem Suchen nach der Kontur, entschieden auch Gefühl für Tonwerte habe, ebenso wie Andere, und daß ich auch nichts dagegen habe, Aquarelle zu machen.

Allein diese stützen sich in erster Linie auf die Zeichnung, und aus dem Zeichnen entspringen dann außer dem Aquarell vielerlei andere Zweige, die sich bei mir, gerade so wie bei jedem anderen, der mit Liebe arbeitet, zur gegebenen Zeit entwickeln werden. Ich habe den alten Deubel von Kopfweide noch einmal attackiert, und ich glaube, daß dieses das beste von den Aquarellen geworden ist. Eine düstere Landschaft, dieser tote Baum bei einem stillstehenden, mit Wasserlinsen bedeckten Tümpel, im Hintergrunde, wo Bahngleise einander kreuzen, eine Remise der rheinischen Eisenbahn, schwarze verräucherte Gebäude, ferner grüne Wiesen, ein Kohlenweg, und eine Luft mit jagenden grauen Wolken, einzelne mit leuchtendem weißen Rande, und da, wo die Wolken sich gerade zerteilen, eine Tiefe von Blau.

Kurzum, ich habe es so machen wollen, wie, dünkt mich, der Bahnwärter in seinem blauen Kittel mit der roten Flagge es sehen

und fühlen muß, wenn er denkt: »Wie trübe ist es heute«. – Das Gefühl und die Liebe zur Natur finden früher oder später bei Menschen, die sich für Kunst interessieren, immer Anklang. Es ist die Pflicht des Malers, sich ganz in die Natur zu vertiefen und seine ganze Intelligenz zu gebrauchen, um sein Gefühl in seine Arbeit hineinzulegen, so daß sie für andere verständlich wird. Aber auf Verkäuflichkeit hinarbeiten, ist durchaus nicht der richtige Weg, sondern, meiner Meinung nach, vielmehr ein die Liebhaber Täuschen. Das haben die Echten nie getan, vielmehr gewannen sie die Sympathie, welche sie früher oder später fanden, durch ihre Aufrichtigkeit. Mehr weiß ich nicht davon, und ich glaube auch nicht, daß ich es nötig habe, mehr davon zu wissen. –
Wenn ich sehe, wie manche Maler hier, die ich kenne, an ihren Aquarellen und Bildern so herummurksen, daß sie nicht mehr da heraus kommen können, dann denke ich wohl einmal: »Mein Freund, es hapert an Deinem Zeichnen«. Ich bedaure es keinen Augenblick, daß ich beim Aquarellieren und Malen geblieben bin. Ich weiß sicher, daß ich dies einholen werde, wenn ich nur noch etwas weiter schufte, so daß meine Hand beim Zeichnen und in der Perspektive nicht zaudert; aber wenn ich junge Maler *aus dem Kopfe* komponieren und zeichnen sehe; wenn sie dann, wiederum *aus ihrem Kopfe*, au hasard* allerlei daraufschmieren, es sodann in einigem Abstand halten und eine tiefsinnige, düstere Miene aufsetzen, um herauszufinden, welchen Dingen es um Gottes Willen einigermaßen gleichen könnte, und wenn sie dann endlich, und immerfort aus dem Kopfe, irgend etwas daraus machen, dann wird mir manchmal weh und elend davon, und ich denke, daß dies doch verteufelt langweilig und unerträglich ist. – (221)

Ich bin Dir sehr dankbar dafür, daß Du einmal hier gewesen bist – ich finde es herrlich, wieder die Zuversicht auf ein Jahr gere-

* auf gut Glück

gelter Arbeit, ohne Kalamitäten, zu haben; und durch das, was Du mir gegeben hast, habe ich obendrein im Malen noch einen neuen Horizont bekommen.
Ich rechne es mir als Vorrecht vor tausend anderen an, daß Du mir soviele Schlagbäume aus dem Wege räumst.
Es versteht sich von selbst, daß oft mancher der Unkosten wegen nicht vorwärts kommt, und wie dankbar ich dafür bin, daß ich geregelt arbeiten kann, nun, das kann ich Dir nicht in Worten sagen.
Um die Zeit einzuholen, um die ich später als andere begonnen habe, muß ich doppelt mein Bestes tun, doch selbst bei dem besten Willen müßte ich es aufgeben, wenn ich Dich nicht hätte.

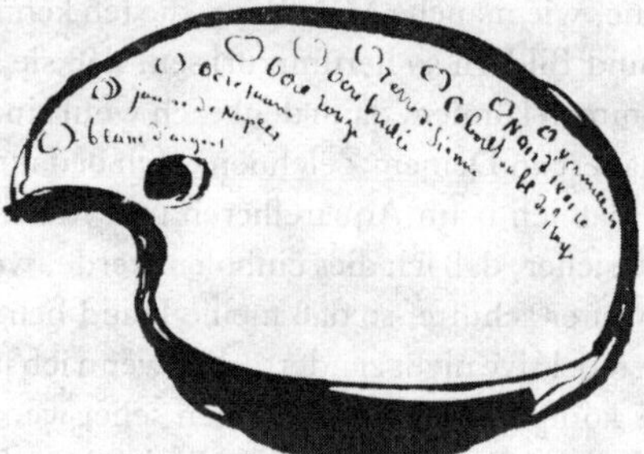

Ich werde Dir einmal erzählen, was ich mir so alles angeschafft habe.
Erstens einen ordentlichen Kasten mit feuchten Aquarellfarben für Wasserfarbe in Stücken oder Tuben, mit einem doppelt geschlagenen Deckel, welcher offen als Palette dient; zugleich ist Raum für etwa 6 Pinsel da.
Das ist ein Stück Material, das viel wert und beim Arbeiten im Freien eigentlich absolut notwendig ist, aber es ist eine ordentliche Ausgabe, und ich hatte es in Gedanken auf später verschoben und bisher mit losen Stücken auf Untertassen gearbeitet,

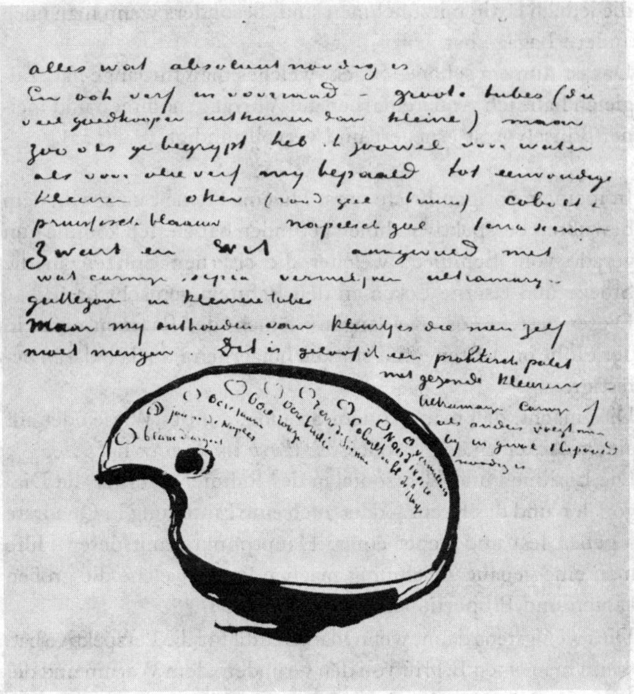
alles wat absoluut noodig is
En ook verf in voorraad – groote tubes (die
veel goedkooper uitkomen dan kleine) maar
zooals ge begrypt heb ik zoowel voor water
als voor olieverf my bepaald tot eenvoudige
kleuren oker (rood geel bruin) cobalt
pruissisch blaauw napelsch geel terra sienna
zwart en wit aangevuld met
wat carmyn, sepia vermiljoen ultramaryn
gutlegom in kleinere tubes
Maar my onthouden van kleurtjes die men zelf
moet mengen. Dit is geloof ik een praktisch palet
met gezonde kleuren
Ultramaryn Carmyn /
als anders voorkomt
by in geval 't bepaald
noodig is

die jedoch lästig mitzunehmen sind, besonders wenn man noch andere Bagage hat.
Das ist nun ein schönes Stück, welches man für lange hat. Zugleich habe ich Aquarellfarben auf Vorrat genommen und meinen Pinselvorrat erneuert und vervollständigt... (222)

In meinem vorigen Briefe wirst Du eine kleine Skizze von dem bewußten Perspektiverahmen gefunden haben. Ich komme nun gerade vom Schmied, welcher die eisernen Spitzen an die Stöcke und eiserne Ecken an den Rahmen gemacht hat.
Dieser besteht aus zwei langen Pfählen; der Rahmen wird, in der Höhe oder Breite, mit starken hölzernen Pflöcken daran befestigt.
Dies macht, daß man auf dem Strande, auf der Wiese oder auf einem Acker einen Ausblick *wie durch ein Fenster* hat.
Die Lotlinien und Horizontalen des Rahmens, ferner die Diagonalen und das Kreuz – oder auch eine Einteilung in Quadrate – geben fest und sicher einige Hauptpunkte, mit deren Hilfe man eine genaue Zeichnung machen kann, welche die großen Linien und Proportionen angibt.
Dies wenigstens dann, wenn man Gefühl für die Perspektive hat, wenn man einen Begriff von den Gründen, dem Warum und der Weise hat, in der die Perspektive den Linien eine scheinbare Veränderung der Richtung und den Maßen und Flächen eine Veränderung in der Größe gibt. Ohne das hilft der Rahmen nichts, und man wird schwindelig, wenn man hindurchsieht.
Mich dünkt, Du wirst wohl fühlen, daß es ein herrliches Ding ist, dieses Visier auf die See zu richten, auf grüne Felder oder, im Winter, auf die beschneite Fläche, oder im Herbst auf das launige Netzwerk dünner und dicker Stämme und Zweige, oder auf eine Sturmluft.
Es setzt – bei *vieler* Übung und bei *anhaltender* Übung – jemanden in den Stand, blitzschnell zu zeichnen, und, wenn die Zeichnung feststeht, blitzschnell zu *malen*. – (223)

Das »Bosch« wird schon außerordentlich herbstlich – es gibt dort Farbeneffekte, die ich nur selten in den holländischen Bildern gemalt sehe. Ich war gestern abend mit einem ein wenig aufsteigenden Waldbodenterrain, welches mit verfaultem und dürrem Buchenlaub bedeckt war, beschäftigt. Der Boden war heller und dunkler rotbraun, besonders von den Schlagschatten der Bäume, die Streifen darüber warfen, halb ausgewischte, mattere oder kräftigere. Es handelte sich darum und es stellte sich als sehr schwierig heraus, die Tiefe der Farbe heraus zu bekommen, die enorme Kraft und Festigkeit des Terrains, und dann beim Malen merkte ich erst, wie viel Licht auch noch in den Dunkelheiten war. Das nun licht zu halten und doch die Glut und Tiefe der satten Farbe zu bewahren! Denn man kann sich keinen Teppich denken, so prächtig wie das tiefe Braunrot in der Glut einer, jedoch durch die Bäume gedämpften, Herbstabendsonne.

Aus diesem Boden sprießen junge Buchenstämme, welche mit einer Seite Licht fangen und dort leuchtend grün sind; dann die Schattenseite der Stämme –: ein warmes, starkes Schwarzgrün. Hinter den Stämmchen, hinter dem braunroten Boden ist eine Luft, ganz zartes, warmes Blaugrau – fast nicht blau – glitzernd. Und dagegen steht noch ein dunstiger Rand von Grün, und ein Netzwerk von Stämmchen und gelblichem Laub. Einige Figuren von Holzsuchern treiben sich da herum, wie dunkle Massen geheimnisvoller Schatten. Die weiße Mütze einer Frau, die sich bückt, um einen dürren Ast zu fassen, spricht plötzlich gegen das tiefe Rotbraun des Bodens. Ein Rock fängt Licht – ein Schlagschatten fällt – die dunkle Silhouette eines Kerls erscheint oben auf dem Waldrand. Eine weiße Mütze, und Kappe, Schulter, Büste einer Frau heben sich gegen die Luft ab. Die Figuren, groß und voll Poesie, erscheinen in dem dämmerigen tiefen Schattentone wie enorme Terrakotten.

Ich beschreibe Dir die Natur, doch wie weit ich sie in meiner Skizze wiedergegeben habe, weiß ich selbst nicht, dies aber weiß ich wohl, daß mich die Harmonie von Grün, Rot, Schwarz, Gelb, Blau, Braun, Grau packte. –

Das zu malen war eine Quälerei. Auf den Boden gingen anderthalb große Tuben Weiß – trotzdem ist der Boden sehr dunkel –, ferner Rot, Gelb, Braun, Ocker, Schwarz, Terrasiena, Bistre, und das Resultat ist ein Rotbraun, das aber von Bistre bis zu tiefem Weinrot, und bleich, blond, rosig variiert. Es sind dann noch Moose da und ein kleiner Rand frischen Grases, das Licht fängt und stark leuchtet und sehr schwierig heraus zu bekommen ist. Sieh, da ist nun endlich eine Skizze, von der ich behaupten möchte, daß sie, was man auch davon sagen mag, einige Bedeutung, daß sie etwas zu sagen hat.

Ich habe mir beim Arbeiten gesagt, ich werde nicht weggehen, bevor nicht etwas von einem Herbstabend darin ist, etwas Geheimnisvolles, etwas, worin Ernst ist.

Ich mußte jedoch, da der Effekt nicht bleibt, schnell malen, die Figuren sind in einigen kräftigen Strichen mit breitem Pinsel hingesetzt – in einem Zuge. Es frappierte mich, wie fest die Stämmchen im Hintergrunde saßen, ich fing sie mit dem Pinsel an – doch weil der Boden schon so stark impastiert war, sank der Pinselstrich weg wie nichts – da drückte ich Wurzeln und Stämme aus den Tuben darauf – und modellierte sie etwas mit dem Pinsel. Ja – nun stehen sie darin, sprießen heraus, wurzeln mit Kraft darin. In gewissem Sinne bin ich froh, daß ich das Malen nicht *gelernt* habe. Vielleicht hätte ich dann *gelernt*, solche Effekte wie diese zu übersehen, jetzt sage ich: nein – gerade das muß ich haben – ist es nicht möglich, dann ist es nicht möglich, aber ich will es versuchen, obgleich ich nicht weiß wie es gemacht wird. Wie ich es male, *weiß ich selbst nicht*, ich setze mich mit einem frischen Brett vor den Fleck hin, der mich packt – ich sehe nach dem, was ich vor Augen habe – ich sage mir: aus dem frischen Brett muß etwas werden – ich komme unzufrieden zurück – ich stelle es fort, und wenn ich mich etwas ausgeruht habe, sehe ich mit einer Art Angst danach – dann bleibe ich noch unzufrieden, weil ich die herrliche Natur zu gut in der Erinnerung habe, als daß ich damit zufrieden sein könnte – und doch, ich sehe in meiner Arbeit einen Widerglanz von dem, was mich packte, ich sehe, daß die Natur zu mir gesprochen, daß sie mir etwas erzählt hat, was ich in Schnellschrift aufgeschrieben habe. In meiner Schnellschrift mögen Worte sein, die nicht zu entziffern sind, Fehler oder Leeren, aber trotzdem liegt etwas von dem darin, was der Wald, der Strand oder die Figur mir sagten, und es ist keine zahme und konventionelle Sprache, die nicht aus der Natur selbst, sondern etwa aus einer angelernten Manier oder einem System heraus gekommen wäre. – (228)

Hier ist noch eine kleine Skizze aus dem Bosch, ich habe eine große Studie davon gemacht.
Ich fühle in mir eine solche Kraft zu schaffen, ich habe die Überzeugung, daß eine Zeit kommen wird, da ich sozusagen *täglich* das eine oder andere Gute machen werde, und das regelmäßig. Es geht denn auch nur höchst selten ein Tag vorüber, an dem ich nicht irgend etwas machte, aber das ist noch nicht eigentlich, was ich will. Enfin – manchmal ist es mir, als ob es bald sein könnte, daß ich produktiv werde, und wenn es eines schönen Tages geschähe, würde es mich nicht wundern.
Ich habe die Idee, daß das Malen auf jeden Fall indirekt noch etwas Neues in mir wecken wird. (229)

Einliegend eine kleine Skizze von einem großen Aquarell. Du erinnerst Dich vielleicht des Kontors der Staatslotterie von Moorman, am Anfang der Spuistraat! Ich kam dort an einem regnerischen Morgen vorbei, als eine Menge Menschen da standen, die warteten, um Lotteriezettel zu holen. Es waren meistenteils alte Frauen, jene Art Menschen, von denen man nie sagen kann, was sie tun oder wie sie leben, und die sich, scheint es,

HEDEN
TREKKING
Staatsloterij

doch tüchtig rühren und abquälen und sich im Leben umtun. Natürlicherweise ist, oberflächlich betrachtet, ein solches Häuflein Menschen, die anscheinend ein recht großes Interesse an dem »Heute Ziehung« haben, etwas, was Dich und mich lachen macht, weil uns beiden die Lotterie ja durchaus gleichgültig ist.

Aber dieses Häuflein Menschen – und ihr Ausdruck der Erwartung – packte mich, und während ich daran arbeitete, bekam das eine größere, tiefere Bedeutung für mich als im ersten Augenblick. Dann nämlich, wird es, scheint mir, bedeutungsvoller, wenn man darin sieht: *die Armen und das Geld.* So ist es übrigens fast mit allen Figurengruppen; man muß doch erst darüber nachdenken, wenn man begreifen will, wovor man steht; die Neugierde und die Illusion der Lotterie gegenüber scheint uns mehr oder weniger kindisch, aber das wird ernsthaft, wenn man an die Opposition gegen das Elend denkt und die Art der efforts de perdus* dieser Unglücklichen, die sich einbilden, sie könnten womöglich durch ein Lotterielos, bezahlt mit dem Essen, das sie sich vom Munde absparen, gerettet werden. Wie dem auch sei, ich habe ein großes Aquarell davon in Angriff genommen. – (235)

Wir behalten hier Herbstwetter, regnerisch und kühl, aber voller Stimmung, herrlich besonders für Figuren, die sich von den nassen Straßen und Wegen, in denen sich die Luft spiegelt, tonig abheben. –

Ich erinnere mich, früher eine Zeit gehabt zu haben, da das Gefühl für die Landschaft sehr stark bei mir war, und da ich viel mehr durch eine Malerei oder Zeichnung, in der ein Lichteffekt oder eine landschaftliche Stimmung gut ausgedrückt war, ergriffen wurde, als durch Figuren. Figurenmaler flößten mir im allgemeinen sogar nur eine Art von kühler Hochachtung ein, aber warme Sympathie empfand ich ihnen gegenüber nicht.

* verzweifelten Anstrengungen

Ich erinnere mich jedoch noch sehr gut, daß ich in dieser Zeit doch recht ergriffen wurde von einer Zeichnung Daumiers, ein alter Mann unter den Kastanienbäumen in den Champs Elysées (eine Illustration zu Balzac), obgleich diese Zeichnung nicht einmal besonders bedeutend war; aber ich weiß wohl, was mich damals so besonders packte, war, daß etwas so Tüchtiges und Männliches in der Auffassung Daumiers lag, so daß ich dachte: es muß doch gut sein, so zu fühlen und zu denken, und viele Dinge zu übersehen oder daran vorüber zu gehen, um sich zuletzt auf etwas zu konzentrieren, das zu denken gibt, und das das Menschliche im Menschen persönlicher berührt als Wiesen und Wolken. Und so ziehen mich noch immer die Figuren der englischen Zeichner ebenso wie der englischen Schriftsteller an, und zwar wegen ihrer montagmorgenartigen Nüchternheit und gewollten Einfachheit, wegen ihrer Prosa und Analyse, wegen dieser Dinge, die solide und tüchtig sind, und an denen man einen Halt hat in Tagen, an denen man sich matt fühlt. Etwas Ähnliches ist es mit den französischen Schriftstellern, so mit Balzac und ebenso mit Zola. –
Was ist das Zeichnen? Wie kommt man ans Ziel? Es ist ein sich Durcharbeiten durch eine unsichtbare eiserne Wand, die zwischen dem, was man *fühlt*, und dem, was man *kann*, zu stehen scheint. Wie muß man nun durch diese Wand hindurchzukommen versuchen – da ein Dagegenschlagen nichts hilft. Man muß, nach meiner Ansicht, diese Wand unterwühlen und durchfeilen, langsam und mit Geduld, und sieh, wie könnte man bei einer solchen Arbeit beständig bleiben, ohne sich davon abbringen oder ableiten zu lassen, wenn man nicht darüber nachdächte und sein Leben nach Prinzipien regelte. Und wie mit dem Künstlerischen, so ist es auch mit anderen Dingen. Und das Große ist nicht etwas Zufälliges, sondern muß recht sehr *gewollt* sein. Was im Menschen das Ursprünglichere ist – ob die Taten zu den Prinzipien oder die Prinzipien zu den Taten führen sollen, das ist etwas, was mir genau so unbestimmbar

und ebensowenig der Mühe wert, bestimmt zu werden, scheint, wie die Frage, was zuerst war, das Huhn oder das Ei. Aber ich halte es für etwas Positives und sehr Wichtiges, daß man seine Denk- und Willenskraft zu entwickeln sich bestrebe. –
Ich ende mit demselben, womit Du Deinen Brief beschließest – wir haben beide die Eigentümlichkeit, daß wir mit Vorliebe hinter die Kulissen sehen, oder, mit anderen Worten, wir haben eine Neigung, die Dinge zu analysieren.
Dieses ist nun, glaube ich, gerade die Eigenschaft, die man haben muß, um zu malen. – Beim Malen oder Zeichnen muß man diese Kraft anspannen, und, mag es nun auch einigermaßen so sein, daß etwas davon von Natur aus in uns sein muß (aber das hast auch Du, und ich habe es auch, wir verdanken das vielleicht unseren Jugendjahren in Brabant und einer Umgebung, die viel mehr, als es gewöhnlich der Fall ist, dazu beitrug, uns denken zu lehren), so ist es im wesentlichen doch erst später, daß sich das künstlerische Empfinden entwickelt und, durch Arbeiten, reift. – (237)

Ich hatte heute noch ein paar Stunden Modell, einen Jungen mit einer Schaufel, Handlanger von Beruf, ein echter Typus, platte Nase, dicke Lippen, sehr straffes grobes Haar – und doch, wenn er etwas tut, ist Grazie in der Figur, oder besser: Haltung und Charakter.
Ich glaube wohl, daß ich diesen Winter noch schöne Modelle bekommen werde, der Werftmeister hat mir versprochen, mir ab und zu die Arbeiter, die nach Arbeit fragen, wie das in der stillen Zeit ja häufiger vorkommt, zu schicken. Ich gebe ihnen immer gern ein paar Kwartjes ($^1/_1$ Gulden) für einen Mittag oder Vormittag, denn das ist es gerade, was ich brauche. Ich sehe keinen anderen Weg als mit Modell arbeiten – man darf ganz gewiß seine Einbildungskraft nicht ersticken, aber gerade das fortwährende die-Natur-vor-Augen-Haben und das Ringen mit ihr schärft die Einbildungskraft und macht sie genauer. – (238)

Ich glaube, daß man, um danach zu verlangen, Figuren zu machen, eine gewisse Wärme des Gefühls in sich haben muß, nämlich, daß man wirklich Liebe zu den Menschen haben muß. –
Ich wollte Dich einmal fragen, ob von Daumier billige Blätter im Handel sind, und wenn ja, welche? Ich habe ihn immer sehr tüchtig gefunden, aber erst in der letzten Zeit fange ich an zu vermuten, daß er von noch größerer Bedeutung ist, als ich dachte. –
Ich habe früher auch wohl Karikaturen von ihm gesehen und gerade dadurch vielleicht eine verkehrte Idee von ihm bekommen. Seine Figuren machten stets einen besonderen Eindruck auf mich, aber ich glaube, daß ich nur einen ganz kleinen Teil seiner Arbeiten kenne, und daß die Karikaturen z. B. durchaus nicht sein Bestes sind.
Ich erinnere mich, daß wir voriges Jahr auf dem Wege nach Prinsenhagen darüber gesprochen haben, und daß Du damals sagtest, Du fändest Daumier schöner als Gavarni, und daß ich dann Partei für Gavarni nahm und Dir von dem Buch, das ich über Gavarni gelesen hatte und das Du nun hast, erzählte; aber nun muß ich doch sagen, daß ich, obgleich ich seitdem nicht weniger von Gavarni halte, anfange zu vermuten, daß ich nur einen ganz kleinen Teil von Daumiers Arbeit kenne, *und daß gerade in dem Teil seiner Arbeit, den ich nicht kenne*, die Dinge sind, die mich (wie sehr ich auch das, was ich schon von ihm kenne, schätze) doch am allermeisten interessieren würden. Und es dämmert noch in meiner Erinnerung – aber ich kann mich irren –, daß Du mir von großen Zeichnungen sprachst, Typen aus dem Volke, und darauf bin ich begierig. Wären viele seiner Sachen so schön wie eines seiner Blätter, das ich unlängst fand: les 5 âges d'un buveur, oder wie die Figur eines alten Mannes unter einem Kastanienbaum, wovon ich Dir schon sprach, ja, dann wäre er vielleicht der Meister von Allen. – (239)

Ich finde es furchtbar schade, daß hier gerade für die Kunst, die

recht eigentlich für das Volk geeignet ist, meistens sozusagen kein animo da ist.
Wenn die Maler sich zusammentäten, um dafür zu sorgen, daß ihr Werk (das doch, meine ich, fürs Volk gemacht wird – jedenfalls finde ich dieses die höchste und edelste Aufgabe für jeden Künstler) auch dem Volke zu Händen kommen kann und in jedermanns Bereich gestellt wird, dann wäre das etwas, wodurch man die gleichen Resultate erzielen könnte, die in den ersten Jahren des Graphic erzielt wurden. –
Meine Liebe und mein Respekt für die großen Zeichner aus Gavarnis Zeit, ebenso wie für die gegenwärtigen, nimmt zu, je mehr ich ihr Werk kennen lerne, und besonders auch dadurch, daß ich selbst mein Möglichstes tue, um etwas von dem zu machen, was man alle Tage auf der Straße sieht.
Daß ich Herkomer, Fides, Holl und die anderen Gründer des Graphic so besonders schätze, daß sie mir noch sympathischer sind und bleiben werden als Gavarni und Daumier, kommt daher, daß, während letztere die menschliche Gesellschaft mehr mit Malice* anzusehen scheinen, die ersteren in Übereinstimmung mit Männern wie Millet, Breton, de Groux und Israëls, Vorwürfe wählen, die ebenso wahr sind wie diejenigen Gavarnis oder Daumiers, die aber etwas Edles haben, und in denen ein ernsthafteres Gefühl ist. Das, dünkt mich, muß vor allen Dingen bleiben.
Ein Künstler braucht kein Pfarrer oder Kollektant zu sein, muß aber doch erst recht ein warmes Herz für die Menschen haben, und ich finde z. B. etwas Edles darin, daß kein Winter vorbei ging, ohne daß der Graphic etwas tat, um Sympathie für die Armen zu wecken. – (240)

Dickens sagt einige originelle Sachen über die Maler *seiner* Zeit und über die verkehrte Art ihres Arbeitens, nämlich über das sich sklavisch und doch nur halb ans Modell Halten. Er sagt:

* Bosheit

Kerls, begreift doch nur, daß Euer Modell nicht ein Endzweck ist, sondern *das Mittel, um Euren Gedanken und Inspirationen Gestalt und Kraft* zu geben. –
Zwei Dinge, die, glaube ich, ewig wahr bleiben und einander ergänzen, sind: lösche Deine Inspiration und Phantasie nicht aus, werde nicht Sklave des Modells – und das andere: nimm Modell und studiere es, denn sonst bekommt Deine Inspiration keine greifbare Gestalt. – (241)

Wenn Du in Deinem letzten Brief sagst: »Was gibt es doch für Rätsel in der Natur«, so stimme ich Dir darin bei. Schon die Vorstellung des Lebens ist ein Rätsel, und die Wirklichkeit macht, daß es ein Rätsel in einem Rätsel wird. Und wer sind wir, um es zu lösen? Gleichwohl, wir sind selbst ein Atom davon, sind selbst von der Gesellschaft, von der wir fragen: Wohin geht sie, zum Teufel oder zu Gott?
Pourtant le soleil se lève*, sagt V. Hugo. –
Auch wer zeichnet, darf nicht darauf rechnen, daß er seine Zeichnungen verkaufen wird, aber trotzdem ist es seine Pflicht, sie so zu machen, daß sie Wert haben und ernsthaft sind – man darf nämlich nicht nonchalant oder gleichgültig werden, und zwar auch dann nicht, wenn einen die Verhältnisse enttäuschen. –
Ich fühle eine Kraft in mir, die ich entwickeln muß, ein Feuer, das ich nicht auslöschen darf, sondern schüren muß, obgleich ich nicht weiß, zu welchem Ende es mich führen wird, und ich mich über ein düsteres nicht wundern würde. Was soll man in einer Zeit, wie dieser, wünschen? Welches ist das verhältnismäßig glücklichste Los?
Unter manchen Umständen ist es besser der Besiegte als der Sieger zu sein, z. B. besser Prometheus als Jupiter. Enfin – es ist ein altes Wort: »Laß kommen, was kommen muß«. –
Ich habe heute noch an alten Zeichnungen aus Etten gearbeitet,

* Dennoch geht die Sonne auf

weil ich die Kopfweiden hier im Felde in einem ähnlich blätterlosen Zustande wie damals wieder sah und mir das, was ich voriges Jahr gesehen hatte, wieder in Erinnerung kam. Ich kann oft recht sehr danach verlangen, Landschaften zu machen, um mich einmal zu erfrischen usw., ebensosehr wie nach einem weiten Spaziergange; ich sehe in der ganzen Natur, z. B. in den Bäumen, Ausdruck, und, sozusagen, Seele. Eine Reihe Kopfweiden hat zuweilen etwas wie eine Prozession von Waisenmännern.
Das junge Korn kann etwas unaussprechlich Reines und Sanftes haben, das eine ähnliche Rührung erweckt wie z. B. der Ausdruck eines schlafenden Kindchens.
Das niedergetretene Gras am Rande eines Weges hat etwas Ermüdetes und Bestaubtes wie die Bevölkerung eines Arbeiterviertels. Als es neulich geschneit hatte, sah ich eine kleine Gruppe von Wirsingkohl, der so recht verfroren dastand, und das erinnerte mich an eine kleine Gruppe von Frauen, die ich, in ihren dünnen Röcken und alten Umschlagtüchern, morgens früh in einem Wasser- und Feuerkeller* hatte stehen sehen. – (242)

Ich weiß nicht, ob Du es etwa eingebildet findest, wenn ich Dir sage, daß Folgendes mir Freude machte. Die Arbeiter von Smulders aus dem andern Geschäft in de Laan hatten den Stein vom Waisenmann gesehen und den Drucker gefragt, ob sie einen Abdruck davon zum Aufhängen bekommen könnten. Kein Resultat meiner Arbeit könnte mir angenehmer sein, als wenn einfache Arbeiter solche Blätter in ihr Zimmer oder ihren Arbeitsraum hängen. –
Natürlicherweise muß eine Zeichnung künstlerischen Wert haben, doch das braucht, meine ich, nicht auszuschließen, daß auch gewöhnliche Passanten etwas darin finden können. – (245)

* Kleiner Laden, in dem heißes Wasser und glühende Torfkohlen verkauft werden.

Es ist, scheint wir, die Pflicht des Malers, danach zu streben, einen Gedanken in seine Arbeit zu legen. In diesem Blatte wollte ich auszudrücken versuchen (aber ich kann es nicht so schön und treffend sagen, wie die Wirklichkeit, von der dieses hier nur wie der schwache Widerschein in einem dunklen Spiegel ist): daß mir einer der stärksten Beweise für das Vorhandensein von »quelque chose là-haut«*, an die Millet glaubte, für die Existenz eines Gottes und einer Ewigkeit, das unaussprechlich Rührende zu sein scheint, das in dem Ausdruck eines solchen alten Männchens sein kann – vielleicht ohne daß er sich dessen bewußt ist –, wenn er so still in seinem Herdeckchen sitzt. Es offenbart sich da etwas Edles, etwas Vornehmes, etwas, das nicht für die Würmer bestimmt sein kann.
Israëls hat das so außerordentlich schön dargestellt.
In Onkel Toms Hütte ist vielleicht die wundervollste Stelle die, wo der arme Sklave, der weiß, daß er sterben muß, sich, während er zum letzten Male mit seiner Frau zusammen sitzt, der Worte erinnert.:

Que le malheur sombre déluge,
Que des tempêtes de malheur
S'abattent sur moi – mon Refuge,
Ma Paix, mon Tout – c'est Toi, Seigneur.**

Darin drückt sich, weit entfernt von aller Theologie, einfach die Tatsache aus, daß selbst der ärmste Holzhauer, Heidebauer oder Minenarbeiter Augenblicke einer Bewegtheit und Stimmung haben kann, die ihm das Gefühl einer ewigen Heimat geben, der er sehr nahe ist. –
Ich glaube übrigens, daß auch Jules Dupré und Daubigny durch ihre Werke diese Gedanken oft haben anregen wollen. Es ist zuweilen etwas Unbeschreibliches in diesen Stimmungen, es ist, als spräche die ganze Natur – und wenn man nach Hause

* etwas Höherem
** Und wenn gleich düstrer Flut / Mich Sorge trifft und Not / Du bist mein Hort, mein Friede / Mein Alles bist Du, Gott

geht, hat man ein Gefühl, als hätte man ein Buch von Victor Hugo z. B. gelesen. –
Ich glaube, daß ein Maler ein glückliches Wesen ist, weil er, sobald er einigermaßen wiedergeben kann, was er sieht, in Harmonie mit der Natur ist.
Und das ist viel – man weiß, was man zu tun hat, Stoff gibt es im Überfluß, und Carlyle sagt mit Recht: Blessed is he, who has found his work.*
Ist diese Arbeit – wie bei Millet, Dupré, Israëls etc. – etwas, das den Zweck hat, Frieden zu bringen, sursum corda nämlich, »erhebet die Herzen«, zu sagen, dann ist sie doppelt ermutigend – man ist dann auch weniger allein, weil man denkt, ich sitze nun zwar einsam hier, aber während ich hier sitze und den Mund halte, redet möglicherweise mein Werk mit meinem Freunde, und wer es sieht, wird mich nicht der Lieblosigkeit zeihen. Doch glaube nur, daß die Unzufriedenheit mit mangelhafter Arbeit, das Mißglücken der Sachen, die Schwierigkeiten der Technik furchtbar melancholisch machen können. Ich gebe Dir die Versicherung, daß ich, wenn ich an Millet, an Israëls, Breton, de Groux und so viele Andere, Herkomer u. a., denke, furchtbar verzweifelt sein kann – denn, was diese Kerle sind, das weiß man erst, wenn man selbst an der Arbeit ist. Und nun muß man sich die Verzweiflung und die Melancholie verbeißen, muß mit sich, so wie man ist, Geduld haben, nicht, um sich auszuruhen, sondern um, trotz tausend Mängeln und Fehlern und trotz der Ungewißheit ihrer Überwindung, sich weiter zu quälen – und das ist die Ursache, weshalb ein Maler in gewissem Sinne wiederum nicht glücklich ist.
Der Kampf mit sich selbst – das sich selbst Verbessern – die Notwendigkeit seine Energie ständig zu erneuern – dies alles noch erschwert durch die materiellen Schwierigkeiten. – (248)

* Gesegnet ist, wer seine Arbeit gefunden hat

Zu mir selbst habe ich gesagt, daß, was ich zu tun hätte, auf der Hand liegt – mein Äußerstes an die Zeichnungen zu wenden. Demzufolge habe ich, seit meinem Briefe über diesen Gegenstand, einige neue gemacht.
Zuerst ein Säer. Ein großer alter Kerl, eine lange dunkle Silhouette gegen einen dunklen Boden. Weit hinten eine kleine Heidehütte mit Moosdach und ein Stückchen Luft mit einer Lerche. Der Mann ist eine Art Hahnentypus – ein glatt rasiertes Gesicht, ziemlich scharfe Nase und Kinn, das Auge klein, der Mund eingefallen. Lange Beine mit Stiefeln.
Dann ein zweiter Säer, mit einer hellbraunen Bombasin-Jacke und -Hose; diese Figur hebt sich hell von dem schwarzen Acker ab, den eine Reihe Kopfweiden begrenzt.
Das ist ein ganz anderer Typus, mit Schifferbart, breiten Oberschenkeln, er hat etwas Gedrungenes, etwas von einem Ochsen insofern, als man seiner ganzen Haltung die Feldarbeit ansieht. Wenn Du willst, vielleicht eher der Typus eines Eskimo, dicke Lippen, breite Nase.
Dann ein Mäher mit großer Sense, auf einer Wiese. Der Kopf formt sich mit einer braunen Wollmütze gegen die helle Luft ab.
Dann einer von den alten Kerlchen, mit kurzer Jacke und großem, alten Zylinder, wie man ihnen in den Dünen begegnet. Er trägt einen Korb mit Torf nach Hause.
Nun habe ich danach gestrebt, in diesen Zeichnungen meine Absicht noch deutlicher auszudrücken, als in dem alten Männchen mit dem Kopf zwischen den Händen. Diese Kerle tun alle etwas, und besonders das muß, dünkt mich, bei der Wahl der Motive im allgemeinen durchgesetzt werden. Du weißt selbst, wie schön die zahlreichen ruhenden Figuren sind, die so sehr oft gemacht werden. Diese werden häufiger gemacht als Figuren Arbeitender.
Es ist immer sehr verführerisch, eine Figur in der Ruhe zu zeichnen, während eine Bewegung darzustellen sehr schwierig

ist. Der Effekt der Ruhe ist in den Augen vieler »angenehmer« als alles andere, doch dieses Angenehme darf die Wahrheit nicht aus dem Auge verlieren, und die Wahrheit ist, daß es im Leben mehr Schinderei als Ruhe gibt. –
Wie wünschte ich, daß wir etwas häufiger zusammen wären. Weißt Du, warum ich für mich nicht daran zweifle, daß ich es würde zustande bringen können? Du weißt aus der Naturkunde, daß ein Gegenstand, in eine Flüssigkeit getaucht, so viel an Gewicht verliert, wie das spezifische Gewicht der Flüssigkeitsmenge, die der Körper verdrängt, beträgt. Dadurch kommt es, daß manche Dinge schwimmen, und daß auch die, welche untersinken, unter Wasser leichter sind als in der Luft.
Etwas Derartiges – eine Art von festem Naturgesetz – scheint auch für das Arbeiten zu gelten, so nämlich, daß man, wenn man bei der Arbeit ist, mehr Arbeitskraft fühlt, als man zu besitzen glaubte, oder, besser, in der Tat besitzt. –
Ich möchte wohl einmal wissen, ob Du darin einer Meinung mit mir bist, daß in der Landschaft das letzte Wort noch nicht gesprochen ist. –
Viele Landschafter haben nicht die intime Naturkenntnis, welche diejenigen besitzen, die seit ihren Kinderjahren mit Empfindung die Felder gesehen haben. Viele Landschafter geben etwas, was (auch wenn wir sie als Künstler schätzen) doch menschlich weder Dich noch mich befriedigt. –
Tatsächlich beginnen sich auf dem Gebiete der Landschaft doch enorme Leeren zu zeigen. –
Und ich glaube, daß das Publikum anfangen wird zu sagen: erlöse uns von erkünstelten Kombinationen und gib uns das einfache Feld zurück. –
Ein unbedingtes Kopieren der Natur, das ist auch nicht das Richtige, aber die Natur so zu kennen, daß, was man macht, frisch und wahr ist, sieh, das ist es, was Vielen fehlt. – Du wirst sagen, aber jeder hat doch von Jugend auf Landschaften und Figuren gesehen. Frage: ist aber auch jeder als Kind nachdenklich

gewesen? Frage: hat aber auch jeder, der sie gesehen hat, Heide, Felder, Äcker und Wald lieb gehabt, und den Schnee und den Regen und den Sturm? Das besitzt nicht jeder so wie Du und ich, es ist eine besondere Art von Umgebung und Umständen, die daran bilden müssen, es ist auch eine besondere Art von Temperament und Charakter, die hinzu kommen müssen, damit es Wurzel schlägt. –
Weißt Du wohl, daß es so sehr, sehr notwendig ist, daß der Kunst ehrliche Leute bleiben? Ich will nicht behaupten, daß es keine gibt, aber Du fühlst selbst, was ich meine, und weißt genau so wie ich, daß eine Menge Leute, die malen, außerordentliche Lügner sind. – (251)

Ich habe jetzt wieder zwei Zeichnungen – die eine: ein Mann, der in der Bibel liest, die andere: ein Mann, der vor seinem Mittagsmahl, das auf dem Tische steht, sein Gebet verrichtet. Beide sind ganz gewiß von einer Stimmung, die man altmodisch nennen könnte, es sind wiederum Figuren wie das alte Männchen mit dem Kopf zwischen den Händen.
Das Tischgebet ist, glaube ich, die bessere Zeichnung, doch die beiden ergänzen einander. Auf der einen hat man einen Blick durch das Fenster auf die beschneiten Furchen.
Ich habe mit diesen beiden Zeichnungen und mit der früheren des alten Männchens dasselbe, nämlich die eigenartige Stimmung von Weihnachten und Silvester, zum Ausdruck bringen wollen.
In Holland wie in England haben diese immer noch etwas Religiöses, eigentlich haben sie es überall, wenigstens ist es auch in der Bretagne und im Elsaß so. Ob man nun gerade immer mit der Form dieser Dinge einverstanden sein muß, wollen wir dahin gestellt sein lassen – doch sicherlich ist etwas darin, wovor man, wenn es aufrichtig ist, Respekt hat, und ich meinesteils bringe dergleichen ein starkes Mitempfinden entgegen, ja ich habe sogar ein Bedürfnis danach, denn ich habe genau so gut

wie irgend so ein altes Männchen den Glauben an quelque chose là-haut*, auch wenn ich nicht bestimmt weiß, wie es oder was dort sein wird. Ich finde den Ausspruch von Victor Hugo sehr schön: les *religions* passent, mais Dieu demeure.**
Und ein schönes Wort Gavarnis ist, finde ich, dieses: il s'agit de saisir ce qui ne passe pas dans ce qui passe.*** – (253)

Was man Black and White nennt, ist eigentlich ein *mit Schwarz Malen*, ein Malen insofern, als man auch in eine Zeichnung die Tiefe des Effekts und den Reichtum an Tonschattierungen bringen sollte, die in einer Malerei sein müssen.
Du hast unlängst mit Recht behauptet, daß jeder Kolorist seine eigentümliche Farbenskala hat.
Das ist auch bei Black and White so, und im Grunde genommen ist es ja auch ein und dasselbe – man muß von den stärksten Lichtern zu den tiefsten Schatten gehen können, und zwar mit einigen einfachen Mitteln.
Manche Zeichner haben eine nervöse Art des Arbeitens, die macht, daß ihre Technik etwas von der Eigentümlichkeit des Klanges einer Geige hat – andere, z. B. Gavarni und Bodmer, erinnern mehr an Klavierspiel. Millet ist vielleicht eine feierliche Orgel – scheint es Dir auch so? – (256)

Du wirst es mir wohl nicht verdenken, wenn ich nun noch einiges über die Zeichnungen sage. Daß Du den alten Männerkopf »echt« fandest, macht mir sehr viel Freude, das Modell ist aber auch außerordentlich »echt«, ich habe noch mehr von ihm. Heute habe ich eine Zeichnung mit lith. Kreide gemacht. Dann plantschte ich einen Eimer Wasser über die Zeichnung und fing an, in das Klatschnasse mit dem Pinsel zu modellieren.
Dadurch bekommt man, wenn es gelingt, sehr feine Töne, aber

* etwas Höherem
** Die Religionen vergehen, Gott bleibt
*** Es handelt sich darum, im Vergänglichen das Unvergängliche festzuhalten

das ist eine gefährliche Manier, die auch einmal schief gehen kann. Wenn es aber glückt, hat man ein Resultat ganz »non ébarbé«, feine Töne Schwarz, die noch am ehesten einer eau-forte (Radierung) ähnlich sehen. –
Ich bekomme morgen einen Südwester für die Köpfe. Fischerköpfe, alte und junge, daran habe ich schon lange gedacht, und ich hatte schon einen gemacht, konnte dann aber später keinen Südwester mehr bekommen. Nun bekomme ich einen zum Eigentum, einen altern, über den viel Sturm und viele Sturzwellen hingegangen sind.
Augenblicklich sitzt die Frau mit den Kindern bei mir.
Wenn ich an voriges Jahr denke, dann ist es ein großer Unterschied. Die Frau ist stärker und kräftiger, hat viel, sehr viel von ihrem gehetzten Wesen verloren, das kleine Kindchen ist ein Kerlchen, so niedlich, gesund und lustig, wie Du Dir nur denken kannst, es kräht wie ein Hahn – es bekommt nur die Brust, ist aber dick und rund.
Und das arme, kleine Mädchen – an der Zeichnung siehst Du, daß das frühere tiefe Elend nicht ausgelöscht ist, und das macht mich oft besorgt, aber immerhin ist sie doch ganz anders als im vorigen Jahre – damals war es sehr, sehr schlimm, während sie jetzt schon etwas wirklich Kindliches hat.
Nun, wenn die Verhältnisse auch noch nicht vollkommen normal sind, so sind sie, hoffe ich, doch besser als im vorigen Jahre. Sieh, dann brauche ich doch nicht zu verzweifeln, und ich sage: vorwärts, mit gutem Mut. Die Frau bekommt etwas Einfaches, echt Mütterliches – und in dem Maße, als sich das befestigt, ist sie gerettet ... – (259)

In diesen Tagen bin ich sehr matt gewesen – ich fürchte, ich habe mich etwas überarbeitet – und die Hefe des Arbeitens, die Nachwehen der Überanstrengung, wie jämmerlich sind sie. Das Leben hat dann die Farbe von schmutzigem Wasser, es wird wie ein Aschenhaufen.

Dann möchte man wohl einmal einen Freund bei sich haben. Zuweilen klärt das den trüben Nebel.
An solchen Tagen erfüllt mich manchmal große Sorge über die Zukunft und Melancholie meiner Arbeit gegenüber, und dann fühle ich mich kraftlos.
Aber es ist gefährlich, zu viel darüber zu sprechen oder zu grübeln, also genug.
Ich habe immerhin ein Aquarell gearbeitet, wieder eine Skizze von Grabenden, oder, richtiger, Straßenarbeitern, hier auf dem Schenkweg, aber es taugt nichts.
Ich habe auch einmal ein paar Figuren mit Conté gezeichnet, die, glaube ich, besser sind.
Aber nicht nur mit Conté, denn ich habe dann das Ganze naß gemacht, die Schatten ausfließen lassen und die Lichter wieder herausgeholt.
Es kann auch sein, daß ich mich erkältet habe – aber ich muß, bevor ich wirklich etwas machen kann, die Mattigkeit los sein. – (263)

Ich verlange immer mehr nach Daumier. Es ist etwas Kerniges und Gelassenes in ihm, er ist belustigend und doch voll Empfindung und Leidenschaft; manchmal ist es mir, als fände ich bei ihm, z. B. in den Trunkenbolden und wahrscheinlich auch in der Barrikade, die ich nicht kenne, eine Leidenschaft, die man mit der Weißglut des Eisens vergleichen könnte.
Das ist z. B. auch in manchen Köpfen von Franz Hals, und da ist es so ernst, daß es kalt erscheint, aber wenn man es einmal eine kurze Zeit anschaut – – dann ist man erstaunt, daß jemand, der scheinbar mit so viel Aufregung arbeitet, der so ganz in der Natur aufgeht, zugleich *diese* Geistesgegenwart hat, daß er es mit so fester Hand hinsetzen kann. –
Es gibt übrigens in Balzac oder Zola Stellen, u. a. im Père Goriot, wo man in den *Worten* eine Leidenschaft vom Grade der Weißglut findet.

Ich dachte wohl auch schon einmal daran, den Versuch zu machen, auf ganz andere Weise zu Werke zu gehen. Nämlich mehr drauf zu gehen und mehr zu wagen.
Allein ich weiß nicht, ob ich nicht erst noch ausschließlicher die Figur, und dies unbedingt mit Modell, studieren muß. –
Wir hatten ein paar wirkliche Frühlingstage, so den letzten Montag, die ich sehr genossen habe.
Der Wechsel der Jahreszeiten ist etwas, was das Volk stark empfindet. In einem Viertel wie der Geest z. B. und in den »Hofjes« oder den sogenannten »geefhuisjes« ist der Winter immer eine ängstliche und schwere Zeit und der Frühling eine Erlösung. Wenn man darauf achtet, dann sieht man, daß ein solcher erster Frühlingstag eine Art von Evangelium ist.
Und es ist herzzerreißend, so viele graue, verwelkte Gesichter an einem solchen Tage herauskommen zu sehen, Menschen, die gar nichts Bestimmtes tun, sondern sich gleichsam nur überzeugen wollen, daß der Frühling da ist. – So drängen sich zuweilen allerlei Leute, von denen man es nicht erwarten sollte, auf dem Markte um eine Stelle, wo ein Verkäufer mit Krokus, Schneeglöckchen, Narzissen und anderen Zwiebelgewächsen steht. Manchmal ein pergamentener Schreiber aus einem Ministerium, eine Art Josserand, scheint es, in einem abgetragenen schwarzen Rock mit fettigem Kragen – *der* bei den Schneeglöckchen, das finde ich schön.
Ich glaube, daß die armen Leute und die Maler die gleiche Empfindung für das Wetter und den Wechsel der Jahreszeiten haben.
Natürlich fühlt es jeder, aber für den wohlhabenderen Bürgerstand sind das keine so großen Ereignisse, wenigstens ändert dergleichen an ihrer Gemütsverfassung im allgemeinen nicht viel.
Hübsch fand ich den Ausspruch eines Polderarbeiters: »Ich leide im Winter ebensosehr unter der Kälte wie das Winterkorn.« – (265)

Doch die Grundlage für alles ist die Kenntnis der Figuren, so daß man die Kerle, die Weiber und Kinder, in allen möglichen Bewegungen schnell zeichnen kann. Ich arbeite also vor allem darauf hin, denn ich glaube nicht, daß man auf anderem Wege dahin kommen kann, wohin ich will.
Und ich suche mich auf einen höheren Standpunkt der Kenntnis und Geschicklichkeit hinaufzuarbeiten, dies aber mehr im allgemeinen, als daß ich mich so sehr um das Fertigmachen dieser oder jener Skizze sorgte... – (270)

Wenn Du mir einen sehr großen Gefallen tun willst, dann schicke mir mit der Post einige Stücke Bergkreide.
In dieser Bergkreide ist *Seele* und Leben – in Conté finde ich etwas Totes. Zwei Geigen mögen außen ungefähr gleich aussehen, aber beim Spielen hat die eine vielleicht einen schönen Ton, und die andere hat ihn nicht.
In der Bergkreide ist viel Klang oder Ton. Ich möchte fast sagen, die Bergkreide versteht, was man will, sie folgt mit Intelligenz und gehorcht, und die Contékreide ist gleichgültig und hilft nicht mit.
Die Bergkreide hat eine richtige Zigeunerseele; wenn es nicht zu viel verlangt ist, dann schicke mir etwas davon. Wer weiß, ob es mir jetzt bei dem besseren Licht und der Bergkreide und lith. Kreide nicht gelingen könnte, etwas für illustrierte Blätter zu machen. – (272)

Es bleibt für mich die Ursache einer Art von fortwährender Enttäuschung, daß ich in meinen Zeichnungen noch nicht das sehe, was ich darin haben möchte. Der Schwierigkeiten sind wirklich viele, und sie sind groß und nicht auf einmal zu überwinden. Der Fortschritt ist eine Art von Minenarbeit, die nicht so schnell vorwärts geht, wie man es selbst wohl möchte, und wie auch Andere es wohl erwarten, aber, steht man vor einer solchen Arbeit, dann ist das Erste, das gefordert wird, Geduld

und Treue. Eigentlich denke ich nicht viel über die Schwierigkeiten nach, gerade weil man, wenn man darüber grübelte, schwindlig oder irre werden würde.
Ein Weber, der eine große Zahl von Fädchen leiten und zusammenweben muß, hat keine Zeit, über das Ineinandersitzen des Ganzen zu philosophieren, vielmehr er geht so sehr in seiner Arbeit auf, daß er nicht denkt, sondern tut, und daß er mehr *fühlt*, wie das alles in Ordnung kommen kann und muß, als daß er eine Erklärung darüber geben könnte.
Sollten nun weder Du noch ich, wenn wir wieder einmal miteinander reden könnten, zu bestimmten Plänen etc. kommen, dann würde vielleicht dieses *Fühlen*, daß bei uns etwas im Werden ist, uns gegenseitig stärken. Und das möchte ich wohl. –
Nach meiner Ansicht bin ich oft *sehr reich*, nicht an Geld – sondern (obgleich auch dies nicht gerade alle Tage) reich deshalb, weil ich meine Arbeit gefunden, also etwas habe, wofür ich mit Leib und Seele lebe und das meinem Leben Begeisterung und Bedeutung gibt.
Meine Stimmung wechselt natürlich, trotzdem aber fühle ich eine gewisse Heiterkeit. Ich habe einen gewissen *Glauben* an die Kunst, ein gewisses *Vertrauen*, daß es eine mächtige Strömung ist, die den Menschen – wenn er selbst natürlich auch daran mitarbeiten muß – in einen Hafen treibt, und ich halte es auf jeden Fall für ein so großes Glück, wenn ein Mensch seine Arbeit gefunden hat, daß ich mich selbst nicht zu den Unglücklichen rechne. Ich meine, wenn ich mich auch in verhältnismäßig großen Schwierigkeiten befände, und wenn es auch dunkle Tage in meinem Leben gäbe – auch dann möchte ich nicht, daß jemand mich zu den Unglücklichen rechnete; ich würde es nicht richtig finden. – (274)

Du hast mir in Deinen Schilderungen so oft Ansichten von Paris gezeigt – jetzt lasse ich Dich einmal bei mir aus dem Fenster auf den beschneiten Hof sehen.

Ich füge die Ansicht eines Eckchens des Hauses hinzu, es sind zwei Stimmungen desselben Wintertages...

Von diesem Ausblicke machte ich ein Aquarell...

Die Tage der vergangenen Woche brachten uns die strengste Kälte, die wir, glaube ich, bis jetzt hatten.

Sie waren außerordentlich schön mit ihrem Schnee und der eigentümlichen Luft.

Das Schmelzen des Schnees heute war fast noch schöner. Aber es war *typisches* Winterwetter, wenn ich so sagen darf, es war ein Wetter, das alte Erinnerungen erweckt, und dann sehen die alltäglichsten Dinge so aus, daß man unwillkürlich Geschichten aus der Zeit der Postkutschen damit verknüpft.

2/ Waarde Theo, Ge hebt zoo dikwyls my door uw beschryvingen
een kykje te Parys laten nemen, dit maal laat ik u eens by
my uit het raam kyken op de besneeuwde werf
Ik voeg er by een kykje in een hoekje van het huis
en zyn het twee impressies van één zelfden
winterdag. —
De poesy omgeeft ons overal doch het op papier brengen
helaas niet zoo [illegible] gaat als het kyken
[illegible] maakte ik eene aquarel [illegible]
[illegible] is gedaan. ik vond die echter niet levendig
en krachtig genoeg

Sieh hier z. B. eine kleine Skizze, die ich während einer solchen Träumerei machte.
Sie stellt einen Herrn dar, den die Verspätung etwa einer Postkutsche gezwungen hat, in einem Dorfwirtshause zu übernachten. Nun ist er früh aufgestanden, und während er sich ein Gläschen Branntwein gegen die Kälte einschenken läßt, bezahlt er die Wirtin (ein Frauchen mit Bäuerinnenmütze); es ist aber noch sehr früh am Morgen »la piquette du jour«* – er muß den Postwagen erreichen – der Mond scheint noch, durch das Fenster des Gastzimmers sieht man den Schnee schimmern – und die Gegenstände haben eigentümliche, zitternde Schlagschatten.
Diese Geschichte ist eigentlich nichts, und die Skizze ist auch nichts, aber das eine oder andere daran wird Dich vielleicht verstehen lassen, was ich meine, nämlich, daß dieser Tage alles ein je ne sais quoi** hatte, das einem Lust machte, es aufs Papier zu bringen.
Kurzum – während dieser Schneestimmungen ist die ganze Natur eine unbeschreiblich schöne Schwarz-Weiß-Ausstellung.
Da ich doch einmal beim Skizzieren bin, füge ich noch die sehr oberflächliche Skizze einer Zeichnung mit Bergkreide bei: das Mädchen an der Wiege, die in ähnlicher Weise gemacht ist wie die Frau und das Kind, über die Du schriebst. – (276)
Ich habe dieser Tage mit Druckerschwärze gearbeitet, sie wird mit Terpentin verdünnt, mit dem Pinsel aufgetragen und gibt sehr tiefe schwarze Töne. Mit etwas chinesischem Weiß vermischt, gibt sie auch gute graue Töne. Wenn man einiges Terpentin zusetzt, kann man sogar sehr dünn damit tuschen. – Vor einem Jahre war es mir ein Rätsel, wie man manche Töne von sehr tiefem Schwarz hervorbringt, nun aber habe ich in der Druckerei einige gefunden.

* wörtlich: Nachwein des Tages
** ein etwas

Und gerade dadurch kann ich etwas weiter kommen beim Suchen nach der Modellierung und dem Hell-Dunkel. –
Ich kann Dir versichern, mit der Arbeit geht es je länger desto angenehmer – sie läßt mich, sozusagen, mehr Lebenswärme empfinden, und ich denke dabei stets an Dich, weil Du es bist, der es möglich macht, daß ich arbeiten kann, und zwar ohne verhängnisvolle Hindernisse, ohne direkte Hemmungen.
Gerade die Schwierigkeiten stacheln zuweilen an. Jetzt muß noch die Zeit kommen, da wir noch mehr Energie daransetzen können.
Mein Ideal ist, mit immer mehr Modellen zu arbeiten, mit einer ganzen Herde armer Leutchen, für die das Atelier in kalten Ta-

gen, oder wenn sie ohne Arbeit sind oder Not leiden, eine Art von Herberge oder Zuflucht sein könnte.
Sie wüßten dann, wo es Feuer, Essen, Trinken und ein paar Kwartjes für sie zu verdienen gibt. Jetzt ist es erst in ganz kleinem Maßstabe so, aber das wird sich hoffentlich ausbauen lassen.
Vorläufig beschränke ich mich auf einige wenige, die ich mir gesichert habe, ich kann keinen einzigen davon entbehren, aber wohl noch welche dazu gebrauchen. – (278)

Eine Frau, wie gut und edel sie von Natur auch sei, ist, scheint mir, wenn sie mittellos ist und von ihrer eigenen Familie nicht beschützt wird, in der jetzigen Gesellschaft in großer, dringlicher Gefahr, im Strudel der Prostitution unterzugehen. Was ist selbstverständlicher, als daß man solchen Frauen hilft.
Und wenn es nicht auf andere Weise zu erreichen ist und die Verhältnisse dahin führen, nun wohl – il faut y mettre sa peau* – dann heiratet man sie.
Jedenfalls muß man es sich, scheint mir, zum Prinzip machen, diesen Schutz, wenn man ihn einmal auf sich genommen hat, bis zur endgültigen Rettung durchzuführen und nötigenfalls mit dem eigenen Leibe dafür einzustehen. Auch ohne entschiedene Liebe? Vielleicht ja – dann ist es eine mariage de raison**, que soit, dies jedoch nicht in dem Sinne einer Ehe, die man aus Eigennutz eingeht.
Hier hast Du also meine Gedanken über die Frage »wieweit darf man in seinen Bemühungen um eine unglückliche Frau gehen?« Antwort: bis ins Unendliche. – (279)

Dem kleinen Jungen geht es übrigens besonders gut – das Mädchen ist früher sehr krank und verwahrlost gewesen.

* muß man seine Haut dran wagen
** eine Vernunftheirat

Aber das kleine Kerlchen ist ein Wunder an Lebenslust, es scheint sich schon jetzt gegen gesellschaftliche Einrichtungen und Konventionen auflehnen zu wollen. So werden, soviel ich weiß, *alle* Kinder mit einer Art von Brotbrei gefüttert. Aber das hat er mit der größten Bestimmtheit abgelehnt; obgleich er noch keine Zähne hat, beißt er tüchtig in ein Stück Brot und ißt allerlei in sich hinein, immer mit viel Lachen, Krähen und Geräusch, aber vor Brei etc. etc. macht er unbedingt den Mund zu. Er sitzt oft bei mir im Atelier, auf dem Boden, in einer Ecke auf einigen Säcken oder dergleichen und kräht die Zeichnungen an, er ist im Atelier immer artig, weil er nach den Sachen an der Wand guckt, o, er ist ein so lustiges Kerlchen. – (284)

Ich habe heute um die Erlaubnis gebeten, im Alten-Männer- und Frauenasyl Skizzen machen zu dürfen, nämlich vom Männersaal, vom Frauensaal und vom Garten. Ich war also heute dort. Ich skizzierte vom Fenster aus einen alten Gärtner an einem krummen Apfelbaum, und im Hause, wo ich mit zwei Waisenmännern Tee trank, die Werkstatt des Zimmermanns.
In den Männersaal darf ich auch als Besucher kommen – er war sehr echt, unbeschreiblich echt.
Unbezahlbar war u. a. ein Kerlchen mit langem, mageren Hals in einem Rollstuhl. Die Schreinerwerkstatt, von der aus man auf den kühlen grünen Garten mit den beiden Alten sah, war ein Motiv, wie es genau so z. B. die Phot. von Bingham nach dem kleinen Bildchen von Meissonier, auf dem zwei Geistliche beim Trinken sitzen, zeigt. Vielleicht weißt Du, was ich meine. Ob ich nun aber die Erlaubnis bekommen werde, ist nicht ganz sicher; sie muß bei dem Diakon eingeholt werden, was ich getan habe – die Antwort muß ich mir dann holen.
Übrigens studiere ich an der Zeichnung von dem Kehrichthaufen. Ich schrieb Dir, daß ich Aussicht hätte, einen Scheveninger

Schulterkragen zu bekommen, *nun*, den habe ich jetzt auch, und einen alten Hut, der aber nicht besonders schön ist, außerdem – der Mantel aber ist wundervoll, und so habe ich gleich angefangen, damit zu arbeiten. Ich freue mich darüber geradeso wie seinerzeit über den Südwester.
Und mit der Skizze des Kehrichthaufens bin ich nun so weit, daß ich die Wirkung des Lichts unter den düsteren Schuppen so ziemlich darin habe, und auch die Gruppe der Frauen, die ihre Aschenkästen ausleeren, beginnt sich zu entwickeln und Gestalt anzunehmen.
Aber das Hin- und Herfahren der Schiebkarren und die Lumpensammler mit ihren Mistgabeln, kurz, das ganze Getriebe unter dem Schuppen muß noch ausgedrückt werden, ohne daß der Effekt von Licht und Schatten über dem Ganzen verloren geht – er muß, im Gegenteil, durch all dieses noch an Kraft gewinnen. – (291)

Ich komme zu der Manier mancher Engländer, ohne daß ich daran dächte, sie nachzuahmen – dies wahrscheinlich deshalb, weil mich ähnliche Dinge in der Natur anziehen, und zwar solche, mit denen sich nur verhältnismäßig Wenige abgeben; um nun diese darzustellen, um wiederzugeben, was man empfindet, um auszudrücken, was man will, muß man sich aber eine bestimmte Manier suchen und einigermaßen außerhalb der gewohnten Gleise gehen. –
Wenn er [Rappard] behauptet, daß die Engländer keine Druckerschwärze gebrauchen, dann irrt er sich, denn sie vollenden ihre Zeichnungen gerade in der Weise, daß sie manchmal so enorme Tiefen anwenden, daß infolgedessen die größten Tiefen der Kohle noch sehr licht bleiben. Diese Tiefen werden durch Druckerschwärze, autographische Tinte, Lampenschwarz, Neutraltinte und Wasserfarbe hervorgebracht. Du darfst Dich nicht wundern, daß ich in dieser kurzen Zeit so Vieles angefangen habe, aber beim Komponieren einer Zeichnung spielt das

Denken und Überlegen eine fast noch größere Rolle als beim Malen, und ich meinesteils fahre gut dabei, wenn ich, wie z. B. jetzt bei der letzten, einen Tag und eine halbe Nacht fortgesetzt daran arbeite. Aber auf diese Weise kann man auch produktiv werden – es absorbiert dann auch enorm. Aber gerade, wenn die Arbeit einen so hinreißt, muß man dabei bleiben, solange, bis man sozusagen dabei umfällt. – Ich werde heute nacht der Zeichnung zu Liebe wohl wieder wenig schlafen, aber es ist ganz gemütlich nachts mit einem Pfeifchen, wenn alles still ist, und der Anbruch des Tages und der Aufgang der Sonne ist göttlich. – (294)

Gestern z. B. sah ich im Noordeinde Arbeiter, die dabei waren, den dem Palais gegenüberliegenden Teil der Straße abzubrechen, Kerle, ganz weiß von Kalkstaub, mit Karren und Pferden. Es war kühles, windiges Wetter, die Luft grau, und das Ganze hatte viel Charakter. –
Bei den Figuren der Typen aus dem Volk, die ich machte, sind verschiedene, die durchaus das haben, was mancher – auch in bezug auf die Auffassung – vielleicht einen altmodischen Charakter nennen wird; z. B. ein Grabender, der mehr von den Gestalten hat, wie man sie zuweilen auf den in Holz geschnittenen Flachreliefs der gotischen Kirchenbänke findet, als von einer Zeichnung der Gegenwart. Sehr oft denke ich an die Brabanter Figuren, als an etwas mir besonders Sympathisches.
Etwas, was ich außerordentlich gern haben möchte, und wovon ich fühle, daß ich es, geduldiges Posieren vorausgesetzt, auch machen könnte, ist die Figur von Vater auf einem Heidepfad; die Figur, in einem strengen Charakter gezeichnet, und, wie gesagt, zusammen mit einem Stück braunen Heidebodens, durch den ein schmaler, weißer Sandpfad geht, und mit bewegter Luft – dies alles eben angedeutet.
Weiter denke ich an Vater und Mutter – Arm in Arm – in einer

herbstlichen Umgebung oder an einer Buchenhecke mit dürren Blättern.

Die Figur von Vater möchte ich auch haben, wenn ich einmal ein Bauernbegräbnis mache, das ich auch, obgleich ich viel Mühe davon haben werde, bestimmt einmal vornehmen werde. Abgesehen davon, daß unsere religiösen Ansichten – die hier ja nicht in Betracht kommen – nicht die gleichen sind, ist mir die Figur eines armen Dorfpfarrers als Typus und Charakter so sympathisch, wie mir nur irgendeine sein kann, und ich wäre mir selbst nicht getreu, wenn ich diesen Vorwurf nicht einmal in Angriff nähme. –

Es liegt mir daran, eine Zeichnung zu machen, die nur das Wesentliche der Gestalt darstellt, indem sie sie vereinfacht, indem sie, durchaus mit Absicht, die Details übersieht, die, im Hinblick auf den eigentlichen Charakter nicht notwendig und etwas nur Zufälliges sind; allerdings, jedermann wird dergleichen nicht verstehen.

Es soll nämlich nicht Vaters Porträt werden, sondern vielmehr der Typus eines armen Dorfpfarrers, der einen Kranken besuchen will. So soll auch das Paar Arm in Arm bei der Buchenhecke nicht so sehr die Bildnisse von Vater und Mutter geben – obgleich ich hoffe, daß sie mir dafür posieren werden –, als vielmehr den Typus eines Mannes und einer Frau, die zusammen alt geworden sind, und deren Liebe und Treue geblieben ist. – (299)

Wochen vergingen in der letzten Zeit, viele, viele Wochen und Monate, in denen die Ausgaben immer um ein weniges drükkender wurden, so daß ich trotz aller Quälerei, allem Kopfzerbrechen und aller Sparsamkeit schließlich nicht mehr fertig mit ihnen werden konnte. Wenn das Geld von Dir kommt, dann muß ich nicht nur 10 Tage damit auskommen, sondern gleich soviel abzahlen, daß die 10 Tage, die ich dann vor mir habe, gleich vom ersten Tage ab nicht magerer sein können. Und die

Frau muß dem Kinde die Brust geben, und das Kind ist kräftig und wächst, und da grämt sie sich oft darüber, daß sie nicht genug Milch hat.
Nun, und auch ich sitze in den Dünen oder wo ich gerade bin zeitweise mit einem enormen Schwächegefühl, weil ich nichts im Leibe habe.
Die Schuhe sind zusammengeflickt und total zerrissen, und dann sind da noch viele andere petites misères* – derlei macht einem Runzeln.
Nun, aber das alles, Theo, wäre nichts, wenn ich nur weiter denken könnte, es wird doch gehen, man muß es nur durchsetzen. –
Aber ich fühle doch, wie mir die Lust vergeht, denn man hat doch schließlich das Bedürfnis nach irgendeinem festen Halt. Sieh, daß Du mir sagst: hoffe nicht auf die Zukunft – das ist geradeso, als hättest Du selbst, was mich betrifft, keine Hoffnung mehr. –
Du sagst, die Abzüge seien etwas mager in der Wirkung – nun das wundert mich nicht im geringsten, wenn ich bedenke, daß der physische Zustand eines Menschen seine Arbeit beeinflußt; mein Leben ist zu trocken und zu mager – wirklich, Theo, schon um der Arbeit willen hätten wir etwas mehr essen müssen, aber dazu reichte es nicht, und das wird auch so bleiben, wenn ich nicht auf die eine oder andere Weise ein klein wenig mehr Bewegungsfreiheit bekomme. –
Sieh, Theo, meine einzige Hoffnung ist, daß Du den Mut nicht verlierst, aber wirklich, wenn Du so zu reden anfängst, wie »Du darfst Dir keine Hoffnung für die Zukunft machen«, dann werde ich melancholisch; denn Du mußt den Mut und die Energie haben, etwas zu schicken, sonst sitze ich fest, ohne daß es in meiner Macht liegt, mich weiterzubringen, nachdem diejenigen, die Freunde sein könnten, mir feind geworden sind und, wie es den Anschein hat, auch werden bleiben wollen. –

* kleine Miseren

Nun fühle ich mich aber, wenn ich sehe, wie widerwillig und kalt die Menschen bleiben, oft so elend, daß ich den Mut verliere. Aber schließlich erhole ich mich wieder und fange wieder an zu arbeiten und lache darüber, und weil ich in der Gegenwart arbeite und keinen Tag vorübergehen lasse, ohne zu arbeiten, glaube ich, daß ich mir allerdings Hoffnung auf die Zukunft machen darf; dies kommt mir allerdings nicht in jedem Augenblick zum Bewußtsein, denn das sage ich Dir: ich habe nicht ein Gränchen Gehirn übrig, um über die Zukunft zu philosophieren, weder um mich zu entmutigen, noch um mich zu trösten: das Heute festzuhalten, und es nicht vorübergehen zu lassen, ohne daß ich versuchte, etwas daraus zu gewinnen, sieh, das ist es, was ich für meine Pflicht halte.
Versuche also auch Du, Dich in Hinsicht auf mich an das Heute zu halten, und laß uns durchführen, was wir durchführen können, und zwar lieber heute als morgen.
Aber wenn es nur eine Geldfrage ist, und wenn Du nur als Freund und Bruder meiner Arbeit, sei sie nun verkäuflich oder unverkäuflich, etwas Sympathie bewahrst, dann brauchst Du mich nicht zu schonen, Theo. – (301)

Ich habe eigentlich keinen Freund außer Dir, und wenn ich mich elend fühle, denke ich immer an Dich. Ich wünschte nur, Du wärest einmal hier – wir könnten dann doch noch einmal den Umzug aufs Land überlegen.
Abgesehen von dem, was ich Dir berichte, fehlt mir sonst nichts Besonderes; die Sachen gehen gut – aber ich mag mir wohl ein Fieber oder etwas Ähnliches zugezogen haben, und da fühle ich mich nun elend.
Ich habe wieder einmal rechts und links bezahlen müssen, Hauswirt, Bäcker, Krämer, Schuster, was weiß ich, und was übrig bleibt ist nicht viel. Ach, und das Schlimmste ist, daß man nach vielen solcher Wochen zuweilen eine allgemeine Müdig-

keit und die Kraft, solche Dinge zu ertragen, abnehmen zu fühlen anfängt. –
Ich arbeitete auch heute noch, aber plötzlich ergriff mich ein Unbehagen bis in Mark und Bein, von dessen Ursache ich nichts Genaues weiß.
In solchen Augenblicken möchte man aus Eisen sein, und dann ärgert man sich darüber, daß man nur aus Fleisch und Blut ist.
Ich habe Dir heute früh geschrieben, aber als ich meinen Brief fortgebracht hatte, war es mir gerade so, als häufte sich jetzt alle Mühe, die ich schon mit diesem und jenem hatte, auf, und da wurde mir recht schwer, weil ich mir die Zukunft nicht mehr ausdenken konnte. –
Ich muß es eigentlich, denke ich jetzt zuweilen, bedauern, daß ich nicht, statt mit dem Malen anzufangen, seinerzeit irgendwo im Borinage krank geworden und zugrunde gegangen bin. Denn ich bin Dir nur zur Last, aber ich kann doch nichts dafür, denn um etwas Gutes leisten zu können, muß man viele Entwicklungen durchmachen; nun ist aber, wenn man sein Möglichstes darauf verwendet, was man inzwischen macht, deshalb doch nicht schlecht, und darum müßte es Leute geben, die es im Zusammenhang mit meiner ganzen Richtung und meinem Streben betrachteten und nicht von mir verlangen, daß..., ja ich weiß nicht, was sie eigentlich wollen. – (302)
Die Magerkeit, von der ich Dir schrieb (und von der ja auch Du schriebst – unsere Gedanken haben sich wieder einmal gekreuzt), la sécheresse*, wie man es nennt, ist dasjenige, was ich jetzt überwinden muß und was kein chronischer Fehler werden darf. Weißt Du, ich finde es wirklich merkwürdig, daß wir beide anscheinend wieder einmal dasselbe gedacht haben, denn wenn Du auch nur einige Worte darüber schreibst, so ist es doch

* die Trockenheit

gerade dieses, was sowohl an den beiden Autographien wie auch den Photographien auffällt.
Ich glaube, manches wäre gar nicht schlecht, wenn es nur diesen Fehler nicht hätte. Ich habe über seine Ursache und über die Mittel, ihn zu überwinden, nachgedacht, und da sehe ich nun keinen anderen Weg, als daß ich in mir selbst die Arbeitskraft erneuere und auch auf mein körperliches Befinden ein wenig einzuwirken suche, da dieses auf keinem guten Wege ist. –
Ich empfinde das Bedürfnis, mir, nach den Figurenstudien, wieder einmal andere Dinge, wie die See, das bronzefarbene Kartoffellaub, Stoppelfelder oder umgepflügte Erde anzusehen. Ich habe mich, um Zeit zu gewinnen, nicht geschont, ich habe mich in allem eingeschränkt, um nur weiterarbeiten zu können, aber jetzt kann ich nicht mehr viel aus mir herausholen, Wechsel auf meine eigenen Lebensbedürfnisse kann ich jetzt nicht mehr ziehen. In dieser Beziehung läßt sich nichts mehr aus mir herauspressen, es herrscht maigreur* und sécheresse.
Enfin, après tout**, ich werde, hoffe ich, nicht schwach werden, was auch kommen möge, und ich hoffe weiter, daß mir ein gewisses Arbeitsfieber, ja eine Art von Arbeitswut zur Not hindurchhelfen wird, so wie ein Schiff von einer Welle über ein Riff oder eine Sandbank geschleudert werden kann, so daß es, statt unterzugehen, von dem Unwetter sogar noch profitiert. Doch solche Manöver gelingen nicht immer, und deshalb muß man wünschen, man könnte eine solche Stelle durch Lavieren umsegeln. Après tout, wenn es mißlingt – nun, was ist dann an mir verloren, auch daran liegt mir nicht besonders viel. Aber im allgemeinen will man das Leben doch nicht einfach verwelken lassen, sondern versucht es fruchtbar zu machen, und deshalb denkt man schließlich einmal daran, daß man selbst eigentlich auch ein Leben hat, das sich gegenüber der Art, in der man damit umgeht, nicht gleichgültig verhalten kann. – (303)

* Magerkeit
** Nun, nach allem

Und so geht es mir auch der Frau und den Kindern gegenüber – wenn ich bei ihnen bin, und das kleine Kerlchen kommt auf allen Vieren zu mir gekrochen, krähend vor Vergnügen, dann zweifle ich nicht im geringsten, daß alles in Ordnung ist.
Das Kind hat mich schon sehr oft beruhigt.
Wenn ich zu Hause bin, kann ich ihn nicht los werden; bin ich bei der Arbeit, dann zieht er mich am Rock, oder er arbeitet sich an meinem Bein in die Höhe, bis ich ihn auf den Schoß nehme. Im Atelier kräht er alles an, spielt stundenlang ruhig mit einem Stück Papier, einem Stück Bindfaden oder einem alten Pinsel – er ist ein Kind, das beinahe immer vergnügt ist, und wenn er sich sein Leben lang diese Laune bewahrt, dann wird er gewandter werden als ich.
Nun, was soll man darüber sagen – man fühlt nun einmal zuweilen, daß es ein gewisses Verhängnis gibt, welches das Gute verkehrt, das Verkehrte gut ausgehen läßt.
Ich glaube, daß man das Recht hat, solche Gedanken als zum Teil durch Überanstrengung hervorgerufen zu betrachten, und daß man, wenn sie einem zuweilen auch zu schaffen machen, sich deshalb nicht verpflichtet fühlen muß, zu glauben, daß die Dinge in Wirklichkeit so schwarz aussehen, wie man sie sieht; im Gegenteil, es ist dann, weil man wahnsinnig werden könnte, wenn man darüber grübeln würde, vernünftig, sich körperlich zu kräftigen, und wenn das geschehen ist, dann muß man einmal tüchtig die Hände rühren, und hilft auch das noch nicht, dann soll man *trotzdem diese beiden Mittel immer weiter anwenden* und es als etwas Verhängnisvolles betrachten, wenn die Melancholie andauert. Auf die Dauer wird man dann an Geistesstärke gewinnen und sein Leben weiterführen. Es wird immer etwas Unergründliches bleiben, Sorgen und Melancholie werden bleiben. Aber dem ewig währenden Negativen steht als das Positive die Arbeit gegenüber, die man auf diese Weise doch zustande bringt. Wenn das Leben so einfach wäre, wenn die Dinge so lägen, wie in der Geschichte vom braven Hendrik oder

wie in einer alltäglichen Pastorenpredigt, dann wäre es nicht so schwierig, sich einen Weg zu bahnen. Aber es ist nun einmal nicht so, es ist vielmehr weitaus komplizierter, und ein Gut und Böse an sich gibt es ebensowenig wie, in der Natur, ein Schwarz und Weiß.

Nun soll man aber dafür sorgen, daß man nicht dem undurchsichtigen Schwarz – dem absolut Schlechten – verfällt, und noch mehr soll man sich vor dem der Farbe der getünchten Wand gleichenden Weiß hüten, das die Scheinheiligkeit und das ewige Pharisäertum ist. Wer seiner Bestimmung und, vor allem, dem Gewissen – der allerhöchsten, der erhabenen Bestimmung – mutig zu folgen und sie zu verwirklichen und wer ehrlich zu sein bemüht ist, der wird sich, glaube ich, schwerlich ganz und gar verirren können, ob es gleich nicht ohne Fehler und Kopfzerbrechen und Schwachheiten abgehen wird, und ob man das Vollkommene gleich nicht erreicht. Und dabei werden nun, glaube ich, das Gefühl eines tiefen Mitleidens und eine Mildherzigkeit in uns rege, die von umfassenderer Art sind, als die abgemessenen Empfindungen, welche den Pastoren als ihre Spezialität eigentümlich sind. Mag man dann immerhin weder von der einen noch von der anderen Partei als etwas Bedeutendes geachtet, mag man zu den Mittelmäßigen gestellt werden, mag man sich selbst nur als einen ganz gewöhnlichen Menschen neben den anderen Menschen fühlen – nun, so wird man es bei alledem am Ende doch zu einer andauernden Heiterkeit bringen. Es wird einem gelingen, sein Gewissen soweit zu läutern, daß es zur Stimme eines besseren und höheren Ichs wird, dessen Knecht dann das gemeine Ich ist. Und so wird man dem Skeptizismus und Zynismus nicht verfallen, man wird nicht zu der Rotte der Spötter gehören.

Dahin kommt man aber nicht auf einmal, und ich finde wundervoll, was Michelet sagt – dieses eine Wort von M. drückt alles aus was ich meine –: »Socrate naquit un vrai satyre, mais par le dévouement, le travail, le renoncement des choses frivoles, il

se changea si complètement, qu'au dernier jour devant ses juges et devant sa mort, il y avait en lui je ne sais quoi d'un dieu, un rayon d'en haut, dont s'illumina le Parthenon«.*
Nun, das Gleiche zeigt sich auch bei Jesus, der zuerst nur ein gewöhnlicher Arbeiter war, sich aber zu etwas Anderem hinaufarbeitete – mag es gewesen sein, was es wolle –, zu einer Persönlichkeit so voller Mitleid, Liebe, Güte, Ernst, daß man noch jetzt davon angezogen wird. Ein Zimmergesell wird in vielen Fällen ein Zimmermeister, kleinlich, trocken, geizig, eitel; und wie es sich mit Jesus auch verhalten haben mag, auf jeden Fall hat er die Dinge anders aufgefaßt als mein Freund, der Zimmermann vom hinteren Hof, der sich zum Hausmelker heraufgearbeitet hat und doch sehr viel eingebildeter ist und mehr von sich selber hermacht als Jesus.
Aber ich will nicht zu sehr abirren.
Ich habe mir vorgenommen, zunächst einmal meine Kräfte wieder zu gewinnen, und ich glaube, sobald sie erst wieder einmal ein wenig über den Tiefwasserstand hinausgekommen sind, dann werden sich auch neue Gedanken für die Arbeit einstellen, die meine Arbeitsweise in eine andere Richtung, aus ihrer Trockenheit herausbringen werden. – (306)

Gestern und vorgestern bin ich einmal in der Gegend von Loosduinen herumgelaufen, so bin ich auch vom Dorf bis an die See gegangen... Ich habe dort am Strande eine Studie gemalt... Nun, dort zwischen dem Dorf und der See stehen Sträucher von einem tiefbronzefarbenen Grün, verweht vom Seewind, und so echt, daß man von mehr als einem denkt: o dieser ist doch *der* Buisson** von Ruysdael... Sieh, das ist eine kleine Skizze

* Sokrates wurde als wahrer Satyr (Faun) geboren, aber durch seine Hingabe, die Arbeit, durch seine Ablehnung aller leichtfertigen Handlungen (Lösungen) wandelte er sich so vollständig, daß am letzten Tage vor seinen Richtern und angesichts des Todes in ihm etwas Göttliches war, ein Strahl von oben, der den Parthenon erhellte

** Busch

des Weges, der zur See führt. Auf diesem Spaziergang habe ich besonders lebhaft an Dich gedacht... (307)

Während dieser Tage wurde beim Malen ein gewisses Gefühl für Farbe in mir wach, das anders und stärker ist, als dasjenige, das ich bis jetzt empfunden habe. Es könnte wohl sein, daß das Unbehagen dieser Tage mit etwas wie einer Umwälzung in der Art meines Arbeitens, nach der ich schon häufig gesucht und über die ich viel nachgedacht habe, zusammenhinge.
Ich habe schon oft versucht, weniger trocken zu arbeiten, aber es wurde jedesmal wieder ungefähr dasselbe. Doch ist es geradeso, als wäre die geringe Entkräftung, die mich in diesen Tagen daran hindert, so zu arbeiten wie gewöhnlich, eher hilfreich als hinderlich; es ist, als käme ich, wenn ich mich gehen lasse und mit halbgeschlossenen Augen sehe, eher dahin, die Dinge als ein Beieinander von Farbflecken zu sehen, als wenn ich ihnen scharf auf die Gelenke sehe und analysiere, wie sie ineinandersitzen. Ich bin sehr neugierig, wie das weitergehen und was sich daraus entwickeln wird. Ich habe mich zuweilen schon darüber gewundert, daß ich nicht mehr Kolorist bin, etwas, was man bei meinem Temperament eigentlich bestimmt erwarten müßte – trotzdem aber entwickelte sich das bis heute wenig, und nun bin ich, wie gesagt, neugierig, wie es weitergehen wird. –

304 Waarde Theo, 194

Een van de dingen waarom ik er wel eens over heb
gedacht om te verhuizen zou ook op een andere wijze te verhelpen
zijn. Gisteren s'avonds heb ik eens de buurt van Loosduinen
rondgeloopen – ben o.a. van 't dorp naar zee gegaan –
en heb er laatste korenvelden gevonden wel niet zoo mooi
als de Brabantsche maar toch moet men daar mooie
zaaiers, maaiers opgespaard hebben en een van de dingen zijn [illegible] die
ik dat soms gemist heb [illegible]
Ik weet niet of gij 't eens kunt [illegible] ik voor mij was
in vroeger jaren daar niet geweest
Heb er nog een studie geschilderd van het strand. Er zijn
daar eenige zeeweringen of hoofden – piers, jetées –
en heele goede ook van verweerde steenen en gevlochten
takken. Ik ben op een van die gaan zitten schilderen
het opkomend tij tot dat 't zoo dicht bij me kwam dat ik
mijn boel moest oppakken.
Nu daar door tusschen 't dorp en de zee staan
struiken van een diep bronsachtig groen verwaaid van
den zeewind en zóó echt dat men van meer dan een
denkt: "Dit is nu die Buisson van Ruysdael".
Men kan daar nu met den stoomtram heen en dus
is het te bereiken ook als men bagage heeft of natte
studies moet naar huis brengen.

Zie dit is een krabbel van 't weggetje naar zee
Ik heb bijzonder aan u gedacht op die wandeling
Ik twijfel niet of ge zult het met me eens zijn dat de duinen in den omtrek
van de stad & Scheveningen in de laatste 10 jaren reeds veel verloren hebben van
het echte en iets anders een meer frivole karakter krijgen, wanneer men
[illegible] 30 jaar terug komt men op de periode toen 't schilderen
van duinen zijn waar karakter een aanvang nam. Toen in
lijd waren de dingen meer ruig, heel echt, dan nu. Wil men
iets zien dat aan Daubigny aan Corot stemming opwekt men moet
verder op gaan waar de grond bijna vierge is van de voetstappen der badgasten

Ich denke in diesen Tagen hin und wieder an eine Erzählung, die ich einmal in einer englischen Zeitschrift las – es ist eine Malergeschichte, in der ein Mensch vorkommt, den ebenfalls schwere Zeiten entkräftet hatten; dieser geht nun in eine abgelegene Gegend, hinaus in die Torffelder, und dort, in der schwermütigen Natur, findet er sich gleichsam selbst wieder und kommt dahin, die Natur so zu malen, wie er sie fühlt und sieht.

Dies alles war in der Erzählung sehr wahr geschildert, wie mir schien, von jemandem, der etwas von Kunst versteht; es ergriff mich, als ich es las, und jetzt, in diesen Tagen, denke ich hin und wieder daran. –

Ich habe verhältnismäßig spät angefangen zu zeichnen – aber, nun steht es vielleicht sogar so mit mir, daß ich nicht einmal darauf rechnen darf, daß ich noch so sehr viele Jahre zu leben habe.

Ich denke daran, indem ich in aller Kaltblütigkeit, so, wie man irgendein Ding schätzt oder veranschlägt, meine Rechnung aufstelle; aber, es liegt in der Natur dieser Dinge, daß ich hier etwas Bestimmtes und Sicheres unmöglich wissen kann. Indessen, wenn man sich mit gewissen Personen, deren Leben man kennt, oder mit solchen vergleicht, in deren Leben man eine gewisse Übereinstimmung mit seinem eigenen sehen könnte, dann kann man doch gewisse Behauptungen aufstellen, die nicht unbedingt ohne Grundlage sind. Was die Länge der Zeit, die ich noch zum Arbeiten vor mir habe, anlangt, so glaube ich, ohne voreilig zu sein, annehmen zu können, daß mein Korpus wahrscheinlich eine bestimmte Anzahl von Jahren *quand bien même** aushalten wird – eine bestimmte Anzahl, nimm einmal zwischen 6 und 10 an. Ich wage dies um so eher anzunehmen, als es momentan noch kein unmittelbares »quand bien même« gibt.

Das ist der Zeitraum, auf den ich *unbedingt* zähle, im übrigen aber würde ich es für eine zu unsichere Spekulation halten,

* trotz allem

wenn ich etwas in mir bestimmen wollte, da es gerade von diesen etwa 10 ersten Jahren abhängen wird, ob nach dieser Zeit noch etwas da sein wird.

Verbraucht man sich in diesen Jahren sehr, dann überlebt man die 40 nicht; konserviert man sich genügend, so daß man gewissen Erschütterungen, die den Menschen dann anzufallen pflegen, zu widerstehen und mit diesen, mehr oder weniger komplizierten physischen Schwierigkeiten fertig zu werden imstande ist, dann ist man von 40 bis 50 wieder in einem frischen, verhältnismäßig normalen Fahrwasser.

Berechnungen über diese Zeit sind jedoch *augenblicklich nicht* am Platze, wohl aber Pläne für einen Zeitraum von, wie ich im Anfang sagte, etwa 5 bis 10 Jahren. Meine Absicht ist, mich *nicht* zu schonen und Schwierigkeiten oder Aufregungen durchaus nicht auszuweichen; denn es ist mir ziemlich gleichgültig, ob ich länger oder kürzer lebe: übrigens bin ich gar nicht fähig, mich selbst physisch zu leiten, so wie ein Arzt es bis zu einem gewissen Grade kann.

Ich gehe also vorwärts als ein *Unwissender*, der dieses Eine weiß: *»innerhalb einiger Jahre muß ich eine gewisse Arbeit vollbringen«*; zu *übereilen* brauche ich mich nicht, denn darin ist kein Heil, vielmehr, ich muß einfach in aller Ruhe und Heiterkeit weiterarbeiten, so regelmäßig und konzentriert wie möglich, so kurz und bündig wie möglich. Die Welt geht mich nur insoweit etwas an, als ich eine gewisse Schuld und Verpflichtung ihr gegenüber habe, aus Dankbarkeit – weil ich nämlich 30 Jahre in der Welt herummarschiert bin – ein bestimmtes Andenken in der Form von Zeichnungen oder Gemälden zu hinterlassen, die ich nicht machte, um diesem oder jenem damit zu gefallen, sondern um ein aufrichtiges, menschliches Gefühl darin zum Ausdruck zu bringen. Diese Arbeit also ist das Ziel – und wenn man sich auf diesen Gedanken konzentriert, dann vereinfacht sich alles Tun und Lassen, in der Weise, daß es nun kein Chaos mehr, daß vielmehr alles, was man tut, eben dasselbe Streben ist. Augenblicklich geht es mit der Arbeit langsam – nun, ein Grund mehr, keine Zeit zu verlieren. – (309)

Wenn ich die Frau verließe, würde sie vielleicht verrückt werden. Jetzt, da ich bei ihr bin, ist ein je ne sais quoi von Ruhe über sie gekommen – ich habe oft genug die Mittel gefunden, sie zu beruhigen, wenn sie ihre Anfälle einer unerträglichen Laune hatte, oder eine Angst, die auf ihr lastete, zu beschwichtigen –, sie hat im Laufe dieses Jahres wohl einsehen gelernt, daß sie an mir in Wahrheit einen Freund besitzt, der ihr in ihrer Schwäche beizustehen weiß und der begreift, woran es fehlt; mit der Zeit, vor allem, wenn das, was sie ins Vergangene zurückbringt und woran sie besser nicht erinnert wird, sie nicht mehr anzieht, wird ihre Besserung sich hoffentlich vollenden.
Wegziehen ist jedoch wünschenswert, es muß aber zu gleicher Zeit eine Sparsamkeitsregel sein. –
Theo, es steht so mit ihr, daß sie zwar lernt, daß man ihr aber sehr oft dasselbe zeigen muß, und so macht sie einen zuweilen wohl mutlos – und doch, wenn sie – allerdings, das geschieht selten – einmal dazu kommt zu sagen, was sie will und meint, dann ist es seltsam, wie rein sie ist, trotz ihrer Verderbtheit. Geradeso, als wohnte in der Ruine ihrer Seele, ihres Herzens und ihres Geistes noch etwas ganz Anderes.
Und in diesen seltenen Augenblicken hat sie einen Ausdruck wie eine Mater Dolorosa von Delacroix oder gewisse Köpfe von Ary Scheffer.
Es ist besser, sie bleibt erhalten, als sie geht zugrunde. – (312)

Es kann wahr sein, was Du schreibst und worüber wir ja auch schon gesprochen haben, und woran auch ich selbst vor und nach dieser Zeit schon häufiger gedacht habe, nämlich, daß die Frau, gerade wenn sie gezwungen wäre, von mir fortzugehen und sich auf ihre eigenen Füße zu stellen, den rechten Weg ein-

schlagen würde. Da sie aber zwei Kinder hat, ist es doch ein sehr schwieriger Fall, indessen, was soll ich darüber sagen – unter den gegenwärtigen Umständen zwingt sie selbst mich dazu, *die Verhältnisse jedoch zwingen mich noch viel mehr dazu*. Dieses Letztere unterstreiche ich. Weißt Du, was ich getan habe – ich hatte heute einen ruhigen Tag mit ihr, und da habe ich lang und breit mit ihr darüber gesprochen, ich habe ihr gründlich auseinandergesetzt, wie es mit mir steht, und daß ich um meiner Arbeit willen fort *muß*, und ein Jahr so leben muß, daß ich nur wenig auszugeben brauche und etwas verdiene, damit ich das Vergangene, das mich etwas zu schwer drückt, auf diese Weise wettmachen kann. Und ich sähe es voraus, daß ich ihr, auch wenn ich mit ihr zusammenbliebe, in kurzer Zeit doch nicht mehr würde helfen können, und dann würde ich hier, wo es teuer ist, wieder Schulden machen müssen und mich nicht mehr davon befreien können.
Kurz, wir müßten beide vernünftig sein und als Freunde auseinander gehen.
Sie müsse ihre Familie veranlassen, die Kinder aufzunehmen, und sie selbst müsse eine Stellung annehmen.
Nun, es ist so offensichtlich, daß ich es hier schwerlich aushalten könnte, daß sie es wohl auch versteht.
Und so sind wir übereingekommen, daß wir, da wir augenblicklich beide in Not sind und durch ein Zusammenbleiben alles nur schlimmer machen, für einige Zeit oder für immer, wie es nun kommen mag, auseinandergehen werden. –
Ich habe ihr gesagt: »Ganz ehrlich wirst du wohl nicht durchkommen können, aber bleibe so ehrlich, wie es dir möglich ist, auch ich werde so ehrlich, wie möglich, sein, aber, daß ich weit davon entfernt sein werde, gut durchs Leben zu kommen, kann ich dir schon jetzt sagen.«
Also sagte ich ihr: »Solange ich nur weiß, daß du dein Bestes tust, und nicht *allen* Halt verlierst, und gut zu den Kindern bist, so wie du weißt, daß auch ich gut zu ihnen gewesen bin – wenn

du nur so handelst, daß die Kinder in dir, wenn du auch nur eine arme Dienstmagd und eine arme Hure bist, doch eine Mutter finden, dann bist und bleibst du, mit allen deinen vielen Fehlern, in meinen Augen *gut*. Und ich, obgleich ich keinen Augenblick daran zweifle, daß bei mir die Dinge ähnlich liegen, ich werde, hoffe ich, nicht anders werden, als ich war – das heißt: wenn ich eine Frau mit einem dicken Bauch, oder die in irgendeiner anderen Patsche ist, sehen würde, dann würde ich, ohne mir weiter Gedanken darüber zu machen, für sie tun, was ich, wenn es auf meinem Wege liegt, tun könnte.« – »Wenn es mit dir«, sagte ich, »so stünde, wie damals, als ich dich fand, dann hättest du bei mir ein Zuhause – eine Zuflucht für den Sturm –, solange ich ein Stück Brot und ein Dach hätte, aber jetzt ist es ja nicht so, der Sturm ist vorbei, und ich glaube, du kannst dir jetzt auch ohne mich einen ehrlichen Weg bahnen – nun, Du mußt es eben versuchen. Auch ich für meine Person werde versuchen, mir einen ehrlichen Weg zu bahnen, ich muß hart arbeiten, tue du das auch.«
In dieser Weise habe ich darüber gesprochen.
Ach, Bruder, Du siehst wohl, wir würden nicht auseinandergehen, wenn wir nicht müßten. Haben wir uns unsere gegenseitigen Fehler nicht immer vergeben, haben wir uns nicht immer wieder versöhnt? Wir kennen einander so, daß wir einander nicht mehr schlecht finden können. Ob das Liebe ist, weiß ich nicht, aber, was zwischen uns ist, ist zwischen uns. – (318)

Ich hatte, wie ich Dir schon schrieb, mit der Frau gesprochen – wir fühlten wohl, daß wir in Zukunft nicht würden zusammen bleiben können, ja, daß wir uns gegenseitig unglücklich machen würden – indessen, wir fühlten auch, wie wir trotzdem aneinander hängen. Und dann war ich ins Freie gegangen, weit fort, um wieder einmal mit der Natur zu sprechen.
Nun, ich kam also nach Voorburg und ging von da aus bis nach Leidschendam.

Du kennst die Natur dort – prachtvolle Bäume, voller Majestät und Heiterkeit, neben abscheulichen grünen Spielschachtel-Pavillons und allem, was die schwerfällige Einbildungskraft der von ihren Renten lebenden Holländer sich an Albernheiten ausdenken kann, als da sind: Blumenbeetchen, Lauben, Veranden. Die Häuser meistens sehr häßlich, manche jedoch alt und vornehm. Nun, in diesem Augenblick drängte sich, hoch über den Wiesen, unendlich, wie die Wüste, ein Wolkengebilde nach dem andern, und der Wind warf sich zuerst einmal gegen die Reihe der Landhäuser mit ihren Bäumen, jenseits des Kanals, wo der schwarze Kohlenweg entlang führt. Die Bäume waren prachtvoll – in jeder *Figur*, möchte ich sagen, aber ich meine, in jedem Baum, ein Drama.

Übrigens war das Ganze fast noch schöner, als die vom Wind gepeitschten Bäume an sich, gerade weil der Augenblick von der Art war, daß sogar die albernen Pavillons, naßgeregnet und verweht wie sie waren, eigenartig von Charakter wurden.

Ich sehe darin ein Gleichnis: so kann auch ein Mensch mit albernen Formen und Konventionen, oder ein anderer voller Exzentrizität und Kapricen, wenn ihn nur ein wahrhafter Schmerz ergreift, eine Kalamität ihn aufregt, eine dramatische Figur von eigenartigem Charakter werden.

Und einen Augenblick dachte ich auch an die Gesellschaft von heute – wie auch sie sich jetzt, während sie untergeht, zuweilen, wenn man sie gegen das Licht irgendeiner Erneuerung betrachtet, wie eine große, düstere Silhouette davon abhebt.

Ja, das Drama des Sturms in der Natur – das Drama des Schmerzes im Leben – das ist für mich wohl das Beste. Ein »paradon« ist schön, aber Gethsemane ist doch schöner.

Aber ach, ein klein wenig Luft, ein klein wenig Glück ist doch notwendig, dies vor allem deshalb, damit die Form fühlbar wird, damit die Linien der Silhouette sprechen können – aber das Ganze kann düster sein. – (319)

Drenthe

September bis November 1883

Zwei Jahre hatte der Künstler im Haag hart nach Modell gearbeitet. Volkstypen, Arbeiterfiguren, ergreifende Armeleutezeichnungen gelangen ihm in jener Zeit, Gestalten, die das »Drama des Lebens« gezeichnet hatte und die darum etwas Gequältes, bisweilen Gemartertes und Ausgezehrtes, immer aber Mitleiderweckendes hatten. Vincent verlangte von seiner Kunst (die, wie er träumte, fürs Volk bestimmt sein müßte) stärkeren Trost: moralische Größe sollten seine Volksfiguren ausstrahlen – aber wie sollte er Größe ohne Idealisierung und Verschleierung: realistisch! einbringen, wo er in sich und um sich herum nur Not und Darben zu kennen schien? Er mußte sich selber erneuern! War die Stadt solchem Vorhaben nicht günstig, so mußten sich draußen auf der Heide, in der Natur, die Wurzeln finden lassen, in welchen Kreatürlichkeit und Menschlichkeit noch unteilbar eins wären. Van Goghs Flucht aufs Land ist ein Akt der Selbsthilfe, auch der Selbsterneuerung. In einem Rückschreiten in eine frühere unschuldigere Menschheitsstufe hofft er, seiner Kunst zurückerobern zu können, was eine zivilisatorische Fehlentwicklung, eine »todkranke« Gesellschaft im Menschen verschüttet hatte.

Nun, da ich bereits einige Tage hier gewesen und viel herumgelaufen bin, dahin und dorthin, kann ich Dir mehr von der Gegend sagen, in der ich gelandet bin.
Ich füge eine kleine Skizze nach meiner ersten gemalten Studie aus dieser Gegend bei – eine Hütte auf der Heide.
Die Hütte ist vollkommen aus Plaggen und Pfählen hergestellt.

Ungefähr sechs von dieser Art habe ich auch von innen gesehen; das wird noch mehr Studien geben.
Wie sich das Äußere dieser Hütten in der Dämmerung oder kurz nach Sonnenuntergang darstellt, kann ich Dir nicht besser erklären, als dadurch, daß ich Dir ein Bild von Jules Dupré in die Erinnerung rufe, das, glaube ich, Mesdag gehört, und das zwei Hütten zeigt, deren Moosdächer, erstaunlich tief im Ton, sich gegen einen dunstigen, staubigen Abendhimmel abheben. –
Ich sah superbe Figuren draußen – packend durch einen gewissen Ausdruck von Nüchternheit.
Da ist z. B. eine Frau, deren Brust – wie fern ist hier alle volupté* – sich wie unter einer schweren Arbeit bewegt, was zuweilen, nämlich, wenn ein solches Geschöpf alt oder kränklich ist, Mitleid und, für gewöhnlich, Ehrfurcht erweckt. Und die Melancholie, welche die Dinge im allgemeinen haben, ist von einer gesunden Art, so wie in den Zeichnungen von Millet.
Die Männer tragen hier glücklicherweise kurze Hosen, wodurch die Form des Beines sich hervorhebt und die Bewegungen ausdrucksvoller werden.
Um Dir eines der vielen Dinge, die mir auf meinen Entdekkungszügen etwas Neues zu sehen und zu fühlen gaben, zu nennen, will ich Dir nur erzählen, wie man hier z. B. mit Torf beladene Schiffe von Männern, Frauen, Kindern und weißen oder schwarzen Pferden ziehen läßt, mitten durch die Heide; gerade wie die holländischen in dem Rijswijker Kanal.
Die Heide ist reich; ich sah Schafherden und Hirten, die schöner waren als die Brabanter.
Die Backöfen sind annähernd so wie Th. Rousseaus »Four Communal«, sie stehen in den Gärten unter alten Apfelbäumen oder zwischen Sellerie und Kohl.
An vielen Orten findet man auch Bienenkörbe.
Man kann es vielen Gestalten ansehen, daß ihnen das eine oder andere fehlt – gesund ist es, glaube ich, hier gerade nicht – viel-

* Wollust, Begierde

leicht wegen des schlechten Trinkwassers –, ich habe einige Mädchen gesehen, die etwa 17 Jahre oder jünger waren und etwas sehr Schönes und Jugendliches hatten, auch in den Gesichtszügen – indessen die meisten sind früh verblüht. Doch dies nimmt der Figur nichts von ihrer großen, edlen Haltung, die manchen, welche, in der Nähe gesehen, sehr verwelkt scheinen, eigentümlich ist.
Es gibt im Dorfe 4 oder 5 Kanäle, nach Meppel, nach Dedemsvaart, nach Coevarden, nach Hollandsch Veld.
Geht man an diesen entlang, dann sieht man hier und da eine merkwürdige alte Mühle, einen Bauernhof, eine Schiffswerft oder eine Schleuse und dabei immer das Getriebe des Torfschiffens.
Um Dir eine Vorstellung von der Originalität dieser Gegend zu verschaffen: derweil ich saß und die Hütte malte, kamen zwei Schafe und eine Ziege, die *auf dem Dache* dieses Wohnhauses zu grasen begannen. Die Ziege kletterte auf den First und sah in den Schornstein hinein.
Die Frau, die etwas auf dem Dache hörte, stürzte heraus und schleuderte ihren Besen nach der Ziege, die wie eine Gemse heruntersprang. – (324)

Das kleine Kerlchen hielt, wie ich Dir schrieb, sehr viel von mir, und ich hatte ihn noch auf meinem Schoße, als ich schon im Wagen saß, und so sind wir voneinandergegangen; ich glaube, auf beiden Seiten mit unaussprechlicher Wehmut, doch mit mehr auch nicht.
Ich erkläre Dir, Bruder, – auch ich finde indessen, um es mit deutlichen Worten zu sagen, die Huren schlecht, zwar, ich fühle doch etwas Menschliches in ihnen, etwas, das macht, daß ich nicht die mindesten Skrupel habe, mit ihnen zu verkehren; ich sehe nichts besonders Schlechtes an ihnen, ich habe nicht die allermindeste Reue über die Bekanntschaft, die ich mit ihnen unterhalte oder unterhielt. Wenn unsere Gesellschaft lauter

und geordnet wäre, o ja, dann wären sie Verführerinnen; jetzt aber sind sie, meiner Meinung nach, zuweilen eher als sœurs de la charité* zu betrachten denn als etwas anderes.
Und dann haben sich augenblicklich, ebenso wie in jeder anderen Periode des Unterganges einer Zivilisation, die Beziehungen zwischen Gut und Böse infolge der Korruption der Gesellschaft vielfach so verkehrt, daß man vernünftigerweise wieder einmal auf das alte Wort »die Ersten werden die Letzten sein, und die Letzten werden die Ersten sein«, zurückkommt.
Ich bin, ebenso wie Du, auf dem Père Lachaise gewesen, ich habe dort Gräber aus Marmor gesehen, vor denen ich einen unbeschreiblichen Respekt habe – denselben Respekt aber fühle ich vor dem bescheidenen Grabhügel der Maitresse Bérangers, den ich absichtlich aufsuchte –, da dachte ich noch ganz besonders an die Maitresse Corots. Stille Musen waren solche Frauen, welche diese milden Meister befeuerten – das Intime, das Tiefdringende in ihrer Poesie; ich sehe in dergleichen immer und überall den Einfluß eines weiblichen Elementes. –
Du wirst z. B. in vielen Dingen nur wohl daran tun, wenn Du Vaters Rat befolgst –, aber ich möchte einmal darauf hinweisen, daß Vater und viele andere *nicht wissen*, daß man, so rechtschaffen ihr Leben ist – denn rechtschaffen ist das Leben Vaters – daß man doch auch auf eine andere Weise rechtschaffen leben kann, in einem sanfteren Geiste, im Charakter Corots oder Bérangers, will ich einmal sagen. –
Was die Menschen angeht, welche aufrichtig das Gute suchen, so finde ich wahr was Victor Hugo sagt: *»il y a le rayon noir et il y a le rayon blanc«***.
Vater hat, meiner Meinung nach, mehr »le rayon noir«, und Corot hat mehr »le rayon blanc«, doch »un rayon d'en haut«*** haben sie beide.

* barmherzige Schwestern
** Es gibt den schwarzen (Licht)Strahl, und es gibt den weißen Strahl
*** einen Strahl von oben

Was Millet anlangt, so ist er, und hier überragt er alle anderen, der Mann der le rayon blanc hatte. In Millet ist ein Evangelium und ich frage Dich, ob zwischen einer Zeichnung von ihm und einer schönen Predigt nicht ein Unterschied besteht. Die Predigt wird daneben schwarz; das ist der effect produit* des Vergleiches, selbst wenn sie, die Predigt nämlich, an sich schön ist. – (326)

Da ich das Bedürfnis habe, offen mit Dir zu sprechen, kann ich Dir nicht verheimlichen, daß mich das Gefühl einer großen Sorge, Niedergeschlagenheit und ... von Mutlosigkeit, ja Verzweiflung überfallen hat, das zu heftig ist, als daß ich es aussprechen könnte, und das, wenn ich keinen Trost finden kann, mich in einer dann unerträglichen Weise überfluten wird.
Ich nehme es mir sehr zu Herzen, daß ich im allgemeinen so wenig Glück bei den anderen Menschen habe, ich bin darüber sehr bekümmert, und zwar deshalb, weil der Erfolg und die Durchführung der Arbeit hier nur allzusehr auf dem Spiele stehen.
Außerdem geht mir das Los der Frau, das Los meines lieben, armen, kleinen Kerlchens und des anderen Kindes sehr zu Herzen. Ich möchte gern helfen, aber ich kann nicht.
Es steht augenblicklich so mit mir, daß ich Kredit nötig hätte, Vertrauen und etwas Wärme, und Vertrauen finde ich nicht.
Du machst eine Ausnahme, aber gerade, daß alles so auf Dir lastet, macht, daß meinem Gefühl alles noch trüber erscheint.
Und wenn ich meinen Kram ansehe – es ist alles zu armselig, zu unzureichend, zu erschöpft. Wir haben hier trostlose Regentage, und wenn ich in die Bodenecke komme, wo ich mich installiert habe, dann ist es da noch ganz besonders melancholisch bei dem Lichte, das, durch eine einzige gläserne Dachpfanne, in einen leeren Malkasten fällt, und auf eine Handvoll Pinsel, deren Haar wenig mehr taugt – enfin, es ist alles in einer so merkwürdigen Weise melancholisch, daß es einen Anblick bietet, der

* Endeffekt

glücklicherweise so komisch ist, daß man, statt darüber zu weinen, seinen Spaß daran haben kann.
Immerhin steht alles dieses in einem höchst merkwürdigen Verhältnis zu meinen Plänen und in einem höchst merkwürdigen Verhältnis zu dem Ernst der Arbeit – und da hört denn auch das Lachen auf. –
Jedoch, ich bin nun hier, und den finanziellen Ausfall habe ich fast gedeckt, und in einiger Zeit wird er sich ganz decken lassen, und die Natur ist hier gewiß herrlich und übertrifft meine Erwartungen. – (328)

Ich sah heute eine Beerdigung zu Schiff, die sehr merkwürdig war – in dem Fahrzeug, das von den Männern durch den Kanal in der Heide gezogen wurde, befanden sich etwa sechs in Mäntel gehüllte Frauen; der Pfarrer, mit Dreispitz und in kurzer Hose, durchaus wie eine Figur von Meissonier, folgte auf dem anderen Ufer. – Du darfst es mir nicht übelnehmen, daß ich so schreibe – ich bin etwas übereilterweise fortgegangen und fühle nun erst, was mir alles fehlt, und daß ich ein wenig unbedacht gehandelt habe. – Und ich bin in einer ganz unerträglichen Weise melancholisch, wenn mir die Ablenkung durch die Arbeit fehlt – Du wirst das wohl verstehen –, und deshalb muß ich arbeiten und zwar tüchtig arbeiten, *ich muß mich in der Arbeit vergessen*, andernfalls übermannt es mich. – (329)

Diesmal schreibe ich Dir aus der äußersten Ecke von Drenthe, wohin ich nach einer endlosen Fahrt im »Trekschuit« durch die Heide gekommen bin. – Flache Ebenen oder Streifen, verschieden in der Farbe, die schmäler und schmäler werden, in dem Maße, als sie sich dem Horizont nähern. Hier und da setzen eine Plaggenhütte oder ein kleines Bauerngehöft oder ein paar magere Birken, Pappeln oder Eichen einen Akzent darauf; überall sind Torfstapel, und alle Augenblicke fährt man an einem Schiff vorbei, das mit Torf oder Schilf aus den Mooren beladen ist.

Hier und da magere Kühe, von oft reizvoller Farbe, Schafe und Schweine. Die Figuren, die sich hin und wieder auf der Ebene zeigen, sind zumeist von großem Charakter, und zuweilen haben sie auch einen Charme von großer Feinheit; unter anderem zeichnete ich eine Frau im Trekschuit, die, da sie in Trauer war, Krepp um ihren Kopfputz trug, und dann noch eine Mutter mit einem Kindchen – diese hatte ein violettes Tuch um den Kopf.

Es laufen hier viele Ostadetypen herum, zuweilen sind es Physiognomien, die an Schweine oder Krähen erinnern, aber dann und wann sieht man auch wieder ein Figürchen, das wie die Lilie unter den Dornen ist.

Kurzum, ich bin sehr froh über diesen Streifzug; denn ich bin voll von dem, was ich gesehen habe. Heute abend war die Heide ungemein schön. – Die Luft war von einem unaussprechlich feinen Lila-Weiß – kleine Schäfchenwolken; die Wolken hingen nicht mehr, den ganzen Himmel bedeckend, zusammen, sondern bestanden aus Flocken, zuweilen von mehr oder weniger tonigem Lila, Grau, Weiß – zuweilen ein einzelner Riß, durch den das Blau hervorschimmerte. Dann am Horizont ein leuchtender roter Streifen, darunter die erstaunlich dunkle Fläche der braunen Heide und, gegen den rotblitzenden Streifen, eine Menge niedriger Dächer von kleinen Hütten. – Don Quichoteartige Mühlen oder sonderbare Ungetüme von Aufziehbrücken profilieren ihre launigen Silhouetten gegen die flimmernde Abendluft. – (330)

Gerade weil ich es Dir zu verdanken habe, daß ich es bis jetzt durchführen konnte, wollte ich Dir sagen, wie ich keinen Augenblick daran zweifle, daß es Dir als etwas Herrliches erscheinen würde, wenn Du ein Handwerk betriebest – selbst wenn dies, was Deine eigentliche Stellung angeht, im Anfang die unmöglichsten und widrigsten Verhältnisse mit sich brächte. – (331)

Laß mich Dir nun noch einmal sagen, daß ich an den Künstler in Dir glaube, und daß Du es noch werden kannst, ferner, daß Du in ganz kurzer Zeit dahin kommen würdest, mit Ruhe darüber nachzudenken, ob Du es bist oder nicht, ob Du es dahin bringen kannst, etwas zu produzieren oder nicht – nämlich wenn Du besagtes ABC buchstabieren lerntest und dann zugleich eine Zeitlang durch Korn und Heide wandertest, um auf diese Weise dasjenige in Dir zu erneuern, wovon Du selbst sagst: »Früher machte ich selbst einen Teil der Natur aus, jetzt fühle ich das nicht mehr so.«

Darf ich Dir sagen, Bruder, daß ich, wovon Du da sprichst, selbst so tief, so tief empfunden habe, daß ich eine Zeit nervöser, dürrer Abspannung hatte, während welcher ich Tage durchlebte, da ich das Allerschönste draußen nicht schön finden konnte, weil es mir nicht möglich war, mich hineinzufühlen.

Dahin bringen einen das Trottoir und das Kontor – und die Sorge – und die Nerven.

Nimm es mir nicht übel, wenn ich Dir jetzt sage, daß Deine Seele in diesem Augenblicke krank ist – es ist wirklich so; es ist nicht gut, daß Du nicht inmitten der Natur bist, und ich bin überzeugt, diese würde Dich jetzt am ehesten wieder normal werden lassen.

Ich muß doch einmal in meiner eigenen Vergangenheit nachschauen, woran es wohl gelegen hat, daß ich mich jahrelang in diesem steinernen, dürren Gemütszustande befunden habe, der, obgleich ich versuchte, aus ihm herauszukommen, immer ärger statt besser wurde. Und nicht nur der Natur gegenüber fühlte ich mich statt voll Empfindung dergestalt versteinert, sondern, was noch viel schlimmer war, ebenso den Menschen gegenüber.

Man sagte mir, ich sei verrückt, aber ich selbst fühlte, daß ich es nicht war, weil ich selbst ganz tief in meinem Innersten mein Leiden fühlte und es zu überwinden suchte. Ich machte allerhand efforts de perdu*, die zu nichts führten, aber trotz dieser idée fixe, wieder auf einen normalen Stand zu kommen, verwechselte ich niemals mein eigenes verzweifeltes Tun und Lassen, mein Suchen und Spintisieren mit mir selbst. Wenigstens fühlte ich stets etwas wie: »laß mich nur irgend etwas tun, irgendwo sein, es *muß* wieder besser werden, ich werde wieder obenauf kommen, laß mich nur die Geduld zur Genesung bewahren«. – (332)

Doch ich kann es nicht unterlassen, mir die Zukunft so vorzustellen, daß nicht allein ich, sondern daß wir beide, Du und ich, Maler sind und gemeinsam hier in diesem Torflande arbeiten. Dieser Gedanke stellt sich mir in der lustigsten Weise dar. Die Sache müßte ohne alle Umstände ins Werk gesetzt werden, ohne vieles Zaudern. –
Ich finde, das könnte vor sich gehen, wie ein Torfstück von einer Stelle zur anderen rollt – ohne mehr Umstände zu machen. Das geht ganz glatt – und schon liegt es wieder totenstill, und kein Mensch sieht sich mehr danach um.
Allerdings ein Mensch hat seine Wurzeln, das Verpflanzen ist etwas, das schmerzt, selbst wenn der Boden, auf den er verpflanzt wird, ein besserer wäre.
Und ist er denn nun besser??? Nun, was die Puritaner früher waren, das sind in der heutigen Gesellschaft die Maler.
Es handelt sich da nicht um eine verrückte und geschraubte Frömmigkeit oder Schwärmerei, sondern um etwas Einfach-solides – ich spreche hier besonders von den Leuten aus Barbizon, von der Richtung ihres dem bäuerlichen Leben zugewendeten Suchens. –
Ich fürchte, der alte Stamm ist nun einmal durchhauen, und deshalb sage ich Dir –: sprieße in einer ganz neuen Richtung, denn der Stamm wird, fürchte ich, doch nicht mehr seine rechte Lebensfähigkeit haben. –

* verzweifelte Anstrengungen

Man darf kein Stadtmensch, sondern muß ein Naturmensch sein – möge man im übrigen auch kultiviert, oder was auch immer, sein. Ich kann es nicht so genau sagen. Es muß ein je ne sais quoi* in uns sein, das uns den Mund stopft und zur Tat hinführt, das uns schweigsam sein läßt, auch wenn wir sprechen, das uns innerlich Schweigende, sage ich, zum Handeln treibt. Auf diese Weise bringt man etwas Großes hervor.

Warum? Weil man dann etwas wie: laßnurgeschehen, was geschehen muß, empfindet und arbeitet. Et après?** Ich weiß es nicht. Ich will Dich nicht drängen, ich will nur sagen: arbeite der Natur nicht entgegen. –

Und so sage ich Dir nun – vorausgesetzt, man riefe damit nicht unter allen Umständen irgendein Unheil ins Leben, vorausgesetzt, es wäre eine, sei es auch nur ganz kleine, Möglichkeit vorhanden:

»Folge diesem Hinweis, dieser ganz kleinen Möglichkeit – dieses Tüpfelchen ist der Weg, gehe ihn, laß das andere fahren. Laß es einfach fahren – nicht nach außen hin, behalte an Beziehungen bei, was Du nur kannst, aber bleibe entschlossen dabei, zu sagen: *ich will Maler werden*, und dann mag, was Hinz und Kunz sagen, von Dir abtröpfeln wie das Wasser von einem Regenmantel.«

Ich bin überzeugt, Du würdest Dich nicht wie eine Katze in einem fremden Hause, sondern wie ein in eine Heimat Zurückkehrender fühlen. –

Es handelt sich darum, daß Du etwas ganz Neues wollen, daß Du selbst Dich gewissermaßen von neuem hervorbringen mußt. –

Nicht, als ob Du dann keine Sorgen haben würdest – ja, von selbst geht es nicht, aber Du müßtest ein Gefühl haben wie: »ich tue, was mir am einfachsten scheint, alles, was nicht einfach ist,

* ich weiß nicht was

** und danach

werfe ich weg, ich will die Stadt nicht mehr, ich will ins Freie, ich will kein Kontor mehr, ich will malen«. –
Der Kunsthandel bringt gewisse Vorurteile mit sich, die, wie ich vermute, auch Dir ankleben werden – bestimmte Ansichten, wie etwa, daß das Malen eine Gabe ist. Nun ja, es ist wohl eine Gabe, aber nicht in der Weise, wie man es darstellt – man muß nämlich seine Hände ausstrecken und fest zugreifen, und dieses Zugreifen ist etwas Schwieriges, und man darf nicht warten, bis sich die Dinge von selbst offenbaren. Etwas ist ja daran, aber so, wie man es darstellt, verhält es sich nicht. Übung macht den Meister. Maler wird man durch das Malen. Will man Maler werden, hat man Lust dazu, fühlt man, was du fühlst, dann kann man es, aber dieses Können geht zusammen mit Mühsal, Sorgen, Enttäuschungen, mit Zeiten voller Melancholie und Ohnmacht und Ähnlichem mehr – so denke ich darüber. – (333)

Ich sprach unlängst mit dem Manne, bei dem ich wohne, und der selbst Landwirtschaft treibt, über etwas Ähnliches. Zufällig, weil er frug wie es in London sei, er habe so viel davon gehört; ich sagte ihm, für mich sei ein einfacher Bauer, *der arbeitet und bei seiner Arbeit denkt*, *der gebildete Mann*, und es sei immer so gewesen und werde immer so bleiben, daß man auf dem Lande hier und da jemanden trifft, dem man ansieht, was das heißt, während man in der Stadt nur bei den ganz, ganz Seltenen, den Allerbesten, einzelne Leute finde, die, in wiederum ganz anderer Weise, beinahe ebenso edel seien; meiner Meinung nach bleibt es aber dabei, daß man im allgemeinen auf dem Lande mehr Aussicht hat, einem redlichen Wesen zu begegnen, als in der Stadt. Und ferner, ich sei der Ansicht, daß man um so tiefer in das Dunkel von *Unkultur*, Dummheit und Schlechtigkeit eindringt, je näher man den großen Städten kommt. – (334)

Um sich in einem gewissen Stande zu behaupten, ist es notwen-

dig, gewisse Gemeinheiten, Unaufrichtigkeiten mit Willen und Wissen, mit Vorbedacht zu begehen. –
Nimm nun die Maler von Barbizon – nicht nur, daß ich sie als Menschen verstehe, aber darüber hinaus ist alles, sind in meinen Augen ihre allerkleinsten intimen Besonderheiten glänzend von Geist und Leben. Der »Malerhaushalt« mit seinen grandes et petites misères*, mit seinen Kalamitäten, mit seinen sorrows und griefs**, hat ein gewisses Voraus, eine gewisse bonne volonté, eine gewisse Aufrichtigkeit, ein gewisses, echt menschliches Etwas.
Gerade *keinen* Stand aufrechterhalten, nicht einmal daran denken!
Sage ich das etwa, weil ich Kultur oder dergleichen verachte? Im Gegenteil, gerade weil ich das echt Menschliche, das Leben mit der Natur – nicht gegen die Natur oder Kultur – im Auge habe und respektiere. Ich frage: »Was macht mich am meisten zum Menschen?«
Zola sagt: »– moi artiste, je veux vivre tout haut – *veux vivre* sans arrière-pensée***, naiv wie ein Kind, nein, nicht wie ein Kind, wie ein Künstler, mit gutem Willen, so wie das Leben es mit sich bringt; dann werde ich etwas darin finden, dann werde ich mein Bestes geben können.« –
Komm nun mit all den im voraus verabredeten Gewohnheiten an, mit der Konvention: wie entsetzlich pedantisch ist das doch eigentlich, wie absurd – ein Mensch, der denkt, daß er alles weiß, und daß es geht wie er denkt – als ob nicht immer in allen Dingen des Lebens ein je ne sais quoi**** von ungeheuer Gutem und auch ein Element des Schlechten wäre, von dem man fühlt, daß es unendlich über uns erhaben, daß es unendlich größer und mächtiger ist als wir.

* großen und kleinen Miseren
** Sorgen und Beschwerden
*** ich als Künstler will hoch (im Sinne von hochgesinnt, hochgemut) leben, will ohne Hintergedanken leben
**** ich weiß nicht was

Ein Mensch, der sich nicht klein fühlt – der nicht erfaßt, daß er ein Stäubchen ist –, wie irrt er sich au fond*. Verliert man etwas dabei, wenn man manche Begriffe vom Aufrechterhalten eines Standes, die man uns in der Kindheit einprägt, oder gewisse Formen nicht mehr als Nummer Eins betrachtet? Ich für mein Teil, ich mag nun dabei verlieren oder nicht verlieren, ich denke nicht einmal daran, ich weiß nur, meine Erfahrung ist, daß diese Formen und Begriffe nicht Stich halten und manchmal sogar verhängnisvoll, ja entschieden schlecht sind. Ich komme zu dem Schlusse, daß ich nichts weiß, zugleich aber, daß das Leben, in dem wir stehen, ein so großes Mysterium ist, daß das System der »Schicklichkeit« ganz gewiß etwas zu Beschränktes ist.

Das hat also seinen Kredit für mich verloren. Wie soll ich nun handeln? Die geeichte Formel ist: »Was ist Dein Ziel, was ist Dein Streben?«

O, ich werde handeln, wie ich handeln werde. –

Wie? – das weiß ich nicht im voraus. Weißt Du es, der Du mir diese pedantische Frage stellst, was ist Dein Ziel, was ist Dein Streben?

Nun sagt man: »Du bist charakterlos, wenn Du kein Ziel, kein Streben hast.« Meine Antwort: ich habe Dir nicht gesagt, ich hätte kein Ziel, kein Streben, ich habe gesagt, ich fände es unsagbar pedantisch, wenn man jemanden zwingen wollte, zu definieren, was undefinierbar ist.

Siehst Du, das sind meine Gedanken über gewisse Lebensfragen.

Mich dünkt, daß Du, der Du noch sehr jung bist, nicht leichtfertig handelst, wenn Du so räsonnierst: »Vom Kunsthandel habe ich mein Teil, nicht aber von der Kunst, deshalb lasse ich den Handel fahren und ich suche es nun im Herzen der Sache selbst.« –

Will man also malen – die Hände gerührt. Wenn die Frau käme, würde sie natürlich auch malen müssen.

* im Grunde

Ein jeder würde hier malen müssen. Die Frau eines der van Eycks mußte es auch. –
Wenn etwas in Dir sagt: »Du bist ein Maler«, dann, mein Junge, male, und diese Stimme wird stille werden, aber auch nur dann; wer, wenn er das fühlt, zu Freunden geht und seine Not klagt, verliert etwas von seiner Männlichkeit, etwas von dem Besten, das in ihm ist, und Deine Freunde können nur diejenigen sein, die selbst in dieser Weise kämpfen und durch das Vorbild ihrer eigenen Tat Deine Aktivität erwecken.
Man muß es mit Aplomb anfassen, mit der Überzeugung, daß man etwas Redliches tut, so wie der Bauer, der seinen Pflug führt, oder wie unser Freund hier auf der Skizze, der das Eggen selbst besorgt. Hat man kein Pferd, dann ist man sein eigenes Pferd – so machen es hier eine Menge Leute.
Einen Ausspruch von Gustave Doré habe ich immer außerordentlich schön gefunden – j'ai la patience d'un bœuf* –, und ich sehe etwas Gutes darin, eine gewisse resolute Ehrlichkeit; kurzum, es steckt viel in diesem Ausspruch, er ist ein echtes Künstlerwort. Wenn man an Leute, aus deren Gemüte so etwas kommt, denkt, dann werden, scheint mir, die Redensarten über »Begabung«, wie man sie im Kunsthandel nur allzu häufig hört, ein schauderhaftes Rabengekrächze. »J'ai la patience«, wie ruhig ist das, wie vornehm; und auch das würden sie nicht einmal sagen, wenn sie es nicht gerade auf dieses Rabengekrächze hin täten. »Ich bin kein Künstler« – wie roh ist das – wie roh, es auch nur von sich zu denken; sollte man denn keine Geduld haben, keine Geduld von der Natur lernen, keine Geduld lernen von dem Sprießen des Kornes, von dem Wachsen der Dinge – sollte man sich selbst für ein so grenzenlos totes Ding halten, daß man glauben müßte, man werde selbst nicht wachsen? Sollte man seiner Entwicklung wissentlich entgegenwirken? Ich sage dies, um darauf hinzuweisen, warum ich es so töricht finde, von Begabung und Nichtbegabung zu sprechen.

* ich habe die Geduld eines Ochsen

Aber wenn man wachsen will, dann muß man sich in die Erde senken. Also sage ich Dir, pflanze Dich in den Boden von Drenthe, Du wirst dort keimen, verdorre nicht auf dem Trottoir.
Es gibt aber auch Stadtpflanzen, wirst Du sagen – nun ja, aber Du bist Korn und gehörst auf den Kornacker. – (336)

Wenn ich unser Temperament und den Typus der Physiognomie betrachte, dann finde ich Beziehungen und sehr ausgesprochene Übereinstimmungen z. B. zwischen den Puritanern und uns selbst – den Leuten also aus Cromwells Zeit, die als ein kleines Häuflein von Männern und Frauen in der Mayflower nach Amerika aussegelten, aus einer alten Welt, und sich dort drüben niederließen, festentschlossen, beim Einfachen zu beharren.
Die Zeiten sind verschieden – sie schlugen Wälder – wir würden es in der Malerei suchen müssen. Ich weiß, daß die von einem kleinen, Pilgrim fathers* von der Geschichte benannten, Häuflein ergriffene Initiative, wie gering sie an sich auch war, große Folgen hatte. Und was uns anlangt, so bin ich vor allem der Ansicht, daß wir über große Folgen wenig philosophieren und nichts anderes suchen sollten, als einen Weg für uns selbst, damit wir selbst so gerade wie möglich durchs Leben reisen. Folgen vorauszusagen, ist *nicht* unsere Aufgabe, *weder die Deine noch die meine*.
Wenn ich von den Pilgrim fathers spreche, so ist es um der Physiognomie willen, nämlich um Dich darauf hinzuweisen, daß gewisse rothaarige Leute mit viereckigen Stirnen weder ausschließlich Denker noch Männer der Tat zu sein, sondern beide Elemente in sich zu vereinen pflegen! – (338)

Denke an Barbizon, diese Geschichte ist sublime.
Die dort den eigentlichen Anfang machten, waren, als sie dort-

* Pilgerväter

hin kamen, äußerlich durchaus nicht alle das, was sie wirklich, au fond, waren.
Das Land formte sie, sie wußten nur: »in der Stadt taugt es nichts, ich muß hinaus«, sie dachten: »ich muß arbeiten, ich muß lernen, etwas ganz Anderes, ja dem, was ich jetzt bin, geradezu Entgegengesetztes zu werden« – so stelle ich es mir vor. Sie sagten: »Jetzt tauge ich nichts, in der Natur werde ich mich verjüngen.« Für mich selbst räsonniere ich wenigstens so, und wenn ich auch, falls es durchaus sein müßte, nach Paris gehen und wohl auch dort etwas zu tun finden würde, so finde ich es hier doch unendlich, unendlich viel besser für meine Zukunft. –
Ich habe für mich selbst einen einfachen Plan, ich gehe aufs Land und mache, was mich frappiert, lasse mich durchdringen von Heideluft, und ich glaube, daß ich nach einiger Zeit frischer, neuer, tüchtiger sein werde.
Auf, mein Junge, komm mit in die Heide, um zu malen, oder auf das Kartoffelfeld, geh einmal mit hinter dem Pflug und dem Schafhirten – komm mit, um ins Feuer zu sehen – laß Dich einmal durchwehen von dem Sturm, der über die Heide geht. Brich aus. Ich weiß nicht, ob die Zukunft anders sein wird oder nicht, ob uns alles vor dem Winde gehen wird, aber ich kann doch nicht anders sprechen – suche es nicht in Paris, suche es nicht in Amerika, das ist alles dasselbe, ewig genau dasselbe. Sattle wirklich um, suche es auf der Heide. (339)

Nuenen

Dezember 1883 bis November 1885

Der Aufenthalt in Drenthe mußte der unwirtlichen Jahreszeit und ungenügender Geldmittel wegen frühzeitig abgebrochen werden. Durch die Umstände gezwungen, suchte van Gogh zum zweiten Mal Zuflucht im Hause der Eltern, deren Pfarre nun in Nuenen (Brabant) war. Die Beziehung zwischen dem ungebärdigen (revoltierenden) »verlorenen Sohn« und dem Pastorenehepaar hat man sich eher als heikles spannungsgeladenes Nebeneinander denn als ein Zusammen- oder gar Familienleben vorzustellen. Als Atelier und Wohnklause benutzte Vincent erst die Mangelstube der Mutter, später eine Art steinernen Schuppen, der an das Pfarrhaus angebaut war; dann, nach dem plötzlichen Tode des Vaters, zwei Kammern beim Küster der katholischen Kirche. In Hose und Kittel aus grobem blauem Leinen, wie sie die Bauern trugen, das verwitterte gebräunte Gesicht von einem stachligen roten Kinnbart umrahmt, die Augen durch das Malen in der Sonne leicht entzündet, wurde »der kurze vierschrötige kleine Kerl, den die Bauern das Malermännel nannten« (Zeugenbericht) bald zu einer allbekannten, ja sprichwörtlichen Erscheinung. Als echter Bauernmaler machte er alle Ereignisse des bäuerlichen Jahres in künstlerischen Kampagnen mit. Nuenen ist die Bekrönung von van Goghs holländischer Zeit. Es gelingt ihm hier, prachtvoll primitive Gestalten zu schaffen, die gleichsam noch an der Adamsrippe des Bodens, der Naturgründe, hängen. In ihnen scheint er die *Schöpfung* zu wiederholen. Das Hauptbild dieser Zeit sind »Die Kartoffelesser«.

Daß bei der Entwicklung dieser erdgebundenen, ungebrochenen, geradezu halbmenschlich anmutenden primitiven Wesen das Angedachte, von der Literatur Mitinspirierte, Visionäre mindestens ebenso stark beteiligt war wie das realistische Wollen, geht etwa aus einer solchen Briefstelle hervor: »Dagegen nun der Kopf einer ›hercheuse‹ oder ›silloneuse‹ (Furchenhakkerin) mit etwas von einer brüllenden Kuh im Ausdruck, ein Individuum aus –: ›La campagne était grosse d'une rasse d'hommes, qui poussaient une armée noire et vengeresse, qui germait lentement dans les sillons, grandissant pour la récolte des siècles futurs, et dont la germination allait bientôt faire éclater la terre‹*. Der Ausdruck dieses letzteren ist jedoch meiner Meinung nach besser in der Studie, die ich unterzeichnet habe und die ich machte, noch ehe ich dies gelesen hatte, *ohne an Germinal zu denken* – einfach eine Bäuerin, die vom Kartoffelpflanzen zurückkam, noch bedeckt vom Staub des Ackers.«

Ich lag die halbe Nacht wach, Theo, nachdem ich Dir gestern geschrieben hatte.
Meine Seele ist betrübt über die Tatsache, daß, wo ich nun nach zweijähriger Abwesenheit zurückkomme, der Empfang zu Hause wohl im höchsten Grade freundlich und lieb war, im Grunde jedoch nichts, nichts, nichts von dem sich geändert hat, was ich Blindheit und Unverstand bis zum Verzweifeln nennen möchte, was die Einsicht in meine Lage anlangt. Auch jetzt befinde ich mich wieder in einem fast unerträglichem Schwanken und Zwiespalt. – (345)

Ich fühle, wie Vater und Mutter instinktiv (ich sage nicht bewußt) über mich denken. Es besteht eine ähnliche Scheu davor, mich ins Haus zu nehmen, wie wenn man einen großen zottigen Hund im Hause haben sollte.

* Die Erde ging schwanger mit einem Menschengeschlecht, das heraufdrängte, ein schwarzes Heer von Rächern, das langsam in den Furchen keimte und heranwuchs für die Ernte künftiger Jahrhunderte, dessen gärendes Aufkeimen bald die Erde zum Bersten bringen sollte.

Er wird mit nassen Pfoten ins Zimmer kommen – und dann ist er überhaupt so zottig!
Er wird einem jeden in den Weg laufen. – *Und er bellt so laut*.
Kurzum – es ist ein schmutziges Vieh.
Gut – aber das Tier hat eine menschliche Geschichte, und, obwohl ein Hund, eine Menschenseele, und zwar eine so zartfühlende, daß es selbst fühlt, wie man über es denkt, was ein gewöhnlicher Hund nicht kann. Und ich, indem ich zugebe, daß ich eine Art Hund bin, lasse sie bei ihrer Würde.
Der Hund sieht ein, daß, wenn man ihn behielte, es zu viel sein würde, ihn zu ertragen und ihn »in diesem Hause« zu dulden, er muß also sehen, irgend eine andere Hundehütte aufzuspüren.
Der Hund könnte nämlich einmal beißen – wenn er einmal toll würde –, und dann müßte der Feldhüter kommen, um ihn tot zu schießen! Gut – ja, das alles ist ganz gewiß in der Tat wahr. Dem steht gegenüber, daß Hunde Wächter sind. Doch so etwas ist überflüssig, es ist Friede, und von einer Gefahr, sagt man, ist nicht die Rede. Also schweige ich darüber.
Der Hund bereut nur, daß er nicht fortgeblieben ist; denn es war nicht so einsam auf der Heide, wie in diesem Hause – trotz aller Freundlichkeit. Der Besuch des Viehs war eine Schwäche, die man, hoffe ich, vergessen wird und in die aufs neue zu verfallen es sich hüten wird. – (346)

Mauve hat mir seiner Zeit einmal gesagt: »Du wirst Dich finden in der Kunst, wenn Du durcharbeitest, wenn Du tiefer durchdringst, als Du es bis jetzt getan hast«. Das sagte er vor 2 Jahren. Ich dachte dieser Tage viel über diese Worte von ihm nach. Ich habe mich gefunden – ich bin dieser Hund. –
Der zottige Schäferhund, den ich Dir in meinem gestrigen Schreiben verständlich zu machen suchte, ist mein Charakter, und das Leben des Tieres ist mein Leben, wenn man nämlich die Details wegläßt und nur das Wesentliche angibt.
Ohne Persönlichkeiten, allein als Charakterstudie, unpar-

teiisch, als spräche ich, statt über Dich und mich, über Fremde, nur um der Analyse willen, weise ich Dich noch einmal auf vorigen Sommer hin.

Ich sehe zwei Brüder miteinander gehen im Haag (betrachte sie als *Fremde*, denke nicht an Dich selbst oder an mich).

Der eine sagt: »Ich muß eine gewisse Stellung behaupten, – ich muß im Handel bleiben, ich glaube nicht, daß ich Maler werde«...

Der andere sagt: »Ich werde ein Hund, ich fühle es, daß die Zukunft mich wahrscheinlich häßlicher und rauher machen wird, und ich sehe eine gewisse Armut als mein Los, aber – aber – *ich werde ein Maler sein*«.

– –

Der eine also – eine gewisse Stellung und Kaufmann – der andere – Armut und Maler.

Und dieselben beiden Brüder sehe ich in früheren Jahren, als Du kaum in die Bilderwelt kamst, als Du kaum begannst zu lesen etc. etc. – bei der Rijswijker Mühle, oder z. B. im Winter auf einem Ausflug nach Chaam über die beschneite Heide, früh morgens! So ganz *dasselbe fühlend*, *so dasselbe denkend und glaubend*, daß ich mich frage: sind das dieselben???

Ich frage mich, wie wird das nun weiter ablaufen – gehen sie für ewig auseinander, oder kommen sie für immer auf denselben Weg?

Etwas Besseres als die Zeit der Rijswijker Mühle, nämlich dasselbe ein für alle Mal – zwei arme Künstlerbrüder, welche aufgehen in ein und demselben Gefühl für Natur und Kunst, wird es je darauf hinauskommen?

Siehst Du, ich habe 4 Jahre länger als Du darüber nachgedacht, ich bin 4 Jahre älter und ruhiger, mich hat die Zeit, die Erfahrung dahin gebracht, von gewissen Dingen herunter zu steigen und sie fahren zu lassen.

Das, was mir früher als Pflicht vorgehalten wurde, war ein Spuk der Pflicht. Man sagte *au fond** (mit Deinen Worten): »Verdiene Geld, und Dein Leben wird gerade werden«. Millet sagte mir: »Mache Dein Leben wahr (trachte wenigstens zuerst danach und nach einem Ringen mit der nackten Wahrheit), und selbst das Geldverdienen wird sich regeln, und auch darin sollst Du nicht unehrlich werden«. – (347)

Dir gegenüber habe ich eine große Schuld, und wenn ich genau auf dieselbe Weise fortführe, so würde ich das ärger und ärger machen.
Nun habe ich Dir für die Zukunft einen Vorschlag zu machen. Laß mich Dir von meinen Arbeiten schicken und nimm Du Dir davon, was Du haben willst, doch ich bestehe darauf, das Geld, das ich von Dir nach dem März empfange, als von mir verdient zu betrachten, und ich finde es durchaus gut, daß es im Anfang weniger sei als das, was ich bisher empfing.
Meinerseits sage ich bestimmt, wie Du auch denkst über das, was ich bisher von Dir empfing, ich für mein Teil betrachte es als etwas, das ich, wenn möglich, zurückzahlen werde.
Glücken mir die Sachen, so werde ich es erst recht erledigen. Vorerst kann keine Rede davon sein, und wir werden auch nicht darüber sprechen. –
Aber ich will nach März kein Geld oder wenigstens nur so wenig wie möglich von Dir annehmen, für das ich nicht eine bestimmte Arbeit liefern müßte. – (360)

Die *Gesetze* der Farbe sind unaussprechlich prachtvoll, gerade weil es keine Zufälligkeiten sind. Ebenso wie man heutzutage nicht mehr an willkürliche *Wunder* glaubt, nicht mehr an einen Gott glaubt, der launisch und despotisch vom Hundertsten ins Tausendste springt, sondern mehr Respekt und Bewunderung für die Natur und Glauben an sie zu bekommen anfängt, ebenso und aus demselben Grunde finde ich, daß man in der Kunst die

* im Grunde

altmodischen Ideen von angeborenem Genie, Inspiration etc., ich sage nicht, fortlassen, aber einmal gründlich bei Lichte betrachten, verifizieren und... ganz bedeutend umgestalten muß.

Ich leugne jedoch das Bestehen des Genies und selbst des angeborenen nicht, doch die Schlußfolgerung, daß Theorie und Unterricht der Natur der Sache nach immer nutzlos sein sollten, die verneine ich sehr. –

Was das Schwarz anlangt – ich gebrauchte es zufälligerweise in den einen oder anderen Studien nicht, da ich unter anderen ein paar größere Kräfte als Schwarz nötig hatte, und Indigo mit Terra Siena, Preußischblau mit gebrannter Siena geben eigentlich noch viel tiefere Töne als reines Schwarz. Manchmal denke ich, wenn ich die Leute sagen höre: »in der Natur gibt es kein Schwarz« – in der Farbe ist, wenn man will, auch kein Schwarz. – (371)

Es ist etwas geschehen, Theo, wovon die meisten Leute hier *nichts* wissen oder vermuten, noch je etwas wissen dürfen, verschweige Du es also wie das Grab – aber es ist schrecklich. Um Dir alles zu sagen, müßte ich wohl ein Buch schreiben – ich kann das nicht –. Fräulein X. hat Gift genommen – in einem Augenblicke der Verzweiflung, als sie mit ihrer Familie gesprochen hatte, und als man schlecht über sie und mich redete; sie geriet so außer sich, daß sie es in einem Augenblick entschiedener Gestörtheit tat, meiner Meinung nach. Theo, ich hatte schon einmal einen Arzt um Rat gefragt wegen gewisser Erscheinungen an ihr – ich hatte 3 Tage vorher ihren Bruder unter vier Augen gewarnt, daß ich fürchtete, sie könne ein Nervenfieber bekommen, und daß ich zu meinem Leidwesen bezeugen müsse, daß die Familie nach meiner Ansicht ganz besonders unvorsichtig handle, so zu ihr zu sprechen, wie sie es tue.

Nun, dies half nichts, da die Leute mich zwei Jahre warten hießen, und da ich mich hierauf ganz entschieden nicht einlassen

wollte, sagte ich, *wenn* hier von Heiraten die Rede sein könne, so müsse es bald geschehen oder gar nicht.
Theo, Du hast Mme. Bovary gelesen; erinnerst Du Dich der ersten Mme. Bovary, die an einem Nervenanfalle starb? So etwas war es hier, jedoch kompliziert dadurch, daß sie Gift nahm. Sie hat oft, wenn wir ruhig spazieren gingen, oder bei anderen Gelegenheiten zu mir gesagt: »ich wollte, daß ich nun sterben könnte« – ich hatte dem niemals Beachtung geschenkt.
Eines Morgens jedoch fällt sie zu Boden, ich dachte noch an nichts als an ein wenig Schwäche. Doch es wurde ärger und ärger. Enfin, Du verstehst. Sie hatte Strychnin genommen, doch die Dosis ist zu klein gewesen, und vielleicht hat sie, um sich zu betäuben, Chloroform oder Laudanum dazu genommen, was aber gerade ein Gegengift gegen Strychnin sein soll. Kurzum, sie hat dann noch schnell ein Gegengift genommen, das der Arzt ihr verschrieb. Sie ist direkt zu einem Arzte nach Utrecht expediert worden, und es heißt jetzt, sie sei auf Reisen. Ich glaube, daß sie *höchstwahrscheinlich* genesen wird, doch wird, meiner Meinung nach, gewiß eine ganze Periode mit Nervenleiden folgen – und in welcher Form, ernster oder weniger ernst, sich das offenbaren wird, ist noch die Frage.
Aber sie ist nun in guten Händen. Doch wie sehr ich durch diese Ereignisse niedergedrückt bin, wirst Du begreifen.
Es war eine solche Todesangst, mein Junge, wir waren allein auf dem Felde, als ich es hörte. Glücklicherweise ist das Gift jetzt wenigstens außer Wirkung. Was ist denn das für ein Standpunkt, und was ist das für eine Religion, welche die anständigen Leute üben; es sind einfach *absurde* Dinge, die die Welt zu einer Art Narrenhaus, zu einer durchaus verkehrten Welt machen. – O dieser Mystizismus! – (375)

Es ist für mich verdammt touchant*, daß diese Frau, als hätte sie

* ergreifend

einen Sieg errungen und Ruhe gefunden, in einer Art von Triumph sagt: »Ich habe doch endlich geliebt«, während sie doch so schwach war und von 5 oder 6 anderen Frauen so bedrängt, daß sie Gift nahm. –
Es ist schade, daß ich ihr nicht früher begegnet bin – z. B. vor 10 Jahren. Sie macht auf mich den Eindruck einer Cremona-Geige, die durch schlechte Stümper von Ausbesserern früher verdorben wurde. –
Dieses *»die Ruhe einer Frau stören«*, wie sich die theologischen Leute ausdrücken, Theologen manchmal *sans le savoir**, ist zuweilen eine Überwindung von Stagnation und Melancholie, die die Menschen gern beschleicht und ärger ist als der Tod. – (377)

Ich sage Dir, man muß, wenn man aktiv sein will, nicht bange davor sein, einmal etwas verkehrt zu machen, nicht bange sein, in irgend einen Fehler zu verfallen.
Viele denken, daß sie es erreichen, wenn sie, um gut zu werden, *nichts Böses* tun – das ist eine Lüge, und Du sagtest früher selbst, daß es eine Lüge sei. Das führt zu Stagnation und Mittelmäßigkeit.
Schmiere nur etwas darauf, wenn Du eine weiße Leinwand mit einer gewissen Blödsinnigkeit Dich anstarren siehst.
Du weißt nicht, wie lähmend das ist, das Anstarren einer weißen Leinwand, die zum Maler sagt: *»Du kannst nichts«*. Die Leinwand hat ein *idiotisches* Starren und hypnotisiert manche Maler so, daß sie selbst idiotisch werden.
Viele Maler fürchten sich vor einer weißen Leinwand, aber die weiße Leinwand fürchtet sich vor dem wahren, leidenschaftlichen Maler, der wagt und der einmal durch die Hypnose dieses »Du kannst nichts« hindurchgebrochen ist.
Das Leben an sich kehrt dem Menschen auch immer eine unendliche, nichtssagende, entmutigende, hoffnungslos ma-

* ohne es zu wissen

chende Seite zu, auf der nichts steht, ebensowenig wie auf einer weißen Malleinwand.
Aber wie nichtssagend und eitel, wie tot das Leben sich auch zeige, der Mann mit Glauben, mit Energie, mit Wärme, und der etwas weiß, läßt sich dadurch nicht zum Narren halten.
Er greift hinein, tut etwas und knüpft daran an, enfin er bricht durch – »schändet« sagen sie. Laß sie schwätzen, diese kalten Theologen. – (378)

Ich widerspreche dem entschieden, daß meine Behauptung, verschiedene Parteien stünden einander noch gleich schroff gegenüber im Jahre 84 wie im Jahre 48, übertrieben wäre. Es ist etwas ganz anderes als Dein »Graben«, das versichere ich Dir – ich spreche hier mehr von den Parteien als eigentlich von Dir und von mir – aber Du und ich gehören doch auch irgendwo hin, nicht wahr? stehen entweder rechts oder links, es kommt jedoch darauf an, ob wir uns dessen bewußt sind oder nicht.
Ich meinerseits habe auf alle Fälle eine Partei erwählt, und wenn Du den Willen hast und glaubst, es sei möglich, weder rechts noch links zu stehen – dann nehme ich mir die Freiheit, die Ausführbarkeit davon und vor allem den praktischen Nutzen in höchstem Maße zu bezweifeln. –
Was das betrifft, was ich Barrikade, Du Graben nennst, so gibt es nun einmal eine alte Gesellschaft, die meiner Meinung nach *durch eigene Schuld* untergeht – und es gibt eine neue Gesellschaft, die entstanden und gewachsen ist und sich noch weiter entwikkelt. Kurzum, es gibt etwas, das von den Revolutionären ausgeht, und etwas, das von antirevolutionären Prinzipien ausgeht.
Nun frage ich Dich, ob Du nicht selbst oft bemerkt hast, daß die Politik des Hinschwebens zwischen dem Alten und Neuen nicht haltbar ist? Denke einmal hierüber nach.
Früher oder später endet es damit, daß man sich freimütig entweder rechts oder links hinstellt.
Es gibt keinen Graben. Und noch eins, damals war es 48, jetzt ist es

84 – damals gab es eine Barrikade von Pflastersteinen – jetzt nicht aus Pflastersteinen, aber eine Barrikade, die die Unvereinbarkeit von alt und neu ist – o, die ist ganz gewiß noch da, im Jahre 84 ebenso wie im Jahre 48. (381)

Ich habe kaum je ein Jahr erlebt, das mit einem düstereren Aspekt und einer trüberen Stimmung angefangen hätte, und ich erwarte denn auch keine Zukunft des Erfolges, sondern eine Zukunft voller Kampf.

Draußen ist es traurig; die Felder – eine Lehmgrube aus Klumpen von schwarzer Erde und ein wenig Schnee, die Tage meistens mit Nebel und Schmutz – morgens und abends die rote Sonne – Krähen – verdorrtes Gras und verwelktes, faulendes Grün, schwarze Gebüsche, und die Zweige der Pappeln und Weiden scharf wie Draht gegen die traurige Luft.

Dies sehe ich im Vorübergehen, und alles ist, im Einklang mit den Wohnungen, an diesen dunklen Wintertagen außerordentlich düster.

Es ist auch im Einklang mit der Physiognomie der Bauern und Weber.

Die letzteren höre ich nicht klagen, aber sie haben es elend. Ein Weber, der schwer durcharbeitet, macht z. B. in einer Woche ein Stück von 60 Ellen. Während er webt, muß eine Frau sitzen und für ihn spulen, das heißt die Garnrollen aufwickeln; es sind also *zwei*, die arbeiten und davon leben müssen.

An diesem Stück verdient er netto 4,50 Gulden in der Woche – und wenn er es zum Fabrikanten bringt, dann sagt man ihm jetzt manchmal, daß er erst über 8 oder 14 Tage wieder ein neues Stück mitnehmen kann.

Es ist also nicht nur der Lohn niedrig, sondern die Arbeit ist auch ziemlich spärlich.

Es ist denn auch oft etwas Gejagtes und Unruhiges in den Leuten.

Es ist eine andere Stimmung als diejenige, die ich bei den Koh-

lenbergleuten in einem Jahre mit Ausständen und vielem Unglück erlebte. Das war noch viel ärger – aber dennoch, es ist jetzt auch hier manchmal erschütternd – die Leute sind still, und ich hörte buchstäblich *nirgends* etwas, das aufrührerischen Reden geglichen hätte.
Aber sie sehen ebenso wenig fröhlich drein wie die Droschkenpferde, oder die Schafe, die mit dem Dampfer nach England transportiert werden. – (392)

Es ist schon spät, aber ich wollte Dir noch einmal sagen, daß ich recht herzlich hoffe, daß unsere Korrespondenz fortan wieder etwas lebendiger werden wird, als sie es in der letzten Zeit war. Ich füge zwei Skizzen nach ein paar Studien bei, die ich machte; zugleich arbeite ich aufs neue an den Bauern bei der Kartoffelschüssel.
Ich komme gerade von zu Hause und habe noch bei Lampenlicht daran gearbeitet, obgleich ich es diesmal bei Tageslicht angelegt habe.
Hier siehst Du, wie die Komposition jetzt geworden ist. Ich habe es auf eine ziemlich große Leinwand gemalt, und so wie die Skizze jetzt ist, sitzt, glaube ich, wohl Leben darin.
Aber ich weiß doch bestimmt, daß z. B. C.M. von Verzeichnungen etc. sprechen würde.
Weißt Du, was man darauf unbedingt erwidern kann? Daß die schönen Lichteffekte in der Natur ein sehr schnelles Arbeiten verlangen.
Nun weiß ich wohl, daß es die großen Meister, besonders in der Periode ihrer reifen Erfahrung, verstanden, genau auszuführen ebenso wie das Leben zu erhalten. Das ist jedoch etwas, dessen ich vorerst in dieser Weise sicher nicht fähig sein werde.
Auf dem Punkte aber, auf dem ich jetzt stehe, sehe ich die Möglichkeit, einen gefühlten Eindruck dessen zu geben, was ich sehe.
Nicht immer buchstäblich genau – vielmehr niemals genau –,

denn man sieht die Natur durch sein eigenes Temperament hindurch. –
Und ich sage, laß uns viel malen und produktiv sein, laß uns *wir selbst sein mit Gebrechen und Qualitäten* – ich sage: uns, weil das Geld von Dir, das mir zu beschaffen Dich, wie ich weiß, Mühe genug kostet, Dir das Recht gibt, das Gute, das vielleicht in meine Arbeit kommen wird, zur Hälfte als Deine eigene Schöpfung zu betrachten. – (399)

Ich wollte Dir nur rasch sagen, daß ich eifrig an den Kartoffelessern arbeite und von den Köpfen aufs neue Studien gemalt habe; die Hände habe ich stark geändert.
Vor allem tue ich mein Möglichstes, um *Leben* hineinzubringen. –
Schreibe mir, bitte, einmal, wie ich ein Bild von größerem Format, wenn ich einmal eines habe, schicken muß, und an welche Adresse.
Die Kartoffelesser schicke ich nicht – ich müßte denn *sicher* wissen, daß *etwas* daran ist.
Doch es geht vorwärts damit, und ich denke, es wird noch etwas ganz anderes hineinkommen als Du – wenigstens so deutlich – je von mir gesehen hast.
Ich meine: gerade das *Leben. Dieses male ich aus dem Kopfe.*
Doch Du weißt selbst, wie oft ich die Köpfe gemalt habe! Und sodann laufe ich immer hin, um sie mir anzusehen, jeden Abend, um an Ort und Stelle Stücke zu zeichnen. Aber bei dem Bilde lasse ich meinen Kopf – ich verstehe darunter *Gedächtnis* oder Imagination – mitarbeiten, was bei *Studien* nicht so sehr der Fall ist; bei diesen darf es zu keinem Schaffensprozeß kommen, denn man holt mittels ihrer aus der Wirklichkeit Nahrung für die Phantasie – damit diese richtig werde. –
Es ist zum *zweiten* Male, daß ich von einem Ausspruche Delacroix' sehr viel habe.
Das erste Mal war es eine Farbentheorie, aber dann las ich ein

Gespräch, das er mit anderen Malern führte – darüber, wie ein Bild gemacht, das heißt: *geschaffen* wird.
Er behauptete, die besten Bilder mache man aus dem Kopfe. Par cœur!* sagte er.
Und über eben dieses Gespräch las ich noch, daß, als alle diese braven Leute abends spät nach Hause gingen, Delacroix mit gewohnter Lebhaftigkeit und Leidenschaftlichkeit mitten auf dem Boulevard ihnen laut nachrief: »Par cœur! Par cœur!« Wahrscheinlich zum großen Erstaunen der einsam Vorübergehenden. – (403)

Ich denke, daß Du, was ich meine, an dem Bilde der Kartoffelesser sehen wirst. Hoffentlich wird Portier es verstehen. Es ist jedoch sehr dunkel, und zum Weiß habe ich fast kein Weiß, sondern einfach die neutrale Farbe genommen, die entsteht, wenn man Rot, Blau und Gelb mischt, oder auch Zinnober, Pariser Blau und Neapelgelb. Diese Farbe ist an und für sich ein ziemlich dunkles Grau, wirkt im Bilde jedoch weiß.
Ich werde Dir sagen, warum ich das tue. Das Motiv hier ist ein graues Interieur, das von einer kleinen Lampe erhellt wird.
Die Tischdecke aus grauem Leinen, die verräucherte Wand, die staubigen Mützen, in denen die Frauen auf dem Lande gearbeitet haben, das alles scheint, wenn man *mit halbgeschlossenen Augen hinsieht*, beim Lichte der Lampe durchaus dunkelgrau, während die Lampe, obgleich sie einen rötlich gelben Schein gibt, etwas – und zwar ziemlich viel – heller scheint als das fragliche Weiß.
Nun die Fleischfarben – ich weiß wohl, daß diese bei oberflächlicher Betrachtung, wenn man nicht darüber nachdenkt, nicht als das erscheinen, was man Fleischfarbe nennt.
Ich habe sie, als ich das Bild anfing, einmal so gemalt: etwas gelben Ocker, roten Ocker und Weiß. Aber das war *viel zu hell* und taugte durchaus nichts. Was nun tun? Ich hatte alle Köpfe fertig

* auswendig

und mit ziemlicher Sorgfalt durchgearbeitet, aber da habe ich sie flink übermalt, ohne Gnade, und die Farbe, mit der sie jetzt gemalt sind, *ist etwa die einer staubigen, natürlich ungeschälten, Kartoffel.*

Während ich das machte, dachte ich wieder daran, wie gut das von Millets Bauern gesagt ist: »Ses paysans semblent peints avec la terre qu'il ensemencent«.*

Ein Ausspruch, an den ich unwillkürlich immer wieder denken muß, wenn ich sie bei der Arbeit sehe, draußen ebenso wie im Hause.

Ich bin denn auch überzeugt, daß Millet, Daubigny und Corot, wenn man von ihnen verlangen würde, sie möchten eine Schneelandschaft ohne Weiß malen, es tun würden, und *daß der Schnee in ihren Bildern weiß erscheinen würde.* –

Kannst Du nicht verstehen, daß die Tatsache, daß ich hier mehr Skizzen mache, etwas Herrliches ist?

Als ich heute abend nach der Hütte ging, fand ich die Leutchen essend, beim Lichte des Fensterchens statt unter der Lampe; es war erstaunlich schön. Die Farbe war auch eigentümlich – Du erinnerst Dich der gegen das Fenster gemalten Köpfe – in dieser Art war der Effekt, doch noch dunkler, so daß die zwei Frauen und das Interieur ziemlich genau die Farbe etwa von dunkelgrüner Seife hatten. Die männliche Figur links aber wurde von dem durch eine Tür einfallenden Lichte beleuchtet. Auf diese Weise erhielten Kopf und Hände die Farbe eines 10 Centimes-Stückes – enfin – waren matt kupferfarbig, und der Kittel zeigte, wo das Licht auf ihn fiel, das denkbar feinste verschossene Blau. – (405)

Ich habe mich nämlich nicht wenig bemüht, so zu arbeiten, daß man auf den Gedanken kommt, daß diese Leutchen, die da bei ihrem Lämpchen ihre Kartoffeln verzehren, mit diesen Händen, die sie in die Schüssel stecken, selbst die Erde umgegraben

* Seine Bauern scheinen mit der Ackererde gemalt, die sie besäen

haben, und es spricht also von Handarbeit und davon, daß sie ihr Essen redlichst *verdient* haben.
Ich wollte, daß es an eine ganz andere Art des Lebens erinnert, als diejenige von uns gebildeten Menschen ist. Ich wünschte denn auch durchaus nicht, daß ein jeder es nur so ohne weiteres gut oder schön fände.
Ich habe den ganzen Winter hindurch die Fäden dieses Gewebes in der Hand gehabt und das endgültige Muster gesucht, und wenn es nun etwa ein Gewebe ist, das ein rauhes und grobes Aussehen hat, so sind nichtsdestoweniger die Fäden doch mit Sorgfalt und nach gewissen Regeln gewählt und es könnte sich wohl herausstellen, daß es ein *echtes Bauernbild* ist. *Ich weiß, daß es das ist.* Wer aber die Bauern lieber süßlich sieht, mag es tun. Ich meinerseits bin überzeugt, daß man auf die Dauer bessere Resultate erzielt, wenn man sie in ihrer Rauheit malt, als wenn man konventionelle Liebenswürdigkeit hineinbringt.
Ein Bauernmädchen ist, meiner Meinung nach, in ihrem verschossenen und geflickten Rock und ihrer Jacke, die durch Wetter, Wind und Sonne die feinsten Nüancen bekommen, schöner als eine Dame. Ziehe ihr aber einen Damenanzug an, dann ist ihr Echtes weg.
Ein Bauer ist auf dem Felde in seinem Bombardeu-Anzuge schöner, als wenn er sonntags in einer Art Herrenrock zur Kirche geht.
Und deshalb würde man, finde ich, auch unrecht haben, wenn man einem Bauernbilde eine gewisse konventionelle Glattheit gäbe. Wenn ein Bauernbild nach Speck, Rauch und Kartoffeldunst riecht, gut – das ist nicht ungesund; wenn ein Stall nach Mist riecht – gut, dafür ist es ein Stall: wenn ein Feld einen Duft von reifem Korn oder Kartoffeln oder – von Guano und Mist hat, so ist das gerade gesund – besonders für Stadtleute.
Von solchen Bildern *haben sie Nutzen*. Parfümiert aber darf ein Bauernbild nicht werden. – (404)

Ich meine, daß der Enthusiasmus manchmal besser rechnet als sogar diejenigen, die immer rechnen und die sich »darüber erhaben« dünken, und daß Instinkt, Inspiration, Impulsivität und Gewissen richtiger leiten als viele wohl denken. Und wie dem auch sei, ich für meine Person bin der Meinung: mieux vaut crever de passion que de crever d'ennui.*
Der alte Turm wird nächste Woche abgebrochen! Die Spitze ist bereits herunter – ich bin mit einem Bilde davon beschäftigt. Die Figuren in dieser neuen Zeichnung fange ich mit dem Rumpfe an, und es kommt mir so vor, als würden sie dadurch voller und breiter. Wenn 50 nicht genug sind, dann werde ich 100 zeichnen, und wenn es dann noch nicht genug ist, noch mehr, bis ich genau das habe, was ich haben will, nämlich daß alles rund in sich geschlossen und, sozusagen, weder ein Anfang noch ein Ende in einer Form ist, nirgends, sondern daß es ein harmonisches, lebendiges Ganzes ausmacht. –
Ich bin dieser Tage dabei, was Delacroix über das Zeichnen sagte: »ne pas prendre par la ligne, mais par le milieu«**, beim Zeichnen einer Hand und eines Armes praktisch anzuwenden. Man hat da Gelegenheit genug, von Ovalen auszugehen. Und was ich damit zu erreichen suche, *ist nicht*, *eine Hand zeichnen zu können*, *sondern die Bewegung*, nicht mathematisch korrekt einen Kopf, sondern den großen *Ausdruck*, das den-Wind-Einatmen eines Grabenden, wenn er z. B. gerade aufsieht, oder das Sprechen – enfin das Leben. – (408)

Was Du über das Bild schreibst, die Bemerkungen, die Du, Portier und Serret machten, daß sie aber doch gute Dinge darin fanden, alles das hat mich erfreut. Ich selbst habe auch ein Urteil darüber, und zwar ein strengeres als sie – so in bezug auf die Torsi – ich verlange also nicht, daß sie es durchaus gut finden müssen. Wenn Du sie einmal siehst, dann sage ihnen, daß es

* Es ist besser, an Leidenschaft zu krepieren als an Langeweile
** nicht von der Linie ausgehen, sondern vom Kern (im Sinne von: Volumen)

sehr wohl möglich ist, daß ich von den kupferigen und grüneseifenartigen Tönen von heute abkommen werde, daß ich aber hoffe, dieses Anderswerden wird von zweierlei Art sein, nämlich, daß ich manches in einer helleren Skala, mehr als Fleisch und Blut, zu malen hoffe, daß ich aber ebenso sehr nach etwas suche, das noch mehr grüneseifenartig und kupferig ist.
In der Wirklichkeit sehe ich in den dunklen Hütten täglich Effekte gegen das Licht, oder am Abend in der Dämmerung, die so merkwürdig sind, daß mir meine bisherigen Arbeiten diesen Effekten gegenüber, die ich mit grüner Seife oder der Kupferfarbe eines abgegriffenen 10-Centimes-Stückes vergleiche – faute de mieux* – und die ich faute de mieux mit diesen Farben male, noch zu hell vorkommen. Ich möchte, daß mir auch die dunkle Seite gelänge, worüber ich schon mehr gesprochen habe, »le paysan peint avec la lerre qu'il ensemence«**. – (410)

Heute habe ich das bewußte Kistchen abgeschickt, das außer demjenigen, wovon ich Dir schon schrieb, noch ein Bild »cimetière de paysans« enthält. Ich habe einige Details fortgelassen – ich wollte ausdrücken, wie diese Ruine verkündet, daß dort *seit Jahrhunderten* die Bauern in denselben Äckern zur Ruhe gelegt werden, die sie ihr lebelang bearbeitet haben – ich habe ausdrücken wollen, wie außerordentlich einfach das Sterben und Begraben vor sich geht, so selbstverständlich wie das Abfallen des Herbstlaubes – nichts als ein wenig Erde umgewühlt – ein hölzernes Kreuzchen. Die Äcker darumher machen da, wo das Gras des Kirchhofes aufhört, über der niedrigen Mauer eine letzte Linie gegen den Horizont, ähnlich dem Horizont der See. Und nun sagt mir die Ruine, wie ein Glaube und eine Religion vergeht, mögen sie auch noch so fest gegründet sein – wie dagegen das Leben und Sterben der Bauern das immer gleiche ist

* in Ermangelung eines Besseren
** Der Bauer gemalt mit der Ackererde, die er besät

und bleibt, gleichmäßig sprießt und verwelkt wie das Gras und die Blumen, die da auf diesem Kirchhofsboden wachsen.
Les religions passent, Dieu demeure*, ist ein Ausspruch Victor Hugos, den sie auch kürzlich begraben haben. – (411)

Die Schattenseite des Malens ist, daß man, auch wenn man seine Bilder nicht verkauft, doch Geld für Farbe und Modell haben muß, um weiter zu kommen. Und diese Schattenseite ist scheußlich. Aber andererseits gibt das Malen, und meiner Meinung nach besonders die Bauernmalerei, Gemütsruhe, mag man auf der anderen Seite auch viel Schinderei und Elend im Leben haben. Ich meine, die Malerei ist eine Heimat, und man hat dabei nicht das Heimweh, das eigenartige, das Hennebeau hatte.
Die Stelle, die ich damals auch abschrieb, packte mich sehr, weil ich in jener Zeit buchstäblich das Verlangen hatte, so etwas zu sein wie ein Schnitter oder Polderarbeiter, und weil ich vor Langeweile der Bildung überdrüssig war.
Es ist besser so, man fühlt sich glücklicher, und wenn man dies buchstäblich zur Ausführung bringt, dann fühlt man sich wenigstens leben. Und es ist schon etwas, im Winter brav im Schnee, im Herbst tüchtig in den gelben Blättern, im Sommer im reifen Korn und im Lenz im Gras zu sein, es ist etwas, immer mit den Schnittern und den Bauernmägden zu sein, im Sommer mit der weiten Luft darüber und im Winter unter dem schwarzen Rauchfang, und zu fühlen, das ist immer gewesen und das wird immer bleiben.
Und wenn man dann auf Stroh schläft und Roggenbrot ißt, nun gut, dadurch wird man auf die Dauer gesünder. – (413)

Ich zeichne täglich fleißig Figuren. Ich muß aber wohl etwa hundert Zeichnungen haben, ja mehr, bevor ich wieder einmal damit aufhören kann. Es ist mir darum zu tun, etwas anderes zu

* Die Religionen gehn vorüber, Gott dauert

finden, als in meinen alten Zeichnungen ist, und besonders den Charakter dieser Bauern, namentlich der hiesigen, zu erfassen. Wir gehen der Ernte entgegen, und da muß ich sowohl von der Kornernte wie vom Kartoffelausbuddeln eine Kampagne mitmachen. Es ist dann doppelt schwierig, Modell zu bekommen, und doch muß es sein; denn ich überzeuge mich, je länger, desto mehr, daß man nicht zu gewissenhaft sein kann, daß man sich für immer und ewig auf das verlegen muß, was Daudet in »L'historie de frontière«, in einem Artikel über »Les rois en exil«, la chasse au modèle* nennt. – (414)

Wenn heutzutage die Kenner vor einem Bilde wie dem von Benjamin oder vor dem Empfang eines Kardinals, von ich weiß nicht welchem Spanier, stehen, dann ist es Brauch, mit tiefsinniger Miene etwas von »glänzender Technik« zu reden; sobald aber dieselben Kenner vor ein Motiv aus dem Bauernleben oder vor eine Zeichnung von Raffaëlli treten, dann werden sie mit derselben Miene die Technik kritisieren.
Du denkst vielleicht, daß ich unrecht daran tue, Bemerkungen hierüber zu machen, aber ich bin so durchaus sicher, daß alle diese fremdländischen Bilder *im Atelier* gemalt werden. Geh aber nur einmal hinaus und sitze da und male an Ort und Stelle! Es passieren dann allerlei Dinge – aus den 4 Bildern, die Du erhalten wirst, holte ich sicher an die 100 Fliegen und mehr heraus, nicht gerechnet den Staub und Sand etc., nicht gerechnet, daß, wenn man sie ein paar Stunden durch Heide und Hecken trägt, der eine oder andere Zweig darüber hinkratzt etc. Kommt man auf der Heide an, nach einem Marsch von ein paar Stunden, dann ist man bei diesem Wetter müde und erhitzt; die Figuren stehen nicht still wie Berufsmodelle, und die Stimmungen ändern sich mit dem Vorschreiten des Tages. –
Ich frage Dich, was für ein Mann, was für ein Sehender, Denker oder Betrachtender, was für eine Art von menschlichem Cha-

* Die Jagd nach dem Modell

rakter steckt hinter gewissen Bildern, deren Technik gerühmt wird – oft einfach *nichts*. –
Die Technik eines Bildes aus dem Bauernleben oder aus dem Leben der Stadtarbeiter, wie eines von Raffaëlli, bringt noch andere Schwierigkeiten mit sich als die platten Malereien eines Jacquet oder eines Benjamin Constant. Nämlich tagaus tagein in den Hütten leben, geradeso wie die Bauern auf dem Felde sitzen, im Sommer Sonnenhitze und im Winter Schnee und Frost ertragen müssen, nicht im Zimmer, sondern draußen, und nicht für einen Spaziergang nur, sondern Tag für Tag, so wie die Bauern selbst. –
Es ist scheinbar nichts leichter als Bauern und Lumpensammler und andere Arbeiter zu malen – aber es gibt kein Motiv in der Malerei, das so schwierig wäre wie die alltäglichen Figuren!
Soviel ich weiß, gibt es keine einzige Akademie, in der man einen Grabenden, einen Säer, eine Frau, die einen Topf über das Feuer hängt, oder eine Näherin malen oder zeichnen läßt, aber in jeder Stadt von ein wenig Bedeutung ist eine Akademie mit einer Auswahl von Modellen für historische, arabische, Louis xv., mit einem Wort für alle, nur nicht für in Wirklichkeit existierende Figuren.
Wenn ich Dir und Serret einige Studien von Grabenden oder Bäuerinnen, die jäten oder Ähren lesen etc., schicken soll, als Anfang einer ganzen Serie von allerlei Feldarbeit, dann kann es sein, daß Ihr, entweder Serret oder Du, Fehler darin entdecken werdet, die zu kennen mir nützlich wäre, und die ich selbst gern zugeben werde.
Ich möchte jedoch auf etwas hinweisen, das vielleicht der Beachtung wert ist. Alle akademischen Figuren sind auf dieselbe Weise, und laß uns sagen: on ne peut mieux*, zusammengesetzt, tadellos, ohne Fehler. Du wirst schon merken, worauf ich hinaus will – aber auch ohne uns etwas Neues zu geben und zu entdecken.

* besser geht's nicht

Nicht also die Figuren eines Millet, eines l'Hermitte, Regamey oder Daumier; sie sitzen auch gut ineinander, *aber anders als die Akademie es après tout* lehrt*.
Ich glaube, daß eine akademische Figur, wie korrekt sie auch sei, in dieser Zeit überflüssig ist, und wäre sie selbst von Ingres – mit Ausnahme seiner »Source«, weil gerade diese etwas Neues war und ist und bleiben wird –, wenn ihr das wesentlich Moderne, der intime Charakter, das eigentliche Tätigsein fehlt.
Wann wird die Figur also – und sogar wenn Fehler, ja selbst große Fehler darin sind – nicht überflüssig sein, wirst Du vielleicht fragen.
Wenn der Grabende gräbt, wenn der Bauer ein Bauer ist und die Bäuerin eine Bäuerin. Ist das etwas Neues? Ja, denn selbst die Figürchen von Ostade und Terburg arbeiten nicht so wie die heutigen. –
Ich frage Dich: »Kennst Du in der alten holländischen Schule einen einzigen Grabenden, einen einzigen Säer??? Haben sie je versucht, einen Arbeiter zu machen? Hat Velasquez es in seinem Wasserträger versucht, oder in seinen Typen aus dem Volke?« Nein.
Arbeiten, das tun die Figuren auf den alten Bildern nicht. Ich quäle mich in diesen Tagen mit einer Frau, die ich vorigen Winter im Schnee Wurzeln pflücken sah.
Siehst Du, Millet hat es getan, l'Hermitte und, im allgemeinen, die Bauernmaler dieses Jahrhunderts – ein Israëls –, die finden das schöner als etwas anderes.
Aber *selbst* in diesem Jahrhundert, wie verhältnismäßig wenige gibt es in der Legion von Malern, die *Figuren* malen wollen – ja, avant tout**, um der Figur, das heißt um der Form und der Modellierung willen –, aber die sie sich nur arbeitend denken können und ein Bedürfnis danach haben – dem die Alten auswichen und ebenso die alten Holländer, die viel konventionelle

* schlußendlich
** vor allem

Handlung gaben –, und, sage ich, das Bedürfnis haben, *die Bewegung um der Bewegung willen zu malen*; in der Weise, daß das Bild oder die Zeichnung wirklich eine Figurenzeichnung, um der Figur und um der unaussprechlich harmonischen Form des menschlichen Körpers willen, ist – zugleich aber auch ein *Wurzeln-Pflücken im Schnee*. Drücke ich mich verständlich aus? Ich hoffe es. Sage dies Serret einmal. Ich kann es mit kurzen Worten sagen – eine nackte Figur von Cabanel, eine Dame von Jacquet und eine Bäuerin, nicht von Bastien Lepage, aber eine Bäuerin von einem Pariser, der auf der Akademie sein Zeichnen gelernt hat, werden die Gliedmaßen und die Struktur des Körpers stets auf dieselbe Manier – manchmal charmant –, korrekt in Proportion und Anatomie fühlen lassen. Aber wenn z. B. Israëls, Daumier oder L'Hermitte eine Figur zeichnen, dann wird man die *Form* des Körpers *viel stärker fühlen*, und doch werden – deshalb nenne ich gerade Daumier so gern – die Proportionen manchmal fast *willkürlich* sein, Anatomie und Struktur manchmal durchaus *nicht gut sein in den Augen der Akademiker*.
Aber es wird *leben*. Besonders auch Delacroix. Ich habe mich noch nicht gut ausgedrückt. Sage Serret, *daß ich verzweifelt wäre, wenn meine Figuren gut wären*, sage ihm, daß ich sie nicht akademisch korrekt haben *will*, daß ich der Meinung bin, daß ein Grabender, wenn man ihn *photographierte*, *dann gewiß nicht graben würde*.
Sage ihm, daß ich die Figuren von Michelangelo prachtvoll finde, wenn seine Beine auch entschieden zu lang, die Hüften, der Hintern zu breit sind. Sage ihm, daß in meinen Augen Millet und l'Hermitte deshalb die wahren Maler sind, weil sie die Dinge nicht so malen, wie sie sind, trocken analysierend, sondern so, wie sie, Millet, l'Hermitte und Michelangelo, sie fühlen. Sage ihm, daß es mein größtes Verlangen ist, solche Unrichtigkeiten machen zu lernen, solche Abweichungen, solche Umwandlungen, Änderungen der Wirklichkeit, mein Verlangen, daß es – wenn man so will – Lügen werden möchten, nun

ja, aber die wahrer sind als die buchstäbliche Wahrheit. – Der *Bauer in seinen Verrichtungen* wiedergegeben – siehst Du, das ist eine Figur – ich wiederhole, das ist wesentlich modern – das ist das Herz selbst der modernen Kunst, etwas, das weder die Griechen, noch die Renaissance, noch die alte holländische Schule getan haben. – (418)

Was meine Arbeit betrifft, so habe ich in letzter Zeit, wie ich schon schrieb, eifrig Stilleben gemalt, und das hat mir außerordentlich gefallen. Ich werde Dir einige schicken.
Ich weiß wohl, daß sie schwer zu verkaufen sind, aber es ist verteufelt nützlich, und ich werde im Winter fleißig dabei bleiben.
Du wirst ein großes Stilleben mit Kartoffeln erhalten, in das ich Körperhaftigkeit zu bringen, ich meine, in dem ich versucht habe, die Materie so auszudrücken, daß es Klumpen werden, die Schwere haben und fest sind, die man fühlen würde, wenn man damit beworfen würde. – (425)

Diese Woche bin ich in Amsterdam gewesen – ich habe dort fast keine Zeit gehabt, etwas anderes als das Museum zu sehen; ich war 3 Tage dort. –
Ich weiß nicht, ob Du Dich erinnerst, daß links von der Nachtwache, also als Pendant der Staalmeesters, ein Bild hängt – mir war es bis heute unbekannt – von Franz Hals und Pieter Codde; etwa 20 Offiziere in ganzer Figur.
Hast Du darauf geachtet??? Es ist, besonders für einen Koloristen, die Reise nach Amsterdam wohl schon für sich allein wert. Es ist eine Figur darauf, die Figur des Fähnrichs, ganz in der linken Ecke, gleich am Rahmen – diese Figur ist von Kopf zu Fuß in Grau, ich will es Perlgrau nennen, ein eigenartiger neutraler Ton – vermutlich erreicht durch Orange und Blau, so gemischt, daß sie einander neutralisieren, durch das Variieren dieses Grundtones – und indem es hier etwas heller, dort etwas

dunkler gemacht ist, ist mit demselben Grau gewissermaßen die ganze Figur gemalt. Doch die ledernen Schuhe sind anders im Stoff als die Beinkleider, diese anders als die Hosenfalten, diese anders als das Wams – einen anderen Stoff ausdrückend, in der Farbe ganz verschieden voneinander, doch alles in einer Familie von Grau.

Warte einmal!

In dieses Grau bringt er nun Blau und Orange – und etwas Weiß – das Wams hat seidene Schleifen von einem göttlich zarten Blau, Schärpe und Fahne Orange, Weiß, Blau, wie die nationalen Farben damals waren – Orange und Blau gegeneinander, die herrlichste Skala – auf einem Hintergrunde von fein gemischtem Grau, so daß sie gerade infolge der Vereinigung dieser, ich möchte sagen, zwei Elektrizitätspole – der Farbe –, vor dem Grau und Weiß einander aufheben. Ferner sind in dem Bilde andere Skalen von Orange gegen ein anderes Blau durchgeführt, ferner die herrlichsten Schwarz' gegen die herrlichsten Weiß'; die Köpfe – etwa zwanzig – sprühend von Geist und Leben – und gemacht! und eine Farbe! die Stellungen all dieser Leute in ganzer Figur superbe. Aber der orange, weiße, blaue Kerl in der linken Ecke – ich habe selten eine göttlich-schönere Figur gesehen. Es ist etwas Einziges. Delacroix wäre begeistert davon gewesen – aber begeistert bis ins Unendliche. Ich stand buchstäblich auf der Stelle angewurzelt. Nun, Du kennst den Sänger, den lachenden Burschen – Büste in einem grünlichen Schwarz mit Karmin – Karmin auch in der Fleischfarbe – Du kennst das Brustbild des Mannes in Gelb – citron amorti –, dessen Gesicht infolge des Gegeneinanders von verwegenen Tönen ein meisterliches Bronze, weinrötlich (violett?) ist.

Bürger hat über die Judenbraut von Rembrandt geschrieben, wie er über den Delfter v. d. Meer schrieb, wie er über den Sämann von Millet schrieb, wie er über Franz Hals schrieb, sich hingebend und sich selbst übertreffend.

Die Staalmeesters sind vollendet – der schönste Rembrandt –,

doch die Judenbraut, nicht so geschätzt – welch ein intimes, welch ein unendlich sympathisches Bild, gemalt – d'une main de feu*. Siehst Du, Rembrandt ist in den Staalmeesters der Natur treu, wenn er da auch, so wie immer, ins Höhere, ins Allerhöchste, ins Unendliche geht – aber Rembrandt konnte noch etwas anderes, wenn er nicht, wie im Porträt, nach dem Buchstaben treu zu sein brauchte, wenn er dichten durfte, Poet sein, das heißt Schöpfer sein. Das ist er in der Judenbraut.
Wie hätte Delacroix auch gerade dieses Bild verstanden. Welch eine edle Empfindung, wie unergründlich tief! »Il faut être mort plusieurs fois pour peindre ainsi«*, paßt wohl darauf. Über die Bilder von Franz Hals – er bleibt immer auf der Erde – kann man sprechen, Rembrandt aber geht so tief ins Mysteriöse, daß er Dinge sagt, für die es in keiner Sprache Worte gibt.
Man hat Recht, wenn man von Rembrandt sagt – Magier – das ist kein leichtes Amt. – (426)

Was mich beim abermaligen Sehen der altholländischen Bilder besonders frappierte, ist dies, daß sie *meistens schnell gemalt sind*.
Daß diese großen Meister wie ein Franz Hals, ein Rembrandt, ein Ruysdael und so viele andere womöglich prima malten und nicht mehr so sehr oft darauf zurückkamen.
Und – bitte auch dies – *daß sie es, wenn es wirkte, stehen ließen*.
Ich habe besonders Hände von Rembrandt und Franz Hals bewundert, Hände, die lebten, die jedoch *nicht fertig* gemacht waren in dem Sinne, den man heutzutage mit Gewalt unterschiebt – manche Hände in den Staalmeesters, selbst in der Judenbraut, und bei Franz Hals.
Und auch Köpfe, Augen, Nase, Mund, mit den ersten Pinselstrichen gemacht, ohne irgendwelche Retouche. –
Ich werde diesen Winter noch verschiedenen Dingen nachspü-

* mit einer feurigen Hand
** man muß mehrmals gestorben sein, um so zu malen

ren, die ich in den alten Bildern in bezug auf die Mache bemerkte.
Ich habe vieles gesehen, das mir nötig war. Aber besonders das, was man »auf Anhieb« nennt – siehst Du, das, was die alten holländischen Maler so außerordentlich verstanden.
Von diesem – auf Anhieb – mit wenigen Pinselstrichen – will man jetzt nichts hören – aber wie sind die Resultate, und wie haben viele französische Maler, wie hat ein Israëls gerade auch das meisterlich verstanden. Im Museum habe ich viel an Delacroix gedacht. Warum? Weil ich vor Hals, vor Rembrandt, vor Ruysdael und anderen stets an das Wort »lorsque Delacroix peint, c'est comme ce lion, qui dévore le morceau«* gedacht habe. Wie durchaus ist dies das Wahre – und, Theo, wenn ich daran denke, was ich den technischen Klub nennen will – wie ist das tot. – (427)

Ich bin durchaus in Anspruch genommen von den Farbengesetzen. – Wenn man sie uns doch in unseren Knabenjahren gelehrt hätte!
Aber es ist die Geschichte der meisten, daß sie infolge einer Art von Fatalität lang nach dem Licht suchen müssen. Denn daß die Farbengesetze, die Delacroix zuerst bestimmte, und die er in ihrem ganzen Umfange und Zusammenhange zutage förderte, zum Nutzen der Allgemeinheit – wie Newton das Gesetz der Schwerkraft und Stephenson das des Dampfes –, daß diese Gesetze der Farbe ein Licht sind, steht durchaus fest. – (430)

Aber – sage einmal – darf man Schwarz und Weiß verwenden oder nicht verwenden, sind das verbotene Früchte?
Ich denke nicht. Franz Hals hat wohl siebenundzwanzig verschiedene Schwarz'.
Weiß – nun, Du weißt selbst, welche eigenartigen Bilder gerade

* wenn Delacroix malt, ist es wie der Löwe, der sein Stück (Fleisch) verschlingt

einzelne moderne Koloristen mit Weiß in Weiß machten. Was bedeutet das Wort *»man darf nicht«?*
Delacroix nannte sie *Ruhepunkte* und verwandte sie als solche.
Du darfst keine vorgefaßte Meinung dagegen haben; denn wenn sie nur auf ihrem Platze stehen und im Verhältnis zu dem Übrigen sind, dann darf man alle Töne verwenden – das versteht sich von selbst. –
Nein – Schwarz und Weiß haben ihren Grund und ihre Bedeutung, und wer sie unterschlägt, kommt nicht aus; beide als das *Neutrale* zu betrachten, ist sicher das logischste. Weiß, die äußerste Kombination aus dem hellsten Rot, Blau, Gelb. Schwarz, die äußerste Kombination aus dem dunkelsten Rot, Blau und Gelb.
Gegen diese Behauptung habe ich nichts zu sagen, ich finde sie vollkommen richtig.
Licht und Schatten nun, der *Tonwert*, stehen in einem direkten Zusammenhang mit der vierten Skala von *Weiß bis Schwarz*. Übrigens hat man:

Skala 1. von Gelb bis Violett,
,, 2. von Rot bis Grün,
,, 3. von Blau bis Orange
eine vierte Skala von Weiß bis Schwarz.

Neutrale Töne von Rot, Blau und Gelb.
Rot, Blau und Gelb als stärkstes Licht.
Rot, Blau und Gelb als tiefstes Schwarz.
So verstehe ich die verschiedenen Schwarz' und Weiß'.
Wenn ich Rot und Grün zu einem Rot-grün oder Grün-rot mische, bekomme ich durch Hinzufügung von Weiß ein Rosa-grün oder Grün-rosa, und, wenn Du willst, durch Hinzufügen von Schwarz, Braun-grün oder Grün-braun.
Ist das nicht deutlich?
Wenn ich Gelb mit Violett zu einem Lila-gelb oder Gelb-lila mische, mit anderen Worten, zu einem neutralen Gelb oder zu

einem neutralen Lila, durch Hinzufügung von Weiß und Schwarz, bekomme ich die verschiedensten Graus.

Enfin, es handelt sich besonders dann um Grau und Braun, wenn man Farben, wie auch ihre Art sei und ihr Gehalt an Rot, Gelb oder Blau, *heller* oder *dunkler* macht. Von hellem und dunklem Grau oder Braun zu sprechen, ist meiner Meinung eine richtige Ausdrucksweise. Aber wie schön ist das, was Silvestre von Delacroix sagt, daß er einen zufälligen Ton auf seiner Palette nahm, *»une nuance innommable violacée«* *, daß er diesen Ton irgendwo hinsetzte, *als hellstes Licht oder auch als tiefsten Schatten*, aus diesem Schmutze aber etwas machte, derart, daß es entweder strahlte als Licht, oder düster schwieg als tiefer Schatten. So habe ich von einem Versuche mit einem Stück neutral gefärbten Papiers gehört, das auf einem roten Untergrunde grünlich wurde, rötlich auf einem grünen, bläulich auf Orange, orangefarben auf Blau, gelblich auf Violett und violettlich auf Gelb. Höre einmal – angenommen, man wollte einen solchen *Schmutzton* oder diese *Dreckfarbe* in einem Bilde *hell* wirken lassen, wie Delacroix von Veronese behauptete, er könne mit einer Farbe wie aus Schmutz einen blonden nackten Frauenkörper so malen, daß er *im Bilde licht und blond wirke*, dann frage ich, wie ist so etwas möglich, wenn nicht durch Gegensätze von großer Kraft in Blauschwarz, Violett oder Rotbraun? –

Verwandten Rembrandt und Hals kein Schwarz? Und Velasquez??? Nicht nur eines, sondern siebenundzwanzig verschiedene Schwarz', versichere ich Dich. Verstehst Du selbst also eigentlich richtig, was Du mit diesem »kein Schwarz verwenden« meinst? Und weißt Du, was Du damit willst? –

Sag einmal – hast Du darüber nachgedacht, daß diejenigen meiner Studien, die schwarze Hintergründe haben, *in ihrem Licht sehr tief gestimmt sind*??? Und wenn ich also meine Studien *tiefer stimme*, als die Natur es ist, so nämlich, daß ich nicht nur in meinem Schatten, *sondern auch in meinen Lichtern* tiefer werde, wahre

* einen unbenennbaren violetten Ton

ich da nicht den Zusammenhang der Töne? Diese meine Studien sind gerade als eine Gymnastik des Sinkens und Steigens der Tonwerte gemacht – also, vergiß nicht, daß ich mein weißes und graues Moos buchstäblich mit einer Schlammfarbe malte, und daß es in der Studie doch hell wirkt. – (428)

Augenblicklich ist meine Palette am Auftauen, und das Schlimmste des ersten Anfanges ist vorüber.
Ich stoße mir wohl noch oft den Kopf, wenn ich etwas unternehme, aber die Farben folgen doch wie von selbst auseinander, und wenn ich eine Farbe als Ausgangspunkt nehme, dann tritt mir klar vor den Geist, was daraus abgeleitet wird, und wie man Leben hineinbringen kann. –
Wie gesagt, ich finde Deinen Brief über das Schwarz sehr gut, und was Du über das Nichtverwenden von Lokalfarbe sagst, ist auch richtig.
Doch es genügt mir nicht. Hinter dem Verzicht auf Lokalfarbe steckt, finde ich, viel mehr.
»Les vrais peintres sont ceux qui ne font pas la couleur locale«*, das war es, was Blanc und Delacroix eines Tages besprachen.
Darf ich darunter nicht einfach verstehen, daß ein Maler gut daran tut, wenn er, anstatt von den Farben in der Natur auszugehen, von den Farben auf seiner Palette ausgeht?
Ich meine, wenn man z. B. einen Kopf malen will, und man sieht sich die Natur, die man vor sich hat, einmal gut an, dann kann man denken: dieser Kopf ist eine Harmonie von Rotbraun, Violett und Gelb, alles gebrochen, ich werde ein Violett, ein Gelb und ein Rotbraun auf meine Palette setzen und sie einander brechen lassen.
Ich behalte von der Natur eine gewisse Reihenfolge und eine gewisse Richtigkeit in der Anwendung der Töne bei, ich studiere die Natur, um nicht verrückte Dinge zu machen, um ver-

* Die wahren Maler sind diejenigen, die nicht den Lokalton machen

nünftig zu bleiben – doch – ob meine Farbe buchstäblich genau dieselbe ist, darauf achte ich weniger, wenn sie nur auf meiner Leinwand gut wirkt, ebenso gut, wie sie im Leben wirkt.
Viel wertvoller ist ein Porträt von Courbet, männlich frei – in allerlei schönen tiefen Tönen von Rotbraun, Gold, kaltem Violett, in den Schatten mit Schwarz als repoussoir, mit einem Stückchen getönten weißen Leinens als Ruhepunkt für das Auge, gemalt – viel schöner als ein Porträt von wem Du auch willst, der mit abscheulicher *Genauigkeit* die Farbe des Gesichtes nachgebildet hat.
Ein Männerkopf oder ein Frauenkopf ist göttlich schön, nicht wahr, richtig und ruhig betrachtet. Nun wohl, diese *allgemeine schöne Wirkung* der Töne untereinander in der Natur verliert man durch peinlich buchstäbliches Nachahmen, während man sie durch Neuschaffen in einer gleichwertigen Farbenskala, die aber durchaus nicht immer genau dieselbe sein muß wie die gegebene, bewahrt.
Stets intelligent Gebrauch machen von den schönen Tönen, welche die Farben von selbst bilden, wenn man sie auf der Palette bricht, nochmals – von seiner Palette ausgehen, von seiner Kenntnis einer guten Farbenwirkung, das ist etwas anderes, als mechanisch und sklavisch die Natur kopieren.
Hier ein anderes Beispiel – gesetzt, ich muß eine Herbstlandschaft malen, Bäume mit gelben Blättern. Gut – wenn ich sie als eine Symphonie in Gelb auffasse, was macht es dann aus, ob meine Grundfarbe des Gelb dieselbe ist wie diejenige, die die Blätter haben, oder nicht? Das nützt oder schadet nur *wenig. Viel*, *alles* aber kommt auf mein Gefühl für *die unendliche Verschiedenheit* der Töne *der gleichen Familie* an.
Findest Du darin ein gefährliches Hinüberneigen zur Romantik, eine Untreue gegen den Realismus, ein »peindre du chic«*, eine größere Liebe zur Palette des Koloristen als zur Natur?

* ein (bloß) schickes (gemeint ist: naturungetreues) Malen

Nun wohl, que soit*. Delacroix, Millet, Corot, Dupré, Daubigny, Breton, 30 andere Namen – bilden sie nicht die Seele der Malerei dieses Jahrhunderts, und *wurzeln* nicht alle diese in der Romantik, selbst wenn *sie die Romantik übertrafen*? Der Roman und das Romantische ist unsere Zeit, und Phantasie und Empfindung muß man beim Malen haben. Realismus und Naturalismus *sind glücklicherweise nicht frei davon*. Zola *schafft*, aber hält keinen Spiegel vor die Dinge, schafft sie in einer *erstaunlichen* Weise, aber er schafft, er *dichtet* und deshalb ist es schön. Soviel über Naturalismus und Realismus, die *doch* mit der Romantik in Zusammenhang stehen. –

Farbe drückt durch sich selbst etwas aus, das kann man nicht entbehren, man muß Gebrauch davon machen – was schön wirkt, wirklich schön, ist auch richtig. –

Das Studieren nach der Natur, das Ringen mit der Wirklichkeit will ich nicht forträsonnieren; jahrelang habe ich es selbst, fast fruchtlos und mit allerlei traurigen Resultaten, so angepackt. Ich möchte diesen *Fehler* nicht entbehren. –

Man beginnt damit, sich fruchtlos abzuschinden, der Natur zu folgen, und alles geht gegen den Strich; man endet damit, still aus seiner Palette zu schöpfen und die Natur stimmt damit überein, folgt daraus. Aber diese beiden Gegensätze bestehen nicht ohne einander. Zu schuften, ist es auch scheinbar vergeblich, gibt Vertrautheit mit der Natur, eine gründliche Kenntnis der Dinge.

Ein guter Ausspruch von Doré (der manchmal so tüchtig ist!) lautet: *je me souviens***. Obwohl ich glaube, daß die schönsten Bilder im wesentlichen aus dem Kopfe gemacht werden, kann ich doch nicht davon abkommen, daß man *nicht zu viel* nach der Natur studieren, ja selbst schuften kann. –

Als Antwort auf Deine Beschreibung der Studie von Manet schicke ich Dir ein Stilleben mit einer aufgeschlagenen Bibel –

* was soll's

** Ich erinnere mich

also ein gebrochenes Weiß – in Leder gebunden, gegen einen schwarzen Hintergrund mit gelbbraunem Vordergrunde und noch einer Note von Zitronengelb.
Ich malte es *in einem Zuge*, an einem Tage. Dies, um Dir zu zeigen, daß ich, wenn ich sage, ich hätte vielleicht nicht ganz umsonst geschuftet, dies deshalb glaube, weil es mir augenblicklich verhältnismäßig flott von der Hand geht, einen gegebenen Gegenstand, von welcher Form oder Farbe er auch sei, ohne Zaudern zu malen. – (429)

Rubens war noch viel produktiver als selbst Boucher und ebenso wie er, ja in noch höherem Maße, der Maler des weiblichen Körpers.
Das schließt aber bei Rubens das Erschütternde und Intime, das ich im Auge habe, keineswegs völlig aus, besonders nicht in den Porträts seiner Frau, in denen er dann ganz er selbst ist, ja sich selbst übertrifft.
Aber Chardin!
Ich hatte oft das Verlangen, etwas über den Mann zu wissen – Watteau gerade so, wie ich dachte. *Tiers-état**, Corot wesensgleich in seiner Bonhomie – doch mit mehr Verdruß und Unglück in seinem Leben. –
Ich habe nun kürzlich Franz Hals gesehen, nunwohl, Du weißt, wie erfüllt ich davon war, wie ich Dir sofort ausführlich über das *in einem Zuge-Hinsetzen* schrieb. Welche Übereinstimmung besteht doch zwischen den Ansichten von Latour etc. und Franz Hals, wenn sie mit Pastell, das man fortblasen könnte, das Leben darstellen.
Ich weiß nicht, was ich tun werde und wie es mir gehen wird, aber ich hoffe, die Lektionen, die ich auf diese Weise in letzter Zeit nehme, nicht zu vergessen. *Auf einmal*, kurz und bündig, aber mit absoluter ganzer Anspannung von allem, was man an Geist und Aufmerksamkeit hat.

* Dritter Stand

Augenblicklich ist mir nichts lieber als die Arbeit mit dem Pinsel – auch damit zeichnen, statt einen Gegenstand in Holzkohle machen. Wenn ich mich frage, wie die alten Holländer anlegten, dann sehe ich mich vor der Tatsache, daß sie verhältnismäßig wenig gezeichnet haben. Und wie erstaunlich *zeichnen* sie trotzdem! Ich glaube, in den meisten Fällen fingen sie an, schritten sie fort und endigten sie mit – ihrem Pinsel. Sie *füllten nicht aus.*
Aber, ob es nun das Figurenbild, ob es die Landschaft war – wie haben sich die Maler stets bemüht, die Leute davon zu überzeugen, daß ein Bild etwas anderes ist als die Natur in einem Spiegel, etwas anderes als Nachahmung, nämlich ein Neuschaffen. – (431)

Nun, so im allgemeinen ist es mein Plan, nach Antwerpen zu gehen – wie oder wann, kann ich unmöglich im voraus berechnen. –
Was nun meine hiesigen Beziehungen betrifft, so kenne ich die Gegend und die Leutchen zu gut und ich halte auch zu viel von ihnen, als daß ich überzeugt wäre, es sollte ganz aus sein. Ich werde einen Raum zu mieten suchen, in dem ich meine Sachen unterbringen kann, und dann bin ich gedeckt für den Fall, daß ich mich eine Zeitlang aus Antwerpen zurückziehen will oder Heimweh nach dem Lande bekommen sollte. –
Vergiß auch nicht, daß ich nicht als Melancholicus in die Wiege gelegt wurde; der Beiname, den ich hier in der Gegend habe, ist allgemein »der Malersmann«, und es ist nicht ohne eine Dosis von Malice, daß ich dorthin gehe. –
Der jetzige Augenblick ist gerade geeignet, um einmal auszubrechen, da ich Last mit der Beschaffung von Modell hatte, und umziehen werde ich auf jeden Fall.
Könnte ich nun die paar nächstfolgenden Monate drüben sein, Dezember und Januar, wäre das nicht das beste? In Amsterdam logierte ich für 50 Cent in einer Volksgarküche, das würde ich

dort auch tun, noch lieber aber würde ich mit irgendeinem Maler ein Übereinkommen treffen, daß ich in seinem Atelier arbeiten kann. Es kommt noch ein Grund hinzu, nämlich daß es nicht absolut unmöglich ist, irgendeine Gelegenheit zu finden, Akt zu malen. Auf der Akademie würden sie mich nicht haben wollen, und ich würde wahrscheinlich auch nicht wollen, aber bei einem Bildhauer, es müssen doch sicher einige dort wohnen, kann man leicht einige Sympathie finden. Es versteht sich von selbst, daß man mit Geld soviel Modelle kriegen kann, wie man will, doch ohne das ist es eine schwierige Sache. Doch werden dort auch wohl Leute sein, die Aktmodell nehmen, und mit denen man sich, was die Kosten betrifft, zusammentun kann. – (433)

Es ist übrigens eine lange Zeit gewesen, während deren ich ganz aus der Malerwelt heraus war. In dieser Zwischenzeit sind meine Kräfte etwas gereift, so daß ich mich von den gewöhnlichen Intrigen, mit denen sie einen hinauszukitzeln versuchen, etwas unabhängiger fühle. Ich glaube, daß ich im Haag mit dem Pinsel, ich sage nicht, in der Zeichnung, schwächer als die Übrigen war, und daß ich dadurch, daß man es auf das Malen und die Farbe schob, leichter zu übertölpeln war, als es nun möglich sein wird.
Was Rubens betrifft, so verlange ich sehr nach ihm, aber – hast Du etwas dagegen, Rubens, was die Auffassung, was die Empfindung seiner religiösen Stoffe betrifft, theatralisch, ja manchmal sogar schlecht theatralisch zu finden. Sieh einmal – nimm Rembrandt, Michelangelo, nimm den Denker von Michelangelo.
Er stellt einen Denker dar, nicht wahr? Aber – seine Füße sind klein und schnell, seine Hand hat etwas von der blitzesgleichen Schnelle einer Löwentatze, und dieser Denker ist zugleich der Mann der Tat, man sieht, daß sein Denken ein Sichkonzentrieren ist, aber – weil er aufspringen und auf die eine oder andere

Weise handeln wird. Rembrandt macht es anders. Sein Christus, besonders derjenige der Jünger von Emmaus, ist mehr Seele in einem Körper, der zwar nicht so ist wie ein Torso von Michelangelo, aber doch – die Gebärde der Überredung darin ist etwas Mächtiges.

Stelle nun einen Rubens daneben, eine der vielen Figuren von meditativen Personen, und sie werden zu Leuten, die sich, um ihre Verdauung zu befördern, in eine Ecke zurückgezogen haben. So mit allem in religiöser oder philosophischer Beziehung – darin ist er platt und hohl. Aber was er kann – ist das Weib – so wie Boucher, doch besser –, darin gibt er noch am meisten zu denken und darin ist er am tiefsten. Was er kann – sind Farbenkombinationen – was er kann – ist eine Königin, einen Staatsmann malen, gut analysiert, so wie sie sind.

Aber das Übernatürliche – das, wo das Magische beginnt, nein – es sei denn, daß er ein gewisses Unendliches in den Ausdruck eines weiblichen Gesichtes, der jedoch nicht dramatisch ist, zu legen weiß. –

Ich habe hier anhaltend durchgearbeitet, *um das Malen zu lernen*, um mir feste Begriffe über die Farbe etc. zu erwerben, so daß in meinem Kopfe nicht viel Raum für andere Dinge übrig blieb. Als ich aber einmal ein paar Tage ausgebrochen war, hat es mir außerordentlich gefallen, wieder einmal Bilder zu sehen.

Denn es ist manchmal verdammt hart, aus der Welt der Bilder und Maler ganz heraus zu sein, und von den anderen nichts zu merken. Ich habe seitdem ein ziemliches Verlangen bekommen, wenigstens eine Zeitlang dorthin zurückzukehren. Wenn man einmal ein paar Jahre vollkommen heraus ist und mit der Natur ringt, dann hilft das wohl einmal, und man bekommt dadurch vielleicht einen neuen Vorrat an Mut und zugleich an Gesundheit, wovon man in keinem Falle zu viel haben kann; denn das Leben des Malers ist oft hart genug. – (435)

Antwerpen

November 1885 bis Februar 1886

Nach den im tiefsten Sinne als Studienzeit anzusprechenden Nuener Jahren machte sich bei van Gogh eine neue Souveränität dem Naturvorbild gegenüber geltend. Eine andersartige, sozusagen aus dem »Erinnern« schöpfende blitzschnelle Schaffensart begann ihn zu beherrschen. Gleichzeitig fingen Gestaltungsprobleme, insbesondere solche der Farbe, ihn in bisher nicht gekannter Weise zu interessieren an. Aus alldem erwuchs ihm ein wahrer Bilderhunger: er wollte Kunstwerke sehen und sich mit Künstlern treffen, möglicherweise messen. Urplötzlich war für ihn die Zeit seines ländlichen Exils abgelaufen und die Zeit für die *Stadt* angebrochen. Begierig, sich mit den neu errungenen Fähigkeiten im bunten Straßen- und Kunstleben der Großstadt zu erproben und zu bewähren, zog er im November 1885 nach Antwerpen, wo er eine Zeitlang auch die Akademie besuchte, hauptsächlich um von den Aktmodellen zu profitieren. Im wohltemperierten akademischen Kunstbetrieb begegnet dem ungehobelten, wilden Malersmann aus Brabants Hinterland begreiflicherweise eine aus Staunen und Entsetzen gemischte Fassungslosigkeit – vereinzelt auch heimliche Bewunderung. Vincent arbeitet viel an Aktstudien, um seine Fertigkeit im Schnellzeichnen der Figur noch zu steigern; außerdem malt und zeichnet er, was ihm unter die Finger kommt. In Antwerpen entdeckt er auch die Japaner: die japanischen Farbholzschnitte, deren Optik und Technik die Pariser Impressionisten (und Schriftsteller) beschäftigte.

Ich wollte Dir noch einige Eindrücke von Antwerpen berich-

ten. Heute morgen habe ich im Platzregen einen tüchtigen Spaziergang gemacht, eine Wanderung, die den Zweck hatte, meine Sachen vom Zollamt zu holen; die verschiedenen Lager und Schuppen an den Kais sind außerordentlich schön.
Zu verschiedenen Malen bin ich schon auf allerlei Art längs dieser Docks und Kais gewandert. Besonders wenn man aus dem Sande der Heide und der Stille eines Bauerndorfes kommt und lange nur in stiller Umgebung gewesen ist, ist es merkwürdig als Kontrast. Es ist ein unergründlicher Wirrwarr.
Einer der Aussprüche Goncourts war: »Japonaiserie for ever«. Nun wohl, diese Docks sind eine herrliche Japonaiserie, launig, eigenartig, unerhört – man kann sie wenigstens so sehen.
Ich möchte wohl einmal mit Dir dort umherlaufen, um zu wissen, ob wir dasselbe sehen.
Man könnte hier alles machen, Stadtansichten, Figuren, allerverschiedensten Charakters, die Schiffe, als Hauptsache, mit Wasser und Luft, ein feines Grau, aber vor allem – Japonaiseries. Ich meine, die Figuren sind stets in Bewegung, man sieht sie in der sonderbarsten Umgebung, alles seltsam, und ganz von selbst entstehen immerfort interessante Gegensätze.
Ein weißes Pferd im Schlamm, in einer Ecke, wo Haufen von Waren, mit Segeltuch bedeckt, liegen, gegen alte, schwarz verräucherte Mauern des Magazins. Höchst einfach, aber ein Effekt von Black and White.
So sieht man etwa aus dem Fenster einer sehr eleganten englischen Schänke auf den größten Schmutz und auf ein Schiff hinaus, wo eine so liebliche Kaufmannsware wie Felle und Büffelhörner von monströsen Packknechten oder ausländischen Matrosen ausgeladen werden; ein sehr zartes, sehr feines englisches Mädchen steht am Fenster und sieht dorthin oder nach etwas anderem. Das Interieur mit der Figur ganz im Ton, und als Licht die silbrige Luft über diesem Schlamm und den Büffelhörnern; wiederum eine Reihe von Gegensätzen, die ziemlich stark sind.

Oder da stehen vlämische Matrosen mit übertrieben gesunden Gesichtern, mit breiten Schultern, kräftig und voll, und durch und durch antwerpnerisch, essen Muscheln und trinken Bier, und das geht mit vielem Lärm und viel Bewegung vor sich – Gegensatz: da kommt ein sehr kleines Figürchen in Schwarz, die Händchen gegen den Körper gedrückt, unhörbar längs der grauen Mauern angeschlichen. In dem Rahmen von jettschwarzem Haar, ein kleines ovales Gesichtchen – braun, orange, gelb? ich weiß es nicht.

Eben schlägt sie die Augenlider auf und sieht mit einem schiefen Blick aus einem Paar jett-schwarzen Augen herüber. Es ist ein chinesisches Mädchen, geheimnisvoll, still wie eine Maus, klein, wanzenhaft von Charakter. Welcher Kontrast zu den vlämischen Muschelessern.

Ein anderer Kontrast – man geht durch eine sehr enge Straße zwischen sehr hohen Häusern, Magazinen und Lagerhäusern.

Aber unten an der Straße Schänken für alle Nationen mit den dazugehörigen männlichen und weiblichen Individuen. Läden mit Eßwaren, mit Seemannskleidern, bunt und belebt.

Diese Straße ist lang, man sieht beständig etwas Interessantes, und es ist zuweilen ein Gewühle, wenn ein Streit stattfindet, schlimmer als irgendwo anders; Du siehst Dich z. B. einmal um, und plötzlich geht ein Hurra los und allerlei Geschrei. Am hellichten Tage wird ein Matrose von den Frauenzimmern aus einem Hurenkasten geworfen und von einem wütenden Kerl und einem Schwarm von Weibern verfolgt, vor denen er sich anscheinend sehr fürchtet; wenigstens sah ich ihn über einen Haufen Säcke klettern und durch ein Fenster in einem Magazin verschwinden.

Hat man nun genug von diesem Lärm, dann sieht man am Ende der Anlegestellen, wo die Harwich- und Havre-Boote liegen – die Stadt hat man hinter sich – vor sich, geradeaus, nichts, absolut nichts als eine Unendlichkeit flachen, halbüberschwemmten

Wiesenlandes, trübe und naß, und, sich hinschlängelnd durch Schilf und Schlamm, den Fluß mit einem einzigen, schwarzen kleinen Boote; das Wasser im Vordergrund grau, die Luft neblig und kaltgrau, still wie die Wüste.
Dann das Ensemble von Hafen und Docks – kraus und seltsam –, dann wieder eine Dornenhecke, und dies alles so verworren, daß man keine Ruhe für das Auge findet, so daß es einem schwindelt und man durch das Schwingen von Farben und Linien gezwungen wird, einmal hierhin, einmal dorthin zu sehen, ohne daß es selbst bei langem Hinsehen auf denselben Punkt möglich wäre, die Dinge auseinanderzuhalten. Geht man aber auf eine Stelle, wo man ein leeres Terrain als Vordergrund hat, dann bekommt man wieder die schönsten stillsten Linien und die Effekte, die z. B. Mols oft malt.
Einmal sieht man ein Frauenzimmer, das prachtvoll von Gesundheit ist, und, wenigstens scheinbar, ganz loyal und naivfröhlich, dann wieder ein Gesicht, so heimtückisch falsch, daß man Angst davor bekommt wie vor einer Hyäne. Nicht zu vergessen die von Pocken zerrissenen Gesichter, die deine Farbe haben wie gekochte Krabben, mit verblichenen, grauen, kleinen Augen ohne Augenbrauen und spärlich-dünnem Haar, in der Farbe von Schweinsborsten oder etwas gelber. Schwedische oder dänische Typen. – Dort zu arbeiten – das wäre schön – aber wie und wo? Man könnte dort ganz besonders schnell übel anlaufen. Dennoch habe ich eine ganze Menge Straßen und Gassen durchkreuzt, ohne Abenteuer, habe ganz fidel mit verschiedenen Weibern, die mich anscheinend für einen Schiffer hielten, zusammengesessen und geschwätzt.
Ich halte es nicht für unmöglich, daß ich durch das Malen von Porträts noch einmal zu guten Modellen kommen werde.
Heute habe ich meine Sachen und mein Material bekommen, wonach ich sehr verlangte. Ich habe mein Atelier also in Ordnung. Wenn ich ohne zu große Kosten zu Modell kommen könnte, wäre ich vor nichts bange.

Ich halte es auch nicht für schlimm, daß ich kein Geld, daß ich nicht soviel habe, wie nötig wäre, um es mit Bezahlung zu erzwingen.
Vielleicht ist die Idee, Porträts zu machen und sie mit Posieren bezahlen zu lassen, ein sicherer Weg; denn es ist in der Stadt nicht wie bei den Bauern. Enfin. Es steht fest, daß Antwerpen für den Maler sehr interessant und schön ist.
Mein Arbeitsraum ist ziemlich erträglich, besonders weil ich eine Anzahl japanischer Drucke, die mich sehr amüsieren, an den Wänden angebracht habe. Du kennst wohl diese Frauenfigürchen in Gärten oder am Strande, Reiter, Blumen und knorrige Dornzweige. Ich bin zufrieden, daß ich gegangen bin – und hoffe diesen Winter nicht stillezusitzen. – (437)

Als ich das Geld erhielt, habe ich gleich einmal ein schönes Modell genommen und einen lebensgroßen Kopf danach gemalt. Er ist ganz hell, mit Ausnahme des schwarzen Haares.
Doch kommt der Kopf tonig aus dem Hintergrunde, in den ich gern einen goldenen Schimmer zu bringen versuchen wollte.
Hier die Farbenskala: eine tonige Fleischfarbe, am Hals mehr bronzeartig; pechschwarzes Haar – ein Schwarz, das ich mit Karmin und Preußischblau machen mußte; schmutziges Weiß für das Jäckchen; helles Gelb, viel heller als das Weiß, für den Hintergrund.
Eine feuerrote Note in dem pechschwarzen Haar, und eine zweite feuerrote Schleife in dem schmutzigen Weiß.
Es ist ein Mädel aus einem Café chantant, und doch ist der Ausdruck, den ich suchte, gleichsam ecce-homo-artig.
Ich suche jedoch, gerade was den Ausdruck betrifft, wahr zu bleiben – wenn ich auch dabei denke; Du siehst hier, was ich damit wollte. Als das Modell zu mir kam, hatte es anscheinend ein paar sehr beschäftigte Nächte gehabt; sie sagte etwas, was

recht charakteristisch war: »pour moi le champagne ne m'égaye pas, il me rend tout triste«.*

Da hatte ich, was ich wollte, denn ich suchte ja etwas zugleich Sinnliches und Erschüttertes.

Von diesem Mädchen habe ich nun eine zweite Studie angefangen, im Profil.

Ferner habe ich das bewußte Porträt gemacht, von dem ich Dir sagte, daß ich deshalb verhandelte, und von demselben Kopf eine Studie für mich selbst. Und nun hoffe ich, diese letzten Tage des Monats noch einen Männerkopf zu malen.

Ich fühle mich sehr frisch, besonders was die Arbeit betrifft, und es ist mir sehr nützlich, hier zu sein.

Ich bin der Ansicht, daß man, was an den Frauenzimmern auch immer sei, doch auf seine Kosten bei ihnen kommt – immer noch eher als auf irgendeine andere Manier.

Es ist nichts dagegen zu sagen, daß sie verdammt schön sein können, und daß es im Geiste der Zeit liegt, daß es grade diese Art von Bildern ist, die Anklang findet.

Es ist auch vom höchsten künstlerischen Gesichtspunkte aus nichts dagegen zu sagen – *Menschen* malen, das war die alte italienische Kunst, das war Millet und das ist Breton.

Die Frage ist nun die, ob man die Seele oder die Kleider zum Ausgangspunkte nimmt, und ob man die Form als eine Art Kleiderständer für Schleifen und Bänder dienen läßt, oder ob man die Form als ein Mittel betrachtet, um einen Eindruck, eine Empfindung auszudrücken, oder ob man modelliert, um zu modellieren, weil das an sich so unendlich schön ist.

Allein, das erstere Verfahren ist vergänglich, die beiden letzteren dagegen sind hohe Kunst.

Was mir ziemliches Vergnügen macht, ist, daß das Mädel, welches mir posiert hat, ein Porträt für sich selbst von mir haben will, am liebsten geradeso wie dasjenige, das ich machte, und

* Mich macht der Champagner nicht lustig, er macht mich ganz traurig

daß sie mir versprochen hat, mich, sobald sie kann, eine Studie in einem Tänzerinnenkostüm malen zu lassen, was jedoch nicht sofort möglich ist, da der Besitzer des Cafés, in dem sie ist, dagegen ist, daß sie posiert; sie will aber mit einem anderen Mädel eine eigene Wohnung nehmen, und dann will sie, wie auch das andere Mädel, Porträts haben. Ich hoffe recht herzlich, es wird etwas daraus werden, daß ich sie wieder bekomme; denn sie hat einen eigenartigen Kopf und ist recht witzig. – (442)

Sehr viel Spaß hat mir, was meine Konstitution anlangt, folgendes gemacht. Um einmal den ersten Eindruck von jemandem kennen zu lernen, dem ich absolut unbekannt bin, habe ich es bei einem Arzt in Amsterdam – den ich auch einmal wegen einiger Dinge, die mich zuweilen glauben machten, ich würde es nicht aushalten, um Rat gefragt hatte –, indem ich von einem kleinen Unwohlsein, an dem ich litt, profitierte, im Laufe des Gesprächs auf meine Konstitution im allgemeinen gebracht, doch ohne ihn direkt um seine Meinung anzugehen. Und da machte es mir denn, wie gesagt, enormes Vergnügen, daß dieser Arzt mich für einen gewöhnlichen Arbeiter hielt und mir sagte: »Ihr seid wohl Eisenarbeiter von Beruf«.
Siehst Du, das ist es gerade, was ich in mir zu ändern gesucht habe – als ich jünger war, war es mir anzusehen, daß ich mich geistig überanstrengte, und nun sehe ich aus wie ein Schiffer oder ein Eisenarbeiter. –
Du wirst das wahrscheinlich nicht begreifen, aber es ist so – wenn ich Geld bekomme, ist mein größter Hunger, wenn ich auch gefastet habe, nicht auf das Essen, sondern noch stärker auf das Malen gerichtet, und dann gehe ich sogleich auf die Modelljagd, und das setze ich durch, bis es aufgebraucht ist. Unterdessen ist die Leine, an der ich mich festhalte, mein Frühstück bei den Leuten, wo ich wohne, und, am Abend, eine Tasse Kaffee und Brot in einer Crêmerie. Wenn ich es habe, wird dies ergänzt durch eine zweite Tasse Kaffee und Brot in

der Crêmerie als Diner, und, anderenfalls, ein Roggenbrot, das ich in meinem Koffer habe.
Solange ich male, ist das auch mehr als ausreichend für mich, aber wenn meine Modelle fort sind, kommt ein Gefühl von Schlaffheit über mich. – (442)

Wenn ich mich mit anderen Leuten vergleiche, dann habe ich etwas viel zu Steifes, so *als hätte ich 10 Jahre Zellenhaft* gehabt. Das kommt daher, daß ich es etwa 10 Jahre lang so mühsam und unruhig hatte, Sorgen und Verdruß hatte und keine Freunde.
Das wird sich jedoch ändern in dem Maße, als meine Arbeiten besser werden und ich etwas kann und etwas weiß – was wir, wie ich sagte, auf dem rechten Wege sind, gut und solide zu verwirklichen. Zweifle nur nicht daran, der Weg, zum Ziele zu gelangen, ist, den Mut zu behalten und geduldig und energisch durchzuarbeiten. Was das Äußere angeht, so ist es geboten, daß ich mich etwas auffrische.
Du wirst sagen, daß es mit der Kunst nichts zu schaffen hat – vielleicht – aber vielleicht wirst Du mir auch recht geben!
Ich bin z. B. dabei, mein Gebiß wieder in Ordnung bringen zu lassen. Ich habe nicht weniger als 10 Zähne, die entweder fort sind, oder fortgehen. Das ist zu viel und zu hinderlich, und zugleich gibt es mir ein Aussehen, als wäre ich 40 Jahre, was mir zu viel Nachteil bringt. Ich habe also beschlossen, das ausflicken zu lassen.
Es ist eine Sache, die mich 100 Francs kosten wird, aber es geht jetzt, da ich zeichne, besser als in einem anderen Moment, und ich habe mir die schlechten Zähne abkneifen lassen und die Hälfte voraus bezahlt.
Zudem ist mir gesagt worden, ich müßte meinen Magen schonen, da er nicht in Ordnung sei. Es ist, gerade seitdem ich hier bin, durchaus nicht besser damit geworden.
Aber wenn man weiß, wo der Fehler steckt, ist etwas, und mit einiger Energie ist viel dagegen zu tun. Es ist nicht amüsant,

aber was sein muß, muß sein, und wenn man Bilder machen will, muß man sehen, am Leben zu bleiben und seine Kräfte einigermaßen zu behalten. Ich habe gedacht, meine Zähne wären aus einem anderen Grunde schlecht, und ich wußte nicht, daß ich mir dermaßen den Magen verdorben hatte. Es ist dumm, wenn Du willst, aber man muß manchmal zwischen zwei Übeln wählen, und dann sitzt man entweder auf der einen oder auf der anderen Seite fest.

Im letzten Monat habe ich viel darunter gelitten – ich begann auch beständig zu husten und hatte grauen Auswurf, so daß ich unruhig wurde. Aber wir wollen sehen, es wieder in Ordnung zu bringen. Du begreifst, daß ich nichts Besseres bin als jeder andere, insofern, als ich, wenn ich die Dinge zu lange und zu weit gehen ließe, gerade so wie so *viele* andere Maler – sehr viele, wenn man es bedenkt – krepieren würde, oder, was noch schlimmer, verrückt oder stumpfsinnig werden würde.

Das ist nun einmal so, und es handelt sich darum, zwischen den verschiedenen Klippen hindurchzusegeln und, selbst wenn man Havarie bekommt, das Schiff doch über Wasser zu halten. Ich weiß, daß Delacroix sagte, daß er hinter das Malen kam »lorsqu'il n'avait plus ni dents ni souffle«*. Aber ich weiß auch, daß er sich von dem Moment an gepflegt hat, und daß er ohne seine Maitresse 10 Jahre oder noch früher krepiert wäre.

Nimm mir also die Ausgabe nicht allzu übel, ich werde zu sparen suchen; aber es ging zu weit, und ich mußte etwas dagegen tun. – (448)

Das Zeichnen an sich fällt mir, technisch, leicht genug, ich fange an, es so zu handhaben, wie man schreibt, mit derselben Leichtigkeit. Aber gerade wenn man so weit ist, wird es interessanter, wenn man mit der Geschicklichkeit, die man allmählich erlangt, *nicht* zufrieden ist, sondern Tag für Tag gründlich nach Ursprünglichkeit und Breite der Auffassung sucht, nach der

* als er weder Zähne noch Atem (Schnauf) hatte

Zeichnung der Massen statt der Konturen, nach der soliden Modellierung. – Du sprichst von den tüchtigen Leuten in dem Atelier Cormon – nun, gerade weil ich verdammt gern da mittun möchte, stelle ich mir selbst aus eigener Überzeugung von vornherein die Aufgabe, in Paris wenigstens ein Jahr vor allem auf das Zeichnen von Akt und Antike zu verwenden – (449)

Willst Du einen Grund haben, auf den man bauen kann, so daß man seinen Frohsinn bewahren darf, auch dann, wenn man allein steht und nicht verstanden wird und einen Strich durch die Rechnung seines materiellen Glückes bekommen hat? – Dies eine besteht auch dann noch – der Glaube –, man fühlt instinktiv, daß enorm viel sich ändert und alles sich ändern wird – wir sind im letzten Viertel eines Jahrhunderts, das wieder mit einer gewaltigen Revolution enden wird. Aber angenommen auch, wir sehen am Ende unseres Lebens beide noch den Anfang davon – die besseren Zeiten klarerer Luft und der Auffrischung der ganzen Gesellschaft *nach* diesem großen Sturme werden wir sicherlich nicht erleben. Doch ist es schon *etwas*, nicht betrogen zu werden von dem Falschen seiner Zeit – nämlich insofern nicht betrogen, als man das ungesund Dumpfige und Gedrückte der Stunden, die dem Unwetter voraufgehen, empfindet und sagt, wir stecken in Bedrängnis, die künftigen Geschlechter aber werden freier atmen können.
Ein Zola und die Goncourts glauben daran mit der Freude großer Kinder. Sie, die rigorosesten Analytiker – deren Diagnose so brutal und so richtig ist. – (451)

Es war heute – Sonntag – fast ein Frühlingstag. Ich habe heute morgen einen langen Spaziergang gemacht, allein durch die ganze Stadt, durch den Park und über die Boulevards. Es war ein Wetter, daß man draußen vermutlich die Lerchen zum ersten Male gehört haben wird.
Kurzum, es war so etwas wie Auferstehung in der Stimmung.

Doch in wie gedrückter Stimmung ist alles in den Geschäften und ebenso in den Menschen – ich glaube nicht, daß man übertreibt, wenn man, bei den verschiedenen Ausständen überall, eine düstere Zukunft voraussieht. Für künftige Geschlechter sind sie sicher nicht nutzlos; denn dann wird es eine gewonnene Sache sein. Nun aber läßt es sich für einen jeden, der in seiner Arbeit sein Brot finden muß, düster genug an, und dies um so mehr, als wir wohl voraussehen können, daß es von Jahr zu Jahr schlimmer werden wird. Der Arbeiter gegen den Bürger – das ist ebenso gut motiviert, wie vor hundert Jahren der tiers-état* gegen die beiden anderen. Am besten ist, man schweigt; denn die Bürger haben das Schicksal nicht auf ihrer Seite, und wir werden mehr noch erleben, wir sind noch lange nicht am Ende. Ist es auch Frühling – wie viele Tausende und Abertausende laufen nicht in Trostlosigkeit umher.

Ich sehe gerade so gut wie der ausgemachteste Optimist die Lerche, die in die Frühlingsluft aufsteigt. Aber ich sehe auch das junge Mädchen von kaum 20 Jahren, das hätte gesund sein können und die Auszehrung in den Gliedern hat – und vielleicht noch, bevor es an einer Krankheit stirbt, ins Wasser springt.

Wenn man immer in einer Gesellschaft »comme il faut«** ist und unter einigermaßen begüterten Bürgern, dann merkt man das vielleicht nicht so – aber wenn man, so wie ich, eine Anzahl Jahre »de la vache enragée«*** gespeist hat, dann kann man es sich nicht wegdemonstrieren, daß das große Elend eine Tatsache ist, die ein Gewicht in die Waagschale legt.

Heilen oder retten mag man vielleicht nicht können, aber man kann diese Dinge doch mitfühlen und daran teilnehmen. Corot, der gewiß Fröhlichkeit hatte, wenn jemand sie hatte, der doch wohl wahrlich den Lenz empfand – war er nicht sein ganzes Leben lang einfach wie ein Arbeiter und mitfühlend all den Misè-

* der dritte Stand

** wie es sich gehört (in der guten Gesellschaft)

*** am Hungertuch nagen

res anderer gegenüber? Was mich besonders packte in seiner Lebensbeschreibung –: als er schon sehr alt war, im Jahre 70 und 71, sah er sicher auch noch in die klare Luft, aber – zugleich besuchte er die Ambulanzen, wo die Verwundeten lagen und krepierten.

Mögen die Illusionen schwinden – aber was *bleibt*? Das Sublime. Wenn man auch an allem zweifeln sollte, an Leuten wie Corot und Millet und Delacroix zweifelt man nicht. Und ich finde, daß man in Augenblicken, da man um die Natur nichts mehr gibt, noch sehr viel um Menschen gibt. – (453)

Paris

März 1886 bis Februar 1888

Hier lebte van Gogh mit seinem Bruder zusammen. In Ermangelung eines eigenen Ateliers arbeitete er anfänglich im Atelier Cormon, hauptsächlich nach Akt:
»Hinter sich ließ er den Ruf eines satanischen Revolutionärs. Er malte drei Stunden während jeder Sitzung, wobei er die Farben dick und schwer auftrug, fing ständig neue Studien an und malte das Modell von jedem erdenklichen Standpunkt aus, während die unglücklichen Schüler, die sich hinter seinem Rücken über ihn lustig machten, acht Tage damit verbrachten, stumpfsinnig einen einzigen Fuß zu kopieren.« (Mitgeteilt von E. Bernard)
Im Juni siedelten die Brüder nach Montmartre, an die Rue Lepic 54 in eine Dreizimmerwohnung über:
»Vincent schlief in dem kleineren Zimmer, und dahinter war das Atelier, ein gewöhnliches Zimmer mit einem einzigen, nicht besonders großen Fenster. Er malte da zuerst seine nächste Umgebung – die Aussicht aus dem Atelierfenster, die Moulin de la Galette von allen Seiten gesehen, das Fenster von Madame Batailles kleinem Restaurant, wo er seine Mahlzeiten einnahm, Landschaften auf dem Montmartre, wo man damals noch en pleine campagne* war... dann malte er viele Blumen und Stilleben und suchte seine Palette zu erneuern unter dem Einfluß der französischen Pleinair-Maler wie Monet, Sisley, Pissarro usw., die Theo schon seit langem durchzusetzen suchte.« (Vincents Schwägerin Johanna van Gogh-Bonger)
»Es ist, als wären zwei Menschen in ihm, der eine wunderbar

* mitten auf dem Lande

begabt, fein und zart, der andere hartherzig und nur auf sich selbst bedacht. Sie treten abwechselnd auf, so daß man einmal auf die eine, dann auf die andere Weise diskutieren hört, und immer mit Argumenten, die sowohl das Für als auch das Wider verfechten. Es ist jammerschade, daß er sein eigener Feind ist, denn er macht nicht nur anderen, sondern auch sich selbst das Leben schwer...«, schreibt Theo, der das enge Zusammenleben bisweilen fast nicht aushält, an seine jüngste Schwester.
Im Frühling 1887 arbeitet Vincent in Asnières, einem bevorzugten Ausflugsziel der Impressionisten. Er arbeitet auch mit Emile Bernard zusammen, einem fünfzehn Jahre jüngeren Maler, den er im Atelier Cormon kennengelernt hat und mit dem er bis zu seinem Tode befreundet bleibt. Überhaupt pflegt er jetzt viele Künstlerkontakte, so mit den Pointillisten Signac und Seurat (deren Divisionismus er seinem nunmehr skizzenhaft leicht gewordenen Notierstil auf markante Weise einverarbeitete), aber auch mit Gauguin und Toulouse-Lautrec, flüchtig sogar mit Cézanne – und natürlich mit den Impressionisten, die er alle in der Kunsthandlung seines Bruders, durch den Farbenhändler Tanguy oder in den einschlägigen Cafés des Montmartre-Viertels kennengelernt hatte. In einem populären Großrestaurant organisiert er sogar eine Art Impressionistenausstellung: »Die gewöhnlichen Gäste... waren einigermaßen entsetzt... Schließlich ließen sie die Schau gelten und nahmen weiter ihre Mahlzeiten dort ein, umgeben von farbenfrohen Bildern, obschon deren Anblick und der der Maler eher abschreckend auf sie wirkte. Eine gewisse Anzahl von Künstlern kam dorthin, darunter Pissarro, Gauguin, Guillaumin, Seurat usw. und auch verschiedene, den Revolutionären wohlgesonnene Händler... Dort breitete Vincent die ganze Fülle seines starken Talentes aus. Man konnte schon den Stil, die Willenskraft, die Kühnheit seiner Produktion erkennen, besonders in dem Porträt des ›Père Tanguy‹, das eine bezaubernde Jovialität ausstrahlt, den ›Fabriken in Clichy‹, wo man den strengen Geruch von Kohle und

Gas zu spüren glaubt, sowie in den sonnendurchglühten Landschaften von Asnières. Die Intensität des Lebens war der hervortretende Zug dieser Bilder, aber die fieberhafte Aktivität seines Geistes verführte ihn manchmal zu einer gewissen Hast in der Ausführung. Da etwa hundert Bilder von ihm an den Wänden hingen, wurde der allgemeine Eindruck des Saales von ihm bestimmt. Es war ein heiterer, vibrierender und harmonischer Eindruck.« (Bernard)

Im Winter 1887/88 malt er wieder Porträts, auch Selbstbildnisse, und Stilleben, darunter das berühmte, ganz in Gelb gehaltene Bild mit herumliegenden Büchern (nebst Rose im Glas), das er »Die Pariser Romane« betitelt hat.

Auf die Dauer wird ihm das aufregende Pariser Leben zu ungesund. Vincent sehnt sich nach der Wiederaufnahme jener Aufgaben, die er sich in seiner holländischen Zeit gestellt hatte. Im Februar 1888 flieht er aufs Land, in den Süden: nach Arles.

Arles

Februar 1888 bis Mai 1889

In der Provence fühlte sich der Künstler wie in Japan. Im großen Licht des Südens erschien ihm jedes einzelne Ding in äußerster Daseinswucht und gleichzeitig erinnerungsleicht – wie vor dem Plane der Ewigkeit. Seine Kunst, die immer schon auf ein »Mitleiden« mit dem Gegenstand abgezielt hatte, nahm in dem aufregenden südlichen Klima schließlich Formen (einer Identifikation) an, die geradezu delirierend anmuten. Bei der chronischen Unterernährung und dem vielen Alkoholgenuß (»Meist nährte er sich von halbroher Kost, oft aß er überhaupt nichts, sondern lebte von Kaffee, den er mit Rum vermischte, oder auch von Alkohol« – Zeugenstimme aus Arles) führte »die bis zum Rasen gesteigerte Arbeitsleistung« (Zeugenbericht) zu einem kritischen Nervenzustand. In diesem Zustand traf ihn Gauguin an, der im Oktober 1888 auf Einladung der Brüder van Gogh, von Pont-Aven kommend, in Arles eintraf und keineswegs zur Neutralisierung beitrug: »Zwischen uns beiden, ihm und mir – Vulkan der eine, kochend auch, aber innerlich, der andere – bereitete sich eine Art Kampf vor.« (Gauguin) Das kurze Zusammenleben und -arbeiten der beiden gegensätzlichen Künstler führte zum Zusammenbruch Vincents. Dieser hatte sich, höchstwahrscheinlich in einer Art Selbstbestrafung für aggressives Benehmen gegenüber dem hochverehrten Kameraden, ein Ohr abgeschnitten und es für eine Prostituierte im Bordell abgegeben, worauf er ins Spital eingeliefert wurde, aus welchem er am 7. Januar 1889 entlassen worden ist. Auf Grund einer dem Bürgermeister eingereichten Petition von Nachbarn, die den Maler der Gemeingefährlichkeit verdächtigten, wird er am 27. Februar 1889 erneut interniert. »Während ich bei ihm war, gab es Augenblicke, wo er ruhig war, aber gleich darauf verfiel er wieder in sein heftiges Grübeln über Philosophie und Theologie. Das mit anzusehen, war tieftraurig, denn von Zeit zu Zeit kam ihm all sein Leiden zu Bewußtsein, und dann versuchte er zu weinen, vermochte es aber nicht; armer Kämpfer und armer, armer Dulder; niemand kann zur Zeit etwas tun, um sein Leid zu mildern, und doch fühlt er es tief und schwer...«, schreibt Theo, der nach der ersten Hospitalisierung herbeigereist war, an seine zukünftige Frau, Johanna Bonger.

Du weißt, ich fühle mich hier in Japan. Ich sage Dir nichts als das, und dabei habe ich noch nichts im gewohnten Glanze gesehen.
Und deshalb (obwohl ich mich sehr darüber kränke, daß die Ausgaben so groß sind und die Bilder nichts einbringen) deshalb zweifle ich nicht an einem endlichen Erfolg dieses gewagten Unternehmens, das meine Reise nach dem Süden ist.
Hier sehe ich Neues und lerne, und wenn ich meinen Körper mit Vorsicht behandle, versagt er mir seine Hilfe nicht.
Ich wünschte aus vielen Gründen sehr, ein kleines Häuschen zu haben, das im Falle der Erschöpfung dazu dienen sollte, die armen Pariser Droschkengäule wieder herzustellen, nämlich Dich und mehrere von unseren Freunden, die armen Impressionisten. – (469)

(An E. Bernard)
Da ich versprochen habe, Dir zu schreiben, will ich Dir als erstes mitteilen, daß mir das Land mit seiner durchsichtigen Atmosphäre und den heiteren Farbeneffekten ebenso schön wie Japan vorkommt. Die Wasserläufe bilden in der Landschaft Flecken von schönem Smaragdgrün und reichem Blau, so wie wir es auf den japanischen Drucken sehen. Blaßorangefarbene

Sonnenuntergänge lassen ,das Gelände bläulich erscheinen. Glänzende gelbe Sonnen. Indessen habe ich das Land in seiner gewöhnlichen Sommerpracht eigentlich noch gar nicht gesehen. Die Tracht der Frauen ist hübsch und besonders am Sonntag sieht man auf dem Boulevard sehr naive und glückliche Farbenzusammenstellungen. Und auch das wird im Sommer ohne Zweifel noch fröhlicher werden.

Ich bedaure, daß das Leben hier nicht so billig ist wie ich gehofft hatte, und es ist mir bis jetzt nicht gelungen, so wohlfeil davonzukommen wie man es in Pont-Aven könnte. Ich bezahlte zuerst fünf Franken pro Tag und jetzt sind es vier. Man sollte den hiesigen Dialekt verstehen und Bouillabaisse und Aïoli zu essen verstehen, dann fände man sicher eine nicht teure bürgerliche Pension, Ferner, wenn man mehrere wäre, würde man – ich habe Grund, das zu glauben – vorteilhaftere Bedingungen erlangen. Vielleicht wäre es für manchen Künstler, der sich nach Sonne und Farbe sehnt, ein wirklicher Vorteil, nach dem Süden auszuwandern.
Wenn die Japaner in ihrem Land keine Fortschritte machen, so setzt sich zweifellos ihre Kunst in Frankreich fort.
Am Kopf dieses Briefes sende ich Dir die kleine Skizze einer

Mon cher Bernard, ayant promis de
t'écrire je veux commencer par te
dire que le pays me paraît aussi
beau que le Japon pour la limpidité
de l'atmosphère et les effets de couleur
gaie. Les eaux font des tâches d'un
bel émeraude et d'un riche bleu dans les
paysages ainsi que nous le voyons
dans les crepons. Des couchers de soleil
orangé pâle faisant paraître bleus les
terrains. Des soleils jaunes splendides.
Cependant je n'ai encore guère vu le
pays dans sa splendeur habituelle d'été.
Le costume des femmes est joli et le dimanche
surtout on voit sur le boulevard des
arrangements de couleur très naïfs et
bien trouvés. Et cela aussi sans doute
s'égayera encore en été.

Studie, welche mich so beschäftigt, daß ich etwas aus ihr machen möchte: Matrosen, die mit ihren Liebsten nach der Stadt zurückkehren, die sich mit der merkwürdigen Silhouette ihrer Zugbrücke von einer ungeheuren gelben Sonne abhebt.
Ich habe eine weitere Studie derselben Zugbrücke mit einer Gruppe Wäscherinnen. – (B 2)

Die letzten Tage war hier immer Wind und Regen. Ich habe zu Hause an der Studie gearbeitet, die ich im Briefe an Bernard skizzierte. Was ich wollte, waren Farben wie auf Glasfenstern und eine Zeichnung in festen Linien. Ich lese eben Pierre et Jean von Guy de Maupassant. Es ist schön. Hast Du die Vorrede gelesen, wo von der Freiheit des Künstlers die Rede ist, zu übertreiben, in seinem Buch eine Natur zu schaffen, die schöner, einfacher, tröstender ist. Auch das Wort von Flaubert wird darin erklärt: Talent ist große Geduld, und Originalität ist nichts als eine Anstrengung des Willens und intensive Beobachtung. – (470)

Ich bin in Arbeitswut. Die Bäume stehen hier in Blüte, und ich möchte einen richtigen Obstgarten der Provence mit seiner hinreißenden Heiterkeit fertig machen. Dir mit ruhigem Kopf zu schreiben, ist also fast unmöglich. – (473)

Der Monat wird schwer sein für Dich und für mich. Aber es ist nun einmal, wenn die Sache gelingt, in unserem Interesse, möglichst viele solcher blühenden Bäume zu malen. Ich bin jetzt recht im Zug, und ich werde, glaube ich, noch 10 Bilder mit demselben Motiv machen. Du weißt, daß ich in meiner Arbeit schwanke, und daß diese Leidenschaft, Obstbäume zu malen, nicht immer anhalten wird. Nachher werden es vielleicht Stierkämpfe sein. Dann habe ich auch noch *enorm* zu zeichnen, denn ich möchte Zeichnungen machen in der Art der japanischen Kreppblätter. Ich kann nichts anderes tun, als das Eisen schmieden, solange es heiß ist.

Nach den Obstbäumen werde ich gebrochen sein, denn das sind Leinwände von 25, 30 und 20. Wir werden auch nicht zuviel davon haben, wenn ich noch zweimal so viel schaffte, denn mir scheint, daß wir damit vielleicht endgültig das Eis in Holland brechen werden. Der Tod von Mauve ist ein schlimmer Schlag für mich gewesen.
Du wirst wohl erkennen, daß die rosa Pfirsichbäume mit einer gewissen Leidenschaft gemalt sind.
Dann möchte ich noch eine sternenhelle Nacht mit Zypressen malen oder vielleicht mit einem reifen Getreidefeld. Es gibt hier sehr schöne Nächte. Ich habe ein unausgesetztes Arbeitsfieber.
Sehr neugierig bin ich zu wissen, wie das Ergebnis nach einem Jahr aussehen wird. Ich hoffe, daß ich dann weniger unter Übelkeiten leiden werde. Jetzt leide ich manche Tage schrecklich. Das berunruhigt mich aber nicht im Geringsten, denn es ist nichts als die Reaktion nach diesem Winter, der etwas ungewöhnlich war. Und das Blut wird gesünder, das ist die Hauptsache.
Wir müssen erreichen, daß meine Bilder so viel wert sind, als ich für sie ausgebe und auch noch etwas mehr, da wir ja schon so viel Kosten hatten. Das werden wir auch erreichen. Selbstverständlich glückt mir nicht alles, aber die Arbeit geht vorwärts. – (458)

Heute früh habe ich an einem blühenden Pflaumenbaum gearbeitet. Plötzlich erhob sich ein furchtbarer Sturm. Das gab einen Effekt, wie ich ihn nirgends als hier gesehen habe, und der zeitweise immer wieder kam. Zwischendurch die Sonne, in der alle kleinen weißen Blüten glänzten. Es war unglaublich schön. Mein Freund, der Däne, kam mich besuchen, und auf gut Glück und die Gefahr hin, die ganze Geschichte einstürzen zu sehen, habe ich fortgemalt. In dieser Helligkeit ist sehr viel Gelb mit Blau und Lila. Der Himmel ist weiß und blau. Aber was werden die Leute zum Pinselstrich sagen, den man im Freien bekommt? – (476)

(An E. Bernard)
Ich bedaure manchmal, daß ich mich nicht entschließen kann, mehr zu Hause und nach der Phantasie zu arbeiten. Die Phantasie ist sicherlich eine Fähigkeit, die man ausbilden muß, und sie allein ermöglicht uns, eine erhebendere und trostreichere Natur zu schaffen als der bloße Blick in die wechselnde, blitzschnell vorübereilende Wirklichkeit uns zu zeigen vermag.
Ein Sternenhimmel z. B., sieh mal, das ist etwas, was ich versuchen möchte zu machen. So wie ich am Tage versuchen werde, eine grüne, mit Löwenzahn übersäte Wiese zu malen.
Aber wie soll ich soweit kommen, ohne mich zu entschließen, zu Hause und aus der Phantasie zu arbeiten? Dies also zu meiner Kritik und zu Deinem Lob.
Gegenwärtig bin ich von den blühenden Obstbäumen in Anspruch genommen: rosaroten Pfirsichbäumen, weißgelben Birnbäumen.
Ich befolge keinerlei System beim Farbauftrag. Mit unregelmäßigen Pinselstrichen haue ich auf die Leinwand und lasse sie dann wie sie sind. Pastose Stellen, da und dort nicht gedeckte Leinwandpartien, ganz unfertig gelassene Ecken, Überarbeitungen, Roheiten: kurz, das Resultat – ich habe Grund das zu glauben – ist beunruhigend und aufreizend genug, um nicht den Leuten mit zum voraus festgelegten Ansichten über Technik Freude zu machen.
Hier übrigens eine Skizze: der Eingang zu einem provenzalischen Obstgarten mit seiner gelben Rohreinfriedung, mit seinem Schutz schwarzer Zypressen (gegen den Mistral), mit seinen charakteristischen Gemüsen von verschiedenem Grün, gelbem Salat, Zwiebeln und Knoblauch und smaragdgrünem Lauch. Indem ich stets direkt an Ort und Stelle arbeite, suche ich in der Zeichnung festzuhalten, was wesentlich ist. Dann fülle ich die

durch Konturen begrenzten Flächen – ob sie nun zum Ausdruck kommen oder nicht, auf alle Fälle aber sind sie gefühlt – mit gleichfalls vereinfachten Tönen, in dem Sinne, daß alles, was zum Terrain gehört, denselben violettartigen Ton erhält, daß der ganze Himmel eine bläuliche Tonalität bekommt, daß das Laub der Bäume entweder blaugrün oder gelbgrün wird, wobei ich in diesem Fall absichtlich die gelben oder blauen Farbwerte übertreibe. Kurz, mein lieber Kamerad, auf alle Fälle keine optisch-illusionistische Täuschung. – (B 3)

(An E. Bernard)
Habe neun Obstgärten in Arbeit: einen weißen, einen rosafarbenen, einen rosarot – fast roten, einen weißblauen, einen graurosaroten, einen grünroten.
Gestern habe ich mich an einem Bild todmüde gemalt: an einem Kirschbaum vor blauem Himmel, die jungen Blattsprossen waren orange- und goldfarben, die Blütenbüschel weiß. Das vor dem Blaugrün des Himmels war verdammt glorios. Unglücklicherweise regnet es heute, was mich an der Wiederaufnahme der Arbeit hindert.
Habe hier am Sonntag – die andern Tage nicht gerechnet – ein Bordell gesehen, einen großen, mit gebläutem Kalk getünchten Saal, wie eine Dorfschule. Ein gutes Fünfzig roter Militärpersonen und schwarzer Bürger mit Gesichtern von prächtigem Gelb oder Orange (was gibt es doch auf den hiesigen Gesichtern für Töne!), die Weiber in Himmelblau, in Zinnober, was es nur Starkes und Schreiendes gibt. All das gelb beleuchtet. Viel weniger düster als die Einrichtungen derselben Art in Paris. Hier liegt der Spleen nicht in der Luft.
Gegenwärtig verhalte ich mich noch sehr still und sehr ruhig, da ich vorerst noch eine Magenstörung heilen muß, deren glücklicher Besitzer ich bin. Nachher aber gilt es, großes Aufsehen zu erregen, denn ich strebe danach, es an Ruhm dem unsterblichen Tartarin von Tarascon gleichzutun. – (B 4)

Du findest darunter eine eilige Skizze auf gelbem Papier, ein Stück Rasen auf dem Platz, der sich vor dem Stadttor befindet und im Hintergrund ein Gebäude, ungefähr wie dieses.
Den rechten Flügel dieses Hauses mietete ich heute. Er enthält vier Zimmer oder vielmehr 2 Zimmer und 2 Kammern
Das Haus ist gelb gestrichen und im Innern kalkweiß, mit voller Sonne. Ich habe es für 15 Frs. monatlich.
Mein Wunsch wäre jetzt, ein Zimmer zu möblieren, und zwar im ersten Stock, um dort schlafen zu können.
Das soll also mein Atelier sein, mein Standquartier für die ganze Zeit meines Aufenthaltes hier im Süden. Auf diese Weise bin ich unabhängig von den Schikanen der Gasthöfe, die mich verstimmen und einen zugrunde richten können. –
Ich hoffe, gut gewählt zu haben. Du verstehst, draußen gelb, innen weiß, voller Sonne, ich werde meine Bilder endlich in einem ganz hellen Raum sehen. Der Fußboden ist aus roten Ziegeln; draußen auf dem Platz der Garten, von dem Du noch zwei Zeichnungen findest. Die Zeichnungen, wage ich Dir zu versichern, werden noch besser werden. – (480)

Wir haben sehr viel Sturm und Mistral, augenblicklich sogar drei Tage unter vieren, dabei immer mit Sonne. Aber es ist dann doch schwer, im Freien zu arbeiten.
Ich glaube, daß man hier einiges für das Porträt tun könnte. Wenn die Leute hier auch von krasser Unwissenheit sind, was die Malerei im Ganzen betrifft, so sind sie doch viel mehr Künstler als im Norden in ihrer eigenen Erscheinung und ihrem eigenen Leben. Ich habe hier Erscheinungen gesehen, die so schön sind wie die von Goya und Velasquez. Sie verstehen es, einen rosa Fleck in ein schwarzes Kostüm zu setzen, oder einen weißen, gelben, rosafarbenen, oder sogar grün- und rosafarbenen Anzug zu machen, oder auch *blau und gelb*, wo man vom künstlerischen Gesichtspunkt nichts ändern könnte. Seurat würde hier männliche Erscheinungen finden, die, trotz ihres

1 *Nachtcafé* (September 1888)

2 *Die Kirche von Auvers* (Juni 1890)

3 *La Berceuse* (Portrait Frau Roulin) (Dezember 1888/März 1889)

4 *Straße mit Zypresse und Stern* (Mai 1890)

5 *Selbstbildnis* (à mon ami Paul Gauguin) (September 1888)

6 *Der blaue Karren* (Juni 1888)

7 *Die Kartoffelesser* (Mai 1885)

8 *Portrait Père Tanguy* (1887)

1 *La Crau, gesehen vom Mont Majour*, Rohrfederzeichnung (Juni 1888)

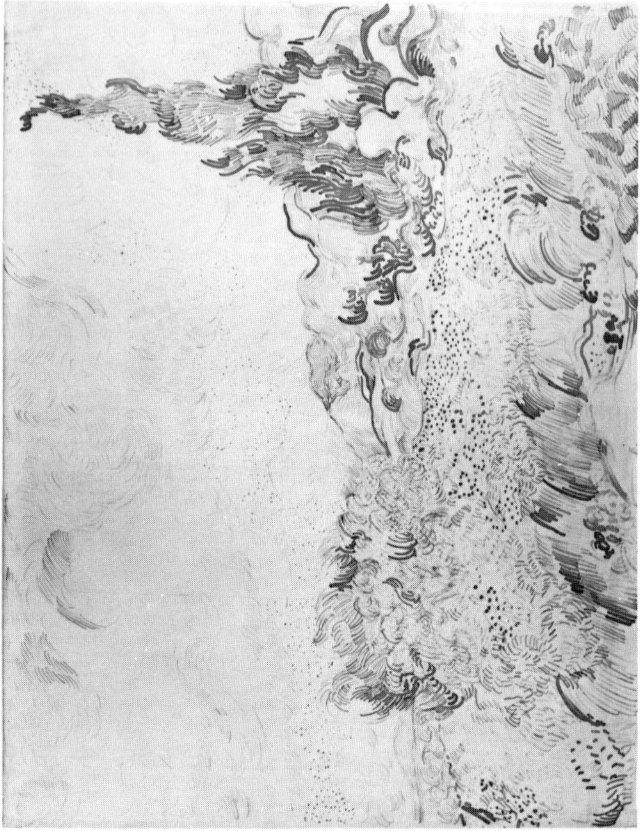

2 *Kornfeld mit Zypresse*, Rohrfeder- und Bleistiftzeichnung (1889)

3 *Der Sämann*, Rohrfederzeichnung (Juni 1888)

4 *Sommerabend bei Arles*, Rohrfederzeichnung (Juni 1888)

5 *Hackender Bauer*, Kohlezeichnung (Sommer 1885)

6 *Bäuerin*, Kohlezeichnung (Sommer 1885)

7 »*Sorrow*«, Bleistiftzeichnung, laviert (April 1882)

8 *Landschaft* (Häuser in Bäumen), Kohle und Wasserfarbe (Juni 1890)

modernen Gewandes, außerordentlich malerisch sind. –
Monticelli war, glaube ich, von kräftigerer Gesundheit als ich. Wenn ich seine Natur hätte, würde ich so in den Tag hineinleben wie er.
Aber wenn sogar er vom Schlag gerüht wurde, und zwar ohne ein besonderer Trinker zu sein, dann werde ich wohl noch viel weniger aushalten können.
Ich war absolut auf dem Wege dazu, einen Schlaganfall zu bekommen, als ich Paris verlassen hatte. Es hat mich dann noch toll gepackt, als ich aufgehört hatte, zu trinken und so viel zu rauchen, und als ich begann nachzudenken, statt mir die Gedanken aus dem Kopfe zu schlagen. Du lieber Himmel, was für Verzweiflungen und welche Mattigkeit fühlte ich.
Die Arbeit hier in der großartigen Natur hat mich moralisch gehoben, aber auch hier noch verließen mich bei gewissen Anstrengungen die Kräfte. –
Mein armer Bruder, unsere Neurose usw. kommt gewiß auch von unserer etwas zu künstlichen Lebensweise, aber sie ist auch ein fatales Erbe. Denn in der heutigen Zivilisation vermehrt sich die Schwäche von Geschlecht zu Geschlecht. Wenn wir unserem wahren Gesundheitszustand ins Gesicht sehen wollen, so müssen wir uns in die Reihe derer stellen, die bereits an einem Nervenübel leiden, das sich von ferne ankündigt. – (481)

Hier gibt es Frauen wie von Fragonard oder wie von Renoir, aber man kann nicht noch einmal gestalten, was in der Malerei schon gemacht worden ist.
Das Beste, das man machen könnte, wäre von jeder Seite, von jeder Ecke aus Frauen- und Kinderporträts, nur scheint mir, daß ich es nicht sein werde, der das machen wird.
Ich bin dazu nicht genug bel ami. Aber ich wäre unheimlich zufrieden, wenn dieser bel ami des Südens (Monticelli war das nicht, aber er bereitete ihn vor, was ich – das wittere ich, das

verspüre ich durch und durch – nicht bin) ich werde, sage ich Dir, unheimlich zufrieden sein, wenn für uns in der Malerei ein Mann käme wie Guy de Maupassant, um heiter die Leute und die hübschen Dinge hier zu malen.

Was mich angeht, ich werde eben arbeiten, und hie und da wird es in meiner Arbeit ein Stück geben, das bleiben wird, aber das was Claude Monet in die Landschaft brachte, das in die Figuren hineinzumalen, wer wird das fertig bringen? Denn trotzdem, Du mußt das auch fühlen wie ich, das steckt in der Luft. Rodin, der macht nicht die Farbe, nein, das ist er nicht. Aber der Maler der Zukunft, das ist ein Farbiger, *wie es ihn noch nie gab*, noch nie. Manet hat ihn vorbereitet. Aber Du weißt selbst, die Impressionisten haben schon stärker in der Farbe gearbeitet als Manet. Diesen Maler der Zukunft, ich kann mir nicht vorstellen, daß er so in den kleinen Kneipen liegt, mit ein paar falschen Backenzähnen arbeitet und dann in Zuavenbordells geht wie ich. Aber es scheint mir, ich bin auf dem richtigen Wege, denn ich fühle, daß das kommen wird in einer ferneren Zeit, und auch unsere Mittel müssen uns gestatten, auf dies Ziel hinzuarbeiten, ohne zu zweifeln und zu denken. – (482)

Das ist, das bleibt und das kommt immer wieder für Augenblicke im ganz vollen künstlerischen Schaffen, die Sehnsucht

Et c'est logique que tu y ailles puisque moi
je ne puis être sûr que la famille reste
au même endroit cette année (cependant
elles y viennent depuis plusieurs années et
Perrichot doit connaître l'adresse en ville)
C'est peut être une illusion que je me
fais mais – je ne puis m'empêcher
d'y penser et peutêtre cela leur fera plaisir
et à toi aussi si tu les connais.
Ecoutes – je ferai tout mon possible
de t'envoyer de nouveaux dessins
pour Dordrecht
J'ai fait cette semaine deux natures
mortes.

une cafetière en fer emaillé bleu une tasse (à gauche) bleu
de roi et or un pot à lait carreté bleu pâle & blanc
une tasse – à droite blanche à dessins bleu & orangé sur
une assiette de terre jaune gris un pot en barbotine
ou majolique bleu avec dessins rouges verts bruns
enfin 2 oranges et 3 citrons la table est couverte
d'une draperie bleue le fond est jaune vert
donc 6 bleus différents et 4 ou 5 jaunes & orangés
L'autre nature morte est le pot de majolique avec des
fleurs sauvages

nach dem wahren Leben, dem idealen und nicht verwirklichbaren.
Und mitunter wünschen wir nicht mehr, uns voll der Kunst hinzugeben und dafür wieder aufzuleben. Man fühlt sich wie ein Droschkengaul und man weiß, es ist immer noch die gleiche Karre, in die man sich einspannt. Und dann wünscht man nichts mehr von solchen Dingen. Man möchte nur noch auf einem Stück Wiese leben mit etwas Sonne, möchte einen Bach haben und die Gesellschaft anderer Pferde, die auch frei sind, und dann sich fortzeugen.
Und vielleicht ganz zu hinterst kommt unsere Herzkrankheit ein wenig von alldem, das würde mich gar nicht erstaunen. Man revoltiert nicht mehr gegen die Dinge. Man ist auch nicht mehr resigniert. Man ist krank, das wird nie mehr vorübergehen und davon kann man nie mehr wirklich gesunden.
Ich weiß nicht, wie man diesen Zustand nennen mag, vom Tod getroffen sein und von der Unsterblichkeit. Die Karre, die man zieht, das muß irgend welchen Leuten nützen, die man nicht kennt. Und dann, wenn wir an die neue Kunst glauben, an die Künstler der Zukunft, dann täuscht uns unser Vorgefühl nicht. So sagte der gute Vater Corot ein paar Tage vor seinem Tode: »Ich habe diese Nacht im Traum Landschaften gesehen, mit ganz rosafarbenem Himmel«. Und wirklich, wurden diese Himmel nicht rosa und gelb und grün dazu, in den Landschaften der Impressionisten? Damit will ich nur sagen, daß es Dinge gibt, die man in die Zukunft hinausspürt und die wirklich eintreffen.
Und wir, die wir dastehen, daß wir nur noch auf unsern Glauben angewiesen sind, so nahe wie nie am Tode, wir spüren trotzdem fest, daß diese Sache größer ist als wir und von längerer Dauer als unser Leben.
Fühlen nicht gerade, daß wir sterben, aber wir spüren bitter wirklich, wie wenig wir sind, und daß wir, um ein Glied in der Kette der Künstler zu sein, einen harten Preis zahlen mit un-

serm Blut, unserer Jugend, unserer Freiheit, deren wir niemals froh wurden, ebensowenig wie ein Droschkengaul, der einen Wagen voll Leute zieht, die in den Frühling fahren, um sich zu freuen. – (489)

(An E. Bernard)
Ich habe eben ein Buch über die Marquesas-Inseln gelesen, das übrigens weder schön ist noch gut geschrieben, aber erschütternd da wo es von der Ausrottung eines ganzen Eingeborenenstammes erzählt: Menschenfresser insofern als sie, sagen wir einmal im Monat einen Menschen fraßen. Doch was macht das?
Um dieser, *wirklich wenig blutdürstigen* Barbarei (?) ein Ende zu bereiten, haben die sehr christlichen Weißen usw. nichts besseres gefunden, als den Stamm der menschenfressenden Eingeborenen samt dem Stamm, mit welchem der erstere Krieg führte (um sich so gegenseitig die notwendigen eßbaren Kriegsgefangenen zu verschaffen), auszurotten. Hierauf hat man die beiden Inseln annektiert, welche unheimlich düster geworden sind!!!
Diese tätowierten Rassen, diese Neger, diese Indianer, alles, alles, alles verschwindet oder verdirbt. Wann wird man endlich den abscheulichen Weißen mit seiner Schnapsflasche, seinem Geldbeutel und seiner Syphilis satt haben! Den abscheulichen Weißen mit seiner Heuchelei, seiner Habsucht und seiner Unfruchtbarkeit.
Und diese Wilden waren so sanft und so verliebt!
Ah, Du hast verdammt recht, an Gauguin zu denken. Seine Negerinnen sind erhabene Poesie und alles, was seine Hand macht, ist von zarter, erschütternder und erstaunlicher Art. Man versteht ihn noch nicht, und er leidet sehr darunter, daß er nicht verkauft wie andere wahre Poeten. –
Ich selber habe ein Stilleben gemacht mit einer Kaffeekanne aus blauemailliertem Metall, einer dunkelblauen Tasse mit Unter-

tasse, einem karierten Milchtopf, blaßkobalt und weiß, einer Tasse mit orangefarbenem und blauem Muster auf weißem Grund, einem blauen Majolikatopf mit grünen, braunen und rosafarbenen Blumen und Blättern. All das auf einem blauen Tischtuch vor einem gelben Grund. Bei dem Geschirr zwei Orangen und drei Zitronen.
Es ist also eine Variation von blauen Tönen, belebt durch eine Reihe von gelben, welche bis zum Orange gehen.
Dann habe ich noch ein anderes Stilleben: Zitronen in einem Korb, auf gelbem Grund.
Dann eine Ansicht von Arles. Von der Stadt sieht man nur einige rote Dächer und einen Turm, der Rest ist durch das grüne Laub der Feigenbäume usw. verdeckt. Das ganz im Hintergrund und darüber ein schmaler Streifen blauen Himmels. Die Stadt ist von endlosen Wiesen umgeben, auf denen zahllose Butterblumen blühen – ein gelbes Meer. Diese Wiesen werden im Vordergrund von einem Graben, der mit violetten Irisblumen angefüllt ist, unterbrochen. Während ich daran malte, wurde gerade das Gras geschnitten. Es ist also nur eine Studie und kein fertiges Bild wie ich beabsichtigt hatte. Aber was für ein Motiv, nicht wahr! Dieses Meer gelber Blumen mit einem Streifen violetter Iris und im Hintergrund die schmucke kleine Stadt mit den hübschen Frauen!
Dann zwei Studien von Straßenborden – später – bei vollem Mistral gemalt. – (B 5)

Heute habe ich Dir einige Zeichnungen geschickt und ich füge noch zwei andere dazu. Das sind Blicke von einem felsigen Hügel, von wo man die Crau sieht (ein gutes Weinland), die Stadt Arles und die Gegend von Fontvieilles. Der Vordergrund setzt sich wild und romantisch ab. Die fernen Perspektiven sind breit, ruhig in waagrechten Linien und aufsteigend bis zur Alpenkette, berühmt durch die heroische Kletterei des Tartarin PCA und des Alpenklubs. Dieser Gegensatz ist sehr malerisch.

Die beiden Zeichnungen, die ich Dir außerdem mitschicke, werden Dir eine Vorstellung von der Ruine, die die Felsen krönt, geben. –
Was immer dringend ist, das ist zu zeichnen, und was man unmittelbar mit dem Pinsel oder mit einer anderen Sache wie mit der Feder macht. Davon macht man nie genug.
Ich suche jetzt das wesentliche herauszuholen und zu übertreiben, das banale gebe ich daneben nur andeutungsweise. – (490)

Das ist drollig, *wie es jetzt an den Abenden auf dem Mont Majour aussieht*. Ich sah da einen roten Sonnenuntergang, der schickte die Strahlen in die Stämme und das Blätterwerk der Fichten, die in dem Steingeröll wachsen. Er färbte mit einem orange Feuer die Stämme und das Blätterwerk, während die anderen Fichten im Hintergrund sich preußischblau abzeichneten auf einem zarten blaugrünen Himmel, ganz himmelblau. Das waren die Effekte von Claude Monet. Das war bezaubernd. Der weiße Sand und die geschichteten weißen Felsen unter den Bäumen mit blauen Schattierungen. Das ist es, was ich machen möchte. Dieser Ausblick, von dem Du die ersten Zeichnungen besitzt. Das ist so breit, und es verschwimmt auch nicht in Grau. Das bleibt grün bis auf den letzten Strich, dort blau. Und dann die Gruppierung der Hügel.
Heute gabs Sturm und Regen, das wird auch sein Gutes haben. – (492)

Ich dachte an Gauguin, sieh.* Will Gauguin hierher kommen, dann muß seine Reise gemacht werden. Dann muß man unter allen Umständen zwei Betten und zwei Matratzen kaufen.

* Gauguin hatte in einem Brief vom 22. Mai Theo's Hilfe erbeten, denn er war schon zwei Monate in Pont Aven ohne Geld und wußte sich nicht zu helfen. Darum faßte Vincent den Plan, ihn nach Arles kommen zu lassen.

Aber dafür ist Gauguin ein Seemann, und wir werden wahrscheinlich unsere Suppen bei uns kochen.
Für dasselbe Geld, das ich für mich hier ausgebe, werden wir beide leben.
Du weißt recht gut, es erschien mir immer dumm, daß die Maler allein leben usw. Man verliert immer, wenn man einsam ist. Außerdem entspricht es Deinem Wunsch, ihn von dort wegzuholen.
Du kannst ihm nicht das, was er zum Leben braucht, in die Bretagne schicken und mir in die Provence meinen Lebensunterhalt.
Aber Du kannst es billigen, daß man es einteile und eine Summe von, sagen wir, 250 Fr. festsetzen, wenn Du jeden Monat außer meiner Arbeit einen Gauguin hast.
Vorausgesetzt, daß man diese Summe nicht überschreitet, wäre das sogar vorteilhaft. Denn ich rechne damit, mit anderen zusammen zu arbeiten. –
Sieh, das wäre der Beginn unserer gemeinsamen Arbeit. Bernard, der auch in den Süden kommt, wird uns zusammenkitten. Wisse, ich sehe Dich immer in Frankreich an der Spitze einer Gesellschaft von Impressionisten, und wenn ich dazu nützen könnte, sie zusammenzubringen, sähe ich alle gern stärker als mich. Du mußt fühlen, wie sehr mich das quält, mehr als sie auszugeben. Ich muß Wege finden, die vorteilhafter für Dich und für sie sind, und das ginge ebenso. Denke nun darüber nach, ob es nicht wahr ist, daß man in guter Kameradschaft mit wenig leben könnte, vorausgesetzt, man gibt sein Geld bei sich zu Hause aus. – (493)

(An E. Bernard)
Es scheint mir je länger desto mehr, daß die Bilder, welche geschaffen werden müßten, die Bilder, die notwendig, unumgänglich sind, um der gegenwärtigen Malerei zu ihrem vollkommensten Ausdruck zu verhelfen und sie auf eine Höhe zu

bringen, die den erhabenen Gipfeln, welche die griechischen Bildhauer, die deutschen Musiker und die französischen Romanschriftsteller erreichten, gleichkommt, die Kraft eines einzelnen Individuums überschreiten. Sie werden also wahrscheinlich durch Gruppen von Menschen geschaffen werden, die sich zusammentun, um eine gemeinsame Idee auszuführen.

Der eine verfügt über eine prächtige Farbenorchestrierung, es fehlt ihm aber an Ideen. Der andere hat einen Überfluß an neuen, erschütternden oder reizenden Einfällen, versteht es aber infolge der Zaghaftigkeit einer beschränkten Palette nicht, sie klangvoll genug zum Ausdruck zu bringen. Grund genug, um den mangelnden Korpsgeist bei den Künstlern zu bedauern, welche einander kritisieren, verfolgen, glücklicherweise ohne einander vernichten zu können.

Du wirst sagen, alle diese Überlegungen seien banal. Meinetwegen! Die Sache an sich jedoch: das Vorhandensein einer Renaissance, diese Tatsache ist sicher keine Banalität.

Eine technische Frage. Sag mir ein wenig Deine Meinung darüber in Deinem nächsten Brief.

Das *Schwarz* und das *Weiß*, gerade so wie sie uns der Händler verkauft, will ich kühn auf meine Palette setzen und sie verwenden wie sie sind.

Wenn ich – merkt, daß ich von der Vereinfachung der Farbe nach japanischer Art spreche – in einem grünen Park mit rosaroten Wegen einen Herrn sehe, der schwarz gekleidet und seines Zeichens Friedensrichter ist (der arabische Jude in Daudet's »Tartarin« nennt diesen ehrenwerten Beamten *zouge de paix*), welcher den »Intransigeant« liest – über ihm selbst und dem Park ein Himmel von einfachem Kobalt – warum soll man dann den obgenannten *zouge de paix* nicht mit einfachem Beinschwarz und den »Intransigeant« nicht mit einfachem, ganz ungebrochenem Weiß malen?

Denn der Japaner abstrahiert von den Reflexen und setzt flache

Töne, einen neben den andern. Charakteristische Striche, welche Bewegungen oder Formen naiv festhalten.
Eine andere Gedankenreihe: Wenn man ein Farbmotiv komponiert, das z. B. einen gelben Abendhimmel darstellt, so wird das grelle und harte Weiß einer weißen Mauer vor dem Himmel buchstäblich und auf eigentümliche Weise durch das grelle Weiß und dasselbe, aber durch einen neutralen Ton gedämpfte Weiß zum Ausdruck gebracht. Denn der Himmel selbst gibt ihm einen zarten Lilaton. Auch in dieser so naiven Landschaft, welche uns eine vollständig weiß getünchte Hütte (auch das Dach) darstellen soll, die gewiß auf einem orangefarbenen Terrain steht, denn der südliche Himmel und das blaue Mittelländische Meer rufen ein umso intensiveres Orange hervor, je tiefere, kräftigere Töne die Skala der Blau aufweist, bewirkt die schwarze Note der Türe, der Fenster und des kleinen Kreuzes auf dem First einen simultanen Kontrast von Weiß und Schwarz, welcher für das Auge ganz ebenso wohltuend ist wie der von Blau und Orange.
Um ein amüsanteres Motiv zu nehmen: supponieren wir eine Frau mit schwarzweiß kariertem Kleid in derselben primitiven Landschaft – ein blauer Himmel und eine orangefarbene Erde – ich stelle mir vor, das wäre recht drollig anzusehen. Gerade in Arles trägt man häufig schwarzweiß kariertes Zeug.
Es genügt, daß Schwarz und Weiß auch Farben sind, oder besser daß sie in zahlreichen Fällen als Farben betrachtet werden können, denn ihr simultaner Kontrast ist ebenso reizvoll wie der von Grün und Rot zum Beispiel.
Die Japaner bedienen sich ihrer übrigens. Sie bringen den matten und blassen Teint eines jungen Mädchens und den pikanten Kontrast des schwarzen Haares mit weißem Papier und vier Federstrichen wunderbar schön zum Ausdruck. Von ihren schwarzen, mit tausend weißen Blumen übersäten Dornbüschen gar nicht zu reden.
Endlich habe ich das Mittelländische Meer gesehen, welches

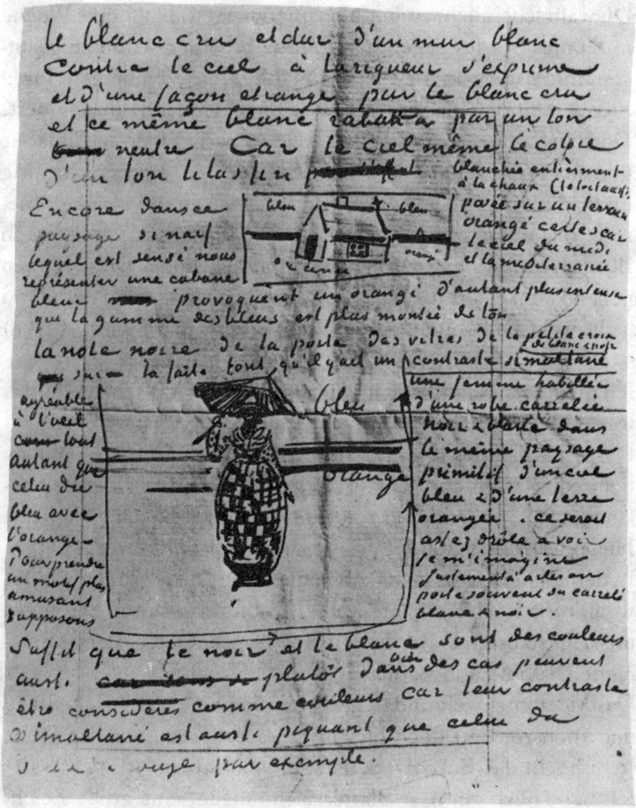
le blanc cru et dur d'un mur blanc contre le ciel à la rigueur s'exprime et d'une façon étrange par le blanc cru et ce même blanc rabattu par un ton neutre. Car le ciel même le colore d'un ton lilas tendre. Encore dans ce paysage si naïf lequel est censé nous représenter une cabane blanchie entièrement à la chaux (le toit aussi) posée sur un terrain orangé certes car le ciel du midi et la méditerranée bleue provoquent un orangé d'autant plus intense que la gamme des bleus est plus montée de ton. la note noire de la porte des vitres de la petite croix sur le faîte font qu'il y ait un contraste simultané de blanc et noir agréable à l'oeil tout autant que celui du bleu avec l'orange. Pour prendre un motif plus amusant supposons une femme habillée d'une robe carrelée noir et blanc dans le même paysage primitif d'un ciel bleu et d'une terre orangée. ce serait assez drôle à voir je m'imagine. Justement à Arles on porte souvent du carrelé blanc et noir. Suffit que le noir et le blanc sont des couleurs aussi plutôt dans bien des cas peuvent être considérés comme couleurs car leur contraste simultané est aussi piquant que celui du vert et rouge par exemple.

Du wahrscheinlich vor mir überqueren wirst. Habe eine Woche in Saintes-Maries zugebracht und habe, um dorthin zu gelangen, im Postwagen die Camargue mit ihren Weinbergen, ihren Steppen, ihrem flachen Gelände (wie Holland) durchquert. Dort, in Saintes-Maries, gab es Mädchen, die einen an Cimabue und an Giotto denken ließen: schlank, gerade, ein wenig traurig und mystisch. Am ganz flachen, sandigen Strand kleine grüne, rote, blaue Boote, in Form und Farbe so hübsch, daß man an Blumen dachte. Ein Mann allein fährt auf ihnen. Diese Barken gehen kaum je auf die hohe See. Sie fahren ab, wenn der Wind nicht weht und kehren zurück, sobald er zu stark wird. – (B 6)

Ich ging eine Nacht lang am verlassenen Strand spazieren, das war nicht froh, aber auch nicht traurig, das war schön.
Das tiefe Blau des Himmels war mit Wolken gefleckt von noch tieferem Blau als das Blau des Grundes; die einen von ganz starkem Kobalt, die anderen von einem reineren Blau als die blaue Helle der Milchstraße.
In dem blauen Grund funkelten die Sterne hell, grünlich, gelb, weiß, rosa, noch diamantenreiner als die kostbarsten Steine bei uns oder selbst in Paris, das muß man sagen: Opale, Lapis, Smaragde, Rubine und Saphire.
Das Meer ging weit und tief hinaus, die Düne war veilchenblau und fuchsrot und doch bleich mit Buschwerk, auf der Düne (5 m hoch) das Buschwerk ganz preußischblau.
Ich habe noch ein paar Blätterzeichnungen, eine große Zeichnung vom letzten Tag. – (499)

Ich habe jetzt das Meer hier gesehen, und ich empfinde mit ganzem Herzen, wie wichtig es ist, im Süden zu bleiben. Man darf Afrika nicht fern von sich haben, um die Farbe bis zum Äußersten zu treiben.
Ich schicke Dir mit der gleichen Post Zeichnungen von Stes. Maries. Kurz vor meiner Abreise habe ich heute morgen, ganz

früh, die Zeichnung von den Booten gemacht und ich habe das Bild dazu in Arbeit. Eine Leinwand zu 30, ein Blick auf das Meer, der Himmel in der rechten Ecke.
Vorher gingen die Schiffe nie auf die See heraus. Ich hatte alle die Morgen beobachtet, aber ich hatte nicht die Zeit, sie zu machen, da sie sehr früh herausfahren. –
Was das Bleiben im Süden betrifft, selbst wenn es mehr kostet, siehe, man liebt die japanische Malerei, man ist jetzt unter ihrem Einfluß, das ist allen Impressionisten gemeinsam, und wer ginge da nicht nach Japan, das will heißen, nach dem Süden, der einen für Japan entschädigt. Ich glaube jedenfalls, daß nach all diesem die Zukunft für die neue Kunst im Süden zu holen ist. Immerhin ist das eine schlechte Politik, hier allein zu bleiben, wo zwei oder drei sich ein wenig helfen könnten.
Ich möchte, daß Du hier einige Zeit verbringst, Du würdest am Ende die Sache auch spüren.
Der Blick ändert sich, man sieht mit einem japanischen Auge, man spürt ganz anders die Farbe, ebenso habe ich die Überzeugung, daß ich durch einen langen Aufenthalt hier meine Persönlichkeit heraushole.
Der Japaner zeichnet rasch, sehr rasch, wie der Blitz, weil eben seine Nerven feiner sind, sein Empfinden einfacher.
Ich bin hier erst einige Monate, aber sage mir, ob ich je in Paris *in einer Stunde* eine Zeichnung mit Schiffen gemacht hätte, und das habe ich sogar ohne nachzumessen gemacht, ich ließ einfach die Feder gehen. – (500)

Ich habe eine schwere Woche heftiger Arbeit hinter mir. Ich stand da im Weizen in der vollen Sonne. Ich brachte Felderstudien heraus, Landschaften und eine Säerstudie. Auf einem gepflügten Felde violette Erdschollen und gegen den Horizont ein Säer in Blau und Weiß. Am Horizont ein reifes kleines Weizenfeld, über all dem ein gelber Himmel und eine gelbe Sonne. Du merkst bei dieser einfachen Farbenzeichnung, daß die Farbe

in dieser Komposition eine sehr wichtige Rolle spielt. Dann noch eine Studie; eine Leinwand zu 25, die geht mir nicht aus dem Kopf und quält mich, so daß ich mich frage, ob man sie nicht ernst nehmen müßte und ein furchtbares Gemälde daraus machen, mein Gott, wie hätte ich dazu Lust, aber immer frage ich mich, ob ich die Kraft zur nötigen Vollendung habe.
Dann stelle ich die Studie zur Seite und wage kaum noch daran zu denken.
Das ist schon so lange mein Wunsch, einen Säer zu machen, aber die Wünsche, die ich schon lange habe, erfüllen sich nicht immer. Ich habe beinahe Furcht davor. Und doch, nach Millet und l'Hermitte bleibt nur der Säer mit der Farbe und dem großen Format.
Wollen von einer anderen Sache reden.
Ich habe jetzt ein Modell, einen Zuaven, einen kleinen Kerl mit einem Stiernacken und Tigeraugen. Ich begann das Porträt und dann habe ich wieder mit einem anderen angefangen. Das Brustbild, das ich gemalt habe, war schrecklich. In einer Uniform von Emailleblau, die Litzen in Orangerot mit zwei zitronengelben Sternen auf der Brust, ein ganz gemeines Blau, aber sehr schwer zu machen.
Einen ganz bronzenen Katzenkopf mit einer roten Mütze. Ich habe ihn gegen eine grün gestrichene Tür gesetzt und gegen die orangenen Backsteine einer Mauer, das ist schon eine brutale Verbindung von entgegengesetzten Tönen, recht unbequem durchzuführen. Die Studie, die ich fabriziert habe, scheint mir sehr schwierig, und doch möchte ich immer an solchen Volksbildern malen, selbst wenn sie grell herausschreien wie dies; daran lerne ich und das ist es, was ich vor allem von meiner Arbeit verlange.
Im zweiten Porträt hockt er mir gegen eine weiße Mauer. – Unter den Felderstudien ist eine mit Heuschobern, von der habe ich Dir den ersten Entwurf auf einer Leinwand zu 30 geschickt. Wir hatten die beiden letzten Tage strömenden Regen

und das dauerte immer den ganzen Tag; das wird das Aussehen der Felder verändern. Es kam ganz unerwartet und plötzlich, während alles bei der Ernte war. Man brachte den Weizen, so wie er war, größtenteils herein. Ich hoffe nächsten Freitag einen Ausflug in die Camargue mit einem Tierarzt zu machen, da gibt es Stiere und weiße, beinah wilde Pferde und auch rosa Flamingos.
Ich wäre nicht erstaunt, wenn das sehr schön wäre. – (501)

Ich habe gestern und heute am Säer gezeichnet, der vollkommen umgearbeitet ist.
Der Himmel ist grün und gelb, der Boden violett und orange, sicher läßt sich aus dem wundervollen Motiv ein Gemälde machen, und ich hoffe sicher, eines Tages wird man es machen können, vielleicht ein anderer, vielleicht ich.
Die Hauptsache bleibt diese: die Christus-Barke von Eugène Delacroix und der Säer von Millet haben eine andere Handschrift. Die Christus-Barke, ich spreche von der blau-grünen Skizze mit den roten Wolken und dem Zitronengelb für den Nimbus und die Aureole, spricht eine symbolische Sprache gerade durch die Farbe.
Der Säer von Millet ist *grau*, wie die Gemälde von Israëls. Kann man jetzt den Säer farbig malen, mit dem gleichzeitigen Kontrast von gelb und violett z. B. wie die Apollodecke von Delacroix, die ist gerade violett, ja oder nein? sicher *ja*, aber macht es doch endlich. Aber das ist nun wieder wie der Vater Martin sagte: man muß das Meisterwerk machen.
Aber los! Und dann fällt man in eine volle Farbenmetaphysik à la Monticelli, woraus mit Ehren zu kommen dann verdammt schwer ist.
Und das macht Euch tiefsinnig, wie einen Mondsüchtigen. Wenn man doch nur etwas Ganzes zuwege brächte!
Immerhin bleiben wir mutig und verzweifeln wir nicht.
Ich hoffe Dir diesen Versuch bald mit anderen zu schicken. Ich

habe da einen Blick auf die Rhone bei Trinquetaille, wo Himmel und Fluß wie Absinth gefärbt sind; die Quais sind violett getönt, die Menschen lehnen sich auf die schwarze Brüstung; die Eisenbrücke ist intensiv blau, im blauen Hintergrund steckt eine lebhafte orange Note und starkes Veronesergrün. Das ist auch so ein ganz unfertiger Versuch, aber ich suchte darin etwas noch Schmerzlicheres und Schmerzenderes. – (503)

(An E. Bernard)
Was mich anlangt, so geht es mir hier besser als im Norden. Ich arbeite sogar am vollen Mittag, in voller Sonne, ohne jeglichen Schatten, in den Getreidefeldern, und sieh, ich genieße das wie eine Grille. Mein Gott, hätte ich doch dies Land mit fünfundzwanzig Jahren gekannt, anstatt mit fünfunddreißig hierher zu kommen! In jener Epoche war ich für Grau oder vielmehr für das Farblose begeistert. Ich träumte immer von Millet und dann hatte ich in Holland Bekanntschaften vom Schlage der Maler Mauve, Israëls, also.
Hier die Skizze zu einem Sämann: großes, gepflügtes Feld mit Ackerschollen. Ausgesprochen violett zum großen Teil.
Reifes Kornfeld von ockergelbem Ton mit ein wenig Karmin.
Der Himmel chromgelb, fast ebenso hell wie die Sonne selbst, welche Chromgelb 1 mit ein wenig Weiß ist, während der Rest des Himmels Chromgelb 1 und 2 gemischt ist. Sehr gelb also.
Die Bluse des Sämanns ist blau und seine Hose weiß.
Leinwand im Format 25.
Ziemlich viel Anklänge von Gelb im Terrain, neutrale Töne, aus der Mischung von Violett und Gelb entstanden. Aber ich habe mich um die *Wahrheit* der Farbe ein wenig foutiert.
Lieber naive Kalenderbildchen, Bildchen alter Bauernkalender machen, auf denen Hagel, Schnee, Regen, schönes Wetter in einer ganz primitiven Art dargestellt sind, so wie es Anquetin in seiner »Ernte« so gut getroffen hat.
Ich verhehle Dir nicht, daß ich das Land nicht verabscheue, da

ich dort aufgewachsen bin – ein ganzer Schwarm Erinnerungen an einst, das Sehnen nach jenem Unendlichen, wofür der Sämann und die Garbe die Symbole sind, entzücken mich noch wie einst. Wann aber werde ich denn den »Sternenhimmel« malen, jenes Bild, das mich immer stark beschäftigt? Ach, ach, es ist schon so, wie der ausgezeichnete Kollege Cyprian in »En Ménage« von J.-K. Huysmans sagt: die schönsten Bilder sind die, welche man träumt, während man in seinem Bett die Pfeife raucht, die man aber nicht malt. –
Ich mache mir endlose Vorwürfe, daß ich hier noch keine Figuren gemacht habe.
Hier noch eine Landschaft: Untergehende Sonne? Aufgehender Mond? Sommerabend auf alle Fälle.
Violette Stadt, gelbes Gestirn, blaugrüner Himmel. Das Getreide hat alle Töne: Altgold, Kupfer, grünes oder rotes Gold, gelbes Gold, gelbe Bronze, Grünrot.
Leinwand im Format 30.
Ich habe es bei vollem Mistral gemalt, meine Staffelei war mit eisernen Pflöcken im Boden befestigt, ein Verfahren, welches ich Dir empfehle. Man gräbt den Fuß der Staffelei in den Boden ein, dann gräbt man einen fünfzig Zentimeter langen Eisenpfahl daneben ein. Das Ganze befestigt man mit Stricken. So könnt ihr im Winde arbeiten.
Folgendes wollte ich über Weiß und Schwarz sagen. Nehmen wir den »Sämann«. Das Bild ist in zwei Hälften geteilt, die eine, die obere, ist gelb, die untere violett. Nun also, die weiße Hose ruht das Auge aus und lenkt es ab in dem Moment, wo der simultane, überstarke Kontrast von Gelb und Violett es aufreizen könnte. Das ist es was ich sagen wollte. –
Das Symbol des heiligen Lukas, des Schutzpatrons der Maler, ist, wie Du weißt, ein *Ochse*. Man muß also geduldig sein wie ein Ochse, wenn man das Feld der Kunst bestellen will. Aber die Stiere sind recht glücklich zu nennen, daß ihre Arbeit nicht die verdammte Malerei ist. – (B 7)

Wenn Gauguin nicht kommt, um mit mir zu arbeiten, dann kann ich mit nichts anderem meine Ausgaben rechtfertigen, als mit meiner Arbeit. Aber diese Aussicht erschreckt mich nur wenig. Wenn meine Kunst mich nicht verrät, so werde ich meine Leinwände herunterhauen und darunter wird es einige geben, die angehen.
Ich bin mit dem Garten, der ohne Rahmen war, beinahe ausgesöhnt und auch mit seinem pointillierten Gegenstück. Sie können doch noch passieren. Jetzt arbeite ich mit weniger Beschwerden in voller Hitze als vorher im Frühling. Bald werde ich Dir einige gerollte Leinwände schicken, sowie es möglich ist, sie zu rollen. –
Die Felder, das war auch eine Gelegenheit, zu arbeiten, wie die Blütengärten; ich habe gerade noch Zeit, mich für die neue Campagne, die Weinberge, vorzubereiten. Dazwischen möchte ich Seestücke malen.
Die Gärten zeigen das Rosa und das Weiß.
Die Felder das Gelb.
Die Seestücke das Blau.
Vielleicht mache ich jetzt ein wenig Grünes. Denn der Herbst gibt dies alles, die ganze Tonleiter des Saitenspiels.
Ich bin neugierig, zu erfahren, was Gauguin machen will. Die Hauptsache ist, nicht zu ermüden. Ich glaube, seine Pläne waren nur Schrullen.
Weißt Du, ich möchte Dir immer wieder wiederholen, meine persönlichen Wünsche sind den Interessen mehrerer untergeordnet; es scheint mir immer, als ob auch die anderen von dem Geld, das ich allein ausgebe, profitieren könnten. –
Ich bin wohl allein, aber trotzdem komme ich vorwärts. Ich habe weniger das Bedürfnis nach Gesellschaft als nach einer ganz tollen Arbeit, und darum bestelle ich so wahnsinnig Leinwand und Farbe.
Nur dann spüre ich noch das Leben, wenn ich ganz wild die Arbeit herausstoße.

Und in Gesellschaft wäre mir das vielleicht weniger notwendig oder ich machte vielleicht kompliziertere Sachen.
Aber so allein, so isoliert, rechne ich nur mit der Erregung gewisser Augenblicke, und dann lasse ich mich bis zum Exzeß gehen. – (504)

Ich vernichtete einen großen Teil gemalter Studien, einen Olivengarten, mit einem Christus in Blau und Orange, und einem gelben Engel, rotes Terrain, grüne und blaue Hügel, Oliven mit Stämmen in Violett und Karmin, mit einem Blätterwerk in Grün, Blau, Grau und zitronenfarbenem Himmel.
Ich habe sie vernichtet, weil ich mir sage, man darf so wichtige Figuren nicht ohne Modell arbeiten. – (505)

(An E. Bernard)
Die Bibel bedeutet Christus, denn das Alte Testament strebt zu diesem Gipfel. St. Paulus und die Evangelisten haben den andern Abhang des Heiligen Berges inne.
Wie klein ist doch diese Geschichte! Mein Gott, so ists. Es gibt also nur die Juden auf der Welt, die damit beginnen, alles außer ihnen als unrein zu erklären.
Warum haben die andern Völker unter der heißen Sonne dort unten, die Ägypter, Indier, Äthiopier, Babylon, Ninive, ihre Annalen nicht mit der gleichen Sorgfalt geschrieben! Schließlich ist das Studium von all dem etwas Schönes, und alles lesen zu können würde schließlich fast so viel bedeuten als überhaupt nicht lesen zu können.
Aber der Trost dieser Bibel, die so traurig macht, die unsere Verzweiflung und unsere Entrüstung weckt, die uns in Tat und Wahrheit das Herz zerreißt und uns durch ihre Kleinlichkeit und ihren ansteckenden Wahnsinn empört – der Trost, den sie enthält wie einen Kern in einer harten Schale, ein bitteres Mark, ist Christus.
Die Gestalt Christi ist so wie ich sie empfinde nur von Delacroix

und Rembrandt gemalt worden ... und dann hat Millet ... die Lehre Christi gemalt. Über den Rest, d. h. den Rest an religiöser Malerei, kann ich nur leise lächeln: vom religiösen, nicht vom Standpunkt der Malerei aus.
Und die primitiven Italiener (Botticelli), sagen wir ferner die primitiven Vlämen (Van Eyck), Deutschen (Cranach), das sind Heiden und interessieren mich lediglich aus demselben Grunde wie die Griechen, wie Velasquez und wie so viele andere Naturalisten.
Christus allein unter allen Philosophen, Magiern usw. hat als fundamentale Gewißheit das ewige Leben, die Unendlichkeit der Zeit, die Nichtigkeit des Todes, die Notwendigkeit und die Berechtigung heiterer Gelassenheit und der Aufopferung bekräftigt.
Er hat in heiterer Gelassenheit gelebt, als *größter aller Künstler, den Marmor, den Ton und die Farbe verschmähend und in lebendigem Fleisch arbeitend.*
Das heißt, dieser unerhörte und mit dem stumpfen Instrument unserer nervösen und abgestumpften modernen Gehirne kaum faßbare Künstler schuf keine Statuen, keine Gemälde, keine Bücher ... Er bekräftigt es laut, er machte ... *lebendige* Menschen, Unsterbliche.
Das ist etwas Ernstes, vor allem weil es die Wahrheit ist.
Dieser große Künstler hat auch keine Bücher gemacht. Die christliche Literatur würde ihn als Ganzes sicher empören, und diejenigen ihrer literarischen Produkte, welche neben dem Lukasevangelium, neben den in ihrer harten oder kriegerischen Form so einfachen Episteln des Paulus, Gnade fänden, sind sehr selten. Wenn es aber auch dieser große Künstler – Christus – verschmähte, über Ideen und Eindrücke Bücher zu schreiben, so hat er sicherlich das gesprochene Wort, das *Gleichnis* vor allem, sehr viel weniger verschmäht (der »Sämann«! die »Ernte«! der »Feigenbaum«! usw.).
Und wer von uns würde zu sagen wagen, er habe damals gelo-

gen, als er mit Verachtung den Fall der römischen Bauten weissagte und bekräftigte: »Und wenn Himmel und Erde vergehen, meine Worte werden nicht vergehen«.

Diese gesprochenen Worte, die er als verschwenderischer Grandseigneur nicht einmal aufzuschreiben geruhte, sind einer der höchsten, ja der höchste von der Kunst erreichte Gipfel, die hier zur schöpferischen Kraft, zur reinen schöpferischen Macht wird.

Diese Betrachtungen, mein lieber Kamerad Bernard, führen uns weit, sehr weit, sie erheben uns sogar über die Kunst. Sie lassen uns die Kunst, das Leben zu gestalten, ahnen, die Kunst, unsterblich-lebendig zu sein.

Stehen sie mit der Malerei in Zusammenhang?

Der Schutzheilige der Maler – Sankt Lukas, Arzt, Maler, Evangelist – welcher, ach, nur den Ochsen zum Symbol hat, ist da, um uns Hoffnung zu geben.

Und doch ist unser eigenes und wahres Leben sehr bescheiden, das nämlich von uns Malern, die wir unter dem abstumpfenden Joch der Schwierigkeiten eines auf diesem undankbaren Planeten fast nicht ausübbaren Berufs vegetieren, auf diesem Planeten, auf dessen Oberfläche »die Liebe zur Kunst die wahre Liebe vernichtet«.

Da jedoch nichts der Vermutung entgegensteht, daß es auf den zahllosen andern Planeten und Sonnen ebenfalls Linien, Formen und Farben gibt, bleibt es uns erlaubt, eine gewisse Heiterkeit zu bewahren in bezug auf die Möglichkeit, unter höheren Bedingungen in einem andern Dasein zu malen, in einem andern, durch ein Phänomen, welches vielleicht nicht merkwürdiger und überraschender ist als die Verwandlung der Raupe in den Schmetterling, des Engerlings in den Maikäfer, veränderten Dasein.

Dieses Maler-Schmetterlingsdasein hätte als Tätigkeitsfeld eines der zahllosen Gestirne, welche uns nach dem Tod vielleicht nicht unerreichbarer wären als es die schwarzen Punkte auf der

Landkarte in unserem irdischen Leben sind, welche uns Städte und Dörfer symbolisieren.
Die Wissenschaft – die wissenschaftliche Logik – scheint mir ein Instrument zu sein, das sich in der Folge noch stark entwickeln wird.
Denn sieh: man hat angenommen, die Erde sei flach. Das war auch wahr, sie ist es auch heute noch, von Paris bis Asnières zum Beispiel.
Allein das hindert die Wissenschaft nicht, zu beweisen, daß die Erde vor allem rund ist. Was gegenwärtig niemand bestreitet.
Nun glaubt man aber trotzdem noch heute, das Leben sei *flach* und reiche von der Geburt bis zum Tod.
Allein, wahrscheinlich ist auch das Leben *rund* und an Ausdehnung und Fähigkeiten weit bedeutender als die uns heute bekannte einzige Hemisphäre.
Es ist wahrscheinlich, daß künftigere Generationen uns über diese so interessante Sache aufklären werden, und dann könnte die Wissenschaft selbst – nichts für ungut – zu Schlüssen gelangen, welche mit den Aussprüchen Christi über die andere Hälfte der Existenz mehr oder weniger übereinstimmten.
Wie dem aber auch sei, Tatsache ist, daß wir Maler sind im wirklichen Leben, und daß es sich darum handelt, mit seinem Atem so lange zu atmen als man Atem hat.
Ah, das schöne Bild von Eugène Delacroix: »Die Barke Christi auf dem Meer (sic) von Genezareth«. Er, mit seiner blaßgelben Aureole, schlafend, – leuchtend – in dem Fleck von dramatischem Violett, düsterem Blau und blutigem Rot der Gruppe der bestürzten Jünger, auf dem furchtbaren smaragdgrünen Meer, das ansteigt, ansteigt bis ganz oben an den Rahmen. Ah, welch genialer Entwurf! Ich würde Dir Skizzen machen, aber ich kann nicht mehr, da ich seit drei oder vier Tagen nach einem Modell – einem Zuaven – gezeichnet und gemalt habe. Das Schreiben dagegen ruht mich aus und zerstreut mich.
Was ich da gemacht habe, ist übel: eine Zeichnung des sitzen-

den Zuaven, dann eine gemalte Skizze des Zuaven gegen eine ganz weiße Mauer, und schließlich sein Porträt gegen eine grüne Türe und einige orangefarbene Steine einer Mauer. Alles ist hart, kurz übel und schlecht gemacht. Dennoch kann es, da wirkliche Schwierigkeiten dabei angepackt wurden, den Weg in die Zukunft ebnen.
Das Figürliche, das ich mache, ist fast immer schon für meine eigenen Augen abscheulich, mit noch viel größerem Recht für die Augen der andern. Und doch stärkt das Studium der Figur am meisten, wenn man es auf andere Weise betreibt als es einem z. B. bei Herrn Benjamin Constant gelehrt wird. – (B 8)

Sicher ist es eine merkwürdige Geschichte, daß es den Künstlern, Dichtern, Musikern, Malern materiell elend geht – selbst den glücklichen –, was Du neulich von Guy de Maupassant erzählt hast, beweist es aufs neue.
Das wühlt die ewige Frage auf: Ist des Menschen Leben für uns ganz sichtbar oder kennen wir vor dem Tode nur eine Hälfte?
Die Maler, um nicht von anderen zu sprechen, reden, wenn sie tot in der Erde liegen, zu den folgenden und wieder folgenden Geschlechtern durch ihre Werke.
Ist das alles oder gibt es da noch mehr? Im Leben des Malers ist der Tod vielleicht nicht das Schwerste. Ich für mein Teil erkläre, nichts von alledem zu wissen, aber immer macht mich der Anblick der Sterne träumen. Gerade so einfach, wie die schwarzen Punkte auf der Landkarte, die Städte und Dörfer darstellen, mir Träume eingeben.
Ich sage mir, warum sollen uns die lichten Punkte am Himmelszelt weniger sein, als die schwarzen Punkte von Frankreich?
Wenn wir den Zug nehmen, um nach Tarrascon oder Rouen zu fahren, so nehmen wir den Tod, um unter die Sterne zu gehen.
Sicher ist bei dieser Überlegung wahr, daß wir ebenso wenig im *Leben* uns auf einen Stern begeben können, als wir gestorben den Zug besteigen können.

Endlich scheint es mir nicht unmöglich, daß die Cholera oder ein Blasenleiden, die Schwindsucht oder sonst etwas ein Mittel zur Reise nach dem Himmel sind, wie die Dampfschiffe, die Omnibusse und die Eisenbahnen es auf Erden sind.
Ruhig an Altersschwäche sterben, das wäre zu Fuß gehen. – (506)

Dein Brief brachte mir jetzt eine große Nachricht. Gauguin nimmt also den Vorschlag an. Sicher wäre es besser, er trollte sich gleich hierher, um wieder sauber zu werden. Wenn er erst nach Paris geht, gerät er nur vielleicht erst recht in den Dreck. Vielleicht macht er mit den Bildern, die er mitbringt, irgendein Geschäft. Das wäre sehr glücklich. Ich lege eine Antwort für ihn bei. –
Was die Landschaften angeht, finde ich allmählich, daß gewisse Arbeiten, die ich so rasch wie noch nie gemacht habe, meine besten Bilder sind.
Ich schickte Dir doch die Zeichnung, die Ernte und die Mühlen. Es ist wahr, ich muß das *Ganze* noch einmal übergehen, um die Handschrift ein wenig auszugleichen, um den Farbenauftrag etwas zu harmonisieren. Aber die wesentliche Arbeit ist in einer einzigen langen Sitzung gemacht, und ich will so wenig wie möglich daran herumarbeiten.
Aber wenn ich von einer solchen Sitzung nach Hause komme, ich versichere Dir, da ist das Hirn so müde, und wenn es oft geschieht, wie in der Zeit der Ernte, dann werde ich ganz geistesabwesend und unfähig zu einer Menge gewöhnlicher Dinge.
In solchen Augenblicken ist mir die Aussicht, nicht allein zu sein, recht tröstlich.
Weiß Gott, recht oft denke ich an diesen guten Maler Monticelli, den man einen Trinker und Irren schalt, wenn ich mich selbst von dieser Hirnarbeit heimkommen sehe, wo es gilt, das Gleichgewicht der sechs wesentlichen Farben zu finden, Rot, Blau, Gelb, Orange, Lila, Grün.

Ein trockenes Arbeiten und Rechnen, da ist der Geist bis zum Zerreißen gespannt wie bei einem Schauspieler, der eine schwere Rolle spielt. Man muß in einer einzigen halben Stunde an tausend Dinge denken.
Danach ist dann die einzige Sache, die erleichtert und zerstreut, wenigstens in meinem Falle wie auch bei anderen, sich mit einem herzhaften Schluck zu betäuben und mächtig zu rauchen. Das ist zweifellos nicht sehr tugendhaft, aber um auf Monticelli zurückzukommen, ich möchte wohl einmal einen Trinker vor einer Leinwand oder auf den Brettern sehen. –

(An E. Bernard)
Auch heute ein harter Arbeitstag.
Wenn Du meine Bilder sähst, was würdest Du wohl dazu sagen? Du fändest auf ihnen nicht den beinahe schüchternen und gewissenhaften Pinselstrich von Cézanne. –
Unwillkürlich habe ich von Zeit zu Zeit an Cézanne gedacht und zwar gerade dann, wenn ich mir über seinen so ungeschickten Farbauftrag in gewissen Studien – gestatte mir das Wort ungeschickt – Rechenschaft gab, in Anbetracht dessen, daß er wahrscheinlich die genannten Studien ausgeführt hat, während der Mistral wehte. Da ich die halbe Zeit mit derselben Schwierigkeit zu tun habe, kann ich mir den Grund erklären, warum der Pinselstrich von Cézanne bald sehr sicher ist und bald ungeschickt erscheint. Es liegt an seiner wackelnden Staffelei.
Manchmal habe ich außerordentlich rasch gearbeitet. Ist das ein Fehler? Ich kann nichts dafür.
So habe ich ein Bild im Format 30, den »Sommerabend«, in einer einzigen Sitzung gemalt.
Nochmals darangehen: unmöglich. Es zerstören? Wozu? Da ich doch expreß um das zu malen bei vollem Mistral hinausgezogen bin.
Ist es nicht eher die Intensität der Idee als die Ruhe der Pinselführung, die wir suchen? Und im gegebenen Fall spontaner Ar-

beit an Ort und Stelle und vor der Natur, ist da der ruhige und regelmäßige Farbauftrag immer möglich? Wahrlich ebensowenig, scheint mir, wie bei einem Fecht-Gang der Treffer. – (B 9)

Der Kolorist Monticelli, ein Logiker, fähig die verzwicktesten Rechnungen über die Aufteilung der Farbenskala zu verfolgen und auszugleichen, hat gewiß bei dieser Arbeit sein Gehirn überanstrengt, wie auch Delacroix und Richard Wagner. – Glaube nur nicht, daß ich mir künstlich ein Fieber unterhalte. Wisse, ich bin mitten im kompliziertesten Rechnen drinnen. Daraus geht eine Leinwand nach der anderen ganz rasch gearbeitet heraus. Aber all dieses ist schon lange *vorher* berechnet. Und dann, wenn man sagen wird, das ist zu rasch gemacht, so kannst Du antworten, die Leute sehen so rasch. Ich bin jetzt daran, alle Bilder ein wenig zu übergehen, ehe ich sie Dir schikke, aber während der Erntezeit war meine Arbeit nicht bequemer als die der Landleute, das Einernten; aber ich bin weit davon entfernt, mich zu beklagen. Das gerade ist das Kennzeichen des Künstlerlebens, daß, selbst wenn man nicht auf dem richtigen Weg ist, man sich doch beinahe so glücklich fühlt, als ob man auf dem richtigen Wege zum Ideal wäre. – (507)

Gestern war ich bei Sonnenuntergang auf steinigem Heideland, wo ganz kleine verkrüppelte Eichen wachsen, im Hintergrund auf dem Hügel eine Ruine, im Tal ein Stückchen Feld. Das war überaus romantisch, so ganz à la Monticelli. Die Sonne verströmte ganz, ganz gelbe Strahlen auf das Buschwerk und den Boden, durchaus ein Regen von Gold; alle Linien waren schön, der Gesamteindruck von einer bezaubernden Vornehmheit. Man wäre nicht verwundert gewesen, plötzlich Kavaliere mit Damen aus dem Boden steigen zu sehen, die von einer Jagd oder einer Falkenbeize zurückkehren oder die Stimme eines alt-provencalischen Troubadours zu hören. Der Boden schien lila zu sein, die Ferne blau. Ich habe davon eine Studie mit nach Hause gebracht, aber die bleibt recht unter dem, was ich habe machen wollen. – (508)

(An E. Bernard)
Habe große Federzeichnungen gemacht. Zwei. Ein endloses flaches Land – von der Höhe eines Hügels aus der Vogelperspektive gesehen – Reben, abgeerntete Getreidefelder. All' das ist bis ins Unendliche vervielfacht und dehnt sich wie eine Meeresoberfläche bis zum Horizont hin, der von den Hügeln der Crau begrenzt wird.
Das sieht *nicht* japanisch aus, und doch ist es *tatsächlich* die am meisten japanische Sache, die ich gemacht habe. Die winzig kleine Figur eines Feldarbeiters, ein kleiner Zug, der durch die Getreidefelder fährt, das ist das ganze Leben, das es da gibt. –
Ich habe zwei Zeichnungen danach gemacht, nach dieser flachen Landschaft, in der es *nichts* gab als ... Unendlichkeit ... Ewigkeit. – (B 10)

Ich habe Dir schon mehrmals gesagt, wie sehr mich die Camargue und die Crau, abgesehen von dem Unterschied der Farbe und der Durchsichtigkeit der Atmosphäre immer an das alte Holland des Ruisdael erinnert. –
Ich versichere Dir, ich bin ganz erschöpft von diesen Zeichnungen. Ich fing auch mit einer Malerei an, aber es gibt kein Mittel, bei diesem Mistral zu malen. Es ist ganz unmöglich.
Diese weiten Landstriche entzücken mich ungemein.
So war mir auch gar nicht unbehaglich zu Mute, trotz dieser wirklichen Widerwärtigkeiten, dem Mistral und den Moskitos. Wenn ein Blick einem solche kleine Miseren vergessen läßt, so muß schon etwas daran sein.
Du siehst aber, daß gar nicht auf Effekt gemacht ist, beim ersten Hinschauen hat es die Handschrift einer Geographiekarte oder eines Feldzugplanes. Ich ging da mit *einem Maler* spazieren, der

sagte, das wäre verteufelt langweilig zu malen. Allerdings, ich gehe gut 50 Mal auf den Mont Majour, um diese Flächen zu sehen. Habe ich damit Unrecht? Ich ging da einmal mit einem Menschen spazieren, der *kein Maler* war. Da sagte ich ihm: »Sehen Sie, das ist für mich schön und unermeßlich wie das Meer.« Und er antwortete mir, und er kennt das Meer: »Ich allerdings liebe das viel mehr als das Meer; es ist auch unendlich, und trotzdem spürt man, das ist bewohnt.«
Wie würde ich da malen, wenn dieser verfluchte Wind nicht wäre. Es ist hier zum Verzweifeln, wenn man an irgendeinem Platz seine Staffelei aufstellen will.
Malen läßt sich da nicht so wie zeichnen. Die Leinwand zittert immer; beim Zeichnen hindert mich das nicht.
Hast Du Mme. Chrysanthemum gelesen? Das erinnert mich daran, daß die wirklichen, die echten Japaner gar nichts an der Wand haben. Diese Beschreibung des Klosters oder der Pagode, wo nichts herumhängt (die Zeichnungen und Merkwürdigkeiten sind in Fächern geborgen). Und darum muß man eine japanische Sache ansehen in einem ganz hellen Zimmer, ganz kahl, das auf das weite Land hinaus geöffnet ist.
Willst Du es mit den zwei Zeichnungen von der Crau und den Rhôneufern einmal versuchen? *Sie sehen gar nicht japanisch aus* und dabei sind sie im Wesen japanischer als alle anderen. Schau sie Dir in einem blauen Café an, wo es gar keine anderen Bilder gibt, oder draußen. Man müßte sie vielleicht in Rohr einrahmen, ganz dünn. Ich arbeite hier in einem leeren Raum, vier weiße Mauern und rote Backsteine als Fußboden. Ich bestehe darauf, daß Du die beiden Zeichnungen so ansiehst, denn ich möchte Dir, soweit es nur möglich ist, einen *wahren Begriff* von der Einfachheit der Natur hier geben. – (509)

Ich lese eben das Schreckensjahr von Victor Hugo. Da gibt es Hoffnung, aber... diese Hoffnung ist in den Sternen. Ich finde, das war gut gesagt und schön, und ich glaube es auch gern.

Aber vergessen wir nicht, daß die Erde ebenfalls ein Planet ist, auch ein Stern am Himmelsglobus. Und wenn alle diese andern Sterne ihr gleichen!!!!!! Das wäre nicht zum Freuen. Dann müßte man wieder von vorne anfangen. Immerhin für die Kunst, wo man so viel Zeit braucht, wäre es nicht schlecht, mehr als ein Leben zu leben, und mit Entzücken glaubt man, daß die Griechen, die alten holländischen und japanischen Meister ihre ruhmreichen Schulen auf anderen Gestirnen fortsetzen.
Ich sah diesen Abend eine wundervolle und ganz seltsame Wirkung. Ein großes Kohlenschiff, das am Rhôneufer verankert wurde; von oben gesehen, war es ganz leuchtend und von einem Platzregen naß. Das Wasser schäumte weiß, gelb und perlgrau durcheinander. Der Abendhimmel war lila mit Orangestreifen. Die Stadt violett. Auf dem Schiff kamen und gingen kleine blaue und schmutzig-weiße Arbeiter, die ausluden. Das war reiner Hokusei. – (511)

Zum Teufel, eine Leinwand, die ich anpinsle, ist mehr wert, als ein weißes Stück Leinen. Zum Teufel, meine Ansprüche gehen nicht weiter, zweifle nicht daran, aber Herr Gott, das Recht zu malen, einen Grund zu malen habe ich doch.
Das hat mich auch etwas gekostet. Meine Knochen gingen in die Brüche. Mein Hirn ist ganz verrückt und taugt nichts mehr zum Leben, so daß ich ins Asyl laufen sollte. Das hat Dich nicht mehr gekostet, na ja, als 15 000 Frs., die Du mir vorgeschossen hast. Aber deswegen sollten wir uns doch nicht zanken. – (513)

Du sprichst von der Leere, die Du mitunter in Dir spürst. Das ist gerade dieselbe Sache wie bei mir.
Schau auf, die Zeit in der wir leben, ist eine wahre und große Wiedergeburt der Kunst. Die faule und offizielle Tradition ist zwar noch obenauf, im Grund ist sie aber ohnmächtig und nichtig. Die neuen Maler, einsam, arm, werden wie die Irren be-

handelt und zum Schluß werden sie es auch noch wirklich von dieser Behandlung, zum wenigsten was ihr soziales Leben angeht. Darum wisse, Du bist in der gleichen Bedrängnis, wie diese primitiven Maler, denn Du versorgst sie mit Geld, verkaufst ihre Leinwände, was ihnen ermöglicht, andere zu schaffen. Wenn ein Maler, hart an der Staffelei arbeitend, sich den Charakter verdirbt und die Arbeit ihn zu vielen Dingen unfähig macht, für das Familienleben usw. usw.
Daraus geht hervor, man malt nicht allein mit der Farbe, sondern auch mit dem Verzicht und der Selbstverleugnung und gebrochenen Herzens.
Deine Arbeit ist nicht besser bezahlt, vielmehr kostet sie Dich genau dasselbe wie den Künstler, dieses gleiche Auslöschen der Persönlichkeit, halb freiwillig, halb zufällig.
Damit will ich sagen, daß Du *mittelbar* Malerei machst. Du bist produktiver als ich zum Beispiel. Je mehr Du durch Schickung zum Kaufmann wirst, um so mehr wirst Du Künstler.
Immerhin hoffe ich, daß es mit mir auch so bestellt ist. Je mehr ich aus dem Leim gehe, kränker, brüchiger werde, um so mehr werde ich Künstler, ein Schöpfer in dieser großen Wiedergeburt der Kunst, von der wir sprechen.
Diese Dinge sind sicher so, diese Kunst existiert und diese Wiedergeburt; dieser grüne Schößling, der aus den Wurzeln des alten, abgehauenen Stammes hervorging. Das sind so geistige Dinge, daß uns eine gewisse Schwermut bleibt, wenn wir daran denken, mit wie wenig man das Leben hätte abmachen können ohne die Kunst.
Du mußt, wenn Du kannst, mich spüren lassen, daß die Kunst lebendig ist, Du, der Du sie vielleicht mehr als ich liebst. – (514)

(An E. Bernard)
Es wäre für mich ein Fest, mit Dir einen Vormittag in der Galerie der Holländer zu verbringen. Das alles läßt sich kaum be-

schreiben, aber vor den Bildern könnte ich Dir Herrlichkeiten und Wunder zeigen, welche der Grund dafür sind, daß den Primitiven ganz und gar nicht meine meiste und unmittelbarste Bewunderung gehört.

Was willst Du, ich bin nun einmal sehr wenig exzentrisch: eine griechische Statue, ein Bauer von Millet, ein holländisches Porträt, eine nackte Frau von Courbet oder Degas, diese ruhigen, durchmodellierten Vollkommenheiten bewirken, daß mir vieles andre, die Primitiven wie die Japaner, wie *Schrift mit der Feder* vorkommt. Es interessiert mich zwar ungemein, aber etwas, was vollständig, was vollkommen ist, bringt uns die Unendlichkeit greifbar nahe und etwas derartiges genießen ist, wie der Kotus, ein Augenblick der Unendlichkeit.

So etwa, kennst Du einen Maler namens Van der Meer*, welcher z. B. eine sehr schöne, schwangere holländische Dame gemalt hat. Die Palette dieses seltsamen Malers besteht aus Blau, Zitronengelb, Perlgrau, Schwarz und Weiß. Gewiß findet sich in seinen wenigen Bildern streng genommen der ganze Reichtum einer vollständigen Palette, aber die Zusammenstellung von Zitronengelb, Blaßblau und Perlgrau ist für ihn ebenso charakteristisch wie Schwarz, Weiß, Grau und Rosa es für Velasquez sind. –

Jene Holländer besaßen so gut wie keine Einbildungskraft oder Phantasie, aber unglaublich viel Geschmack und die Kunst des Arrangements. Sie haben keinen Jesus Christus, Lieben Gott und andres derartige gemalt – Rembrandt zwar tatsächlich doch, aber er ist der *einzige* (und die biblischen Motive bedeuten in seinem Œuvre verhältnismäßig wenig). Er ist der einzige, welcher ausnahmsweise Christusbilder usw. gemalt hat. Und bei ihm ähnelt das kaum irgend etwas, was andere religiöse Maler gemacht haben, es ist vielmehr metaphysische Magie.

So hat Rembrandt Engel gemalt. Er macht ein Selbstbildnis,

* Vermeer van Delft. Das Bild ist die »Briefleserin« im Amsterdamer Museum.

alt, zahnlos, runzlig, mit einer baumwollenen Mütze auf dem Kopf, das erste Bild nach der Natur im Spiegel. Er träumt und träumt und sein Pinsel beginnt von neuem sein eigenes Porträt, aber aus dem Kopf, und der Ausdruck wird dabei verzweifelter und erschütternder. Er träumt und träumt immer noch, und, warum oder wie weiß ich nicht, aber ebenso wie Sokrates und Mohammed einen schützenden Genius hatten, malt Rembrandt hinter dem Greis, welcher Ähnlichkeit mit ihm selbst hat, einen überirdischen Engel mit einem lionardesken Lächeln.*

Ich zeige euch einen Maler, der träumt und aus der Phantasie malt, und doch begann ich mit der Behauptung, das Charakteristische der Holländer liege darin, daß sie nichts erfinden, daß sie keine Einbildungskraft und keine Phantasie haben.

Bin ich unlogisch? Nein.

Rembrandt hat nichts erfunden und diesen Engel und diesen seltsamen Christus kannte und *fühlte* er eben.

Delacroix malt einen Christus, indem er unerwartet eine hell-zitronengelbe Note gibt.** Diese farbige und lichtvolle Note ist im Bild dasselbe wie die unbeschreibliche Seltsamkeit und der Reiz eines Sterns in einer Ecke des Firmaments.

Rembrandt arbeitet mit den Valeurs in der gleichen Weise wie Delacroix mit den Farben.

Nun besteht aber ein großer Abstand zwischen dem Verfahren Delacroix' und Rembrandts und dem der ganzen übrigen religiösen Malerei. – (B 12)

(An E. Bernard)

Für die Beurteilung der nordischen Maler, vor allem Rembrandts, ist es zweifellos ungeheuer wünschenswert, sowohl ihr Werk in seinem ganzen Umfange als auch ihre Heimat und die etwas intime und enge Geschichte der Zeit und der Sitten des alten Landes zu kennen.

* Gemeint ist der Evangelist Matthaeus von 1661 im Louvre.

** Bezieht sich auf das Bild »Christus auf dem See von Genezareth«.

Es liegt mir daran, Dir zu wiederholen, daß weder Baudelaire noch Du von Rembrandt eine hinreichend klare Vorstellung haben.
Und was Dich betrifft, kann ich Dich nicht genug ermuntern, recht lange die großen und kleinen Holländer zu betrachten, bevor Du dir eine feste Meinung bildest. –
Was mir im Louvre das Herz zerreißt, ist, sehen zu müssen, wie ihre Rembrandt zu Grunde gehen und die Dummköpfe von der Verwaltung viele schöne Bilder ruinieren. So ist der lästige gelbe Ton gewisser Gemälde Rembrandts die Folge des Verderbens durch Feuchtigkeit oder andere Ursachen, in Fällen, welche ich Dir mit dem Finger zeigen könnte.
Es ist ebenso schwierig zu sagen, wie die Farbe Rembrandts ist, als den grauen Tönen des Velasquez einen Namen zu geben. Man könnte in Ermangelung eines Bessern »Rembrandt-Gold« sagen. Und das tut man auch, aber es ist recht vage.
Als ich nach Frankreich kam, habe ich vielleicht besser als selbst viele Franzosen Delacroix und Zola begriffen, für die meine Bewunderung aufrichtig, unverhohlen und ohne Grenzen ist. Da ich von Rembrandt einen einigermaßen vollständigen Begriff hatte – der eine, Delacroix, arbeitet mit den Farben, der andere, Rembrandt, mit den Valeurs, sie sind aber einander ebenbürtig.
Zola und Balzac vermitteln als Maler der Gesellschaft, der Natur als Ganzes, denen, die sie lieben, seltene künstlerische Genüsse gerade dadurch, daß sie das Ganze der Epoche, welche sie schildern, umfassen.
Wenn Delacroix die Menschheit, das Leben im allgemeinen malt anstatt einer Epoche, so gehört er darum nicht weniger zur selben Familie der Universalgenies.
Ich liebe sehr die letzten Worte, mit denen ein meisterhafter Artikel, ich glaube von Silvestre*, schließt:

* Théophile Silvestre in dem Delacroix gewidmeten Teil seines Werkes »Geschichte der lebenden Maler«. Von Vincent etwas gekürzt.

»So starb – fast lächelnd – Eugène Delacroix, ein Maler von großer Rasse, der die Sonne im Kopf und den Sturm im Herzen hatte, der von Kriegern zu Heiligen, von Heiligen zu Liebenden, von Liebenden zu Tigern und von Tigern zu Blumen überging.«
Auch Daumier ist ein ganz großes Genie.
Millet: ebenfalls ein Maler einer ganzen Rasse und des Milieus, in welchem sie lebt.
Möglich, daß diese großen Genies nur Narren sind, und daß man, um grenzenlosen Glauben und grenzenlose Bewunderung für sie zu haben, ebenfalls närrisch sein muß. Wenn dem so wäre, würde ich meine Narrheit der Vernünftigkeit der andern vorziehen.
Indirekt zu Rembrandt zu gehen, ist vielleicht der direkteste Weg. Sprechen wir von Franz Hals. Nie hat er einen Christus, Verkündigungen an die Hirten, Engel oder Kreuzigungen und Auferstehungen gemalt, nie hat er nackte, wollüstige und bestialische Weiber gemalt.
Er hat Bildnisse gemacht, nichts, nichts, gar nichts als das. Bildnisse von Soldaten, Vereinigungen von Offizieren, Bildnisse von Magistratspersonen, die in Angelegenheiten der Republik versammelt sind, Porträte von Matronen mit rosiger oder gelber Haut, in weißen Hauben, in schwarzen Woll- oder Atlaskleidern, das Budget eines Waisen- oder eines Armenhauses besprechend. Er hat gutbürgerliche Leute mit ihrer Familie, Mann, Weib und Kind, porträtiert. Er hat den angeheiterten Trinker gemalt, die alte, hexenfröhliche Fischhändlerin, die schöne Zigeunerdirne, Säuglinge im Wickelkissen, den kecken Edelmann-Bonvivant, schnurrbärtig, gestiefelt und gespornt. Er hat sich und seine Frau gemalt, jung, verliebt, auf einer Rasenbank im Garten, nach der ersten Hochzeitsnacht. Er hat Taugenichtse und lachende Straßenjungen gemalt, er hat Musikanten gemalt und hat eine dicke Köchin gemalt.
Er kann nichts anderes als das, aber das ist dem Paradies Dan-

te's, ist Michelangelo, Raphael und sogar den Griechen ebenbürtig. Das ist schön wie Zola und gesünder und fröhlicher, aber ebenso lebendig, denn seine Zeit war gesünder und weniger traurig.
Jetzt aber, was ist Rembrandt?
Genau dasselbe: ein Porträtmaler.
Dies zunächst die gesunde, weite und klare Vorstellung, welche man von den beiden holländischen Koryphäen, die einander ebenbürtig sind, haben muß, bevor man näher auf das Thema eingeht. Wenn man dies richtig verstanden hat und sich diese ganze glorreiche Republik, vertreten durch diese zwei fruchtbaren Porträtisten, in großen Zügen rekonstruiert hat, behält man einen sehr weiten Spielraum für die Landschaften, Interieurszenen, Tiere und philosophischen Sujets.
Aber ich beschwöre Dich, folge genau dem geraden Gedankengang, den ich Dir auf sehr, sehr einfache Weise darzulegen mich bemühe. Fülle Deinen Kopf ganz mit jenem Meister, Franz Hals, dem Maler verschiedener Porträte, einer ganzen kühnen und lebendigen und unsterblichen Republik. Fülle Deinen Kopf ganz mit dem nicht weniger großen und universalen Meister und Porträtmaler der holländischen Republik: Rembrandt Harmensz van Rijn, großzügiger und naturhafter Mensch und ebenso gesund wie Hals selbst. Und dann sehen wir aus dieser Quelle Rembrandt die direkten und wahren Schüler herkommen: Van der Meer van Delft, Fabritius, Nicolas Maes, Pieter de Hooch, Bol und die von ihm Beeinflußten: Potter, Ruysdael, Ostade, Terborch. Ich nenne Dir da Fabritius, von dem wir nur zwei Bilder kennen, ich nenne *nicht* einen Haufen guter Maler und vor allem nicht die unechten unter diesen Diamanten. Diese unechten stecken schon tief genug in den gewöhnlichen französischen Schädeln.
Bin ich sehr unverständlich, mein lieber Kamerad Bernard? Dieses Mal versuche ich, Dir die große, einfache Sache zu zeigen: die Malerei der Menschheit, oder sagen wir lieber einer

ganzen Republik, lediglich mit Hilfe des Porträts. Das zuerst und vor allem andern. Wenn wir später bei Anlaß Rembrandts ein wenig mit Magie, mit Christusbildern und nackten Frauen zu tun haben, so ist das außerordentlich interessant, aber es ist nicht die Hauptsache. Baudelaire soll auf diesem Gebiet seinen Schnabel halten. Das sind wohlklingende Worte, aber wie hohl!!!
Nehmen wir Baudelaire als das was er ist, als modernen Dichter, so wie Musset einer ist. Sie sollen uns aber in Ruhe lassen, wenn wir über Malerei reden. – (B 13)

(An E. Bernard)
Gegenwärtig bist Du dabei, die Maltechnik der primitiven Italiener und Deutschen zu untersuchen, die symbolische Bedeutung, welche die abstrakte und mystische Zeichnung der Italiener enthalten kann. *Gut*. –
Das Übel, siehst Du, mein lieber Kamerad Bernard, liegt darin, daß Giotto, Cimabue, ebenso wie Holbein und Van Eyck in einer – gestatte mir das Wort – obeliskenhaften, aufgerüsteten, architektonisch aufgebauten Gesellschaft lebten, wo jedes Individuum ein Stein war und alle sich gegenseitig hielten und eine monumentale Gesellschaft bildeten. Von dieser Gesellschaft wird man, wenn die Sozialisten ihr soziales Gebäude logisch errichten werden, wovon sie noch ziemlich weit entfernt sind, zweifelsohne eine Inkarnation erleben. Aber Du weißt ja, wir befinden uns in voller Indifferenz und Anarchie.
Wir Künstler, die wir Ordnung und Symmetrie lieben, sondern uns ab und arbeiten daran, *eine einzige Sache* festzulegen.
Puvis weiß das ganz gut, und als er, so klug und so gerecht, seine elysischen Gefilde vergessen und in liebenswürdiger Weise bis in das Intime unserer Epoche hinabsteigen wollte, hat er ein sehr schönes Bildnis gemacht: einen heiteren alten Mann, der in einem hellen, blauen Interieur einen Roman mit gelbem Umschlag liest, ein Glas Wasser mit einem Aquarellpinsel und einer

Rose neben sich. Auch eine Dame der Gesellschaft, so wie sie die Goncourt geschildert haben.

Nun sehen wir aber die Holländer Dinge malen so wie sie sind, augenscheinlich ohne viel zu überlegen, so wie Courbet seine schönen nackten Frauen malte. Sie machen Bildnisse, Landschaften, Stilleben. Man kann dümmer sein als so und größere Torheiten begehen.

Wenn wir nicht wissen was tun, mein lieber Kamerad Bernard, dann wollen wir's machen wie sie, und wäre es nur, um unsre geringe geistige Kraft nicht in unfruchtbaren metaphysischen Betrachtungen verpuffen zu lassen, die doch nie das Chaos in ein Gefäß bringen können, denn gerade deshalb ist es chaotisch, weil es in keinem Glas unsres Kalibers Platz findet.

Wir können – und gerade das machten diese für systematische Leute verzweifelt schlauen Holländer –, wir können ein Atom des Chaos malen, ein Pferd, ein Bildnis, Deine Großmutter, Äpfel, eine Landschaft.

Warum sagst Du, Degas koitiere wenig? Degas lebt wie ein kleiner Notar und liebt die Weiber nicht, da er weiß, daß er, wenn er sie liebte und oft mit ihnen verkehrte, gehirnkrank, zum Malen untauglich würde.

Die Malerei von Degas ist männlich und unpersönlich, gerade weil er sich damit begnügt hat, persönlich nur ein kleiner Notar zu sein, der alle Ausschweifungen verabscheut. Er sieht menschliche Tiere, stärker als er, koitieren und wieder koitieren und malt sie gut, gerade weil er nicht in diesem Maße die Prätention hat, zu koitieren.

Rubens! Ja, sieh, der war ein schöner Mann und ein tüchtiger Koitierer. Auch Courbet. Ihre Gesundheit erlaubte ihnen zu trinken, zu essen und zu koitieren.

Was Dich anlangt, mein armer, lieber Kamerad Bernard, Dir habe ich es schon dieses Frühjahr vorausgesagt: iß gut, mache den Militärdienst gut, koitiere nicht zu viel. Wenn Du nicht zu viel koitierst, wird Deine Malerei nur um so kraftvoller sein.

Ah, Balzac, dieser große und gewaltige Künstler, hat uns ganz richtig gesagt, daß eine relative Keuschheit die modernen Künstler stärke.
Die Holländer waren *verheiratete Leute und zeugten Kinder*: ein schöner, ein sehr schöner Beruf und sehr der Natur gemäß. – Wenn wir für unser Werk straff sein wollen, müssen wir uns manchmal damit begnügen, wenig zu koitieren und im übrigen müssen wir, je nachdem unser Temperament es erfordert, Soldaten oder Mönche sein.
Noch einmal: die Holländer waren gesittet und führten ein friedliches, ruhiges, geregeltes Leben.
Delacroix – ah, der! »Ich habe«, sagte er, »die Malerei erst gefunden, als ich weder Zähne noch Atem mehr hatte!« Und die, welche diesen berühmten Künstler malen sahen, sagten: »Wenn Delacroix malt, dann ist er wie der Löwe, der sein Stück Fleisch verschlingt.« Er koitierte nur wenig und hatte nur flüchtige Liebschaften, um von der seinem Lebenswerk gewidmeten Zeit nichts zu verlieren. –
Persönlich befinde ich mich bei der Enthaltsamkeit recht wohl. Es genügt für unsere schwachen und erregbaren Künstlergehirne, wenn sie ihr wesentliches für die Gestaltung unsrer Bilder hergeben. Denn indem wir nachdenken, berechnen und uns abhetzen, leisten wir zerebrale Arbeit.
Warum uns anstrengen, alle unsre schöpferischen Säfte dorthin fließen zu lassen, wo die Berufszuhälter und die gewöhnlichen, gut genährten Liebhaber besser zur Befriedigung der Geschlechtsorgane der fügsamen Dirne arbeiten – in diesem Fall – als wir selbst.
Die fragliche fügsame Dirne hat weit mehr meine Sympathie als mein Mitleid.
Ausgestoßen, ein Auswurf der Gesellschaft, sicherlich wie Du und ich, die Künstler, es sind – ein »Auswurf« ebenfalls – ist sie folglich gewiß unsre Freundin und Schwester.
Und sie findet in dieser Stellung als *Auswurf* – ebenso wie wir –

eine Unabhängigkeit, welche, genau betrachtet, nicht ohne Vorteile ist. Täuschen wir uns also nicht in unserer Auffassung, indem wir ihr einen Dienst durch eine gesellschaftliche Rehabilitierung zu erweisen glauben, welche übrigens schwer durchzuführen und für sie verhängnisvoll wäre.
Ich habe eben das Porträt eines Briefträgers oder vielmehr sogar zwei Porträte gemacht.
Sokratischer Typ, deswegen nicht weniger sokratisch weil er ein wenig Alkoholiker ist und infolgedessen eine hochrote Farbe hat. Seine Frau war eben entbunden worden, und der gute Mann leuchtete vor Genugtuung. Er ist ein fürchterlicher Republikaner, *wie der Père Tanguy*. Herrgott! Welch ein Motiv zum Malen à la Daumier, ah!
Seine Haltung wurde während des Modellsitzens zu steif, weshalb ich ihn zweimal gemalt habe, das zweite Mal in einer einzigen Sitzung. Auf der weißen Leinwand ein blauer, fast weißer Hintergrund, im Gesicht alle gebrochenen Töne, gelb, grün, violett, rosa und rot. Die Uniform preußischblau, mit Gelb belebt. –
P. S. Cézanne ist gerade so ein bürgerlich verheirateter Mensch wie die alten Holländer. Wenn er so straff ist in seinen Werken, so ist er das, weil er durch Ausschweifungen nicht zu sehr geschwächt ist. (B 14)

Ich beginne heute wahrscheinlich das Interieur des Cafés, wo ich wohne, abends bei Gasbeleuchtung.
Das ist, was man hier ein Nachtcafé nennt.
Es gibt ziemlich viele hier; die bleiben die ganze Nacht offen. Die Nachtbummler können hier ein Unterkommen finden, wenn sie kein Quartier bezahlen können oder zu betrunken sind, um dort Einlaß zu finden. Alle diese Dinge, Familie, Vaterland sind vielleicht in unserer Einbildung, da wir Vaterland und Familie entbehren, entzückender als in der Wirklichkeit. Ich scheine mir immer ein Wanderer zu sein, der ein Stück We-

ges zieht, zu irgendeiner Bestimmung. Wenn ich mir sage, das Gewisse, die Bestimmung, das gibt es gar nicht, so scheint mir das nicht unwahrscheinlich. Wenn der Zuhälter im Bordell jemand vor die Türe setzt, so hat er eine ähnliche Logik und denkt gut und hat immer recht. Ich weiß es und schließlich am Ende meiner Laufbahn werde ich unrecht haben, meinetwegen, ich werde dann nicht nur wissen, daß die Künste, sondern auch alles übrige nur Traum war und mein Selbst überhaupt nichts.
Um so besser für uns, wenn wir *solche Leichtigkeit* besitzen und uns nicht der endlosen Möglichkeit des zukünftigen Lebens widersetzen. Woher kommt es, daß bei dem Todesfall unseres Onkels das Gesicht des Toten ruhig, heiter und würdig schien? Tatsache ist, als er lebte, sah er nicht so aus, weder in seiner Jugend, noch im Alter. Oft verspürte ich, wenn ich einen Toten ansah, eine Wirkung, als ob ich ihn hätte fragen wollen, und das ist für mich *ein* Beweis – nicht gerade der ernsteste – für ein Dasein jenseits des Grabes.
So hat ein Kind in der Wiege, wenn man es betrachtet, das Unendliche in den Augen. Im ganzen weiß ich nichts, aber gerade dieses Gefühl, *nichts zu wissen*, macht das wirkliche Leben, das wir jetzt leben, einer einfachen Trajektbahn vergleichlich. Man kommt rasch vorwärts, aber man unterscheidet keinen Gegenstand genau, und vor allen Dingen sieht man nicht die Lokomotive. Es ist merkwürdig, daß unser Onkel wie unser Vater an ein jenseitiges Leben glaubten. So wie den Vater hörte ich oft den Onkel darüber sprechen. Ah! zum Beispiel waren sie darin sicherer als wir und behaupteten immer wieder das gleiche und ärgerten sich schwer, wenn man das ergründen wollte.
Von dem *zukünftigen Leben* der Künstler durch ihre *Werke* halte ich nicht viel.
Ja die Künstler geben sich die Fackel in die Hand, wenn sie sich treffen, so Delacroix den Impressionisten usw. Aber ist das alles?

Wenn eine gute alte Familienmutter mit ziemlich beschränkten Ideen, die durch das christliche System verquält sind, unsterblich wäre, soweit sie an Unsterblichkeit glaubt, und das ebenso ernstlich wie ich, der ich fest daran glaube, warum sollte ein schwindsüchtiger oder nervöser Droschkengaul es nicht ebenso sein, wie Delacroix oder Goncourt mit ihren tiefen Gedanken.

Es scheint da nur recht, daß für die Menschen, die sich ganz leer fühlen, eine unerklärbare Hoffnung hieraus erwächst.

Das genügt. Warum soll man sich ausschließlich damit beschäftigen. Aber wenn man mitten in der Zivilisation lebt, inmitten Paris und der Künste, warum sollte man da nicht dieses Ich der alten Frau bewahren, wenn die Frauen, selbst, ohne ihren instinktiven Glauben »das ist so«, nicht die Kraft fänden, zu gebären und zu handeln.

Die Ärzte werden uns sagen, daß nicht nur Moses, Mohammed, Christus, Luther, Bunyan und andere Verrückte waren, sondern geradeso Franz Hals, Rembrandt, Delacroix und alle alten guten Weiber, die, wie unsere Mutter, beschränkt waren.

Ach, das ist schwierig. Man könnte dann diese Ärzte fragen: Wo sind denn die vernünftigen Menschen?

Sind das die Zuhälter in den Bordellen, die immer recht haben? Es ist wahrscheinlich. Aber was soll man wählen. Glücklicherweise gibt es keine Wahl. – (518)

Die orange und gelben und roten Flecken der Blumen nehmen unter dem blauen Himmel eine wundersame Wirkung an, in dieser durchsichtigen Luft ist irgend etwas Glücklicheres, Liebenswürdigeres und Zärtlicheres als in der des Nordens. Das bebt wie der Blumenstrauß von Monticelli, den Du hast. Ich bedaure, daß ich hier keine Blumen male. Obgleich ich im ganzen schon 50 Zeichnungen oder Bilderstudien gemacht habe, scheint es mir, daß ich noch gar nichts gemacht habe. Ich wäre gern damit zufrieden, nichts anderes zu tun, als den Weg für die

Maler der Zukunft zu bereiten, die kommen werden, um im Süden zu arbeiten.
Die Ernte, der Garten, der Säer und die beiden Seestücke sind Zeichnungen nach Malereien. Ich glaube, die Sachen sind als Entwürfe gut, aber den Malereien fehlt es an Klarheit der Pinselführung; ein Grund mehr, warum es mir nötig war, sie zu zeichnen. – (519)

In kurzem wirst Du den wohlgeborenen Herrn Patience Escalier kennen lernen, so einen richtigen Kerl mit der Hacke; ein alter Ochsentreiber aus der Camargue, der jetzt Gärtner in einem Landhaus der Crau ist.
Heute schicke ich Dir die Zeichnung, die ich nach dieser Malerei machte, zugleich auch die Zeichnung nach dem Porträt des Dienstmanns Roulin. Die Farbe des Bauernporträts ist weniger schwarz als die der Kartoffelesser aus Nuenen. Aber der so gebildete Pariser Portier, der wahrscheinlich so heißt, weil er die Bilder vor die Türe setzt, wird wieder gerade so verständnislos davor stehen. Du hast Dich jetzt verändert, aber Du wirst sehen, er ist noch der gleiche geblieben. Und das ist wirklich schade, daß es in Paris keine anderen Bilder in Holzschuhen gibt. Ich glaube, mein Bauer wird z. B. Deinem Lautrec nicht schaden. Vielmehr glaube ich, wird der Lautrec durch den Gegensatz nur noch vornehmer und mein Bild gewinnt durch die fremde Nachbarschaft. Denn sonnenverbrannt, wie es ist, von der Sonnenglut und von der weiten Luft, gewinnt es neben dem Reispuder und der eleganten Toilette. Wie dumm, daß die Pariser keinen Geschmack gewinnen für die derben Sachen, für Monticelli usw., aber trotzdem darf man nicht, weil die Utopie sich nicht verwirklicht, den Mut verlieren.
Ich merke mehr und mehr, wie alles, was ich in Paris gelernt habe, weggeht, und ich zu meinen Gedanken komme, die mich auf dem Land schon, ehe ich die Impressionisten kannte, überkamen.

Es wunderte mich wenig, wenn die Impressionisten fänden, daß meine Art eher durch die Gedanken Delacroix' als durch die ihren befruchtet wäre.
Denn anstatt daß ich das, was ich vor mir habe, genau wiedergebe, bediene ich mich willkürlicher der Farbe, um mich stark auszudrücken.
Nun, lassen wir alle Theorien in Ruhe. Ich will Dir ein Beispiel von dem, was ich sagen will, geben.
Ich will das Bild eines Freundes, eines Künstlers, machen, der große Träume träumt, der arbeitet, wie die Nachtigall singt, weil das eben seine Natur ist. Dieser Mann wird blond sein. Ich möchte in das Bild meine ganze Bewunderung malen, alle Liebe, die ich zu ihm habe.
Ich werde ihn also, wie er ist, malen, so getreu ich nur kann, um anzufangen.
Aber damit ist das Gemälde nicht fertig. Um es zu vollenden, werde ich jetzt willkürlicher Kolorist.
Ich übertreibe das Blond der Haare. Ich komme zu Orangetönen, zum Chrom, zur hellen Zitronenfarbe.
Hinter dem Kopfe male ich an Stelle der gewöhnlichen Mauer eines gemeinen Zimmers das Unendliche. Ich mache einen Grund von reichstem Blau, das kräftigste, das ich herausbringe.
Und so bekommt der blonde, leuchtende Kopf auf dem Hintergrund von reichem Blau eine mystische Wirkung wie der Stern im tiefen Azur.
Bei dem Bilde des Bauern ging ich auf die gleiche Weise vor. Allerdings wollte ich in diesem Falle nicht die mystische Wirkung eines bleichen Gestirns im Unendlichen hervorbringen, sondern ich setzte den schrecklichen Mann hin in der vollen Glut der Ernte im vollen Mittagslicht.
Darum die orange Blitze wie rote Feuer. Darum die Töne von altem Gold, die in den Finsternissen blitzen.
Ja, mein lieber Bruder . . . und die guten Leute werden in dieser Steigerung nichts anderes als Karikatur sehen.

Aber was macht das uns, wir haben die »Erde« und »Germinal« gelesen, und wenn wir einen Bauern malen, so möchten wir zeigen, daß diese Bücher uns in Fleisch und Blut übergingen. Ich weiß nicht, ob ich den Dienstmann, *wie ich ihn fühle*, malen kann. Dieser Mann ist revolutionär wie Vater Tanguy. Man hält ihn für einen guten Republikaner, obwohl er die Republik, die wir genießen, herzlich verabscheut, ein wenig an der republikanischen Idee selbst zweifelt und gar nicht von ihr entzückt ist. Aber eines Tages sah ich ihn die Marseillaise singen und da dachte ich, 89 zu sehen, aber nicht das kommende Jahr, sondern das vor 99 Jahren. Das war wie Delacroix, Daumier, wie die alten Holländer, ganz rein. –
Ich habe nur eine Wahl, ein guter oder ein schlechter Maler zu werden. Ich wählte das erstere. Aber die Malerei zwingt zum gleichen, wie eine Geliebte, die einen ruiniert. Man kann nichts ohne Geld machen, und man hat nie genug. Darum müßte man Malerei auf Kosten der Gesellschaft machen. Der Künstler dürfte nicht dermaßen überlastet sein.
Aber da steckt es. Man muß schweigen. *Denn niemand zwingt einen, zu arbeiten*. Die Gleichgültigkeit gegen die Malerei ist, leider Gottes, ziemlich allgemein und wird wohl immer dauern.
Glücklicherweise ist mein Magen wieder so imstande, daß ich diesen Monat drei Wochen lang von Schiffszwieback, Milch und Eiern leben konnte.
Das kommt von der guten Hitze, die mir meine Kräfte wiedergibt, und sicher hatte ich nicht Unrecht, *jetzt* in den Süden zu gehen, anstatt abzuwarten, bis mein Leiden unheilbar sei. Ja, ich fühle mich jetzt ebenso wohl wie die anderen Menschen, was ich nur für Augenblicke in Nuenen war.
Unter »Anderen Menschen« verstehe ich die streikenden Erdarbeiter, den Vater Tanguy, den Vater Millet und die Bauern. Wenn man sich wohl fühlt, muß man von einem Stück Brot leben können, wenn man auch den ganzen Tag arbeitet, und noch die Kräfte haben, zu rauchen und sein Glas zu trinken; denn das

ist einmal nötig, und trotzdem die Gestirne und das Unendliche in der Höhe ganz klar fühlen. Dann ist das Leben trotz allem fast verzaubert. Ach, die Leute, die nicht an die Sonne hier glauben, sind fast Gottlose. Unglücklicherweise gibt es, leider Gottes, neben der Sonne noch drei Viertel anderer Zeit mit dem verteufelten Mistral. – (520)

(An E. Bernard)
Ich will Figuren malen, Figuren und wieder Figuren. Diese Serie von Zweifüßlern, vom Säugling bis zu Sokrates und von der Frau mit schwarzem Haar und weißer Haut bis zur Frau mit gelbem Haar und ziegelrotem, von der Sonne verbranntem Gesicht ist stärker als ich. –
Ich habe auch ein Bild, »Auslader eines Sandschiffes«, d. h. es sind zwei rosaviolette Schiffe in veronesergrünem Wasser, mit grauem Sand, Stoßkarren, Brettern und einem kleinen blauen und gelben Kerl. Das alles oben vom Kai herab gesehen, der das Ganze aus der Vogelperspektive überragt. Kein Himmel, es ist nur eine Skizze, oder eher ein flüchtiger, bei vollem Mistral gemachter Entwurf.
Ferner suche ich staubige Disteln mit darüber wirbelnden großen Schwärmen von Schmetterlingen.
Oh, diese schöne Sonne hier mitten im Sommer. Das greift einem den Kopf an, und ich zweifle gar nicht, daß man davon närrisch wird. Da ich es aber schon vorher war, habe ich nur Genuß davon.
Ich denke daran, mein Atelier mit einem halben Dutzend *Sonnenblumenbildern* zu schmücken, eine Dekoration, bei der die grellen oder gebrochenen Chromtöne auf Hintergründen von verschiedenem Blau erstrahlen werden, vom mattesten Veroneser- bis zum Königsblau, von dünnen, mit Rotorange bemalten Leisten eingerahmt.
Eine Art von Effekt wie der von Glasfenstern gotischer Kirchen.

Ah, meine lieben Kameraden, wir Narren, wie genießen wir doch mit den Augen, nicht wahr!
Ach, die Natur macht sich am Tier in uns bezahlt und unsere Körper sind verächtlich und manchmal eine schwere Last. Aber seit Giotto, der ein kränklicher Mensch war, ist es eben so. Ah, und doch welche Augenweide und was für ein Lachen, dies zahnlose Lachen des alten Löwen Rembrandt, ein Tuch um den Kopf, die Palette in der Hand! – (B 15)

Warum bin ich so wenig Künstler, daß ich immer bedauere, daß Statuen und Gemälde nicht leben. Warum begreife ich den Musiker besser. Warum verstehe ich besser den Grund seiner Abstraktionen? – (522)

Jetzt haben wir strahlende heftige Hitze und Windstille. Das ist gut für meine Arbeit. Eine Sonne, ein Licht, daß ich mit meinen schwachen Worten nur sagen kann: gelb, leicht schwefelgelb, goldene helle Zitronenfarbe. Wie ist dieses Gelb schön, und wieviel besser werde ich den Norden sehen. Ach, wie wünsche ich immer den Tag herbei, da Du diese südliche Sonne sehen und empfinden wirst.
Ich habe mir das große Porträt des Dienstmannes behalten. Der Kopf, der hier mitgeht, wurde in einer *einzigen* Sitzung gemacht.
Ja, das ist meine Stärke, so einen Kerl in einer Sitzung herunterhauen! Ja, lieber Bruder, wenn ich den Kopf immer hoch hätte, würde ich es immer so machen. Ich tränke mit dem ersten besten und malte ihn, und das nicht in Aquarell, sondern in Öl, in einer Dauersitzung à la Daumier. Wenn ich 100 wie das machte, dann wäre schon eine Anzahl guter Stücke dabei.
Ich werde dann mehr Franzose sein, mehr ich und mehr Trinker. Das reizt mich, nicht das Gift, aber diese Lumpenmalerei.
Wenn ich es so machte, verlöre ich als Mensch, was ich als Künstler gewinne? Wenn ich daran glaubte, würde ich ein be-

rühmter Narr. Jetzt bin ich gar kein Berühmter, aber Du siehst, ich geize auch nicht hinreichend nach diesem Ruhm und will mich nicht verpuffen. Ich möchte lieber die Generation heraufkommen sehen, die im Porträt das macht, was Claude Monet in der Landschaft leistete. Diese reiche und kecke Landschaft à la Guy de Maupassant. Allerdings, ich bin keiner von diesen Leuten, aber haben die Flaubert, Balzac nicht die Zola und Maupassant hervorgebracht?
Es lebe drum nicht unser, sondern das kommende Geschlecht. Du hast genug Urteil über Malerei, um zu sehen, um zu schätzen, wie weit ich ursprünglich bin. Gleicherweise kannst Du recht gut merken, wie es unnütz ist, meine Arbeiten jetzt dem Publikum zu zeigen, denn die anderen übertreffen mich durch die Klarheit ihres Pinselstrichs. Das kommt von dem Wind und den Umständen her. Was könnte ich ohne den Mistral, ohne diese schlimme, verpaffte Jugend, diese Armut.
Ich bestehe meinerseits durchaus nicht darauf, meinen Platz zu wechseln, und ich schätze mich glücklich, wenn ich so wie jetzt fortfahren kann. – (525)

Wir sprachen gerade gestern viel von Delacroix; er kannte den leidenschaftlichen Entwurf für die Christusbarke.
Dank ihm habe ich jetzt einen ersten Entwurf für ein Bild, das ich schon lange träume, den Dichter. Er stand mir Modell. Sein feiner Kopf mit den grünen Augen hebt sich in meinem Porträt von einem tief ultramarinen, gestirnten Himmel ab. Er hat einen kurzen gelben Rock an, einen Kragen von grober Leinwand und eine bunte Krawatte. Er gab mir an einem Tage zwei Sitzungen. –
Ach, lieber Bruder, manchmal weiß ich so genau, was ich will. Ich kann im Leben und in der Malerei recht gut ohne den lieben Gott auskommen, aber ich leidender Mensch kann nicht eine Sache, die stärker ist als ich, entbehren, die mein wirkliches Leben ist, die Macht zum Schaffen.

Da man körperlich um das Schaffen betrogen ist, sucht man Gedanken anstatt Kinder zu zeugen, und steht trotzdem mitten im Menschlichen. Und im Gemälde möchte ich eine Sache sagen, tröstlich wie Musik. Ich möchte Männer oder Frauen malen mit dieser Ewigkeit, deren Zeichen einst der himmlische Schein war und die wir in dem Strahlen suchen, in dem Beben unserer Farben. –
Das stimmt hier mit dem überein, was Eugèn Delacroix in seinem Tasso im Gefängnis und anderen Bildern darzustellen suchte und fand; die Darstellung eines *wahren* Menschen. Das Porträt mit dem Gedanken und mit der Seele des Modells, das muß kommen. –
Man muß die Liebe zweier Liebenden durch die Ehe zweier Komplementärfarben, durch ihre Mischung und durch ihre Ergänzung und die geheimnisvolle Vibration der verwandten Töne ausdrücken. Den Gedanken einer Stirn durch das Ausstrahlen eines hellen Tons auf einer dunklen Stirn ausdrücken; die Hoffnung durch irgendeinen Stern ausdrücken; die Glut eines Wesens durch die Strahlen der untergehenden Sonne. Das ist sicher keine realistische Augentäuscherei, aber ist es nicht das wesentlichere? – (531)

Ich schrieb an den besagten Wirt, der aber nach allem kein schlechter Mensch ist, und sagte ihm, daß ich mich dafür, daß ich ihm unnützerweise so viel Geld bezahlte, rächen werde. Ich malte seine schmutzige Bude, um die Ausgaben einzuholen, und zur großen Freude des Wirtes, des Postboten, den ich schon gemalt habe, der Nachtbummler, und zu meinem eigenen Vergnügen wachte ich drei Nächte, um zu malen, und schlief immer am Tage. Oft scheint es mir, daß die Nacht lebendiger und farbiger als der Tag ist. Allerdings gebe ich es auf, das Geld, das ich dem Wirt bezahlte, durch Malerei wieder einzustecken, denn das Bild ist eines der häßlichsten, das ich je machte. Es ist, obwohl verschieden, in der Art der »Kartoffelesser«.

Ich versuchte, mit dem Rot und dem Grün die schreckliche Leidenschaft der Menschen auszudrücken.
Das Zimmer ist blutrot und dunkelgelb, in der Mitte ein grünes Billard und vier zitronengelbe Lampen, die orange und gelb leuchten. Das gibt immer einen Gegensatz von verschiedenem Grün und Rot mit den Gestalten der kleinen, schlafenden Gauner im leeren und traurigen Saal. Und immer das Gegenspiel von Violett und Blau. So ist das Blutrot und das Gelbgrün des Billard zum Beispiel dem kleinen, zarten Louis XV. Schreibtisch entgegengesetzt, auf dem ein rosa Strauß steht. Die weißen Kleider des Wirtes, der in einem Ofenwinkel wacht, werden zitronenfarben, bleichgrün und leuchtend. –
Das Nachtcafé setzt den Säer fort, ebenso der Kopf des Bauern und des Dichters, wenn ich soweit komme, das letzte Bild zu vollenden.
Das ist dann eine Farbe, nicht wörtlich wahr vom Standpunkt des Realismus, der Augentäuscher und anderen, aber eine suggestive Farbe, welche irgendeine Bewegung des glühenden Gefühls ausdrückt. Als Paul Mantz in der Ausstellung der Champs Elysés den leidenschaftlichen gesteigerten Entwurf des Delacroix »Christusbarke« sah, da schrie er in seinem Artikel: »Ich wußte nicht, daß man mit dem Blau und dem Grün so schrecklich sein könne«.
Hokusai läßt Dich den gleichen Schrei ausstoßen, aber eher durch seine *Linien*, seine *Zeichnung*. Du sagtest das in Deinem Brief. Diese vagen Linien sind Klauen, man spürt das. Wenn man die Farbe oder die Zeichnung ganz richtig wiedergäbe, brächte man nie diese Erschütterungen heraus. – (533)

Gestern war ich damit beschäftigt, das Haus einzurichten, und wie der Dienstmann und seine Frau gesagt haben, werden die beiden Betten, wenn man etwas Dauerhaftes haben will, pro Stück 150 frs. kosten. Ich fand ihre Preisangaben bestätigt. Man muß darum unter der Hand kaufen, und das habe ich so gemacht. Ich kaufte das eine Bett aus Nußbaumholz und das andere aus weißem Holz, dies wird das meine sein, und ich werde es später bemalen.

Dann versah ich die beiden Betten mit Strohsäcken.

Wenn dann Gauguin oder ein anderer käme, so wäre das eine Bett in einer Minute aufgeschlagen. Von Anfang an wollte ich das Haus nicht für mich allein einrichten.

Natürlich fraß mir das den größten Teil meines Geldes weg. Mit dem Rest kaufte ich 12 Stühle, einen Spiegel und andere unerläßliche Kleinigkeiten, so kann ich nächstens schon darin wohnen.

Das schönste Zimmer oben, das Gastzimmer, werde ich so ausstatten, daß es wirklich wie ein Damenboudoir aussieht.

Dann bleibt noch mein Schlafzimmer, das soll ganz einfach werden, das Bett, die Kommode, die Stühle, alles aus weißem Holz.

Unten sind dann noch zwei Zimmer für Ateliers und zu gleicher Zeit für die Küche.

Du wirst den einen oder anderen Tag ein Bild von dem kleinen Haus sehen, in vollem Sonnenlicht mit offenen Fenstern oder mit erleuchteten Fenstern und dem gestirnten Himmel. Du kannst von jetzt an glauben, daß Du hier in Arles ein Landhaus besitzt, ich bin begeistert von der Idee, das Atelier so einzurichten, daß Du damit zufrieden sein kannst. Und zwar derart, daß Du nächstes Jahr hierher kommen kannst, um hier und in Marseille die Ferien zu verbringen. Alles wird dann bereit sein, und das Haus wird dann von oben bis unten mit Malerei angefüllt sein.

Im Zimmer, in dem Du dann wohnen wirst oder auch Gauguin, wenn er kommt, haben wir die weißen Wände mit großen gelben Sonnenblumen dekoriert.

Den Morgen öffnest Du das Fenster und siehst das Grün der Gärten, die aufgehende Sonne und das Stadttor.

Dann wirst Du die großen Bilder mit den Sträußen von 12-14

Sonnenblumen sehen, die in das ganz kleine Boudoir mit dem hübschen Bett gestellt sind, mit seiner ganzen Eleganz. Das wird nicht gewöhnlich sein. Und dann das Atelier. Der Fußboden mit seinen roten Karos, die weißen Mauern und die weißen Decken, die Bauernstühle und der Tisch aus weißem Holz und hoffentlich viele Porträts als Schmuck. Das wird einen Daumiercharakter haben, und ich wage vorauszusagen, es wird nicht banal sein.
Ich bitte Dich, einige Lithographien von Daumier für das Atelier zu suchen und einige japanische Sachen. Aber damit ist es keineswegs eilig, und nur, wenn Du Doubletten findest. Und dann auch Lithographien nach Delacroix, die ganz gewöhnlichen, modernen.
Das eilt gar nicht, aber ich habe soviel Ideen. Ich will wirklich ein Künstlerhaus machen, aber kein anspruchsvolles, im Gegenteil, ganz unpreziös, aber alles, vom Stuhl bis zum Tisch, soll Charakter haben.
Auch die Betten. Ich nehme Bauernbetten, so ganze Doppelbetten, anstatt der Einzelbetten, das sieht nach Solidität, Dauer und Ruhe aus, und wenn das ein wenig Bettwäsche kostet, so ist das wohl schlimm, aber man muß den Charakter der Sache wahren.
Glücklicherweise habe ich eine Aufwartefrau, die sehr zuverlässig ist; ohne das wagte ich nicht, damit anzufangen, eine eigene Haushaltung zu haben. Sie ist recht alt und hat eine Menge Kinder. Sie hält mir meine schönen roten Fliesen sehr sauber.
Ich kann Dir gar nicht sagen, was mir das Vergnügen macht, zu einer ernsthaft großen Arbeit zu kommen. Ich will eine richtige Dekoration beginnen.
Dann will ich machen, was ich Dir sagte, mein Bett bemalen, und zwar mit drei Sujets: Vielleicht male ich eine nackte Frau, ich weiß aber noch nicht, vielleicht auch eine Wiege mit einem Kind, und ich werde mir Zeit dazu nehmen. –

In meinem Caféhausbild versuchte ich auszudrücken, daß das Café ein Ort ist, wo man verrückt werden und Verbrechen begehen kann. Ich versuchte es durch die Gegensätze von zartem Rosa, Blutrot und dunkelroter Weinfarbe, durch ein süßes Grün à la Louis xv. und Veroneser Grün, das mit Gelbgrün und hartem Blaugrün kontrastiert. Dies alles drückt eine Atmosphäre von glühender Unterwelt aus, ein bleiches Leiden. Dies alles drückt die Finsternis aus, die über einen Schlummernden Gewalt hat.

Dies alles unter einem Schein japanischer Heiterkeit, in der Gutmütigkeit eines Tartarin. Was würde zu diesen Bildern Herr T. sagen, der schon vor einem Sisley sagt, der der diskreteste und zarteste der Impressionisten ist: »Dieses kann mich nicht an dem Gedanken hindern, daß der Künstler, der dies gemalt hat, etwas beschwipst war.«

Vor meinem Bild würde er sagen: »Das ist richtiger Säuferwahnsinn«. –

Während ich Dir schreibe, kommt gerade der kleine Bauer, der wie die Karikatur unseres Vaters aussieht, ins Café, die Ähnlichkeit ist geradezu schrecklich.

Besonders der eingefallene und ermüdete Mund. Es dünkt mich sehr schade, daß ich ihn nicht machen konnte.

Ich lege diesem Brief den Farbenauftrag bei, der jedoch nicht zu eilig ist. Indes stecke ich so voller Pläne, und der Herbst verspricht so viel herrliche Motive, daß ich absolut nicht weiß, ob ich fünf oder zehn Bilder machen soll.

Das wird die gleiche Sache wie im Frühling mit den Blütengärten sein.

Die Motive werden unzählig sein. – (534)

Die Gedanken zu meiner Arbeit kommen mir im Überfluß; daher kommt es, daß ich in meiner Einsamkeit nicht Zeit habe zu denken oder zu fühlen, ich renne wie eine Lokomotive zur Malerei.

Ich glaube, das wird nie stille stehen. –
Der Gedanke an den Säer hält mich immer fest. Diese übertriebenen Studien wie der Säer oder wie jetzt das Nachtcafé scheinen mir gräßlich häßlich und auf die Dauer schlecht, aber wenn ich durch eine Sache erschüttert bin, wie jetzt durch diesen kleinen Aufsatz Dostojewskis, so scheinen es mir die einzigen zu sein, die wirklich Bedeutung haben. Ich habe jetzt eine dritte Landschaft mit einer Fabrik und einer ungeheueren Sonne auf rotem Himmel über roten Dächern. Die Natur scheint da über einen niederträchtigen Mistraltag in Wut zu sein.
Das Haus beschäftigt mich immerzu, es wird wohnlich werden.
Ob meine Arbeiten schlechter werden, weil ich am gleichen Platze bleibe und immer die Jahreszeiten kommen und gehen sehe mit den gleichen Motiven? Ich sehe im Frühling die gleichen Gärten wieder, im Sommer die gleichen Weizenfelder, ganz unfreiwillig sehe ich immer meine Arbeit vor mir.
Ich behalte hier gewisse Studien zurück, die ein Ganzes ergeben, das sich halten wird; dann hast Du am Ende einer gewissen Zeit eine beruhigtere Arbeit vor Dir. Ich fühle, wir sind da einigermaßen auf dem richtigen Weg. Ich möchte nur, Du wärest mehr in der Nähe.
Ich denke, ich kann den Norden dem Süden nicht näherrücken, aber was kann man tun? Ich sage mir immer, ich allein bin nicht fähig, wichtige Malerei zu machen, die eine Reise in den Süden zwei- oder dreimal im Jahre rechtfertigt. Aber wenn Gauguin und ich hier bleiben und aufeinander eingearbeitet sind, den Künstlern helfen zu leben und zu arbeiten, so halte ich es nicht für unmöglich, daß der Süden für Dich wie für mich etwas wie eine zweite Heimat wird. – (535)

Ich lege Dir einen Brief von Gauguin bei, der zugleich mit einem Brief von Bernard kam. Da ist der Schrei der Verzweiflung: »Meine Schulden wachsen von Tag zu Tag.« Ich versteife

mich auf nichts Bestimmtes, Du bietest ihm die Gastfreundschaft hier an und nimmst das einzige Mittel, womit er bezahlen kann, an, seine Gemälde. –
Ich bin recht neugierig, was er an Dich schreiben wird. Ich antworte ihm, wie es mir um den Sinn ist, aber ich will einem so großen Künstler nicht traurige, trübsinnige oder boshafte Sachen sagen. – (536)

Ich hoffe mehr auf Stil und die Qualität meiner Arbeit sehen zu können, das wird ein wenig langsamer gehen, und es wird nötig sein, daß ich die Bilder etwas länger bei mir behalte.
Außerdem sind Gemälde dabei, die ich um keinen Preis schikken will, bevor sie knochentrocken sind.
Zu diesen gehört eine fertige Leinwand zu 30, die eine Gartenecke mit einer Trauerweide darstellt mit Büschen von Kugelzedern und einem Busch von Kirschlorbeer. Das ist natürlich dieselbe Gartenecke, von der Du schon bei der letzten Sendung eine Studie bekamst. Aber da diese größer ist, so ist über all diesem ein zitronenfarbener Himmel; drum haben die Farben den Reichtum und die Gewalt des Herbstes. Das ist mit vollem Farbenauftrag gemalt, ganz einfach und dick.
Es ist das erste Bild dieser Woche. Das zweite stellt ein Café von der Straße gesehen dar, mit einer Terrasse, die mit einer großen Gaslaterne erleuchtet ist, in der blauen Nacht mit einem Stück blauem, gestirntem Himmel.
Das dritte Bild dieser Woche ist ein Selbstporträt, das beinahe farblos ist, mit aschigen Tönen auf bleichem veronesergrünem Grund. Um nach mir arbeiten zu können, wenn es mir an Modellen mangelt, kaufte ich mir einen ziemlich guten Spiegel; denn wenn es mir gelingt, die Färbung meines eigenen Kopfes zu malen, was allerdings nicht leicht ist, so könnte ich auch die Köpfe von anderen Männern und Frauen malen.
Nächtliche Szenen oder die Wirkungen der Nacht auf großen

Plätzen zu malen und die Nacht selbst, interessiert mich ungeheuer. Diese Woche tat ich absolut nichts anderes als malen, schlafen und meine Mahlzeiten einnehmen. Ich hatte Sitzungen von 12 Stunden, von 6 Stunden, und dann schlief ich auch 12 Stunden in einem Zug. – (537)

Diese Nacht schlief ich im Hause, und obwohl es da noch einiges zu machen gibt, fühle ich mich recht wohl. Ich fühle, daß ich eine bleibende Sache mache, die einem anderen gleicherweise nutzen kann. Jetzt wird das Geld, das man ausgibt, nicht mehr auf die Straße geworfen sein; das ist der Unterschied, und ich glaube, Du wirst den recht wohl einsehen. Das erinnert mich an die Interieurs Bosboom, mit den roten Fliesen, den weißen oder Nußbaummöbeln, an das Stück starkblauen Himmel und an das Grün, das man durch die Fenster sah. Die Umgebung, der Stadtgarten, die Nachtcafés, der Kramladen, all das ist sicher nicht wie Millet, das ist ganz Daumier und Zola. Das genügt doch, um Ideen zur Arbeit zu finden? –
Mein Plan ist, wir sollten der Nachwelt, wenn unsere Rechnung aus ist, ein Atelier hinterlassen, wo ein Nachfolger leben könnte.
Ich weiß nicht, ob ich mich deutlich genug ausdrücke. Aber anders gesagt, wir arbeiten auf eine Kunst und auf Geschäfte, die nicht nur für unsere Zeit bleiben, sondern die nach uns noch durch die anderen fortgesetzt werden können. – (538)

Ich schrieb Dir schon heute morgen ganz früh, dann ging ich weg, um am Bild des sonnigen Morgens weiterzuarbeiten, dann kam ich nach Hause und ging wieder mit einer Leinwand weg, und die ist nun auch verarbeitet. Jetzt habe ich Lust, Dir noch einmal zu schreiben.
Denn ich hatte niemals eine solche Chance. Die Natur war ganz außerordentlich schön. Das Himmelsgewölbe ist von einem bewundernswerten Blau; die Sonne strahlt ein bleiches Gelb

aus. Das ist sanft und zauberhaft wie die Verteilung von dem himmlischen Blau und Gelb in dem van der Meer van Delft. So etwas Schönes kann ich nicht malen, aber das reißt mich dermaßen fort, daß ich mich gehen lasse, ohne an eine Regel zu denken.

Jetzt habe ich drei Bilder von den Gärten vor meinem Hause, außerdem die beiden Cafés, die Sonnenblumen, das Porträt von Bock und mir, außerdem die rote Sonne über der Fabrik, die Sandlöscher und die alte Mühle. Wenn ich die anderen Studien beiseitelasse, so siehst Du doch, daß ich etwas fertiggebracht habe; aber meine Farben, meine Leinwand und meine Börse sind erschöpft. Das letzte Bild ist mit den letzten Tuben auf die Leinwand gearbeitet. Ein Garten, natürlich grün, aber er ist eigentlich ohne Grün gemalt, nichts als Preußischblau und Chromgelb.

Ich fühle mich jetzt als einen ganz anderen Menschen wie damals, als ich hierher kam. Ich zweifle nicht mehr, ich zögere nicht mehr eine Sache anzupacken, und das könnte sich noch steigern. Aber welch eine Natur! Ich arbeite in einem Stadtgarten nahe der Straße der guten kleinen Frauenzimmer. – Aber Du begreifst, daß gerade das der Gegend, ich weiß nicht, etwas von Boccaccio gibt. Diese Seite des Gartens besitzt, vielleicht aus Gründen der Keuschheit oder der Moral, keine Blumenbeete außer etwas Kirschlorbeer. Da sind gewöhnliche Platanen, Tannenbüsche, eine Trauerweide und grünes Gras; aber das ist von einer Intimität. Es gibt von Manet solche Gärten. Wenn Du die Last mit all diesen Farben, Leinwand und all dem Geld, das ich ausgeben muß, ertragen kannst, so schicke es mir immer, denn, was ich vorbereite, ist besser als die letzte Sendung, und ich glaube, wir gewinnen anstatt daß wir verlieren. Ob ich wohl dahin komme, ein Ganzes, das bleibt, zu schaffen? Das suche ich. –

Ich kann es Dir nicht genug sagen, daß ich bezaubert, bezaubert, bezaubert bin von all dem, was ich sehe.

Es gibt einem Pläne für den Herbst, eine Begeisterung, daß man nicht spürt, wie die Zeit vorübergeht.
Aber wehe vor der Reaktion, vor den Stürmen im Winter! –
Vor einiger Zeit las ich einen Aufsatz über Dante, Petrarca, Giotto und Botticelli; mein Gott, welchen Eindruck das auf mich gemacht hat, als ich die Briefe dieser Leute las. Petrarca war ganz in der Nähe von Avignon, ich sehe die gleichen Zypressen und den gleichen Kirschlorbeer. Ich will etwas Ähnliches in einem der Gärten ausdrücken, der mit vollem Auftrag gemalt ist in zitronenfarbenem Gelb und Zitronengrün. Giotto hat mich am meisten erschüttert, er, der *immer litt*, immer voller Güte und Glut war, als lebte er in einer anderen Welt wie dieser. Giotto ist ganz außerordentlich. Ich fühle ihn stärker als die Dichter, als Dante, Petrarca und Boccaccio. Mir scheint immer, daß die Dichtung schrecklicher ist als die Malerei, obwohl die Malerei immer ein schmutziges und schmieriges Geschäft ist. Aber schließlich sagt der Maler nichts, er schweigt, und ich ziehe das vor. –
Wenn man dieses so drollige Land mit all seinen Tartarins, Daumier und seinem komischen Akzent kennt, so findet man auch viel griechisches; es gibt eine Venus von Arles, wie es eine Venus von Lesbos gibt, und man spürt trotz allem diese Jugend. –
Diesen Nachmittag hatte ich ein sehr gewähltes Publikum. Vier oder fünf Zuhälter und ein Dutzend Straßenjungen fanden es besonders interessant zuzusehen, wie die Farbe aus den Tuben kam. Nun, dieses Publikum, das ist wohl der Ruhm? Oder vielmehr, ich will den Ehrgeiz und den Ruhm verspotten wie diese Straßenjungen und diese Lumpen vom Rhôneufer und der Straße am Ende von Arles. –
Was macht Seurat? Ich wagte es nicht, ihm die geschickten Studien zu zeigen, wohl aber die Sonnenblumen, das Wirtshaus und den Garten. Ich möchte, daß er diese sähe. Ich dachte oft über sein System nach; jedenfalls werde ich ihm keineswegs fol-

gen. Bestimmt ist er ein origineller Kolorist, und das gilt auch in einem anderen Grade für Signac. Die Pointillisten haben etwas Neues gefunden, ich liebe sie trotz allem sehr.
Aber ich, ich sage es frei heraus, komme immer auf das zurück, was ich vor Paris suchte, und ich weiß nicht, ob irgendeiner vor mir von der suggestiven Farbe gesprochen. Delacroix und Monticelli haben sie gemacht, ohne davon zu reden.
Ich bin noch der gleiche wie in Nuenen, als ich mich vergeblich anstrengte, Musik zu lernen. Aber schon damals spürte ich die Beziehung zwischen der Farbe und der Musik Wagners. Es ist wahr, ich sehe im Impressionismus die Auferstehung Eugèn Delacroix'. Aber seine Satzungen sind sowohl auseinanderstrebend wie etwas unversöhnlich; das wird noch nicht der Impressionismus sein, der die Lehre formuliert. –
Wenn alle meine Farben auf einmal zur selben Zeit aufgehen, ist das kein Beweis, daß ich die Farbenverhältnisse wie ein Sommambule fühle? So geht es mir auch mit der Zeichnung, ich messe fast nie nach und ich bin darin Corot genau entgegengesetzt, der sagt, wenn er nicht messe, zeichne er wie ein Schwein.
– (539)

Übrigens, von unserer persönlichen Zukunft wissen wir nichts. Wir wissen nur, daß der Impressionismus von Dauer sein wird.
– (540)

Von 7 Uhr früh an saß ich vor meiner Arbeit – übrigens keine große Sache, ein Busch von Zedern oder Kugel-Zypressen, die in einer Wiese stehen. Du kennst dieses Gebüsch schon, denn Du hast schon eine Studie von diesem Garten. Übrigens findest Du hier noch eine Skizze meines Bildes, das wieder eine Leinwand zu 30, viereckig ist.
Das Gebüsch ist grün, mit ein wenig Bronze-braun usw.
Das Gras ist sehr, sehr grün, mit Veronesischem Zitronengelb, der Himmel ist sehr, sehr blau.

Die Gebüsche im Hintergrund sind alles Oleander. Es sind heilige Pflanzen, und sie blühen so toll, daß man gar nicht glauben möchte, daß sie sich noch weiterentwickeln können. Sie sind überladen mit frischen Blüten und auch mit Haufen von verwelkten Blumen, und ihr Grün erneuert sich immer wieder durch neue blühende Sprossen, unerschöpflich und unübersehbar.
Eine schwarze, feierliche Zypresse ragt darüber hinaus, und einige farbige Figuren schweben über einem rosafarbenen Weg. – (541)

Ich glaube, ehemals war die Stadt Arles unendlich viel berühmter durch die Schönheit der Frauen, durch die Schönheit der Kostüme; jetzt hat das alles ein krankes Aussehen, ist verschlossen und erloschen; aber wenn man lange schaut, taucht der alte Glanz hervor. Darum verliere ich auch nichts, wenn ich hierbleibe und mich begnüge, die Dinge kommen zu sehen wie eine Spinne, die in ihrem Gewebe die Fliegen erwartet. Ich kann nichts zwingen, und jetzt, wo ich eingerichtet bin, vermag ich alle schönen Tage zu nützen, alle Gelegenheiten zu erwischen, um dann und wann ein wirkliches Bild zu schaffen.
Milliet hat Glück. Er bekommt so viel Arlesierinnen als er nur will. Doch kann er sie nicht malen; und wenn er Maler wäre, so bekäme er sie nicht. Ich muß meine Stunde erwarten, ohne etwas zu beeilen.
Ich las einen Aufsatz über Wagner – die Liebe in der Musik –, ich glaube, das schrieb derselbe Schriftsteller, der das Buch über Wagner verfaßte. Wie not wäre uns die gleiche Sache in der Malerei!
Anscheinend nimmt Tolstoi in seinem »Meine Religion« an, daß, wiewohl es eine aufflammende Revolution gäbe, auch in den Herzen der Menschen noch eine intime und geheime Revolution glühe, aus der ein neues Reich oder vielmehr irgendeine ganz neue Sache geboren wird, die vielleicht namenlos sein

wird, aber auch, wie früher die christliche Religion, trösten und das Leben ermöglichen wird.
Wie mir scheint, muß das Buch sehr interessant sein. Man hat, wenn man es gelesen hat, genug von der Zynik, der Skeptik und der Spötterei und man möchte musikalischer leben. Wie das wohl geschieht und wie man das finden wird? Es wäre merkwürdig, dies voraussagen zu können, aber es ist besser, es im voraus zu sehen, als in der Zukunft absolut nichts zu sehen als Zusammenbrüche.
Allerdings werden die wohl die heutige Welt und die Zivilisierten stürzen, zerschmettern wie schreckliche Blitze, durch Revolution, Krieg oder einen Bankrott der angefaulten Staaten.
Wenn man die japanische Kunst betrachtet, sieht man, wie ein unbestreitbar weiser, philosophischer und kluger Mensch die Zeit damit verbringt, den Abstand der Erde vom Mond zu messen? Wozu auch? Nein! Oder die Politik Bismarcks zu studieren? Nein! Der studiert einen einzigen Grashalm, aber dieser einzige Grashalm ermöglicht es ihm, alle Pflanzen zu zeichnen, dann die Bäume, die Landschaft, endlich die Tiere und schließlich die menschliche Gestalt. Damit verbringt er sein Leben, und das Leben ist noch zu kurz, um all dies zu machen.
Sieh, ist, was uns die Japaner zeigen, nicht beinahe eine wahre Revolution, diese einfachen Japaner, die wie Blumen in der Natur leben?
Und man versteht es nicht, die japanische Kunst zu studieren, wenn man nicht viel froher und glücklicher wird. Wir müssen zur Natur zurückkehren, trotz unserer Erziehung, trotz unserer Arbeit in der Welt der Konvention. Ist es nicht traurig, daß diese schönen Monticellis bisher noch nicht in schönen Lithographien oder vibrierenden Radierungen nachgebildet wurden? –
Ich beneide die Japaner um diese außerordentliche Sauberkeit, die alle ihre Arbeiten besitzen. Niemals langweilt man sich dabei, nichts ist eilig gearbeitet. Ihre Arbeit ist ihnen so selbstverständlich wie das Atmen. Sie machen eine Figur mit ein paar si-

cheren Strichen, mit derselben Sicherheit, mit der man seine Weste zuknöpft.

Auch ich muß dahin kommen, eine Figur mit ein paar Strichen machen zu können; das wird mich den ganzen Winter beschäftigen. Dann kann ich auch einmal die Boulevards, die Straßen und eine Menge neuer Motive malen. Während ich Dir diesen Brief schrieb, habe ich wohl ein Dutzend Blätter gezeichnet. Ich bin auf der Spur es zu finden, aber es ist so schwierig, denn ich versuche mit ein paar Strichen die Gestalt eines Mannes, einer Frau, eines Kindes, eines Pferdes, eines Hundes, Kopf, Beine, Körper, Arme, die gut sitzen. –

Eines Tages sagte mir Madame de Larebey Laroquette: »Aber Monticelli, Monticelli, das war ja ein Mensch, der müßte der Führer eines ganz großen Ateliers im Süden sein.«

Ich schrieb den Tag darauf, erinnerst Du Dich, an unsere Schwester und an Dich, daß ich manchmal das Gefühl hätte, Monticelli hier fortzusetzen. Gut, aber Du siehst jetzt, daß wir dieses Atelier hier gründen. Was Gauguin machen wird, was ich machen werde, wird sich neben dieses wundervolle Œuvre Monticellis stellen. Wir wollen diesen guten, guten Leuten beweisen, daß Monticelli nicht in der Kanne ersoffen ist, nicht tot ist, sondern daß dieser kleine Mann noch lebt. Und auch mit uns wird diese Sache nicht enden, wir bringen sie in Gang und stellen sie auf eine solidere, festere Grundlage. – (542)

Hier hast Du eine kleine Zeichnung nach einem Bild zu 30, der gestirnte Himmel, den ich unter einer Gaslaterne bei Nacht malte. Der Himmel ist blaugrün, das Wasser preußischblau, der Boden ist bräunlich. Die Stadt ist braun und violett, das Gaslicht gelb, seine Reflexe leuchten rotgolden und gehen bis zum Bronzegrün herunter. Über dem Feld das blaugrüne Gewölbe des Himmels, der große Bär flimmert grün und rosa, er schimmert blaß und diskret, er kontrastiert mit dem brutalen Gold des Gases. Im Vordergrund farbige Gestalten von Ver-

liebten. Hier gleichfalls die Zeichnung nach einem Bild zu 30. Sie stellt mein Haus dar und seine Umgebung unter einer schwefelgelben Sonne, unter einem Himmel von reinem Kobalt. Das Motiv ist wieder schwer, aber gerade ich will es besiegen; denn es ist schrecklich, diese gelben Häuser in der Sonne, diese unvergleichliche Frische des Blaus; der ganze Boden ist gelb. Ich schicke Dir noch eine bessere Zeichnung als diesen Entwurf, den ich aus dem Kopf machte. Das Haus zur Linken ist rosa mit grünen Fensterläden und von einem Baum beschattet. Das ist das Wirtshaus, worin ich alle Tage esse. Mein Freund, der Briefträger, steht links im Hintergrunde der Straße zwischen den beiden Eisenbahnbrücken. Das Nachtcafé, das ich malte, ist nicht auf dem Bild, es ist zur Linken des Restaurants. Milliet findet das greulich; aber ich brauche Dir nicht zu sagen, daß er behauptet, er könne es nicht verstehen, daß man sein Vergnügen darin findet, einen so gemeinen Kramladen, so häßliche, gerade, reizlose Häuser zu malen. Ich denke dabei an Zola, der im Anfange des »Assommoir«, einen Boulevard beschreibt, und an Flauberts Ecke des Quai de la Ville in der Glut der Hundstagshitze. Weißt Du, der Anfang von Bouvard und Pécuchet, das ist keine Goldschnittlyrik. –
Es tut mir wohl, so schwer zu arbeiten. Aber das hemmt nicht mein furchtbares Bedürfnis, darf ich das Wort aussprechen, nach Religion. Dann gehe ich in der Nacht hinaus, um die Sterne zu malen, und ich träume immer von einem solchen Gemälde mit einer Gruppe bewegter Gestalten von Freunden. –
Victor Hugo sagt, Gott ist ein Leuchtturm in der Finsternis. Sicher gehen wir jetzt durch die Finsternis. Ich wünschte nur, man fände etwas, das uns Ruhe gäbe und uns tröstete, damit wir uns nicht mehr schuldig und unglücklich fühlen. Dann könnten wir schon fortschreiten, ohne uns in der Einsamkeit oder in Nichts zu verlieren, oder in jedem Schritt voller Angst ein Übel zu fürchten oder erwarten zu müssen, daß wir, ohne es zu wollen, es den andern zufügen.

Dieser merkwürdige Giotto. Sein Biograph schreibt über ihn, daß er immer leidend und voller Glut und Gedanken war. Diese Sicherheit möchte ich erreichen, die glücklich, froh und jeden Augenblick lebendig macht. Das kann sich viel besser auf dem Land verwirklichen oder in einer kleinen Stadt, als in diesem Pariser Backofen. –
Ich bin überzeugt, *es ist nicht leichter*, ein gutes Bild zu machen als einen Diamanten oder eine gute Perle zu finden, das fordert Mühe, und man riskiert dabei sowohl als Künstler wie als Händler sein Leben. Hat man aber einmal gute Steine, dann darf man nicht mehr an sich zweifeln und kann einen gewissen Preis festhalten. Trotzdem, man muß warten. ...
Aber diese Idee gibt mir zur Arbeit Mut. Natürlich leide ich darunter, so viel Geld auszugeben, aber mitten im Leiden überkam mich der Gedanke an die Perle, und ich glaube auch, sie wird Dich in Stunden der Mutlosigkeit beruhigen. Es gibt nicht mehr gute Gemälde als Diamanten.
Ich wollte noch Sonnenblumen machen, aber sie waren schon verblüht. Ja, während des Herbstes möchte ich ein Dutzend Bilder zu 30 machen. Das kann sich vielleicht erfüllen – leichter, als ich voraussehe. In manchen Augenblicken überkommt mich eine so schreckliche Hellseherei. Wenn die Natur so schön ist wie in diesen Tagen, dann fühle ich mich nicht mehr, und das Gemälde kommt mir wie im Traume. Ich glaube, wenn die Jahreszeit schlecht wird, dann kommt die Reaktion der Melancholie. Ich werde dann versuchen, mich dadurch zu zerstreuen, daß ich Figuren aus dem Kopf zeichne. –
Tolstois Buch »Meine Religion« erschien im Französischen 1885, aber ich fand es nie in einem Katalog angegeben. Anscheinend glaubte er weder an eine körperliche noch an eine geistige Auferstehung, glaubte nicht an den Himmel; denn er betrachtet die Dinge wie ein Nihilist. Aber wiederum im Gegensatz mit der Gesinnung dieser Leute betont er vor allem die Güte. Darum geht es heute, denn was haben wir sonst?

Glaubt er nicht an die Auferstehung, so glaubt er doch an ein Äquivalent, an die Dauer des Lebens. Glaubt er doch an die untrügliche Dauer der Menschheit, des Menschen und seiner Werke von Geschlecht zu Geschlecht. Schließlich gibt er keine vergänglichen Tröstungen. Er, der Edelmann, wurde Arbeiter. Er kann Stiefel machen, Töpfe ausbessern, den Pflug führen und die Erde umgraben.
Ich kann keines von alledem, aber ich kann eine Menschenseele ehren, die stark genug ist, um sich so zu wandeln. Mein Gott, wir dürfen uns nicht beklagen, in einer Zeit zu leben, wo es nur Faulenzer gibt, wenn wir solch geartete armselige Sterbliche sehen, die noch nicht einmal besonders an den Himmel glauben. Er glaubt, ich habe es Dir wohl schon geschrieben, nicht an die gewaltsame Revolution infolge seines Verlangens nach Liebe und der Religiosität, die sich ihm aus der Skepsis und den verzweifelten Leiden erschloß. – (543)

Ach, meine Weinbergstudie. Ich habe Blut und Wasser geschwitzt, aber es ist immerhin eine Leinwand von 30, quadratisch, und es ist eine Dekoration für unser Haus. *Nun habe ich überhaupt keine Leinwand mehr*.
Weißt Du, daß wir, wenn Gauguin kommt, vor einer sehr entscheidenden Sache stehen, die uns eine ganz neue Ära eröffnet?
Als ich Dich an der Gare du Midi verließ, gebrochen und fast krank und beinahe zum Säufer geworden, um mich aufrecht zu erhalten...?!
Ich habe es immer dunkel gefühlt in diesem letzten Winter, daß wir in unseren Diskussionen mit so vielen interessanten und künstlerischen Leuten unser Herzblut hergegeben haben, aber ich habe auf nichts mehr zu hoffen gewagt.
Jetzt, nach der fortgesetzten Anstrengung von Deiner und meiner Seite, beginnt es sich am Horizont zu lichten: die Hoffnung.

Du wirst bei den Goupils bleiben oder nicht bleiben, aber Du wirst absolut mit Gauguin und seinem Kreis zusammenbleiben. Auf diese Weise wirst Du einer der ersten, oder der allererste Apostel unter den Kunsthändlern sein.
Ich für mein Teil glaube an meine Malerei und auch an die Arbeit der anderen Künstler. Wenn Du uns das Geld zu verschaffen suchst, so werde ich alles, was in mein Bereich kommt, zur Produktion treiben und selbst dafür ein Beispiel geben.
Wenn wir uns gut halten, soll mit alledem eine Sache zustandekommen, die länger lebt als wir selbst. – (544)

Soeben bekomme ich das Selbstporträt Gauguins und das Selbstporträt Bernards mit dem Porträt Gauguins im Hintergrunde und vice versa. Der Gauguin ist bemerkenswert, aber ich liebe vor allem das von Bernard. Da ist nichts als der malerische Gedanke, einige summarische Töne, einige nußbaumfarbene Züge; das ist so flott wie ein richtiger Manet.
Der Gauguin ist viel ausgearbeiteter. Sein Brief gibt mir den Einblick, als sei er wie ein Gefangener, nicht ein Schatten von Fröhlichkeit. Da ist nicht das geringste von Sinnlichkeit. Man kann das ohne weiteres auf die Rechnung seines Willens setzen, eine melancholische Sache zu machen, das beschattete Fleisch ist ganz traurig braun.
Jetzt habe ich eine Gelegenheit, meine Malerei mit der der Kameraden zu vergleichen.
Mein Porträt, das ich mit Gauguin tauschte, hält sich daneben, dessen bin ich sicher. Ich schrieb Gauguin auf seinen Brief, daß es auch mir erlaubt war, meine Persönlichkeit in einem Porträt zu erweitern und ich darin nicht nur mein Selbstporträt zu geben suchte, vielmehr den Typ eines Impressionisten. Ich faßte dieses Porträt wie das eines Bonzen auf, eines Anbeters des ewigen Buddha.
Wenn ich die Auffassung Gauguins mit der meinigen vergleiche, so ist die meine ebenso bedeutend, aber weniger verzwei-

felt. Das Porträt Gauguins sagt mir vor allem, er darf so nicht weiter machen, er muß sich trösten, er muß wieder der üppige Gauguin der Negerinnen werden.
Ich bin froh, die beiden Porträts zu besitzen, die unsere Kameraden, wie sie jetzt sind, getreulich wiedergeben. Sie werden so nicht bleiben, sie müssen wieder heiterer werden.
Ich sehe ganz deutlich, mir ist auferlegt, alle meine Kraft einzusetzen, um unsere Armut zu verringern.
Das bedeutet nicht wenig in unserem Malerhandwerk. Ich fühle, er ist mehr Millet als ich, aber ich bin mehr Diaz als er, und wie Diaz werde ich versuchen, dem Publikum zu gefallen, damit er in unserem gemeinschaftlichen Leben zu einem Pfennig Geld kommt.
Ich gebe mehr als sie aus. Wenn ich ihre Malerei sehe, ist mir das ganz gleichgültig. Sie haben in zu großer Armut gearbeitet, als daß sie einen voll packen könnten. –
Ich glaube, einigen Leuten wird es gut tun, die poetischen Dinge wiederzufinden, den gestirnten Himmel, die Weinreben, die Gefilde in den Gärten des Dichters. –
Gauguin sieht auf seinem Porträt krank und gequält aus. Warte, das wird nicht dauern. Sehr merkwürdig soll der Unterschied sein zwischen diesem Selbstporträt und einem, das er in einem halben Jahre machen wird.
Eines Tages siehst Du auch mein Selbstporträt, das ich an Gauguin schickte, er wird es wohl aufbewahren.
Das ist ganz aschfarben gegen ein bleiches Veronesergrün (kein Gelb). Die Kleidung besteht in der braunen Jacke mit den blauen Litzen. Ich übertrieb das Braun bis zum Purpur und die Breite der blauen Litzen. Der Kopf ist mit vollem, hellstarkem Auftrag gegen den hellen Hintergrund modelliert; fast ohne irgendwelche Schatten. Nur die Augen habe ich etwas, wie bei den Japanern, schief hereingesetzt. Schreibe mir bald und recht viel Glück. Was wird der Gauguin froh sein! – (545)

Ich denke so viel an Monticelli, und ich meine, man muß bei der Erzählung von seinem Tod nicht nur den Gedanken, daß er als Säufer gestorben sei, in dem Sinne, daß er durch das Gift ganz heruntergekommen sei, ausscheiden, sondern man muß auch bedenken, daß das Leben hier sich viel mehr als im Norden im Freien und in den Cafés abspielt. Mein Freund, der Briefträger, zum Beispiel lebt viel in den Cafés und ist sicher mehr oder weniger ein Trinker und war es sein ganzes Leben hindurch. Aber er ist gerade das Gegenteil von einem erschöpften Menschen. Seine Erregung ist so natürlich, so klug; er räsonniert dann so großzügig wie Garibaldi, daß ich gerne annehme, die Legende von dem Absinthsäufer Monticelli war geradeso wie mit meinem Briefträger. –
Vielleicht werde ich eines Tages Einzelheiten über den Tod Monticellis erfahren. Ich merke, daß Monticelli gerade auf solchen Blättern malte, wie sie mein Schrank hat. – (550)

(An P. Gauguin)
Ihre Auffassung des Impressionisten im allgemeinen, für die Ihr Porträt ein Symbol ist, bewegt mich sehr. Ich bin aufs äußerste gespannt, es zu sehen – aber wahrscheinlich, dessen bin ich schon im voraus sicher, ist dieses Werk zu bedeutend, als daß ich es im Tausch haben möchte. Doch wenn Sie es für uns zurückhalten wollen, wird mein Bruder es nehmen – worum ich ihn sofort gebeten habe; wenn Sie wollen, bei nächster Gelegenheit, und hoffen wir, daß das bald sein wird.
Denn wir versuchen immer wieder, Ihr Kommen recht bald zu ermöglichen. Ich muß Ihnen sagen, daß ich sogar beim Arbeiten immerfort an den Plan denke, ein Atelier zu gründen, in dem Sie und ich dauernd wohnen, aber das wir beide zu einem Asyl, zu einem Obdach für die Freunde machen wollen in Zeiten, da sie in ihrem Kampf schlecht dran sind. Als Sie aus Paris abgereist waren, haben mein Bruder und ich noch eine Zeit zusammen verbracht, die mir immer unvergeßlich bleiben wird. Die

En suite deux autres toiles de 30 le pont
de Trinquetaille et un autre pont sur la
rue que passe le chemin de fer.
Cette toile là ressemble comme coloration
un peu à un Bosboom.

Diskussionen hatten weitere Kreise gezogen – mit Guillaumin, mit Pissarro Vater und Sohn, mit Seurat, den ich noch nicht kannte (ich war wenige Stunden vor meiner Abreise bei ihm im Atelier).
In diesen Diskussionen handelte es sich oft um das, was uns, meinem Bruder und mir, so sehr am Herzen liegt: Maßnahmen zu ergreifen, die das materielle Dasein der Maler sichern, ihnen ihre Produktionsmittel (Farben, Leinwand) sichern und ihnen direkt einen Anteil an dem Preis sichern, den ihre Bilder erst viel später erzielen, wenn sie nicht mehr Eigentum der Künstler sind.
Wenn Sie hier sind, werden wir alle diese Diskussionen Revue passieren lassen.
Wie dem auch sei, als ich von Paris abreiste, sehr, sehr unglücklich, ziemlich krank und beinah ein Säufer, weil ich mich maßlos abgerackert hatte, als meine Kräfte mich verließen – da habe ich mich ganz in mich verschlossen und noch nicht zu hoffen gewagt. Aber jetzt zeigt sich am Horizont eine leise Hoffnung für mich – diese ab und zu verlöschende und dann wieder aufleuchtende Hoffnung, die mich in meinem einsamen Leben manches Mal getröstet hat.
Ich wünschte nun, ich könnte auch Ihnen recht viel von dieser festen Zuversicht beibringen, daß es uns einigermaßen gelingen wird, etwas Dauerhaftes zu gründen, wenn wir von diesen seltsamen Diskussionstagen in den armseligen Ateliers und in den Cafés auf dem Kleinen Boulevard reden werden, und wenn Sie unseren Plan ganz kennenlernen, so wie mein Bruder und ich ihn vor uns sehen; bisher hat er sich nicht verwirklicht, denn ein Zusammenschluß ist nicht zustande gekommen. –
Ich bin in letzter Zeit von einem außergewöhnlichen Arbeitsfieber besessen; jetzt ringe ich mit einer Landschaft: blauer Himmel über weiten grünen, purpurroten, gelben Weingärten mit schwarzen und orangefarbenen Reben.
Kleine Damenfiguren mit roten Sonnenschirmen, kleine Win-

zerfiguren mit ihren Karren bringen noch mehr Farbe und Leben hinein. Vordergrund grauer Sand. Wieder ein Bild zu 30 für die Ausschmückung des Hauses.
Ich habe ein ganz aschenfarbiges Selbstbildnis. Die Aschenfarbe ergibt sich aus einer Mischung von Veroneser Grün mit orange Mennige gegen einen Hintergrund von blassem Veroneser Grün, das Ganze geht zusammen mit dem braunroten Anzug. Aber auch ich habe meine Persönlichkeit gesteigert und versucht, ihr den Charakter eines Priesters, eines schlichten Anbeters des ewigen Buddha zu geben. Es hat mich recht viel Mühe gekostet, aber ich muß es noch mal ganz von neuem machen, wenn ich die Sache wirklich herauskriegen will. Ich müßte sogar die übliche Erschöpfung und Verwüstung, die unsere sogenannte Zivilisation mit sich bringt, noch mehr überwinden, um ein besseres Modell für ein besseres Bild zu haben. –
Ich finde meine künstlerischen Konzeptionen im Vergleich mit den Ihren äußerst gewöhnlich.
Ich habe immer die groben Neigungen und Gelüste eines Tieres.
Ich vergesse alles, was äußere Schönheit ist – die verstehe ich nicht wiederzugeben, denn auf meinem Bild mache ich sie häßlich und grob, auch wenn die Natur mir vollkommen erscheint.
Jetzt ist jedoch mein knochiger Kadaver so in Schwung, daß er geradenwegs aufs Ziel losgeht. Daraus ergibt sich eine ehrliche Aussage, die vielleicht manchmal auf meine eigene Art das ausdrückt, was ich fühle, wenn das Motiv sich überhaupt für meine brutale und ungeschickte Ausführung eignet.
Ich glaube, wenn Sie sich von jetzt ab als das Haupt dieses Ateliers fühlen würden, aus dem wir einen Zufluchtsort für mehrere zu machen versuchen wollen – nach und nach und in dem Maße, wie unsere angestrengte Arbeit uns die Mittel liefert, das Ganze zu vervollständigen –, ich glaube, daß Sie sich dann über

die jetzigen Mißlichkeiten wie Geldnot und Krankheit einigermaßen getröstet fühlen würden in dem Gedanken, daß wir wahrscheinlich unser Leben für eine Generation von Malern hingeben, die noch lange Bestand haben wird. Die Gegend hier hat schon den Venuskult gesehen – in Griechenland eine ausgesprochen künstlerische Angelegenheit –, dann die Dichter und die Künstler der Renaissance. Wo das hat blühen können, kann auch der Impressionismus blühen. (553a)

Ich schicke Dir hier eine kleine Zeichnung, um Dir wenigstens einen Begriff von meiner Arbeit zu geben. Heute habe ich wieder damit begonnen. Meine Augen sind noch ermattet, aber enfin, ich hatte eine ganz neue Idee im Kopf, und hier schicke ich Dir eine Zeichnung davon. Immer eine Leinwand zu 30. Dieses Mal ist es ganz einfach mein Schlafzimmer. Nur die Farbe muß hier die Sache machen und durch ihre Vereinfachung dem Dinge einen größeren Stil und die allgemeine Suggestion der Ruhe und des Schlafes geben. Der Eindruck des Bildes muß den Kopf oder vielmehr die Phantasie beruhigen.
Die Wände sind von einem hellen Violett, der Boden hat rote Fliesen, die Holzbetten sind gelb wie frische Butter, der Vorhang, die Decke und die Kopfkissen sind zitronengelb und grün und ganz hell.
Die Bettüberzüge scharlachrot und das Fenster grün.
Der Waschtisch ist orangefarben, die Waschkanne blau. Die Türen lila, und das ist alles; sonst ist nichts in diesem Zimmer.
Die viereckigen Möbel müssen eine unerschütterliche Ruhe ausdrücken. Porträts hängen an der Wand, ein Spiegel, ein Handtuchhalter und einige Kleider.
Der Rahmen wird weiß sein, weil es sonst nichts Weißes in diesem Bilde gibt.
Das gleicht die erzwungene Ruhe, die ich hervorbringen mußte, aus.

Ich werde noch morgen den ganzen Tag arbeiten, aber Du siehst, wie einfach die Komposition ist. Schatten oder gedämpftes Licht sind unterdrückt, so daß es mit vollen und freien Tönen wie bei dem Farbenholzschnitt koloriert ist, so wird es z. B. mit der »Postkutsche« und dem »Nachtcafé« kontrastieren.
Ich schreibe Dir nicht lange, weil ich morgen ganz früh mit dem Frühlicht eine Arbeit beginnen will, um das Bild an einem Tage zu beenden.
Es ist wahr, wir machen nicht solche Bilder wie die Holländer, in dem großen Rahmen; aber Du, und ich, wir machen Gemälde in der Art der Farbenholzschnitte, und dabei wollen wir bleiben; sonst nichts. – (554)

Ich bin nicht krank, aber ich werde es ganz zweifellos, wenn ich mich nicht besser ernähre und für einige Tage aufhöre zu malen. Beinahe bin ich in die Tollheit des Hugo van der Goes auf dem Bild von Emile Wauters geraten, und wenn ich nicht etwas wie eine Doppelnatur besäße, halb Mönch, halb Maler, so wäre ich schon seit langer Zeit vollständig und in allen Stücken, wie jener, auf den Hund gekommen. Allerdings glaube ich nicht, daß mein Irrsinn Verfolgungswahn sein würde, weil meine Empfindungen im Zustand der Erregung immer auf eine Beschäftigung mit der Ewigkeit und dem ewigen Leben gerichtet sind. Aber trotzdem muß ich meinen Nerven mißtrauen. –
Ich habe es bestimmt vor, wenigstens drei Tage lang nichts zu malen. –
Hier hast Du eine recht vage Zeichnung meines letzten Bildes, eine Reihe grüner Zypressen gegen eine rosa Himmel mit einem hellzitronenfarbenen Halbmond.
Im Vordergrund ein Stück Boden und Sand und einige Disteln. Zwei Verliebte, der Mann ganz bleichblau mit einem gelben Hut, die Frau mit einem rosa Mieder und einem schwarzen Rock. Das ist das vierte Bild vom Garten des Dichters, welches das Zimmer Gauguins schmücken soll. – (556)

Du erfuhrst durch mein Telegramm, daß Gauguin gut angekommen ist. Ich habe den Eindruck, er ist viel wohler als ich selbst. –

Er ist als Mensch sehr, sehr interessant, und ich vertraue ganz darauf, daß wir mit ihm zusammen eine ganze Menge Dinge machen werden. Er schafft wahrscheinlich hier sehr viel und ich hoffentlich auch.

Dann, glaube ich, wird für dich die Last etwas *weniger* schwer sein.

Vielleicht auch viel, viel weniger schwer. Ich fühle bis zum moralisch zerschmettert und physisch ausgeleert Sein den schöpferischen Drang und vor allem darum, weil ich am Ende gar kein anderes Mittel sehe, jemals wieder unsere Ausgaben einzuholen.

Ich kann nichts dafür, daß sich meine Bilder nicht verkaufen.

Einmal wird der Tag kommen, da wird man sehen, daß sie mehr als den Preis der Farbe wert sind und mein ganzes erbärmliches Leben, das ich daran hängte. –

Einen Augenblick lang hatte ich das Gefühl, krank zu werden, aber die Ankunft Gauguins zerstreute mich so, daß ich sicher bin, es wird vorübergehen. Vor allem darf ich während der Zeit nicht das Essen vernachlässigen, und das ist absolut alles. Und schließlich wirst Du am Ende meiner Zeit meine Arbeit haben.

Gauguin brachte ein wundervolles Bild, das er mit Bernard ausgetauscht hat, Bretoninnen auf einer grünen Wiese, weiß-schwarz, grün und ein roter Ton und matte Fleischtöne. Seien wir nur guten Mutes. Ich glaube, eines Tages werde auch ich verkaufen, aber Dir gegenüber bin ich so im Rückstande, ich gebe alles aus und bringe nichts herein. – (557)

Was Gauguin von meiner Dekoration im allgemeinen denkt, weiß ich immer noch nicht. Ich weiß nur, daß er einige Studien wirklich liebt, so den Säer, die Sonnenblumen und das Schlafzimmer.

Vom ganzen weiß ich selbst noch nichts, weil ich Bilder von den anderen Jahreszeiten machen muß. Gauguin hat seinen arlesischen Typ schon beinahe gefunden, ich möchte auch so weit sein. Aber ich meinerseits finde die Landschaft hier sehr licht und immer ganz verschieden. Mein kleines Werk geht weiter seinen Gang.
Ich möchte glauben, daß Du den neuen Säer lieben wirst.
Ich schreibe in größter Eile. Wir haben eine Menge Arbeit. Er und ich beabsichtigen, sehr oft herumzubummeln, um Studien zu machen. – (558)

Gauguin und ich, wir danken Dir sehr für die 100 Frcs., die Du schicktest, gleicherweise für Deinen Brief. Gauguin ist ganz glücklich darüber, daß Du seine Sendung aus der Bretagne liebst; andere, die sie sahen, lieben sie ebenfalls.
Jetzt arbeitet er vollkommen aus dem Kopf, Frauen in einem Weinberg. Wenn er das nicht verdirbt oder unvollendet läßt, wird es sehr schön und seltsam sein. Außerdem malt er ein Bild vom gleichen Nachtcafé, das ich malte.
Ich machte zwei Bilder, fallende Blätter, das Gauguin, wie ich glaube, liebt. Außerdem male ich jetzt an einem ganz purpurnen und gelben Weinberg. Dann habe ich gleichzeitig eine Arlesierin, Kopfbild (Leinwand zu 30), in einer Stunde heruntergehauen. Der Hintergrund ist helle Zitronenfarbe, das Gesicht grau, das Gewand schwarz und ganz, ganz preußisch blau. Sie stützt sich auf einen grünen Tisch und sitzt auf einem Sessel von orange Holz.
Gauguin kaufte für das Haus eine Kommode, verschiedene Hausgeräte, dann 20 m ganz starke Leinwand und noch eine Menge Sachen, die wir nötig hatten oder die jedenfalls recht bequem sind.
Wir haben alle diese Auslagen aufgeschrieben, das machte fast 100 Frcs. Im März geben wir ihm das wieder, und dann gehört die Kommode und das andere natürlich uns.

Ich finde es schließlich ganz richtig, zumal er beabsichtigt, Geld beiseite zu legen, wenn er verkauft, bis er imstande ist (sagen wir in einem Jahr), eine zweite Reise nach Martinique zu wagen.
Wir arbeiten viel und das Leben zu zweit geht gut voran. – Faulende Pappelstämme, die durch den Rahmen, da wo die Blätter beginnen, abgeschnitten wurden. Die Baumstämme stehen zur Seite einer Allee wie Säulen, rechts und links mit Lilablau sind römische Gräber angedeutet. Auf der Allee Gestalten schwarzer Liebespaare; oben im Bilde ist eine grüne Wiese, kein Himmel oder fast gar keiner. Das zweite Bild stellt die gleiche Allee dar, aber mit einem alten Mann und einer großen kugelrunden Frau. Aber Montag, wenn Du da mit uns gewesen wärest! Da haben wir einen roten, ganz roten Weinberg gesehen, wie Rotwein. In der Ferne wurde er gelb, dann war ein grauer Himmel mit einer Sonne darüber. Der Boden war nach dem Regen violett und schimmerte an den Stellen, wo sich die untergehende Sonne spiegelte, gelb. – (559)

Wir verbringen unsere Tage mit der Arbeit, wir arbeiten immer. Am Abend sind wir todmüde und gehen erst ins Café und dann früh zu Bett. Das ist unser Leben.
Wir haben jetzt natürlich auch Winter, obwohl es von Zeit zu Zeit immer mal schön wird. Aber das ist mir gar nicht unangenehm, ich habe Ruhe zur Arbeit, weil ich dabei zu Hause bleiben kann. Bei einer tüchtigen Ofenhitze arbeite ich ganz gern, aber mit der Kälte, das ist nicht meine Sache, das weißt Du. Ein Bild, das ich aus dem Kopfe machte nach dem Garten von Nuenen, vernichtete ich. Ich merke, es bedarf der Gewohnheit, aus dem Kopfe zu arbeiten. Ich mache jetzt die Porträts der ganzen Familie des Dienstmannes, von dem ich schon einmal den Kopf malte; ich male den Mann, die Frau, das Baby und den 16jährigen Jungen. Alles ganz französische Typs, obwohl sie ein wenig russisch aussehen. Eine Leinwand zu 16. Du merkst, wie sehr ich mich in meinem Element fühle und das tröstet mich etwas,

nicht Arzt zu sein. Ich hoffe bei dieser Arbeit zu bleiben und einmal Porträtaufträge zu bekommen, die sich ernsthaft bezahlt machen. Wenn es mir gelingt, diese *ganze Familie* einmal noch besser zu machen, so habe ich wenigstens eine ganz persönliche Sache nach meinem Geschmack gemacht.
Jetzt stecke ich bis zum Halse im Dreck mit all diesen Studien und das wird noch eine Ewigkeit dauern, aber trotzdem, mit 40 Jahren werde ich herauskommen und eine saubere Sache zuwege bringen. – (560)

Ich habe auch ein Bild eines ganz purpurnen und gelben Weinberges beendet mit blauen und violetten Gestalten und einer gelben Sonne.
Ich glaube, Du kannst das Bild neben eine Landschaft von Monticelli stellen.
Ich arbeite jetzt oft aus dem Kopf. Solche Bilder sind immer weniger linkisch und haben ein künstlerischeres Aussehen als die Studie, die nach der Natur gearbeitet ist, zumal, wenn der Mistral weht. –
Hier gibt es Wind und Regen, und ich bin recht froh, nicht allein zu sein. Ich arbeite diese schlechten Tage über aus dem Kopf und das ginge nicht, wenn ich allein wäre.
Gauguin hat auch beinahe sein Nachtcafé beendet. Er ist als Freund sehr interessant. Ich muß Dir noch sagen, daß er es ausgezeichnet versteht, die Küche zu besorgen, ich glaube, ich werde das von ihm lernen, das ist sehr bequem. Wir fanden es sehr gut, Rahmen aus einfachen Stägen, die wir auf die Keilrahmen nagelten, herzustellen. Ich begann damit. Weißt Du, Gauguin ist ein wenig der Erfinder des weißen Rahmens. Der Rahmen mit den 4 Stäben, den man auf den Keilrahmen nagelt, kostet 5 sous. Wir werden sie vervollkommnen.
Dieser Rahmen ist sehr gut, weil er sich unmittelbar an das Bild anschließt und keinen Zwischenraum hat. – (561)

Gauguin arbeitet an einer nackten Frau auf einem Heuhaufen mit Schweinen, das ist sehr originell, das Bild verspricht sehr schön und sehr stilvoll zu werden. Er ließ von Paris einen wundervollen Topf mit zwei Rattenköpfen kommen.
Das ist ein ganz großer Künstler und außerordentlicher Freund. –
Ich habe an zwei Bildern gearbeitet. Die Erinnerung an unsern Garten in Etten, mit den Kohlköpfen, den Zypressen, Dahlien und Figuren. Dann eine Arleserin in einer Bibliothek wie die Lecture française, ganz grün-blau. Gauguin ermutigte mich, aus der Vorstellung zu arbeiten; die nur vorgestellten Dinge nehmen einen geheimnisvolleren Charakter an. – (562)

Wenn ich mit 40 Jahren ein Figurenbild mache, so wie das Blumenstück, von dem Gauguin sprach, so würde ich mich als Künstler, ich weiß nicht, neben wen stellen können.
Also, man muß durchhalten!
Indessen kann ich Dir sagen, daß die zwei letzten Bilder recht drollig sind. Bilder zu 30, ein Holzstuhl mit ganz gelbem Strohsitz und roten Fliesen gegen eine Mauer. (Bei Tag.) Dann Gauguins Sessel, rot und grün, Nachtlicht, Mauer und Fußboden auch rot-grün, auf dem Sitz zwei Romane und eine Kerze. Dies Bild ist ganz dick aufgetragen. – (563)

Gauguin und ich waren gestern in Montpellier, um das Museum und vor allem den Saal Brias zu sehen. –
Da gibt es ein Delacroix-Porträt von einem Herrn mit Bart und roten Haaren, das eine verfluchte Ähnlichkeit mit Dir oder mir hat. Ich denke dabei an das Gedicht von Musset: »Überall wo ich die Erde berührte, kam ein Unheimlicher, schwarz gekleidet, ganz nahe zu uns, setzte sich hin und beschaute uns wie einen Bruder«. Du wirst den gleichen Eindruck davon haben; ich bin dessen sicher. Ich bitte Dich, in diese Buchhandlung hinzugehen, wo man Lithographien von alten und modernen Künst-

lern verkauft, und die Lithographie Tasso im Gefängnis der Tollen nach dem Delacroix zu kaufen. Denn es scheint, daß diese Gestalt Beziehungen mit dem schönen Porträt von Brias hat. – Gauguin und ich, wir reden viel von Delacroix und Rembrandt und so weiter.
Unser Zwiegespräch ist mitunter von einem außerordentlichen elektrischen Fluidum belebt, mitunter stehen wir davon auf mit müdem Kopf und wie eine elektrische Batterie nach der Entladung. –
Man darf darin nicht mutlos werden!
Du kennst dieses außerordentliche Männerbildnis Rembrandts in der Galerie Lacaze. Ich sagte schon Gauguin, ich sähe für mich darin einen gewissen Familienzug oder etwas von der Rasse des Delacroix oder der seinen, nämlich Gauguins.
Ich nenne dieses Porträt immer, ich weiß gar nicht warum, den *Wanderer* oder *den Mann, der von der Ferne kommt*.
Das ist so eine gleiche und analoge Idee, da ich Dir schon immer sagte, Du solltest Dir das Bild des alten Sixt, das schöne Porträt mit dem Handschuh, Deiner Zukunft wegen ansehen und auch das Aquarell von Rembrandt, den lesenden Sixt am Fenster mit dem Sonnenstrahl, dieses für Deine Vergangenheit und Deine Gegenwart.
Sieh, das ist es!
Gauguin sagte mir diesen Morgen, als ich ihn frug, wie er sich fühle, »er fühle seine alte Natur wiederkehren« und das machte mir viele Freude.
Als ich vergangenen Winter erschöpft und mit einem fast ruinierten Hirn hier ankam, da habe ich auch ein wenig innerlich gelitten, ehe ich mich wieder auf den Damm bringen konnte. – (564)

Ich glaube, Gauguin war etwas unzufrieden mit dieser kleinen Stadt Arles, mit dem kleinen gelben Haus, worin wir arbeiten, und vor allem mit mir.

Es gibt für ihn wie für mich wirklich noch große Schwierigkeiten zu überwinden; aber diese Schwierigkeiten liegen viel eher in uns als anderswo.
Im ganzen glaube ich, daß er einmal plötzlich abreist oder sich plötzlich entschließt, hier zu bleiben.
Ich sagte ihm, er solle, ehe er das ausführe, nachdenken und seine Rechnung machen.
Gauguin ist ein sehr starker, sehr schöpferischer Mensch; aber gerade darum muß er in Frieden bleiben.
Wird er ihn anderswo finden, wenn er ihn hier nicht findet? – (565)

Um Dich ganz zu beruhigen, schreibe ich Dir einige Worte im Arbeitszimmer des Assistenzarztes Herrn Dr. Rey, den Du selbst sahst.
Ich werde noch einige Tage im Hospital bleiben, darf dann darauf rechnen, in aller Ruhe in mein Haus zurückzukehren.
Jetzt bitte ich Dich nur um ein einziges, Dich nicht zu beunruhigen; denn das beunruhigt mich *zu sehr*. Jetzt wollen wir von unserem Freund Gauguin reden. Habe ich ihn erschreckt? Warum gibt er mir kein Lebenszeichen? Er muß doch mit Dir weggereist sein? Er hatte das Bedürfnis, Paris wiederzusehen. Vielleicht wird er sich in Paris heimischer als hier fühlen. Sage Gauguin, er soll mir schreiben, und daß ich immer an ihn denke. –

Spital der Stadt *Arles*, Bouches-Du-Rhône

Sehr geehrter Herr!
Ich füge einige Zeilen dem Briefe Ihres Herrn Bruders bei, um Sie meinerseits seinetwegen zu beruhigen.
Ich bin glücklich, daß meine Voraussagen sich verwirklicht haben und daß dieser Erregungszustand vorübergehend war.
Ich glaube bestimmt, daß er in einigen Tagen vollkommen geheilt ist.

Ich legte Wert darauf, daß er Ihnen selbst schrieb, um Sie besser mit seinem Zustand bekanntzumachen.
Ich bat ihn in mein Arbeitszimmer, um ein wenig mit ihm zu plaudern, das zerstreut mich und tut auch ihm gut.
Nehmen Sie, geehrter Herr, meine besondere Begrüßung entgegen. Rey. (567)

Es war, hoffe ich, eine einfache Künstlerschrulle und daneben noch ein tüchtiges Fieber infolge *des sehr* beträchtlichen Blutverlustes, da eine Arterie durchgeschnitten war. Aber der Appetit ist gleich wieder gekommen.
Die Verdauung ist gut und von dem Blutverlust erhole ich mich sichtlich. Von Tag zu Tag wird mir der Kopf wieder heiterer. Ich bitte Dich, nimm es Dir fest vor, diese traurige Reise und meine Krankheit zu vergessen. –
Wenn ich hier bleibe, so geschieht es, weil ich mich im Augenblick nicht verpflanzen kann.
Nach einiger Zeit können wir das Für und Gegen überlegen und unsere Berechnungen aufstellen. – (569)

Ehe ich heute (in diesem Augenblick) Deinen lieben Brief empfing, bekam ich heute früh von Deiner Braut einen Brief. Ich richtete an sie bereits meine innigen Glückwünsche, die ich auch Dir in diesem Brief wiederhole.
Meine Furcht, mein schlechtes Befinden hindere Deine so nötige Reise, die Du schon lange erhofftest, diese Furcht ist jetzt verschwunden, und ich fühle mich wirklich normal. –
Ich befinde mich körperlich wohl, die Wunde schließt sich sehr gut, und der große Blutverlust gleicht sich aus, da ich esse und gut verdaue. Das *Bedenklichste* ist die Schlaflosigkeit. Der Arzt hat sich darüber nicht geäußert, und ich habe mit ihm darüber noch nicht gesprochen. Ich will sie selbst niederkämpfen.
Ich bekämpfe diese Schlaflosigkeit mit einer ganz, ganz starken Kampferdosis, die ich in das Kopfkissen und die Matratze ein-

spritze, und wenn Du einmal nicht schlafen solltest, so empfehle ich Dir das. Ich fürchtete sehr, allein im Haus zu schlafen, und ich war beunruhigt, daß ich nicht schlafen konnte. Aber es ist sehr gut gegangen, und ich glaube, es wird nicht wieder kommen.
Ich litt im Spital furchtbar, aber trotzdem war es viel weniger schlimm wie die Schlaflosigkeit. Ich kann Dir als Merkwürdiges sagen, daß ich fortwährend an Degas dachte. Gauguin und ich hatten vorher immer von Degas gesprochen, und ich erzählte Gauguin, daß Degas gesagt hat, ich spare mich für die Arlesierinnen auf. – (570)

Nichtsdestoweniger nahm ich die Arbeit wieder auf und habe im Atelier bereits drei Studien gemacht und dann das Porträt des Herrn Rey, das ich ihm zum Andenken gab.
Dieses Mal gibt es nur noch ein schwereres Elend für mich, etwas mehr Leiden und Angst. Trotzdem bewahre ich mir alle gute Hoffnung.
Aber ich fühle mich schwach und etwas unruhig und furchtsam.
Das wird vorübergehen, wenn ich wieder zu Kräften komme.
Rey sagte mir, es genüge nur, sehr beeinflußbar zu sein, um die Krise, die ich hatte, zu bekommen. Jetzt sei ich nur blutarm, aber ich müsse mich unbedingt richtig ernähren. –
Hör zu, ich bestehe nicht weiter auf diesen absurden Dingen. Nehmen wir an, ich sei ganz außer Fassung gewesen, warum verhielt sich dann dieser berühmte Kamerad nicht ruhiger ... –
Ich möchte gerne, De Haan sähe eine Studie von mir: Eine angesteckte Kerze, zwei Romane (der eine gelb, der andere rosa), die auf einem Sessel liegen (gerade der Sessel Gauguins). In Rot und Grün, ein Bild zu 30. Heute arbeite ich am Gegenstück, meinem eigenen Stuhl. Ein Stuhl aus weißem Holz, mit einer Pfeife und einem Tabaksbeutel. In diesen beiden Studien werde

ich auch andere Lichtwirkungen mit heller Farbe anwenden. De Haan versteht wahrscheinlich, was ich sagen will, wenn Du ihm meine Worte darüber vorliest. –

Hast Du auf Deiner Reise hier die Skizze gesehen, die ich von der Postkutsche von Tarascon gemalt habe, die, wie Du Dich erinnerst, in dem Kapitel »Tartarin als Löwenjäger« vorkommt.

Erinnerst Du Dich an Bompard in Numa Raumestan und seine glühende Einbildungskraft?

Das ist so: Gauguin hat auch, wenn auch auf eine andere Art, eine vollkommen südliche Phantasie, will er im Norden etwas ausrichten, na, da wird man noch hübsche Dinge sehen können.

Nachdem wir mit aller Offenheit diese Dinge sezierten, hindert uns nichts, in ihm den kleinen Tiger Bonaparte des Impressionismus zu sehen... ich weiß nicht, wie ich sein Ausreißen aus Arles nennen kann. Vielleicht ist es der Rückkehr des kleinen, oben erwähnten Korporals vergleichbar oder parallel, der zog sich auch aus Ägypten nach Paris zurück und ließ immer seine Armee im Unglück sitzen. Glücklicherweise sind wir, Gauguin und ich, und andere Maler, nicht mit Mitrailleusen und anderen vernichtenden Kriegsmaschinen ausgerüstet. Ich bin fest entschlossen, so zu bleiben, wie ich bin, ausgerüstet mit meinem Pinsel und meiner Feder. Nichtsdestoweniger hat Gauguin in seinem letzten Brief mit großem Geschrei sein Fechtzeug zurückverlangt, das in dem kleinen Arbeitszimmer meines kleinen gelben Hauses liegt.

Ich beeile mich, ihm mit der Post diese Kindereien zugehen zu lassen, in der Hoffnung, er möge sich ihrer niemals zu ernsteren Dingen bedienen.

Er ist körperlich stärker als wir, seine Leidenschaften müssen auch stärker sein als die unseren; dann ist er Familienvater, hat seine Frau und seine Kinder in Dänemark sitzen und will so gleich von einem Ende der Erde ans andere und auch nach Mar-

tinique. Dieser ganze Widerstreit von Wünschen und Bedürfnissen ist schrecklich und muß ihn in manche Ungelegenheiten bringen.
Ich wagte es, ihn zu versichern, daß, wenn er sich ruhig mit uns halte und hier in Arles arbeite, ohne Geld zu verlieren, sogar um welches zu verdienen und Du Dich mit seinen Gemälden beschäftigen würdest, so hätte ihm seine Frau sicher geschrieben, daß sie seine Ruhe billige. Dazu kam noch, daß er leidend und schwer krank war und es sich darum handelte, das Übel und ein Heilmittel dafür zu finden. Hier waren seine Schmerzen bereits verschwunden. – (571)

Ich beendige jetzt ein kleines Bild, das zierlich, fast elegant aussieht. Ein Weidenkorb mit Orangen- und Zypressenzweigen und ein paar blauer Handschuhe. Du sahst diese Obstkörbe schon bei mir.
Höre, Du weißt, was ich suche, ich will das Geld wiederfinden, das meine Erziehung zum Maler gekostet hat, nicht mehr und nicht weniger; das ist meine Pflicht mit jedem Brosamen, den ich an jedem Tag esse.
Es scheint mir in der Ordnung, daß das zurückkommt. Ich sage nicht in Deine Hand, weil wir, was wir machten, zu zweit taten, und es ist uns so peinlich, von Geld zu reden; das mag Deine Frau bekommen, die sich mit uns verbinden wird, um für uns Künstler zu arbeiten. –
Meine Bilder sind noch nicht vollkommen genug, darum beschäftige ich mich noch nicht unmittelbar mit dem Verkauf; aber die Arbeit geht flott und ich bin in sie vollkommen hineingewachsen, mit gestählten Nerven.
Ich habe Glück und Unglück in meiner Produktion, aber nicht *nur* Unglück.
Wenn zum Beispiel unser Blumenstrauß von Monticelli für einen Liebhaber 500 Frs. wert ist, so glaube ich, daß meine Sonnenblumen von Schweden oder Amerikanern auch mit 500 Frs.

bezahlt werden. Man muß sich recht einheizen, um solche goldenen Farben bei Blumenstücken zu erreichen; der erste Beste kann das nicht, es bedarf der Kraft und der Anstrengung eines ganz gesammelten Menschen. Ich sah mir nach der Krankheit meine Bilder an. Das Schlafzimmer scheint mir das beste zu sein. –

Ich denke, daß unser Vater und unsere Mutter in manchen Beziehungen ein Vorbild für verheiratete Leute abgeben. Niemals werde ich das einzige kleine Wort vergessen, das unsere Mutter beim Tode unseres Vaters sagte. Das ließ mich die alte Mutter für alle Zukunft lieben.

Unsere Eltern waren für verheiratete Leute Vorbilder wie Roulin und seine Frau, um noch eine andere Gattung anzuführen. Also geh Deinen geraden Weg. Während dieser Krankheit sah ich jedes Zimmer unseres Hauses in Zundert. Jeden Pfad, jede Pflanze im Garten, die Umgebung, die Felder, die Nachbarn, den Friedhof, die Kirche, unseren Gemüsegarten bis auf das Elsternnest an der hohen Akazie auf dem Friedhof.

Aus diesen Tagen bewahre ich noch ganz primitive Erinnerungen an Euch alle, daran kann sich nur die Mutter und ich erinnern.

Ich will dabei nicht bleiben, denn es ist besser, ich suche nicht alles, was mir neulich im Kopfe herumging, wieder hervor. Wisse nur, daß ich nur glücklich wäre, wenn Du verheiratet bist. –

Sahst Du bei Deinem schnellen Besuch das schwarzgelbe Porträt von Madame Ginoux. Dies Porträt machte ich in dreiviertel Stunden. – (573)

(An P. Gauguin)

Allein geblieben an Bord meines kleinen gelben Hauses, wie es übrigens vielleicht meine Pflicht war, als letzter dort zu bleiben, befinde ich mich infolge der Abreise der Freunde in einer recht ver... drießlichen Stimmung. –

Jetzt plagt mich das Gewissen, daß ich selber vielleicht, der so in Sie drang, hierzubleiben und die Ereignisse abzuwarten und Ihnen so viele gute Gründe dafür angab, jetzt (sage ich) plagt mich das Gewissen, daß ich vielleicht recht eigentlich Ihre Abreise herbeigeführt habe, es sei denn, daß diese Abreise schon vorher beschlossene Sache war? Und daß es dann vielleicht meine Sache gewesen wäre zu zeigen, daß ich noch beanspruchen durfte, offen auf dem Laufenden gehalten zu werden.
Wie dem auch sei, wir lieben uns, wie ich hoffe, genügend, um auch jetzt noch im Notfall wieder anfangen zu können, wenn die Geldklemme, die, leider, für uns vermögenslose Künstler immer vorhanden ist, eine solche Maßnahme nötig machen sollte.
... Ach, mein lieber Freund, aus der Malerei das zu machen, was schon vor uns die Musik von Berlioz und Wagner bedeutet... eine Kunst des Trostes für zerrissene Herzen! Es gibt erst einige wenige, die, wie Sie und ich, das fühlen.
Mein Bruder versteht Sie gut, und wenn er mir sagt, Sie seien eine Art Unglücklicher wie ich, so beweist das entschieden, daß er uns versteht. Ich werde Ihnen Ihre Sachen senden, aber die Schwäche packt mich immer noch von Zeit zu Zeit und dann kann ich nicht einmal die nötige Kraft aufbringen, um Ihnen Ihre Sachen wieder zuzustellen. In einigen Tagen werde ich mich dazu aufraffen. Und die »Fechtmasken und Fechthandschuhe« (bedienen Sie sich so wenig wie möglich weniger kindlicher Kriegsgeräte), diese schrecklichen Werkzeuge müssen bis dahin warten. Ich schreibe Ihnen jetzt sehr ruhig, aber all das Zurückgebliebene einpacken, das habe ich bis jetzt nicht gekonnt.
Während meines Gehirnfiebers oder Wahnsinns – ich weiß nicht recht, wie ich mich ausdrücken oder wie ich es nennen soll – haben meine Gedanken viele Meere befahren. Mein Träumen ging bis zum Fliegenden Holländer und bis zum Horla*, und es

* Siehe die Novelle Maupassants.

scheint, daß ich damals gesungen habe – ich, der ich sonst überhaupt nicht singen kann – und zwar just ein altes Ammenlied, in Erinnerung an das Lied der *Berceuse*, welche die Matrosen in den Schlaf sang, und die ich, bevor mich die Krankheit packte, in ihrer farbigen Komposition zu gestalten gesucht hatte.
(Hier die Umrißzeichnung eines Fisches, auf dem das Wort Ictus *steht.)*
Ich kenne die Musik von Berlioz nicht. – (573a)

Ich will Dir nur ein paar Zeilen schreiben, um Dir zu sagen, daß es mit der Gesundheit so lala geht.
Immerhin bin ich erstaunt, wenn ich meinen heutigen Zustand mit dem vor einem Monat vergleiche.
Ich wußte ganz gut, man könne sich Arm und Beine brechen und das könnte sich wieder einrenken; aber ich wußte nicht, daß man sich das Hirn zerschlagen kann und daß auch das wieder gut würde.
Ich glaube, Du mußt bei Deinem Besuch in Gauguins Zimmer die beiden Bilder zu 30 mit den Sonnenblumen gesehen haben. Ich mache soeben die letzten Pinselstriche an durchaus gleich wertvollen Wiederholungen. Ich glaube, ich erzählte Dir, daß ich außerdem noch ein Bild der Berceuse mache. Ich arbeitete gerade daran, als meine Krankheit mich unterbrach. Davon besitze ich heute gleicherweise zwei Entwürfe.
Ich möchte mit Gauguin über dieses Bild sprechen. Wir plauderten öfters von den Islandfischern und ihrer melancholischen Einsamkeit, die allen Gefahren ausgesetzt sind, allein auf dem traurigen Meer. Ich faßte auch den Plan, ein Bild zu malen, bei dem sich die Seeleute, diese Kinder und Märtyrer, wenn sie es in der Kajüte eines isländischen Fischerkahnes sehen, gewiegt fühlen und sich ihrer alten Ammenlieder erinnern. *Das ähnelt, wenn man will, einem billigen Farbendruck.* Eine grün bekleidete Frau mit orangefarbenen Haaren hebt sich von einem grünen Hintergrund mit rosa Blumen ab und diese verschiedenen und

harten und hohen Farben, das Rosa, das Orange, das Grün, sind durch die Mollfarben der Rot und Grün besänftigt.
Ich stelle mir diese Bilder gerade zwischen den Sonnenblumen vor, die gleichsam Fackeln oder Kandelaber von derselben Größe bilden. Das Ganze setzt sich also aus sieben oder neun Bildern zusammen. Ich möchte die ganze Sache noch einmal für Holland machen, vorausgesetzt, wir haben die Mittel noch einmal.
Da wir jetzt immer Winter haben, laß mich doch ruhig meine Arbeit fortsetzen; ist sie die eines Verrückten, dann um so schlimmer, bei Gott, aber ich kann nichts dafür.
Die unerträglichen Wahnbilder sind indes verschwunden bis auf einen Alp, ich glaube, weil ich Brom nehme. –
Ich schufte vom Morgen bis zum Abend unablässig (wenn meine Arbeit wenigstens keine Halluzination ist), um Dir zu beweisen, daß wir wirklich eine Spur Monticellis und daß wir ein Licht auf unserem Weg und eine Leuchte vor unseren Füßen haben, in dem mächtigen Werk des Brias von Monpellier, der so vieles getan hat, um eine Schule im Süden zu begründen. –
Und noch einmal. Entweder schließt mich einfach in eine Tobsuchtszelle, ich werde mich nicht dagegen sträuben, wenn ich mich getäuscht habe, oder laßt mich mit all meinen Kräften arbeiten, aber auch die Vorsichtsmaßregeln treffen, die ich erwähne. Bin ich nicht toll, dann kommt auch der Tag, wo ich Dir das von Anfang an Versprochene schicken werde. Vielleicht zerstreuen sich unglücklicherweise meine Bilder, aber wenn Du sie, vorausgesetzt Du willst es, einmal zusammen siehst, so hoffe ich, wirst Du einen tröstlichen Anblick empfangen. –
Du bliebest diese ganze Zeit arm, um mich zu ernähren; aber ich werde das Geld zurückgeben oder sterben. Jetzt kommt Deine Frau und sie wird uns mit ihrem guten Herzen etwas verjüngen. Du und ich, wir werden noch Nachfolger haben. Gerade im Augenblick, als die Familie uns auf unsere eigene Hilfe verwies, sind wir nicht gestrauchelt.

Mein Gott, was mag nach der Krise kommen? Habe ich denn Unrecht?
Vorwärts! So lange diese Arbeit dauern wird, so lange wird es Künstler und Gemäldehändler geben, die wie Du zu gleicher Zeit Apostel sein werden. –
Jeder hat einmal seine Verrücktheit, den Horla oder den Veitstanz oder etwas anderes. Aber gibt es kein Gegengift in Delacroix, Berlioz oder Wagner? Gewiß, wir haben alle unseren Künstlerirrsinn, und ich leugne gar nicht, daß ich wenigstens bis aufs Mark zerrüttet bin; aber ich behaupte und werde das aufrecht erhalten, daß unsere Gegengifte und Tröstungen mit ein wenig gutem Willen vollkommen überwiegen. – (574)

Ich habe Dir gar nichts sehr Unerwartetes zu erzählen. Trotzdem will ich Dich wissen lassen, daß ich vergangenen Monat meinen Freund Roulin wieder sah. Es gab immerhin etwas... Ganz Frankreich hat gezittert. Sicher sind in unseren Augen die Wahlen, ihre Ergebnisse und die Abgeordneten, nur Symbole; aber es ist vollkommen erwiesen, daß Ehrgeiz, weltlicher Ruhm vorübergeht, aber daß bis auf heute das Klopfen des menschlichen Herzens das gleiche blieb und wir mit der Vergangenheit unserer toten Väter ebenso eins sind wie mit der kommenden Generation.
Ich bekam diesen Morgen einen sehr freundschaftlichen Brief von Gauguin, den ich ohne zu zögern sogleich erwiderte. Ich hatte gerade die Wiederholung meiner Sonnenblumen beendet, als Roulin kam, dem ich die beiden Berceuses zwischen den vier Blumenstücken zeigte.
Roulin wünscht Dir guten Tag.
Er war Sonntag bei dem Massenauflauf, als die Wahlergebnisse von Paris telegraphiert wurden. Das ganze Volk in Marseille war bis ins innerste Herz bewegt. Wer wagt es jetzt noch, Feuer für irgendeine Mitrailleuse oder ein Lebellgewehr zu kommandieren, wo die Menschen so weit vorgeschritten sind,

daß sie mit ihren Herzen eine Kanonenmündung verstopfen. Um so mehr, als die politischen Sieger dieses großen heutigen Tages Rochefort und Boulanger nach allgemeiner Übereinstimmung mehr Anspruch auf ein Grab als auf irgendeinen Thron haben.

So faßten wir dies Ergebnis auf und nicht allein Roulin und ich, noch viele andere. Roulin erzählte, er habe fast geweint, als er diese Menge in Marseille sah, die ruhig dastand; er sei fast nicht mehr zu sich gekommen, als er beim Rückschauen hinter sich ganz alte Freunde sah, die ihn zufällig erst nicht erkannten. Dann saßen sie bis spät in der Nacht beim Abendbrot zusammen.

Obwohl er sehr ermüdet war, konnte er doch seinem Verlangen, nach Arles zu kommen, um seine Familie zu sehen, nicht mehr widerstehen. Er fiel fast vor Müdigkeit um und kam ganz bleich an, um uns die Hand zu geben. Ich konnte ihm gerade die Porträts seiner Frau zeigen, was ihn freute. – (575)

Vielleicht steckt in der Berceuse etwas wie ein Versuch von kleiner Farbenmusik. Das ist zwar schlecht gemalt, und die Farbdrucke der Magazine sind technisch unendlich besser gemalt, aber trotzdem...

Hier diese *gute* Stadt Arles ist ein drolliger Platz. Freund Gauguin nennt sie aus guten Gründen den schmutzigsten Ort im Süden. Wenn Rivet die Bevölkerung hier sähe, sagte er sicher in verzweifelten Augenblicken immer wieder: Ihr alle seid krank, wie er es zu uns sagt. Aber wenn man sich die Krankheit des Landes holt, so kann man sie nicht mehr als einmal bekommen.

Damit will ich Dir sagen, daß ich mir für meine Person keine Illusionen mache. Es geht sehr, sehr gut, und ich werde alles tun, was der Arzt sagt, aber... Als ich mit dem guten Roulin aus dem Spital wegging, bildete ich mir ein, ich wäre gar nicht krank gewesen, *erst später* habe ich gefühlt, daß ich krank war.

Was willst Du, ich habe Augenblicke, wo die Begeisterung bis zum Wahnsinn oder der Prophetie gestiegen ist, in denen bin ich wie ein griechisches Orakal auf seinem Dreifuß. Ich spreche, und dann ist mein Geist sehr gefaßt, und ich rede wie die Arlesierinnen, aber bei all dem fühle ich mich so schwach. Und oft gerade, wenn die Körperkräfte wiederkommen. Aber beim geringsten schweren Anzeichen werde ich zurückkehren, wie ich bereits Rey sagte, und mich dann den Irrenärzten von Aix oder ihm selbst ganz fügen. –
Aber arbeiten wir ruhig, pflegen wir uns, soviel wir können, und erschöpfen wir uns nicht durch unfruchtbare Anstrengungen gegenseitiger Güte. Du, Du wirst Deine Pflicht tun, und ich, ich werde die meine tun. Wir haben schon beide in mehr als Worten bezahlt, und am Ende des Weges wird man sich ruhig wiedersehen. Aber wenn dann in meinem Wahnsinn alle so geliebten Dinge sich regen, so nehme ich das nicht als Wirklichkeit an und handle nicht wie der falsche Prophet.
Krankheit oder Sterblichkeit schrecken mich bei Gott nicht; aber der Ehrgeiz verträgt sich glücklicherweise nicht mit dem Metier, das wir betreiben. – (576)

Es scheint mir, Dein guter Brief enthält soviel brüderliche Angst, daß ich mich verpflichtet fühle, mein Schweigen zu brechen. Ich schreibe Dir im vollen Besitz meiner Geisteskräfte und nicht als Geisteskranker, sondern als Bruder, den Du kennst. Hier hast Du die Wahrheit. Eine gewisse Anzahl hiesiger Leute richtete an den Bürgermeister (ich glaube, er heißt Herr Tardieu) eine Adresse (es waren mehr als 80 Unterschriften), in der sie mich als einen Menschen bezeichneten, der nicht würdig sei, in Freiheit zu leben oder irgend eine ähnliche Sache.
Der Polizeikommissar oder der Direktor ordnete darauf an, mich von neuem zu internieren. Jedenfalls hat man mich lange Tage hier hinter Schloß und Riegel in der Tobsuchtszelle einge-

sperrt, und ich wurde von Wärtern bewacht, ohne daß meine Schuld erwiesen war oder erwiesen werden konnte.
Es versteht sich von selbst, daß ich im Innersten meines Herzens viel dazu zu bemerken habe. Es versteht sich von selbst, daß ich darüber nicht gekränkt bin, und sich zu entschuldigen, scheint in einem solchen Falle nur eine Anklage zu sein.
Ich bitte Dich, nicht das Nötige zu veranlassen, mich frei zu machen, denn ich bin überzeugt, daß diese Anklage in Nichts zerfällt. Allein, sage ich mir, mich zu befreien, fiele Dir sehr schwer. Wenn ich meine Entrüstung nicht zurückhielte, würde ich sofort als gefährlicher Irrer beurteilt. Hoffen wir in Geduld, aber starke Erregungen könnten meinen Zustand nur erschweren. Darum verpflichte ich Dich, sie machen zu lassen, ohne Dich da einzumischen.
Halte Dich zurück; sonst kannst Du die Sache komplizieren und verwirren.
Du wirst begreifen, daß ich jetzt, wo ich ganz ruhig bin, durch neue innere Erregungen leicht in einen Zustand der Überreizung zurückfallen könnte.
Du begreifst auch, das war für mich ein schrecklicher Schlag ins Gesicht, als ich sah, daß es hier soviel Menschen gibt, die feige genug waren, in Überzahl gegen einen einzelnen sich zu erheben, und das noch gegen einen Kranken.
Gut, ich bin furchtbar erschüttert, was meinen moralischen Zustand betrifft, aber trotzdem gewann ich eine gewisse Ruhe, um mich nicht zu erregen.
Außerdem nach wiederholten Angriffen packt mich die Demut. Ich muß also Geduld fassen.
Die Hauptsache, und ich kann Dir das nicht nachdrücklich genug sagen, ist, daß auch Du Deine Ruhe bewahrst und Dich nicht in den Geschäften stören läßt. Nach Deiner Verheiratung können wir uns daran machen, dies alles klarzulegen. Warten wir ab und laß mich hier ganz ruhig. Ich bin fest überzeugt, daß der Herr Bürgermeister ebenso wie der Kommissar eher meine

Freunde sind und daß sie ihr möglichstes tun werden, um alles ins Geleis zu bringen. Ich befinde mich hier nicht allzu schlecht, außer daß ich keine Freiheit habe und manche andere Dinge, die ich wünsche. –
Ich habe nichts, was mich zerstreut. Man verbietet mir selbst das Rauchen. Das ist sogar den anderen Kranken erlaubt, und so kann ich nichts tun als nur an alle, die ich kenne, den langen Tag und die lange Nacht denken.
Welch Elend, und all dies sozusagen für nichts.
Ich verberge es Dir nicht; ich verreckte lieber als daß ich solche Ungelegenheiten verursachte und ertrage.
Was willst Du: leiden ohne sich zu beklagen, ist die einzige Lektion, die man in diesem Leben lernen muß. – (579)

Ich schreibe Dir, um Dir mitzuteilen, daß ich Signac sah, das tat mir recht gut. Er war sehr brav, aufrichtig und einfach, als er sich überlegte, ob er die Tür [zum gelben Haus Vincents] mit Gewalt öffnen sollte, die die Polizei verschlossen hatte, wobei sie das Schloß kaputt gemacht hatte. Man wollte uns dies anfänglich nicht tun lassen, und schließlich sind wir doch hineingekommen. Ich gab ihm zum Andenken ein Stilleben, das die guten Gendarmen der Stadt Arles gereizt hatte, weil es zwei geräucherte Heringe darstellt, Du weißt, man bezeichnet hier damit Gendarmen. Du weißt wohl, daß ich in Paris zwei oder dreimal das gleiche Stilleben machte, das ich dann gegen einen Teppich austauschte; das genügt, um Dir zu schildern, worein die Leute sich hier alles mischen und was für Idioten sie sind.
Ich finde, Signac ist sehr ruhig; obwohl man ihn für so heftig hält, macht er den Eindruck eines Mannes, der im richtigen Gleichgewicht ist. Selten hatte ich mit einem Impressionisten eine Unterhaltung, die beiderseits ganz ohne Mißtöne und aufreizende Störungen verlief. –
Natürlich bleibe ich täglich in meiner Arbeit und in meinem Leben durch die Gendarmen und durch diese giftigen Tauge-

nichtse, diese Stadtbürger, gestört und angeekelt, die gegen mich bei ihrem Bürgermeister petitionierten, der von ihnen gewählt ist und darum zu ihnen hält. Es wäre nur menschlich von mir, wenn ich diesen Schindereien unterläge. Signac, glaube ich, wird Dir etwas Ähnliches sagen. –

Herr Rey sagt, daß ich, anstatt genügend und regelmäßig zu essen, mich durch Kaffee und Schnaps aufrecht hielt. Ich füge dies alles bei. Aber es wird richtig bleiben, daß um diese grellgelbe Note, die mir diesen Sommer gelang, zu erreichen, alles ein wenig auf die Spitze getrieben werden mußte. Schließlich ist der Künstler ein Mann der Arbeit und nicht der erstbeste Maulaffe; man kann ihn nicht endgültig kaputt machen.

Wenn ich das Gefängnis oder die Tollwutzelle ertragen soll, warum nicht?

Haben nicht Rochefort, Hugo und andere ein ähnliches Beispiel aufgestellt, als sie die Verbannung erduldeten, und der erste sogar das Bagno.

Aber ich will damit nur sagen, daß das jenseits von Gesundheit und Krankheit steht. Natürlich ist diese Parallele nicht persönlich gemeint. Ich will nicht sagen, daß ich den gleichen Platz einnehme, sondern einen untergeordneten und niedrigen, aber immerhin, ich ziehe eine Parallele. Und hier hast Du die erste und die letzte Ursache meiner Verirrung. –

Denken wir etwas nach, ehe wir in eine andere Gegend ziehen. Du siehst, ich habe im Süden nicht mehr Glück als im Norden; das ist überall das gleiche.

Ich denke daran, einfach die Rolle eines Irren anzunehmen, wie Degas den Notar markierte. Aber sieh, ich fühle nicht die genügende Kraft zu einer solchen Rolle.

Du redest mir von etwas, was Du den wahren Süden nennst; hier den Grund, warum ich niemals hingehe, ich lasse das für Leute, die vollkommener, ganzer, als ich selbst sind. Ich bin nur gut für eine Übergangssache, eine Sache zweiten Ranges, die vergänglich ist. Welche Kraft meine Empfindungen auch ha-

ben, oder welche Fähigkeiten mich auszudrücken ich einmal erlangen kann, wenn meine sinnlichen Leidenschaften verlöscht sind, niemals kann ich nach einer so erschütternden Vergangenheit ein überragendes Gebäude errichten.
Darum läßt es mich kalt, was mir widerfährt, selbst wenn ich hier bleiben muß. Ich glaube, später gleicht sich mein Schicksal aus. Sich in Acht nehmen vor geistigen Erschütterungen – Du, indem Du Dich verheiratest, ich mache mich zu alt – das ist die einzige Politik, die für uns paßt. – (581)

Ich glaube, mein lieber Bruder, daß ich bald nicht mehr krank genug bin, um noch interniert zu bleiben. Sonst fange ich an, mich daran zu gewöhnen, und wenn ich im Spital bleiben müßte, würde ich auch hier arbeiten; ich glaube, ich kann hier auch Motive zum Malen finden. –
Ich las in diesen Tagen wieder die Weihnachtsgeschichte von Dickens, darin gibt es so tiefe Dinge, daß man sie oft lesen kann; das hat ungeheure Beziehungen zu Carlyle.
Roulin ist nicht alt genug, um zu mir wie ein Vater zu sein. Jedenfalls besitzt er für mich eine stille Gewichtigkeit und Zärtlichkeit, wie sie vielleicht ein alter Soldat für einen jungen hat. Immer aber, ohne ein Wort, scheint er mir sagen zu wollen, wir wissen nicht, was morgen geschieht, aber was es auch sei, denke an mich. Und das tut wohl. Besonders, wenn es von einem Mann kommt, der nicht verbittert, noch traurig, oder vollkommen glücklich oder immer einwandfrei ist. Aber er ist so kindlich weise und feinfühlig gläubig. Höre, ich habe gar kein Recht, mich über irgendetwas in Arles zu beklagen, besonders, wenn ich an Gewisses denke, das ich sah und niemals vergessen kann. – (583)

Ich möchte Ende des Monats in das Irrenhaus von St. Remy, oder in eine andere Anstalt, von der mir Herr Salles erzählte, gehen.

Entschuldige mich, daß ich nicht zu Einzelheiten übergehe, um so das Für und Wider einer solchen Umsiedlung zu erwägen. Davon zu sprechen, schlägt mir noch den Schädel entzwei. Es genügt hoffentlich, wenn ich sage, daß ich mich vollkommen unfähig fühle, ein neues Atelier zu mieten, um darin allein zu bleiben, hier oder anderswo, es kommt auf dasselbe heraus. Ich versuchte, es mir in Gedanken vorzustellen, daß ich noch einmal anfange, aber das ist für den Augenblick unmöglich.

Ich fürchtete, die Fähigkeit zu arbeiten, die jetzt zurückkehrt, zu verlieren, wenn ich mich überanstrenge und außerdem noch all diese Verantwortlichkeit mit einem Atelier auf den Rücken nehme. Vorläufig wünsche ich interniert zu bleiben wegen meiner eigenen Ruhe und der der anderen.

Es tröstet mich ein wenig, daß ich allmählich die Verrücktheit wie jede andere Krankheit ansehe und die Sache eben aufnehme, wie sie ist. Während der Krisen glaube ich das, was ich mir einbilde, wäre wirklich. Aber ich will daran weder denken, noch davon reden. Erlasse mir Auseinandersetzungen, aber ich bitte Dich, bei Herrn Salles und Herrn Rey zu bewirken, daß ich Ende Monats oder Anfang Mai dahinunter als internierter Pensionär komme.

Noch einmal mit diesem Malerleben wie bisher anfangen, im Atelier isoliert sein von früh an und ohne eine Möglichkeit, sich zu zerstreuen als in ein Café und in ein Restaurant zu gehen, mit all der Kritik der Nachbarn usw., *ich kann das nicht mehr aushalten*. Mit jemand anderem zusammenleben, mit einem anderen Künstler, das ist schwer, sehr schwer; man nimmt damit eine zu große Verantwortlichkeit auf sich. Ich wage nicht daran zu denken. Also beginnen wir auf 3 Monate damit, wir werden danach weiter sehen. Die Pension wird ungefähr 80 Frcs. kosten. Ich werde ein wenig Malerei und Zeichnungen machen, ohne damit zu wüten, wie im vergangenen Jahre.

Betrübe Dich nicht wegen all diesem. Als ich meine Möbel

wegbrachte und die Bilder verpackte, die ich Dir schicken werde, war mir traurig zu Mute und es schien besonders traurig, daß, wo Du mir in so viel Brüderlichkeit alles gegeben hast, wo Du es während so vieler Jahre allein warst, der mich unterhielt, daß ich so zu Dir komme und diese traurigen Geschichten erzählen muß. Aber es auszudrücken, wie ich es fühle, ist schwer für mich. Die Güte, die Du für mich hattest, ist nicht verloren, einfach, weil Du sie besaßest und das bleibt Dir. Selbst wenn die materiellen Ergebnisse nichtig sein sollten, bleibt Dir das doch bei genauerem Hinschauen. Aber ich kann Dir es nicht sagen, wie ich es fühle. Du begreifst, wenn der Alkohol eine der Hauptursachen meiner Verrücktheit ist, daß sie sehr langsam gekommen ist und auch langsam weggehen wird, vorausgesetzt, daß sie überhaupt weggeht, wohlverstanden. Oder wenn sie vom Rauchen kommt, ist das die gleiche Sache. Aber ich möchte nur glauben, daß dies die Heilung – – – – – – – – – –
Bei manchen Leuten ist der Aberglaube wegen des Alkohols so stark, daß sie sogar niemals trinken und rauchen – – – – – – – –

Es ist uns geboten, nicht zu lügen, zu stehlen usw., keine großen oder kleinen Verbrechen zu begehen, aber es wird zu kompliziert, nichts als Tugenden zu besitzen in einer Gesellschaft, in der wir zweifellos verwurzelt sind, ob sie nun gut oder böse ist.

Ich versichere Dir, daß ich in diesen merkwürdigen Tagen, wo so viele Dinge mir komisch erschienen, weil mein Hirn erregt ist, ich in alledem nicht den Vater Pangloß verabscheue; aber Du wirst mir einen großen Dienst erweisen, wenn Du die Sache mit Herrn Salles und Herrn Rey offen besprichst. Es scheint mir möglich, mich mit einer Pension von 50 bis 60 Frcs. im Monat zu internieren. Das muß zu machen sein, daß ich wohl alles nötige bekommen.

Dann halte ich viel darauf, vorausgesetzt, daß es möglich ist, daß ich während des Tages ausgehen kann, um zu zeichnen oder

zu malen. In Anbetracht, daß ich jetzt hier wieder alle Tage ausgehe, und ich glaube, daß kann ich fortsetzen.
Bezahlte ich mehr, so wisse, wäre ich weniger glücklich. Die Gesellschaft der anderen Kranken ist, Du begreifst das, keineswegs unangenehm, im Gegenteil, sie zerstreut mich. Das gewöhnliche Essen bekommt mir sehr gut, besonders wenn man mir wieder, wie ich es hier gewohnt bin, einen halben oder einen viertel Liter Wein zum Beispiel gäbe.
Aber ein Zimmer für mich! Man muß erfahren, ob die Hausordnung dieser Anstalt das ermöglicht. Wisse, Rey ist mit Arbeit überhäuft und überladen. Wenn er oder Herr Salles Dir schreiben, ist es besser, ganz gerade heraus zu tun was sie sagen. Schließlich muß man seinen Entschluß fassen, mein Lieber. Die Krankheiten sind heute, und das ist schließlich sehr recht, früher oder später unser Teil, nachdem wir Jahre hindurch verhältnismäßig gesund gelebt haben. Du begreifst, ich hätte nicht gerade die Verrücktheit gewählt, wenn ich die Wahl gehabt hätte. Aber wenn man einmal eine Sache hat, kann man sie doch wenigstens nicht noch einmal bekommen. Indes tröstet es mich, daß ich ein wenig im Malen fortfahren kann. Wie wirst Du es machen, um Deiner Frau weder zu viel Gutes noch zu viel Schlechtes von Paris noch einer Menge anderer Dinge zu sagen?
Fühlst Du Dich im voraus durchaus fähig, darin das richtige Maß zu halten?
Ich drücke Dir in Gedanken fest die Hand. Ich weiß nicht, ob ich Dir sehr oft schreiben kann, weil meine Tage nicht immer klar genug sind, um Dir ein wenig logisch zu schreiben. Alle Deine Guttaten zu mir fand ich niemals größer als heute. Ich kann Dir es nicht sagen, wie ich es empfinde, aber ich versichere Dir, diese Güte war sehr groß und wenn Du auch keine Ergebnisse siehst, mein lieber Bruder, gräme Dich darum nicht; diese Güte wird Dir bleiben.
Übertrage nur auf Deine Frau diese Zuneigung so sehr wie möglich.

Und wenn wir weniger Briefe wechseln, dann wird sie Dich, wenn sie so ist, wie ich glaube, trösten. Sieh, das hoffe ich. – (585)

Für Augenblicke, wo die Wogen sich gleichsam brechen an den stumpfen Klippen der Verzweiflung, bricht ein Sturm von Sehnsucht in mir hervor, irgend eine Sache zu umarmen, irgend eine Frau, eine Art Haushenne. Aber schließlich muß man das nehmen, wie es ist, eher als Wirkung einer hysterischen Überreizung als eine Vision der richtigen Wirklichkeit. Rey und ich, wir haben schon manchmal damit unseren Witz getrieben; denn er sagt, die Liebe sei auch ein Bazillus; dies wunderte mich nicht sehr und es schadet ja auch nichts.
Ist der Christus von Renan nicht tausendmal tröstlicher als so viele Christusse in Papiermaché, die man Euch in den Etablissements, genannt protestantische oder katholische Kirchen, vorsetzen wird? Und warum sollte es nicht so mit der Liebe sein? Ich werde so bald wie möglich den Antichrist von Renan lesen. Ich habe gar keine Vorstellung, was es sein kann, aber ich glaube im voraus, ich werde darin ein oder zwei unaussprechliche Dinge finden.
Ach, mein lieber Theo, wenn Du die Olivenbäume in dieser Jahreszeit sähest!
Das Blätterwerk, das noch wie altes Silber aussieht, beginnt gegen das Blau zu grünen. Der gepflügte Boden ist orangefarben. Das ist eine ganz andere Sache, wie man sie sich im Norden vorstellt. Das ist von einer Feinheit, einer Vornehmheit. Das ist wie die abgeschnittenen Trauerweiden unserer holländischen Wiese oder die eichenen Büsche auf unseren Dünen. Das heißt, dieses Murmeln eines Olivengartens hat etwas ganz intim heimliches, wie unendlich altes.
Das ist zu schön, als daß ich es zu malen wage oder es verstehen könnte. Der Kirschlorbeer, ach, das spricht von Liebe und ist schön wie das Bild von Puvis de Chavannes, worauf es Frauen

am Strand gibt. Aber der Olivenbaum ist eine andere Sache, das kann man, wenn man will, mit Delacroix vergleichen. – (587)

Wenn ich ohne Deine Freundschaft wäre, würde man mich ohne Gewissensbisse zum Selbstmord treiben, und wie feige ich auch bin, ich würde es schließlich tun. –
Als Maler werde ich nie etwas Großes bedeuten, das spüre ich absolut. Wären der Charakter, die Erziehung und die Umstände andere gewesen, so hätte das oder jenes werden können. Aber wir sind zu positiv, um durcheinander zu werfen. Mitunter bedauere ich, daß ich nicht einfach bei meiner holländischen Palette mit den grauen Tönen geblieben bin und auf dem Montmartre gepinselt habe.
Nun denke ich daran, noch einmal mit dem Federzeichnen zu beginnen, z. B. den Blick vom Mont Majour, den ich vergangenes Jahr malte. Das ist weniger teuer und zerstreut mich auch etwas. Heute fabrizierte ich eine solche Zeichnung, die sehr schwarz und melancholisch geworden ist, in Anbetracht dessen, daß wir Frühling haben. Aber schließlich, was auch komme und wie es mir ergehen mag, das ist eine Sache, mit der ich mich auf lange hinaus beschäftigen kann. –
Es ist ganz erstaunlich, wie ich mich körperlich wohl fühle, aber das reicht nicht aus, um darauf die Hoffnung zu gründen, daß es auch so mit dem Gehirn bestellt sei. Ich möchte sehr gern, wenn ich da unten mich etwas auskenne, versuchen, Krankenwärter zu werden, allmählich irgendetwas zu arbeiten und die erste beste Beschäftigung aufzunehmen.
Ich werde den Vater Pangloß furchtbar nötig brauchen, wenn es noch einmal dazu kommt, daß ich verliebt werde. Der Alkohol und der Tabak haben schließlich das Gute oder Schlechte, je nachdem, daß sie, man könnte sagen, Gegenmittel gegen die Liebe sind. Sie sind nicht immer zu verachten bei der Ausübung der schönen Künste. Das eben beweist, daß man nicht verges-

sen darf, über alles zu spotten. Tugend und Nüchternheit führten mich, ich fürchte das nur zu sehr, in diese Stürme, wo ich gewöhnlich sehr rasch und vollkommen die Richtschnur verliere, und diesesmal muß ich versuchen, weniger Leidenschaft und mehr Bonhomie zu bekommen.
Die gewöhnlichen Leidenschaften bedeuten für mich nicht viel, obwohl ich die Kräfte spüre, verbunden zu bleiben mit den menschlichen Wesen, mit denen zusammen man leben muß. – (590)

Saint-Rémy

Mai 1889 bis Mai 1890

Aus dem Wunsche nach ärztlicher Überwachung, aus eigenem Entschlusse, begab sich van Gogh im Mai 1889 in die Irrenanstalt von Saint-Rémy, obwohl sein Bruder Theo auch andere Lösungen erwogen hatte.

»Da ich Dich genügend kenne, um Dich aller nur denkbaren Opfer für fähig zu halten«, schreibt dieser, »habe ich an die Möglichkeit gedacht, daß Du auf diese Lösung gekommen bist, um denen, die Dich kennen, weniger zur Last zu sein. Wenn es so steht, flehe ich Dich an, es nicht zu tun, denn sicher ist das Leben in einer solchen Anstalt nicht angenehm. Überlege Dir also gut, was Du tust und ob Du nicht vorher noch einen anderen Versuch machen solltest. Entweder könntest Du für einige Zeit wieder hierherkommen oder den Sommer über nach Pont-Aven gehen oder auch Dir eine Unterkunft bei Leuten suchen, die sich um Dich kümmern werden...«

Im alten Kloster von Saint-Rémy, wo die Anstalt untergebracht war, konnte der Künstler seine Arbeit verhältnismäßig frei weiterführen, obwohl sich die Anfälle von Zeit zu Zeit – und immer unerwartet – wiederholten. Die Themen seiner Frühzeit erstanden hier wieder in seinen Werken, nur jetzt in einen kosmischen Raum transponiert und in der düster-ernsten Farbgebung eines Menschen, der mit seinem Lebensmut auf äußerstem Posten ausharrt.

Während des einjährigen Aufenthalts in der provenzalischen Anstalt für Geisteskranke erreichen Vincent (der in seinem Leben nie auch nur ein Bild verkauft hat) erste Vorboten kommenden Ruhms: Im Januar 1890 erscheint im »Mercure de France«

über ihn ein enthusiastischer, geradezu flammender Aufsatz von Albert Aurier, der sowohl dem Leidenschaftsgrad wie der menschlichen Substanz und ideellen Tiefe und natürlich auch den revolutionären Aspekten dieser Kunst Rechnung trägt.

Ich wollte Dir sagen, ich glaube, es war gut getan, hierher zu gehen. Zunächst weil ich die *Wirklichkeit* des Lebens der Verrückten und der verschiedenen Irren in dieser Menagerie sehe, verliere ich die vage Furcht, die Angst vor dieser Sache, und allmählich komme ich dazu, die Verrücktheit wie eine andere Krankheit anzusehen, Außerdem tat mir der Wechsel der Umgebung, wie ich glaube, gut.
Der hiesige Arzt neigt dazu, soweit ich weiß, das, was mir zustieß, als einen epileptischen Anfall anzusehen. Aber ich habe ihn nicht danach gefragt.
Hast Du schon die Kiste mit den Bildern bekommen? Ich bin neugierig, ob sie bei der Verschickung gelitten haben oder nicht.
Ich arbeite an zwei anderen, an violetten Iris und an einem Fliederbusch, zwei Motive, die ich hier im Garten fand.
Das Pflichtgefühl für die Arbeit meldet sich bei mir wieder, und ich glaube, daß alle meine Fähigkeiten zur Arbeit mir ziemlich rasch wiederkehren.
Nur absorbiert mich die Arbeit oft dermaßen, daß ich, glaube ich, für immer abwesend und unfähig bleibe für den ganzen Rest meines Lebens. – (591)

(An die Schwägerin Johanna van Gogh-Bonger)
Vielen Dank für Ihren Brief, in dem ich vor allem Nachrichten über meinen Bruder suchte, und ich finde diese sehr gut. Ich sehe, Sie bemerkten bereits, daß er Paris liebt und das verwundert Sie augenscheinlich, Sie, die Sie es nicht lieben oder vielmehr die Sie vor allem die Blumen lieben, z. B. wie ich anneh- me, die Glyzinien, die wahrscheinlich zu blühen beginnen.

Wäre es nicht möglich, daß, wenn man eine Sache liebt, man sie besser und richtiger sieht als wenn man sie nicht liebt?
Für ihn wie für mich ist Paris gewissermaßen eine Art Friedhof, wo viele Künstler, die wir direkt oder mittelbar kannten, zugrunde gingen. Gewiß, Millet, den Sie lieben lernen und mit ihm viele andere, versuchte aus Paris herauszukommen. Aber Delacroix z. B. kann man sich nur schwer anders als Pariser vorstellen. Ich sage all dies, um Sie zu verpflichten, bei aller Reserve »an die Möglichkeit zu glauben, daß es in Paris auch ein Heim geben kann und nicht nur Wohnungen«.
Glücklicherweise sind *Sie* selbst sein Haus. Es ist ziemlich komisch, aber das Ergebnis dieser schrecklichen Krise ist, daß es in meinem Geist weder Wunsch noch Hoffnung gibt. Und ich frage mich, ist das wirklich, daß, wenn die Leidenschaften ein wenig erlöschen, man den Berg hinabgeht anstatt ihn zu ersteigen? Schließlich, meine Schwester, wenn Sie zu glauben vermögen, wenigstens fast, daß alles in dieser besten der Welten zum Besten geht, dann können Sie vielleicht gleicherweise glauben, daß Paris die beste aller Städte ist.
Bemerkten Sie vielleicht schon, daß die alten Droschkengäule so große schmerzdurchzuckte Augen haben wie manchmal Christen? Wie dem auch sei, wir sind keine Wilden, keine Bauern, und mitunter sind wir sogar vielleicht *verpflichtet*, diese (sogenannte) Zivilisation zu lieben. Es wäre wohl scheinheilig, zu behaupten oder zu glauben, daß Paris schlecht ist, wenn man darin lebt. Wenn man Paris zum erstenmal sieht, so nimmt es sich fast aus, als wäre alles unnatürlich schmutzig und traurig.
Schließlich, wenn Sie nicht Paris lieben, dann lieben Sie vor allen Dingen nicht die Malerei und nicht die, die sich damit direkt oder mittelbar beschäftigen. Denn es ist nur zu zweifelhaft, ob dies schön oder nützlich ist. Aber, was wollen Sie, es gibt Menschen, die lieben die Natur und sind dabei ganz verrückt oder krank, so die Maler. Dann gibt es Leute, die lieben, was Men-

schenhand machte und die sogar dazu kommen, die Gemälde zu lieben.
Obwohl es hier einige Schwerkranke gibt, hat sich die Furcht, der Schrecken, den ich früher vor der Verrücktheit hatte, schon sehr gemildert. Und obwohl man beständig Schreie und furchtbares Heulen wie von Tieren in einer Menagerie hört, so kennen sich trotzdem die Leute hier gut untereinander und einer hilft dem andern, wenn er in eine Krise fällt. Wenn ich im Garten arbeite, besuchen sie mich, um es zu sehen, und ich versichere Sie, sie sind zurückhaltender und höflicher und lassen mich mehr in Ruhe als z. B. die guten Bürger von Arles.
Es ließe sich gut machen, daß ich hier ziemlich lange bliebe. Niemals könnte ich so ruhig wie hier, oder im Krankenhaus von Arles malen. Ganz in der Nähe hier gibt es kleine Berge, grau oder blau, deren Fuß voller Kornfelder steht und ganz ganz grün von Pinien ist.
Ich schätzte mich sehr glücklich, wenn es mir gelänge, etwas zu arbeiten, um zu verdienen. Denn es macht mir viel Sorge, wenn ich mir sage, ich habe so viele Bilder und Zeichnungen gemacht, ohne jemals zu verkaufen. Aber finden Sie darin, wie es auch sei, nicht zu viel Ungerechtigkeit? Ich weiß davon nichts. – (591a)

Was Du von der Berceuse sagst, freut mich. Das ist ganz richtig, daß das Volk, das die Farbendrucke bezahlt und sentimentalbarbarische Drehorgellieder anhört, auf dem rechten Weg ist, und vielleicht ernsthafter als gewisse Boulevardmenschen, die in den Salon gehen. –
Wisse, wenn Du sie folgendermaßen aufstellst, daß die »Berceuse« in der Mitte hängt und die beiden Bilder mit den Sonnenblumen rechts und links, so hast Du eine Art Triptychon und daneben die gelb und orangefarbenen, und dann wirken sie viel stärker durch die Nachbarschaft der gelben Farben. Dann wirst Du verstehen, daß ich Dir schreibe, meine Absicht sei ge-

wesen, eine Dekoration zu machen, wie sie z. B. in einer Matrosenkajüte sein könnte. Dann hat das breite Format und die summarische Handschrift ihre Berechtigung. Der Rahmen in der Mitte ist dann rot, und die beiden Sonnenblumen sind auch eingerahmt.

Du siehst, diese Rahmen aus einfachen Latten machen sich ziemlich gut, und ein derartiger Rahmen kostet nicht viel.

Es wäre vielleicht gut, die grün und roten Weinberge damit einzurahmen, die Furchen und das Schlafzimmer.

Hier ein neues Bild zu 30, ebenso gewöhnlich wie ein Farbendruck, das die ewigen, grünen Schlupfwinkel Verliebter darstellt; grüne Baumstümpfe, mit Efeu umrankt, der Boden gleichermaßen mit Efeu und Grün bedeckt. Eine Steinbank und ein Gebüsch bleicher Rosen im kalten Schatten. Im Vordergrund einige Blumen mit weißen Kelchen, das ist Grün, Violett und Rosa.

Es handelt sich darum, Stil hineinzubringen, der bei den Bazarfarbendrucken und den barbarischen Drehorgelliedern fehlt. –

Ich *versichere* Dir, daß ich mich hier sehr wohl fühle und vorläufig gar keinen Grund sehe, nach Paris in eine Pension zu gehen, oder in die Umgebung. Ich habe ein kleines Zimmer mit graugrünen Tapeten, mit meergrünen Vorhängen, die mit ganz bleichen Rosen gemustert und durch schmale blutrote Streifen etwas belebt sind.

Die Zeichnung dieser Vorhänge ist sehr schön. Vielleicht stammen sie aus einer reichen heruntergekommenen Familie. Von da kommt wohl auch ein abgenutzter Sessel her, dessen Stoff à la Diaz und Monticelli gefleckt ist. Braun, rot, rosa, weiß, cremefarben, schwarz, blau, vergißmeinnichtfarben und flaschengrün. Durch das außen vergitterte Fenster sehe ich durch einen Zaun ein viereckiges Kornfeld, ein Ausblick à la van Goyen, darüber sehe ich jeden Morgen, wie die Sonne in ihrer Glorie aufgeht.

Da mehr als 30 Zimmer leer stehen, habe ich noch ein Arbeitszimmer.
Das Essen ist so lala. Es schmeckt natürlich ein wenig nach Schimmel, wie in einer Pariser Kneipe oder einem Pensionat. Die Unglücklichen hier haben absolut keine andere Zerstreuung (sie haben kein Buch, nichts, um sich zu zerstreuen, als ein Kegelspiel und ein Damebrett), als sich Kohl, Bohnen, Linsen und anderes Gemüse und sonstiges Futter in geregelten Mengen und zu bestimmten Stunden in den Mund zu stopfen.
Die Verdauung dieses Eßzeuges bietet dann noch einige Schwierigkeiten und so füllen sie ihren Tag auf eine ebenso harmlose wie billige Art aus.
Aber ganz im Ernst. Die *Ängste* vor der Verrücktheit nehmen beträchtlich ab, wenn ich so ganz aus der Nähe die Menschen sehe, die davon ergriffen sind, und ich kann für die Folge ganz leicht unter ihnen bleiben. Vorher hatte ich einen Schreck davor und es brachte mich immer zur Verzweiflung, wenn ich daran denken mußte, daß eine Menge Malersleute ... auf diese Weise endigten. Ich konnte sie mir dann beim besten Willen nicht in diesem Zustand vorstellen.
Jetzt denke ich darüber ohne die geringste Angst nach, d. h. ich finde es nicht schrecklicher, wenn die Leute an einer anderen Sache daraufgegangen wären, an der Schwindsucht oder an der Syphilis zum Beispiel. –
Denn obwohl es welche gibt, die schreien und immer sinnlos sind, so gibt es hier doch viel wahre Freundschaft, die sie für den anderen empfinden, und sie sagen, man muß die anderen ertragen, weil die anderen uns ertragen. Und so haben sie noch manche richtigen Grundsätze, die sie in die Praxis umsetzen. Und wir verständigen uns untereinander sehr gut. Ich kann z. B. hie und da mit einem sprechen, weil er, der nur in unzusammenhängenden Tönen antwortet, nicht Furcht vor mir hat.
Wenn einer in eine Krisis verfällt, dann achten die anderen auf ihn und kommen dazwischen, damit er sich nichts antue.

Dieselbe Sache ist bei denen, die die Manie haben, sich aufzuregen. Dann laufen alte Stammgäste der Menagerie herbei und trennen die Kombattanten, wenn es einen Streit gibt. Es ist wahr, einige darunter haben ganz schlimme Fälle, ob sie nun schrecklich schmutzig sind oder gefährlich; diese sind in einem anderen Hof.

Jetzt nehme ich zweimal in der Woche ein Bad, worin ich 2 Stunden bleibe. Mit dem Magen geht es unendlich besser als seit einem Jahr. Ich muß eben nur so weiter machen. Hier werde ich weniger als anderswo ausgeben, und ich rechne noch darauf, hier Arbeiten zu machen; denn die Natur ist schön. Meine Hoffnung besteht darin, daß ich am Ende eines Jahres besser als jetzt weiß, was ich kann und will, und vor allem kann ich nach einem Jahr ganz allmählich wieder anfangen. Nach Paris zurück zu gehen oder sonst wohin, mißfällt mir sehr, ich fühle mich jetzt vollkommen am richtigen Platz. Nach meiner Meinung leiden die, die seit vielen Jahren hier sind, an einer übermäßigen Erschlaffung, davor wird mich bis zu einem gewissen Maße meine Arbeit bewahren. Der Saal, wo man sich während der Regentage aufhält, ist wie ein Wartesaal dritter Klasse in einer schlafenden Stadt. Um so mehr, als es einige irrsinnige Personen gibt, die immer einen Hut tragen, eine Brille, einen Stock und tun, als wenn sie auf der Reise wären, beinahe wie in einem Seebad, und die glauben, hier durchzufahren.

Ich muß Dich noch um Farbe und vor allem um Leinwand bitten. Wenn ich Dir die vier Bilder, an denen ich jetzt arbeite, schicke, dann wirst Du sehen, daß das Leben, zumal es sich im Garten abspielt, nicht so traurig ist. Gestern zeichnete ich einen großen, ziemlich seltenen Nachtfalter, den man Totenkopf nennt.

Er hatte erstaunlich vornehme Farben, schwarz, grün, weiß mit Karminreflexen, das etwas grünoliv schimmert. Er ist sehr groß.

Um ihn zu malen, hätte man ihn töten müssen und das wäre

schade. So schön war das Tier. Ich schicke Dir die Zeichnung mit einigen anderen Pflanzenzeichnungen. –

Ich will noch von meinem Zustand sprechen. Ich bin noch für eine andere Sache so dankbar. Ich beobachtete bei den anderen, daß sie auch in ihren Krisen merkwürdige Klänge und Töne hörten und die Dinge vor ihnen sich zu verändern scheinen. Das mildert meinen Schreck, den ich ehemals von der Krise, die ich hatte, bekam; und wenn das unerwartet vorkommt, so kann es nicht anders als einen sehr erschrecken. Wenn man aber einmal weiß, was an der Krankheit daran ist, nimmt man sie von einer anderen Seite. Hätte ich keinen anderen Irrsinnigen gesehen, so hätte ich mich nicht von diesem Gedanken befreien können. Denn während der Angstzustände erlebt man keine komischen Sachen. Die meisten Epileptiker beißen sich in die Zunge und verbluten sich. Rey erzählte mir, er habe einen solchen Fall gesehen, wo einer sich wie ich am Ohr verwundet habe, und ich hörte einen hiesigen Arzt sagen, der mich mit dem Direktor besuchte, daß er bereits auch einen solchen Fall gesehen habe. Ich glaube, daß, wenn man einmal weiß was es ist, einmal diesen wirklichen Zustand kennt und weiß, daß man den Krisen unterworfen ist, dann leidet man nicht mehr solche Angst oder Schrecken.

Es sind jetzt 5 Monate, daß es abnimmt, ich habe gute Hoffnung wieder hochzukommen oder wenigstens nicht mehr Krisen von solcher Stärke zu bekommen.

Hier gibt es einen, der schreit und spricht immer wie ich, seit 15 Tagen. Er glaubt, im Widerhall der Korridore Stimmen und Worte zu hören, wahrscheinlich weil die Gehörnerven krank und zu reizbar sind. Bei mir waren es einmal die Augen und Ohren, wie es nach Mitteilung von Rey bei Beginn der Epilepsie öfters der Fall ist. Jetzt war die Erschütterung so, daß es mich ekelte, selbst eine Bewegung auszuführen, und nichts wäre mir so lieb gewesen als nie wieder zu erwachen. Jetzt ist der *Schreck vor dem Leben* schon weniger deutlich und der Trübsinn weniger

betont. *Aber ich habe noch gar keinen Willen*, ebenso wenig Wünsche und was sonst im gewöhnlichen Leben der Fall ist, ich denke fast gar nicht daran, irgendwelche Freunde wiederzusehen. Darum bin ich auch noch nicht auf dem Punkt angelangt, von hier bald weg zu gehen. Ich hatte noch immer furchtbare Melancholie.
Und nur in den letzten Tagen mäßigte sich mein Abscheu vor dem Leben etwas, von da bis zum Willen und zur Handlung ist noch ein weiter Weg. – (592)

Ich ging einmal, und noch in Begleitung, in das Dorf. Allein, schon der Anblick der Menschen und der Dinge bewirkte, daß ich einer Ohnmacht nahe kam und mich sehr schlecht befand.
Vor der Natur hält mich das Gefühl meiner Arbeit aufrecht. Aber schließlich will ich Dir sagen, in mir muß es irgendwelche zu starke Erregung gegeben haben, die mich dahingebracht hat, und ich weiß gar nicht, was daran Schuld ist. In manchen Augenblicken sehne ich mich schrecklich nach der Arbeit und will doch gar nicht mehr von vorne beginnen. –
Es ist komisch, jedesmal, wenn ich versuche, nachzudenken, und mir Rechenschaft über die Dinge ablegen will, warum ich hierher kam und daß das schließlich ein Unfall wie jeder andere sei, ergreift mich eine schreckliche Angst und ein Schaudern und hindert mich, weiter zu denken. Es ist wahr, das versucht vage, sich zu vermindern, aber das scheint mir auch zu beweisen, daß es in meinem Hirn, ich weiß es nicht, irgendetwas Zerstörtes gibt. Aber das ist so seltsam, sich vor nichts zu fürchten und sich an nichts erinnern zu können. Du kannst schon damit rechnen, ich tue mein Möglichstes, um wieder aktiv zu werden und werde vielleicht doch nützlich in dem Sinne, daß ich bessere Bilder als bisher machen will.
In der Landschaft hier gibt es viele Dinge, die einen oft an Rußland denken lassen, aber die Gestalten der Arbeiter fehlen. Bei uns sieht man überall und zu jeder Jahreszeit Männer, Frau-

en, Kinder, Tiere bei der Arbeit. Hier hingegen nicht den dritten Teil davon, und das ist auch nicht der freie nordische Arbeiter, das scheint mit einer linkischen und schlaffen Hand zu arbeiten ohne Zug. Vielleicht ist das ein Gedanke, den ich mir unrecht auskünstelte, da ich nicht aus dem Land bin. – (594)

Ich habe ein ganz helles, gelbes Kornfeld, vielleicht ist das das hellste Bild, das ich machte.
Die Zypressen beschäftigen mich andauernd, ich möchte daraus eine Sache machen, wie die Bilder mit den Sonnenblumen; denn es wundert mich, daß man sie noch nicht so gesehen hat; das ist in den Linien und Verhältnissen so schön wie ein ägyptischer Obelisk.
Und das Grün ist von solch vornehmer Qualität; das ist der *schwarze* Fleck in einer sonnigen Landschaft. Aber sie besitzt eine der interessantesten schwarzen Färbungen, die schwierigste, die man finden und sich vorstellen kann. Denn man muß sie hier gegen das Blau sehen, oder richtiger gesagt Innenblau. –
Ich glaube, daß von den beiden Zypressenbildern das, wovon ich die Zeichnung machte, das beste sein wird. Diese Bäume sind so groß und fest, der Vordergrund ist gesenkt, voller Brombeersträucher und Gestrüpp, hinter den violetten Hügeln wölbt sich ein grün und rosafarbener Himmel mit dem anwachsenden Mond. Der Vordergrund ist besonders stark aufgetragen, die Brombeerbüschel mit gelb, violett und grünen Reflexen. Ich schicke Dir davon die Zeichnung mit zwei anderen, die ich noch mache. Das wird mir die nächsten Tage ausfüllen. Eine Beschäftigung für den Tag finden, das ist hier die große Frage.
Es ist schade, daß man das Gebäude nicht wo anders hinsetzen kann. Es wäre wundervoll, eine Ausstellung zu machen in diesen leeren Zimmern und großen Dielen. – (596)

Ich lebe hier nüchtern, weil ich die Möglichkeit habe, es zu machen; ich trank früher, weil ich nicht wußte, wie ich es anders machen sollte. Schließlich ist es mir gleichgültig!!!

Diese sehr ausgeklügelte Nüchternheit, das ist wahr, bringt einen in einen Zustand, wo die Gedanken, wenn man welche hat, leichter fließen. Schließlich ist das ein Unterschied wie zwischen grauer und farbiger Malerei. In Wirklichkeit strebe ich danach, grauer zu malen. –

Ich will diese Oliven noch einmal machen. Weinberge gibt es leider hier sehr wenig. Trotzdem geht es mit der Gesundheit gut, und ich habe ein ähnliches Gefühl wie damals, als ich viel jünger war. Damals lebte ich auch nüchtern, man sagte damals, *zu sehr*, aber das ist gleichgültig, ich will mich durchschlagen.

Mit der Patenschaft für deinen Sohn möchte ich warten, bis ich nicht mehr hier bin, vielleicht aber ist es auch eine Tochter. Sicher hält die Mutter etwas darauf, daß Du ihn nach unserem Vater nennst. Ich finde das unter diesen Umständen viel richtiger. Ich vergnügte mich gestern ungemein, als ich Maß für Maß las; dann las ich Heinrich VIII., darin gibt es so schöne Stellen, z. B. die von Buckingham und die Worte von Wolsey nach seinem Sturz.

Ich schätze mich glücklich, daß ich sie lesen und immer wieder lesen kann, und hoffe, danach Homer zu lesen.

Draußen singen die Zikaden mit einem schrillen Schrei, zehnmal stärker als der der Grille, und das ganz verbrannte Gras nimmt schöne altgoldene Farben an.

Und die schönen Städte des Südens sind wie unsere toten Städte an der Zuydersee, die ehemals belebt waren. Nach dem Verfall und dem Untergang der Dinge blieben die vom guten Sokrates so geliebten Zikaden, und sicher singen sie hier noch in altem Griechisch. – (599)

Du siehst, ich holte mir aus Arles die Bilder. Der Wärter von hier begleitete mich. Wir waren bei Herrn Salles, der für zwei Monate eine Ferienreise angetreten hatte. Dann waren wir im

Spital, um Herrn Rey zu besuchen, den ich nicht mehr traf. Wir verbrachten den Tag mit meinen früheren Nachbarn, meiner damaligen Aufwartefrau und einigen andern. Man hängt sehr an den Menschen, die man sah, als man krank war. Und das war für mich etwas ungeheuer Gutes, gewisse Menschen wiederzusehen, die zu mir damals gut und nachsichtig waren. – (600)

Während mancher Tage war ich *vollkommen verwirrt* wie in Arles, das ist um so schlimmer, weil man annehmen muß, daß die Krisen in der Folge wiederkehren, *das ist entsetzlich*. Seit vier Tagen konnte ich nichts essen, weil meine Kehle geschwollen war, darüber will ich mich aber nicht zu sehr beklagen. Ich hoffe, Du ersiehst aus diesen Einzelheiten, daß ich noch nicht imstande bin, nach Paris oder nach Pont-Aven zu gehen, es sei denn nach Charenton.
Ich sehe keine Möglichkeit, noch mutig zu bleiben oder zu hoffen, aber schließlich wissen wir nicht seit gestern, daß das Metier unfroh ist. –
Diese neue Krise, mein lieber Bruder, überfiel mich auf dem Felde draußen, als ich an einem stürmischen Tage malte. Ich will Dir das Bild schicken, das ich trotzdem vollendete.
Das war gerade ein vorsichtiger Versuch mit glanzlosen Farben zu malen, ohne rot, grünen und gelben Eisenocker.
Ich sagte Dir bereits, ich hätte Lust, mit einer Palette wie im Norden wieder zu beginnen. – (601)

Man sagt, es sei sehr schwer, sich selbst zu kennen; aber nicht weniger leicht ist es, sich selbst zu malen.
Ich arbeite jetzt an zwei Selbstporträts aus Ermangelung eines anderen Modells; denn es ist jetzt höchste Zeit, daß ich ein wenig in Figuren arbeite. Ich begann das eine am ersten Tage, als ich aufstand. Ich war mager, bleich wie ein Teufel. Das ist blau-violett, der bleiche Kopf mit gelben Haaren, immerhin ein

Farbeneffekt. Aber dann begann ich eins in drei Viertel Drehung auf hellem Grund.
Außerdem überarbeite ich die Studien diesen Sommers. Ich arbeite vom Morgen bis zum Abend. –
Dieses verfluchte Leben mit der Kunst ist aufreibend. Die Kraft kommt mir von Tag zu Tag wieder, und ich glaube von neuem, daß ich wiederum zu viel davon habe.
Denn, um immer vor der Staffelei zu stehen, braucht man kein Herkules zu sein.
Ich dachte in diesen Tagen und während meiner Krankheit sehr oft an die belgischen Maler, und daß Maus meine Bilder sah. Dann kommen mir die Erinnerungen lawinenartig und ich versuche, diese ganze moderne flämische Künstlerschule mir vorzustellen, bis ich wie ein Schweizer Heimweh habe.
Das ist nicht gut, denn unser Weg geht vorwärts: sich in den Fußtapfen umzudrehen, ist verboten und unmöglich, d. h. man sollte daran denken, ohne der Vergangenheit zu verfallen und allzu melancholisch zu werden. –
Dies unselige Leiden mit seiner Verzweiflung. Vielleicht habe ich mich wieder für einige Zeit montiert; ich danke dafür.
Ich schreibe Dir diesen Brief allmählich während der Zeit, wo ich müde bin, zu malen. Mit der Arbeit geht es ziemlich gut. Ich hoffe auf ein Bild, das ich einige Tage vor meinem Unfall begann – ein Mäher. Die Studie ist ganz furchtbar dick aufgetragen, aber das Motiv war schön und einfach. Ich sah in diesem Mäher eine vage Figur, wie ein Teufel, der in der Gluthitze kämpft, um mit seiner Arbeit zu Ende zu kommen. Ich sehe darin das Bild des Todes in dem Sinn, daß die Menschheit das Korn ist, das man mäht. Das ist also, wenn Du willst, das Gegenteil des Säers, den ich früher versuchte. Aber in diesem Tode liegt nichts Trauriges, es geschieht im vollen Licht, mit einer Sonne, die alles mit Licht und überreichem Gold überstrahlt.
Da stehe ich nun wieder. Ich will trotz allem nicht ermatten, und auf jeder neuen Leinwand suche ich Neues. Ach, ich

möchte glauben, ich habe eine neue Zeit voll Helle vor mir. Was soll man tun, soll ich hier bleiben oder anderswohin ziehen? Ich weiß es nicht. Wenn die Krisen sich einstellen, sind sie nicht angenehm, und es ist schwer einen Anfall wie diesen bei Dir oder anderen zu riskieren. Mein lieber Bruder, ich schreibe Dir immer während der Arbeit, ich pflüge wirklich wie ein Besessener. Ich habe eine stumme Arbeitswut in mir, mehr als je.
Ich glaube, das trägt zu meiner Genesung bei. Vielleicht widerfährt mir die Sache von der Eugèn Delacroix spricht: »Ich fand die Malerei, als ich keine Zähne mehr hatte und aus dem letzten Loch pfiff.« Ich möchte, daß meine elende Krankheit mich mit stummer Wut arbeiten läßt, sehr langsam aber vom Morgen bis zum Abend, ohne aufzuhören; darin steckt wahrscheinlich das Geheimnis, im langen, langsamen Arbeiten.
Was weiß ich. Aber ich glaube, ich arbeite an einem oder zwei Bildern, die nicht zu schlecht sind: Der Mäher im gelben Korn, und das Porträt auf hellem Grund, das wird etwas für die Zwanziger [belgische Künstlergruppe]; vorausgesetzt sie erinnern sich meiner im gegebenen Moment; vergessen sie mich, so ist mir das durchaus gleichgültig, wenn ich es nicht sogar vorziehe. –
Jetzt haben wir September, bald werden wir den vollen Herbst haben und dann den Winter. Ich will fortfahren hart zu arbeiten und dann sehen, ob gegen Weihnachten die Krisis wiederkommt. Ist das vorüber, dann sehe ich kein Hindernis mehr nach Paris zu kommen, der ganzen Spitalverwaltung zum Trotz, und länger oder kürzer nach dem Norden zurückzukehren. Jetzt wäre es wohl zu unklug, zumal ich eine neue Krisis in dem Winter, d. h. in drei Monaten, für wahrscheinlich halte.
Es sind jetzt drei Wochen her, daß ich keinen Schritt vor die Tür setzte, selbst nicht in den Garten; ich werde nächste Woche, wenn ich die Bilder, an denen ich arbeite, beendet habe, es versuchen. –
Gestern begann ich das Porträt eines Oberwärters und vielleicht

werde ich auch seine Frau machen; er ist nämlich verheiratet und wohnt in einem kleinen Haus ein paar Schritte von der Anstalt entfernt. Ein sehr interessanter Kopf. Die schöne Radierung von Legros, die einen alten spanischen Nobile vorstellt, kann Dir eine Vorstellung von dem Typ geben. Er war im Marseiller Spital während zweier Choleraepidemien; das ist ein Mann, der sah ein ungeheueres Sterben und Leiden und hat in seinem Kopf etwas von Andacht, den Ausdruck des Gesichts von Guizot; ich muß unwillkürlich daran denken, obwohl es verschieden ist. Doch er ist aus dem Volk und einfacher; Du wirst es sehen, wenn ich mit dem Bilde durchkomme und davon eine zweite Fassung mache.
Ich kämpfe mit all meiner Kraft, um meine Arbeit zu meistern, und sage mir, wenn ich gewinne, so ist es der beste Blitzableiter für meine Krankheit; ich werde sie beherrschen. Ich verschließe mich sorgfältig. Das ist egoistisch, wenn Du willst, daß ich mit meinen Unglücksgefährten nicht beisammen bin und sie nicht besuche; aber schließlich fühle ich mich nicht schuldig; denn meine Arbeit geht voran. –
Jetzt augenblicklich denke ich ganz zusammenhängend und fühle mich durchaus normal. Wenn ich heute über meinen Zustand nachdenke und hoffe, daß ich zwischen den Krisen, die ja leider doch immer von Zeit zu Zeit wiederkehren werden, doch klare Arbeitszeiten habe, so sage ich mir, ich brauche mich nicht einer idée fixe einer dauernden Krankheit hinzugeben. Ich muß mit Festigkeit mein kleines Malerleben fortführen. Immer in einer Anstalt leben müssen, hieße wahrscheinlich die Dinge übertreiben.
Ich las vor einigen Tagen im Figaro die Geschichte eines russischen Schriftstellers, der mit einer Nervenkrankheit lebte, an der er schrecklich starb, und die ihm von Zeit zu Zeit furchtbare Anfälle verursachte. Was kann man dagegen machen, es gibt keine Heilung, oder wenn es eine gibt, dann liegt sie im beständigen Arbeiten. –

Vielleicht wird meine Reise in den Süden später Früchte tragen, die Lichtdifferenzen, der blaue Himmel lehren anders zu sehen, aber nur wenn man das lange anschaut. Der Norden wird mir sicher ganz neu erscheinen. Aber ich habe die Dinge hier so lange beschaut, daß ich mit ihnen eng verbunden bin und später melancholisch sein werde.
Ich denke an etwas Merkwürdiges: In Manette Salomon spricht man über moderne Kunst und ich weiß nicht welcher Künstler sagt, was bleiben wird, sind die Landschaften. Das ist ein wenig wahr; denn Corot, Daubigny, Millet, Dupré, Rousseau, die doch eigentlich Landschafter sind, dauern. Es war wundervoll, wie Corot auf seinem Totenbett sagte: »Ich erblickte im Traum Landschaften mit ganz rosanen Himmeln, das war unaussprechlich schön.« Bei Monet, Pissarro, Renoir, die auch Landschafter sind, sehen wir diese rosanen Himmel, und das wird dauern, sehr gut, das ist verflucht wahr. Lassen wir Delacroix und Millet zunächst beiseite.
Was wir jetzt ängstlich, originell und dauerhaft zu ahnen beginnen, ist das Porträt. Man kann sagen, das ist eine alte Sache, aber das ist auch ganz neu.
Von dem sprechen wir noch einmal. Wir wollen aber vor allem künstlerische Porträts wie der Guillaumin und das Porträt von einem jungen Mädchen von Guillaumin. Gib auch wohl auf mein Porträt acht, das Russel machte, ich hänge sehr daran. Du sagst mir nicht, ob Du das Porträt Lavals einrahmtest. Ich fand das außerordentlich, wie die Augen durch die Brillengläser schauten, so frei heraus. Mein Wille, Porträts heutiger Menschen zu machen, ist furchtbar. Gauguin und ich sprachen davon und anderen ähnlichen Dingen so heftig, bis wir in der Hitze des Gesprächs nicht mehr unsere Nerven fühlten; daraus müssen einige gute Bilder hervorgehen; das hoffe ich und wir wollen es versuchen. –
Uff, der Mäher ist beendet, ich glaube, das kannst Du schön bei Dir aufstellen. Es ist das Bild des Todes, so wie es das große

Buch der Natur verkündet. Was ich darin anstrebe, ist das »fast lächelnde«. Es ist ganz gelb außer einer violetten Hügellinie, hellgelb und blond. Ich finde das komisch, ich, der es durch die eisernen Stäbe einer Zelle sah. Weißt Du, was ich hoffe; ich wünsche immer, daß die Familie für Dich das bedeutet, was mir die Natur ist. Die Erdscholle, das Gras, der gelbe Weizen, der Bauer; das will heißen, daß Du in Deiner Liebe zu den Menschen nicht nur die Arbeit findest, sondern auch Trost und Genesung; das tut vor allem not. –

Was ich in meinen besten Augenblicken erträume, das sind keine heftigen Farbeneffekte, sondern eher solche von Halbtönen.

Sicher trug der Besuch des Museums zu Montpellier dazu bei, meinen Gedanken diese Richtung zu geben. Was mich vor allem berührte, waren die *wundervollen* Courbets, die wahre Wunder sind. Die Landfräuleins, die eingeschlafene Spinnerin, die Porträts von Brias, die Delacroix und Ricard malten, dann der Daniel und die Odalisken von Delacroix, alles enthält Töne; denn diese Odalisken sind etwas ganz anderes als die im Louvre, sie sind ganz veilchenblau.

Aber welcher Reichtum und welche Qualität in diesen Halbtönen. – (604)

Das Leben geht vorbei und die Zeit kehrt nicht wieder; aber ich spanne mich in die Arbeit, weil ich weiß, die Gelegenheit zu arbeiten kehrt nicht wieder.

Vor allem in meinem Fall, wo eine heftige Krise für immer meine Fähigkeit zu malen zerstören kann.

Während der Krise fühle ich mich feige vor Angst und lebe feiger als es recht ist. Vielleicht läßt diese moralische Feigheit mich, der ich früher gar nicht den Wunsch hatte, zu genesen, meine Beziehungen zu den anderen Kranken einschränken, aus Furcht, rückfällig zu werden. Ich versuche, gesund zu werden, wie einer, der sich töten wollte, aber das Wasser zu kalt findet, und das Ufer zu erreichen sucht.

Mein lieber Bruder, Du weißt, warum ich in den Süden ging, und aus welchem Grunde ich mich in die Arbeit stürzte. Ich wollte ein anderes Licht sehen und glaubte, daß man unter einem klaren Himmel die Natur besser versteht, sie ruhiger empfinden, wiedergeben und zeichnen kann.
Schließlich wollte ich eine stärkere Sonne sehen, weil ich fühlte, daß ich, ohne dies zu kennen, nicht imstande wäre, die Technik Delacroix zu verstehen, und sah, wie die Farben des Prismas im nordischen Nebel verschleiert sind. Dies bleibt ein wenig wahr, wenn dann noch eine Herzensneigung zum Süden hinzukommt, wie sie Daudet im Tartarin darstellt und ich auch hie und da Freunde und Dinge gefunden habe, die ich liebe. Wirst du dann verstehen, daß, wie schrecklich meine Krankheit auch sein mag, ich mich an die Dinge hier stärker gebunden fühle, Bindungen, die vielleicht bewirken, daß ich später wieder hier zu arbeiten wünsche, selbst wenn es sich machen läßt, daß ich binnen kurzem gut in den Norden zurückkomme.
Ja, ich verberge es Dir nicht, ich sehne mich schrecklich danach, die Freunde wiederzusehen und das Land im Norden. Ich liebe die Dinge, die ich jahrelang vergeblich suchte, und denke immer an das Wort Delacroix, das Du auch kennst, daß er die Arbeit fand, als er nicht mehr arbeiten konnte und keine Zähne mehr hatte.
Ich denke bei meiner Gehirnkrankheit an viele andere Künstler, die ebenso litten, und sage mir, daß dieser Zustand nicht am Malen hindert und es sei, als ob es nichts wäre. Ich sehe, die Krise nimmt eine absurde religiöse Wendung. Ich glaube, dies fordert geradezu die Rückkehr in den Norden. Sprich nicht zu sehr davon mit dem Arzt, wenn Du ihn siehst. Ich weiß nicht, ob das nicht davon kommt, daß ich im Spital in Arles und hier in diesem alten Kloster lebe. Schließlich dürfte ich nicht in einer solchen Umgebung leben, da taugt die Straße für mich mehr. Ich bin nicht gleichgültig, und manchmal drücken mich daher

im Leben religiöse Gedanken. Dieses Mal widerfuhr mir während meiner Krankheit ein Unfall. Die »Pieta«, die Lithographie von Delacroix, fiel ins Öl, und auf eine Malerei, und wurde zerstört.
Ich war darüber traurig. Zwischendurch beschäftigte ich mich damit, sie zu malen, und eines Tags wirst Du ein Bild davon zu 5-6 sehen. Ich machte davon eine Kopie, die, wie ich glaube, durchempfunden ist. Vor nicht langer Zeit sah ich Daniel, die Odalisken und das Porträt von Brias und die Mulattin in Montpellier. Ich stehe noch ganz unter dem Eindruck, den das auf mich machte. Das erbaute mich wie eine Lektüre von Beecher-Stowe oder von Dickens. Aber es ärgert mich jeden Augenblick diese Weiber [Nonnen] zu sehen, die an die Jungfrau von Lourdes glauben und dergl. Dinge tun und sich sagen zu müssen, daß man in solchen Anstalten Gefangener ist, die sehr gern die religiösen krankhaften Verirrungen pflegen, statt sie zu heilen. Darum sage ich, wäre es immer noch besser, zum Regiment zu gehen. –
Eine andere Sache wäre es, wenn Vater Pissarro oder Vignon mich zu sich nehmen wollten. Ich bin doch nun einmal Maler und es ist besser, man zahlt das Geld an Maler als an diese exzellenten Schwestern. –
Ich gebe die Hoffnung auf, daß das nicht wiederkommt, im Gegenteil, man muß sich sagen, daß ich von Zeit zu Zeit eine Krise haben werde. Aber für die Zeit kann man ja ins Irrenhaus oder Gemeindegefängnis gehen, wo es eine Tobsuchtszelle gibt. –
Ich arbeite an dem Porträt des Wärters. Für Dich habe ich eine Wiederholung; das konstrastiert merkwürdig mit meinem Selbstporträt, auf dem der Blick vage und verschleiert ist, während der etwas Militärisches an sich hat. Schwarze, kleine lebhafte Augen.
Ich schenke ihm dies, und ich werde auch seine Frau malen, wenn sie Modell stehen will. Sie ist eine verwelkte Frau, ein unglückliches Wesen, das auf alles verzichtet hat, so unbedeutend,

daß ich große Lust habe, diesen staubigen Grashalm zu malen. Einige Male, als ich die Olivenbäume hinter ihrem kleinen Haus malte, sprach sie mit mir; sie sagte, sie glaube nicht, daß ich krank sei. Auch Du sagtest das, wenn Du mich bei der Arbeit sähst, mit meinem klaren Kopf und den sicheren Fingern, mit denen ich, ohne ein Maß zu nehmen, die Pieta von Delacroix zeichnete. Und doch gibt es im Vordergrund mit diesen vier Hände und Arme, Gesten und Bewegungen, die nicht natürlich, bequem und einfach zu malen sind. –
Weißt Du warum die Gemälde Eugène Delacroix', die religiösen und historischen Bilder, die Christusbarke, Pieta, der Kreuzzug, die Kreuzfahrer diese Allüren haben? Weil E. Delacroix, wenn er ein Gethsemane macht, weiß, was ein Olivengarten ist oder ein durch den Mistral gepeitschtes Meer. Weil er sich sagen mußte, die Menschen, von denen die Geschichte spricht, die venezianischen Dogen, die Kreuzfahrer, Apostel und Heiligen waren von der gleichen Art wie die heutigen Menschen, die von ihnen stammen.
Ich muß Dir sagen, und Du siehst es bei der Berceuse; wie verfehlt und schwach auch dieser Versuch sei, hätte ich die Kraft gehabt fortzufahren, so hätte ich Bilder von heiligen Männern und Frauen nach der Natur geschaffen, die das Gesicht unserer Jahrhunderte trugen; das waren Bürger von heute, und trotzdem hatten sie Beziehungen mit den allerersten Christen. Die Erregung, die mir das verursachte, ist indes zu stark gewesen, als daß ich dabei bleiben konnte; aber ich will nicht sagen, daß ich nicht später einmal, viel später, zu der Aufgabe zurückkehre. – (605)

Ich bin darüber erstaunt, daß ich mit meinen modernen Ideen, der ich so höflich Zola, die Goncourts und die Kunst bewundere, Anfällen unterworfen bin, wie sie Abergläubische haben, wo mir wahnwitzige religiöse Ideen kommen, wie ich sie nie in meinem Gehirn im Norden spürte. Wo ich für Umgebungen

dermaßen sensibel bin, kann allein der fortgesetzte Aufenthalt in Klöstern wie diesem hier und in Arles diese Anfälle erklären. Darum könnte es jetzt nötig sein, selbst wenn ein Wechsel schlimm ist, in eine Laienanstalt überzusiedeln. –
Ich esse viel, aber wäre ich mein Arzt, ich verböte es mir.
Ich sehe für mich in einer physischen Kraft nichts Gutes; denn das Logischste ist, wenn ich mich ganz dem Gedanken hingebe, Gutes zu arbeiten, und nichts anderes sein zu wollen als Künstler. –
Ich habe jetzt sieben Kopien nach den »Feldarbeiten« von Millet. Ich kann Dir versichern, das Kopieren interessiert mich ungemein, und ich lerne dadurch, ohne die Fähigkeit für die Figur zu verlieren, zumal ich hier hierzu keine Gelegenheit habe.
Außerdem gibt das einmal im Atelier Dekorationen für mich oder einen anderen.
Ich möchte außerdem den »Säer« und die »Grabenden« kopieren.
Nach der Zeichnung der »Grabenden« gibt es eine Photographie und von den »Säern« bei Durand-Ruel eine Radierung von Lerat.
Bei denselben Radierungen befindet sich ein schönes bedecktes Feld mit einer Egge. Dann die vier Tageszeiten, die auch in Holzschnitten zu haben sind.
Ich möchte all dies haben, wenigstens die Radierungen und die Holzschnitte. Das ist ein nötiges Studium, woraus ich lernen kann. Ich möchte durchaus nichts mehr kopieren, das alten Systems ist. Ich will auch den barmherzigen Samariter von Delacroix kopieren.
Ich machte auch ein Frauenporträt, die Frau des Wärters. Ich glaube, du wirst es lieben. Ich machte auch eine Wiederholung, die jedoch weniger gut ist als die Arbeit nach der Natur und ich fürchte, sie nimmt die letztere.
Ich sähe sie gern in Deinem Besitz. Sie ist rosa und schwarz.
Ich schicke Dir heute mein Selbstporträt, man muß es eine Zeit-

lang ansehen. Du wirst, hoffe ich, sehen, daß mein Gesicht ruhig ist, obwohl der Blick bei mir jetzt leerer ist als früher. Ich habe noch ein anderes gemacht. Das war ein Versuch, als ich krank war. Ich glaube, das hier wird Dir besser gefallen. Zeige es dem Vater Pissarro, wenn Du ihn siehst.
Du wirst überrascht sein, welch farbige Wirkung die Feldarbeiten geben. Das ist eine sehr interessante Arbeit.
Ich will Dir sagen, was ich darin suche, und warum es mir gut scheint, sie zu kopieren. Man verlangt von uns Malern, daß wir immer selbst *komponieren*, und nichts als *Kompositeurs* seien. Gut, aber in der Musik ist's nicht so, und wenn jemand Beethoven spielt, dann wird er seine persönliche Deutung hinzufügen. In der Musik und vor allem im Gesang bedeutet die Interpretation des Komponisten etwas; und wenn es nicht so ist, müßte man nur den Komponisten, der seine eigenen Arbeiten spielt, gelten lassen.
Gut, aber besonders, wo ich krank bin, versuche ich, eine Sache zu machen, die mich tröstet, die mich besonders freut.
Ich setze das Weiß oder Schwarz Delacroix' oder Millets hinein, oder stelle mir ihre Arbeiten als Modelle vor die Augen. Und dann improvisiere ich darüber Farben, aber wohl verstanden, ich bin dabei nicht vollständig ich, sondern suche Erinnerungen *an ihre* Bilder zu geben. Aber die Erinnerung, den vagen Zusammenklang der Farbe, die ich im Gefühl habe, gleichgültig, ob sie richtig sind; das ist meine Interpretation.
Eine Menge Leute kopieren nicht, andere wieder kopieren. Ich kam durch Zufall darauf, und ich finde, das belehrt einen, und vor allem tröstet es. So schnell gehen meine Pinsel durch meine Finger, wie ein Bogen über die Violine hin, und durchaus zu meinem Vergnügen. Heute versuchte ich die Schafschererin zu interpretieren in Lila bis Gelb. – (607)

(An E. Bernard)
Ich habe gar keinen Kopf zum Briefschreiben, aber ich fühle

eine große Leere, weil ich nicht mehr auf dem laufenden bin über alles, was Gauguin, Sie und die andern machen.
Doch ich muß mich eben in Geduld fassen.
Ich habe noch ein Dutzend Studien hier, welche wahrscheinlich eher nach Deinem Geschmack sein werden als die von diesem Sommer, welche Ihnen mein Bruder gezeigt haben wird.
Unter diesen Studien befindet sich ein Eingang zu einem Steinbruch: blaßlila Felsen auf rötlichem Terrain wie auf gewissen japanischen Zeichnungen. Hinsichtlich der Zeichnung und Farbenverteilung in großen Flächen hat es nicht wenig Ähnlichkeit mit dem, was Sie in Pont-Aven machen.
Ich war in diesen letzten Studien mehr Herr über mich, da sich mein Gesundheitszustand gefestigt hatte. So befindet sich auch ein Bild im Format 30 darunter, mit gepflügtem Land, in gebrochenem Lila und mit einem Hintergrund von Bergen, welche bis an den obern Rand des Bildes reichen. Also nichts als rauhes Land und Felsen mit einer Distel und dürrem Gras in einer Ecke und einem kleinen violetten und gelben Mann.
Das wird Dir, hoffe ich, beweisen, daß ich noch nicht gebrochen bin.
Mein Gott, es ist hier ein recht schlechtes kleines Land. Alles ist da schwierig, wenn man den intimen Charakter herausbringen möchte und wenn man möchte, daß es nicht eine so ungefähr richtige Sache sei sondern wirklicher Provenceboden. Um dies zu erreichen, muß man also hart arbeiten, und dann wird es natürlich etwas abstrakt. Denn es handelt sich darum, der Sonne und dem blauen Himmel ihre Kraft und ihren Glanz und dem verbrannten und oft so melancholischen Terrain seinen feinen Thymianduft zu geben.
Die Olivenbäume hier, das wäre etwas für Sie, mein Guter. Ich hatte dieses Jahr kein Glück damit, sie sind mir nicht gelungen, aber ich habe mir vorgenommen, es wieder zu versuchen. Das ist Silber auf orange- oder violettfarbenem Boden, unter dem

weiten blauen Himmelszelt. Ich habe deren wahrhaftig schon gesehen von der Hand gewisser Maler und auch von mir, welche die Sache ganz und gar nicht trafen. Dieses Silbergrau wirkt zuerst wie ein Corot, und vor allem: es ist noch nicht gemalt worden, während einigen Künstlern die Apfelbäume zum Beispiel und die Weiden schon gelungen sind.
So gibt es auch verhältnismäßig wenig Bilder, die Reben wiedergeben, obwohl diese doch von so abwechslungsreicher Schönheit sind. – (B 20)

Meine Gedanken beginnen sich etwas zu beruhigen, wie Du daraus ersiehst. Ich weiß aber nicht, soll ich fortfahren zu malen oder die ganze Malerei lassen.
Wenn ich weiter mache, stimme ich Dir sicher bei, daß es vielleicht besser ist, den Dingen mit Einfachheit zu Leibe zu rükken, als Abstraktionen aufzusuchen.
Ich bewundere durchaus gar nicht den »Christus im Olivengarten« von Gauguin, von dem er mir eine Zeichnung schickte. Ebenso wenig Bernard. Er verspricht mir eine Photographie, aber ich weiß nicht, ich fürchte nur, daß ich von biblischen Kompositionen anderes verlange. Ich sah dieser Tage die Frauen die Oliven pflücken und einsammeln. Es gibt aber kein Mittel für mich, Modelle zu bekommen. So habe ich dies nicht gemalt. Darf Freund Bernard mich jetzt fragen, ob ich die Komposition von Freund Gauguin für gut halte, wo der noch nie eine Olive gesehen hat? Er vermeidet es eben, sich die geringste Vorstellung vom Möglichen und von der Realität der Dinge zu machen; aber das ist nicht das Mittel zu einer Synthese. Nein, in ihre biblischen Deutereien habe ich mich nie gemischt. Ich sagte, Rembrandt, Delacroix hätten dies wundervoll gemacht und ich liebte das mehr als die Primitiven; aber damit Schluß. Ich will nicht noch einmal mit diesem Kapitel beginnen. Wenn ich hier bleibe, werde ich versuchen, einen Christus im Olivengarten zu malen; vielmehr die Olivenernte, so wie

man sie noch sieht, und wenn ich darin die wahren Verhältnisse der menschlichen Gestalt auffinde, so kann man dabei an jenes denken. Ehe ich nicht ernstere Studien als bisher machte, bin ich nicht berechtigt, mich darein zu mischen. Die Präraffaeliten waren weit in solchen Einsichten. Das war einmal ernst, als Millet sein »Licht der Welt« malte, wirklich da gibt es keinen Vergleich, ohne daß man Holman Hunt, und andere wie Pinwel und Rossetti rechnet.
Und dann, es gibt Puvis de Chavanne. – (614)

(An E. Bernard)
Als Gauguin in Arles war, ließ ich mich, wie Du weißt, ein oder zwei Mal zu einer Abstraktion verleiten, in der »Berceuse« und in der »Romanleserin«: schwarz, in einer gelben Bibliothek. Und damals schien mir die Abstraktion ein charmanter Weg zu sein.
Aber das ist verzauberter Boden, mein Guter! Und rasch steht man vor einer Mauer.
Ich sage nicht, man dürfe sich nach einem ganzen mannhaften Leben voll Suchen und Kämpfen Brust an Brust mit der Natur nicht daran wagen. Was aber mich betrifft, so will ich mir mit solchen Dingen nicht den Kopf zerbrechen. Und das ganze Jahr habe ich nach der Natur geschuftet, ohne an den Impressionismus oder an dies oder jenes zu denken. Dennoch ließ ich mich noch einmal verleiten, nach zu hohen Sternen zu greifen, und neues Mißlingen, und ich habe genug davon.
Ich arbeite also gegenwärtig an den *Olivenbäumen* und suche die verschiedenartigen Effekte eines grauen Himmels gegen gelbes Terrain, mit einer grünschwarzen Note von Laubwerk, ein anderes Mal Terrain und Laubwerk ganz violettfarben gegen gelben Himmel, dann gelbrotes Terrain und rosagrüner Himmel. Geh, das interessiert mich mehr als die sogenannten Abstraktionen.
Und wenn ich seit langem nicht mehr geschrieben habe, so

kommt das daher, daß ich gegen meine Krankheit zu kämpfen und meinen Kopf zu beruhigen hatte und darum kaum Lust zum Diskutieren verspürte und die Abstraktionen gefährlich fand. Und bei ganz ruhigem Arbeiten werden die schönen Sujets von selbst kommen. Es handelt sich wirklich vor allem darum, sich ganz an der Wirklichkeit zu stählen, ohne vorgefaßten Plan, ohne pariserisches Vorurteil. Bin übrigens mit diesem Jahr sehr unzufrieden. Aber vielleicht wird es sich als solides Fundament für das nächste erweisen. Ich habe mich von der Luft der kleinen Berge und der Obstgärten recht durchdringen lassen, und so will ich mal sehen. Mein Ehrgeiz beschränkt sich auf einige Erdschollen, auf Getreide das sprießt, auf einen Olivengarten, eine Zypresse – diese letztere beispielsweise ist nicht bequem zu machen.

Ich frage Dich, der Du die Primitiven liebst und sie studierst, warum Du Giotto nicht zu kennen scheinst. Gauguin und ich haben in Montpellier noch ein ganz kleines Bild von ihm gesehen, den Tod irgend einer braven heiligen Frau. Dort ist der Ausdruck des Schmerzes und der Ekstase derart menschlich, daß man sich, trotz dem ganzen neunzehnten Jahrhundert, das man in sich hat, herausfühlt und dabei gewesen zu sein glaubt – so sehr ist man mitergriffen. –

Hier die Beschreibung eines Bildes, das ich in diesem Augenblick vor mir habe. Eine Ansicht des Parks des Krankenhauses, in dem ich mich befinde: rechts eine graue Terrasse, ein Stück Hausmauer, einige verblühte Rosensträucher, links der Boden des Parks – roter Ocker – von der Sonne verbrannter Boden, mit herabgefallenen Fichtennadeln bedeckt. Der Parksaum ist mit hohen Pinien, mit Stämmen und Ästen von rotem Ocker bepflanzt, mit grünem Laub, das durch einen Zuschuß von Schwarz etwas melancholisch wirkt. Die hohen Bäume heben sich von einem Abendhimmel ab, dessen gelber Grund violette Streifen zeigt. Oben geht das Gelb in Rosa, dann in Grün über. Eine Mauer – ebenfalls roter Ocker – versperrt die Aussicht und wird nur von einem violetten und ockergelben Hügel überragt. Der erste Baum nun ist ein ungeheurer, aber vom Blitz getroffener und dann abgesägter Stamm. Ein Seitenast indessen ragt noch sehr hoch empor und läßt eine Lawine von dunkelgrünen Nadeln herabfallen. Dieser düstere Riese – wie ein stolzer Besiegter – kontrastiert, insofern man ihn als lebendes Wesen betrachtet, mit dem blassen Lächeln einer letzten Rose an dem Strauch, der ihm gegenüber hinwelkt. Unter den Bäumen leere Steinbänke, dunkler Buchs. Der Himmel spiegelt sich – gelb – nach dem Regen in einer Pfütze. Ein Sonnenstrahl, der letzte Reflex, steigert den dunkeln Ocker bis zum Orange. Kleine schwarze Gestalten streichen da und dort zwischen den Stämmen herum.

Du wirst verstehn, daß diese Kombination von rotem Ocker, von dem durch Grau melancholisch gemachten Grün, den schwarzen Strichen, welche den Kontur einfassen, ein wenig jenes Angstgefühl erzeugt, unter dem gewisse meiner Unglücksgenossen oft leiden und welches man »Rot-Sehen« nennt. Und das Motiv des großen vom Blitz getroffenen Baumes, das kränkliche, grün-rote Lächeln der letzten Herbstblume bestärken übrigens diesen Gedanken.

Ein anderes Bild stellt den Sonnenaufgang über einem Feld mit jungem Getreide dar: Linien, die sich verjüngen, Furchen, welche im Bild stark ansteigen, bis zu einer Mauer und einer Reihe von lilafarbenen Hügeln. Das Feld ist violett und gelbgrün. Die weiße Sonne ist von einer großen, gelben Aureole umgeben. Hier habe ich, im Gegensatz zum andern Bild, Ruhe, tiefen Frieden auszudrücken gesucht.

Ich spreche Dir von diesen beiden Bildern, besonders aber vom ersteren, um Dich zu erinnern, daß man, um die Impression von Angst zu geben, zu dieser Wirkung gelangen kann, ohne gleich direkt auf den historischen Garten von Gethsemane loszugehen. Um ein tröstliches und zartes Motiv zu geben, ist es nicht nötig, die Personen der Bergpredigt darzustellen.

Oh, es ist ohne Zweifel weise und richtig, sich von der Bibel ergreifen zu lassen, aber die moderne Wirklichkeit hat solche Macht über uns, daß, selbst wenn wir in unsern Gedanken die alten Tage abstrakt wieder aufleben lassen wollen, gerade dann die kleinen Geschehnisse unseres Lebens uns diesen Betrachtungen entreißen. Und unsere eigenen Abenteuer bringen uns mit Gewalt wieder zu den persönlichen Empfindungen zurück: zu Freude, Kummer, Leiden, Zorn oder Lächeln.
Die Bibel! Die Bibel! Millet, der seit seiner Kindheit darin erzogen war, las nur dieses Buch! Und dennoch machte er nie, oder fast nie, biblische Bilder. Corot hat einen »Ölberg« mit Christus und dem Stern der Hirten gemalt, von erhabener Schönheit. In seinem Werk fühlt man Homer, Aeschylus, Sophokles, auch manchmal etwas wie das Evangelium, aber wie diskret! Und immer überwiegen die möglichen und uns allen gemeinsamen modernen Empfindungen.
Aber, wirst Du sagen, Delacroix? Jawohl Delacroix – aber dann würdest Du noch ganz anders zu *studieren*, jawohl die Geschichte zu *studieren* haben, bevor Du die Dinge ebenso richtig wiedergeben könntest. – (B 21)

Augenblicklich überfiel mich vollständige Mutlosigkeit. Da dieser Anfall in einer Woche vorüber war, warum soll ich mir sagen, daß er wiederkehren kann? Aber man weiß nichts darüber, man kann nichts vorher sagen, wie und wann er kommt. Fahren wir darum, so gut wir können, mit der Arbeit fort, als wenn nichts wäre. Wenn es weniger kalt sein wird, habe ich bald Gelegenheit herauszugehen; dann will ich ein wenig versuchen, die unternommene Arbeit zu beenden. –
Es beschäftigte mich die ganze Zeit, den Charakter der Kiefern, Zypressen usw. in dieser reinen Luft zu beobachten, die Linien, die nicht wechseln und die man bei jedem Schritt wiederfindet. Es ist vollkommen richtig, daß letztes Jahr die Krise in verschiedenen Zeiten wiederkehrte, aber dann erholte ich mich wie-

derum allmählich gerade, wenn ich arbeitete. So wird es wahrscheinlich auch bei dieser Gelegenheit sein. Handle darum so, wie wenn nichts wäre, denn wir können absolut nichts dafür tun.
Es wäre unendlich schlimmer, bis zum Zustand meiner Unglücksgefährten herunterzukommen. Diese tun den ganzen lieben langen Tag nichts, Wochen, Monate, Jahre lang. Dies sagte ich und wiederholte es oft Herrn Salles und verpflichtete ihn, mit aller Kraft, niemals diese Anstalt zu empfehlen. Die Arbeit läßt mich noch ein wenig Geistesgegenwart bewahren und ermöglicht es mir, eines Tages herauszukommen. Jetzt habe ich die reifen Bildnisse in meinem Kopf. –
Und dann ist es nötig, daß ich von hier weggehe. Noch einmal, ich kann wirklich nichts vorhersehen. Ich sehe keinen Ausweg, aber ich sehe ganz unbestimmt, daß sich der Aufenthalt hier nicht verlängern darf. Aber um nichts übers Knie zu brechen, will ich so weiterleben, so lange ich hier bin. – (622)

Augenblicklich fühle ich mich sehr wohl und hoffe, das wird so bleiben.
Ich hoffe sogar, daß meine Krankheit sich vermindert, wenn ich in den Norden zurückkehre.
Nur darf man nicht vergessen, ein zerbrochener Krug ist ein zerbrochener Krug. Und ich darf auf keinen Fall irgend wie Ansprüche stellen. –
Ich denke daran, die Trinker von Daumier und das Bagne von Regamey zu malen. Du findest sie unter den Holzschnitten.
Doch jetzt bin ich bei Millet. Damit will ich sagen, daß es an Arbeitsstoff nicht mangelt. Obwohl ich jetzt halbwegs eingesperrt bin, konnte ich mich lange beschäftigen.
Was die Impressionisten in der Farbe fanden, wird noch verstärkt werden; aber sie haben meistens das Band vergessen, das sie an die Vergangenheit knüpft. Ich werde mich bemühen, darzustellen, daß ich an strenge Trennung der Impressionisten

von den anderen nicht glaube. Ich finde es sehr gut, daß es in diesem Jahrhundert Maler wie Millet, Delacroix, Meissonier gab, die man nicht übertreffen kann. – (623)

Heute erhielt ich die gute Nachricht, daß Du Vater bist. Endlich ist der entscheidende Augenblick für Jo vorüber, da der Kleine gut angekommen ist; das macht mir soviel Freude, daß ich es gar nicht in Worten ausdrücken kann. Bravo, und wie wird die Mutter zufrieden sein. Gestern bekam ich auch von ihr einen ziemlich langen und frohen Brief. Da ist es nun gekommen, was ich seit langer Zeit wünschte. Ich brauche es nicht zu sagen, wie oft ich in diesen Tagen an Euch dachte, und es rührte mich tief, daß Jo die Nacht vorher noch die Güte hatte, an mich zu schreiben. Wie ist sie tapfer und ruhig in ihrer Gefahr, das rührte mich tief, das trug viel dazu bei, mich die letzten Tage vergessen zu lassen, als ich kränker war. Ich weiß dann nicht mehr, wo ich bin, und mit meinem Kopf ist es zu Ende.

Ich war außerordentlich erstaunt wegen des Artikels* über meine Gemälde, den Du mir schicktest. Ich brauche Dir nicht zu sagen, daß ich unaufhörlich daran denken will, daß ich nicht so male wie er schreibt, sondern, daß ich eher so malen müßte. –

Er zeigt den anderen ein idealisiertes Gesamtbild von mir, und mir sagte er ganz einfach, hier und dort gäbe es gute Dinge, auch in meinem so unvollkommenen Werk, und das ist die tröstliche Seite, die ich schätze, und wofür ich dankbar bin. –

Wenn ich den Aufsatz auf mich beziehen soll, muß ich Dir sagen, daß ich das Lob übertrieben finde. –

Wenn Du oder ich zu diesem oder jenem Ruf kommen, so muß man eine gewisse Ruhe und so viel Geistesgegenwart wie möglich haben. Warum sagt er nicht mit größerem Recht, was er von meinen gelben Sonnenblumen sagt, von den prächtigen

* Der Artikel ist von Albert Auvier, »Les Isolées« im »Mercure de França« vom Januar 1890.

Pfingstrosen und den gelben Lilien Jeannins oder den wundervollen und vollendeten Heckenrosen von Quost. Du siehst es ebenso wie ich, daß jedes Lob seine Kehrseite hat, seinen Medaillenrücken. Aber immerhin bin ich für den Aufsatz sehr dankbar oder habe vielmehr le cœur à l'aise*, wie es im Chanson der Revue heißt. Das braucht man, wie man mitunter einen Orden brauchen kann.
Solch ein Artikel hat seinen eigenen Wert als Kunstwerk, und ich achte sie absolut; der Schriftsteller muß das *Gesehene in Worte umsetzen*, *»monter les tons«* ** ist: die Farben höher *auf*treiben oder aufführen, *nicht* das Gesehene in Worte umsetzen, seine Beobachtungen zusammenfassen usw. – (625)

Mit der Arbeit ging es gut. Das letzte Bild, zwei blühende Äste, wirst Du sehen; das war vielleicht die Arbeit, woran ich am geduldigsten saß. Es ist gut und mit größerer Ruhe und Sicherheit als sonst gemalt. Und am nächsten Tag vor den Kopf geschlagen wie ein Vieh. Man kann nur schwer solche Dinge verstehen, aber leider ist das so. Trotzdem wünsche ich sehr, meine Arbeit wieder aufzunehmen. Selbst Gauguin, der doch sehr robust ist, schreibt mir, er verzweifelt daran, weiter zu arbeiten. Und ist es nicht wahr, sehen wir nicht oft diese Geschichte bei Malern? Mein armer Bruder, nimm die Dinge, wie sie sind, sei nicht traurig meinetwegen. – (628)

Was soll ich Dir von den zwei vergangenen Monaten sagen? Es geht jetzt gut, aber ich bin traurig und mehr, als ich sagen kann, gelangweilt. Ich weiß nicht mehr, woran ich bin. –
Obwohl ich krank war, machte ich einige Bilder aus dem Kopf, die Du später sehen wirst. Erinnerungen an den Norden. Jetzt beendige ich ein sonniges Feld, das ich für mehr oder weniger stark halte. Du wirst es bald sehen. –

* von Herzen froh
** den Ton steigern

Ich weiß nicht, was ich tun oder denken soll; aber ich möchte so gern aus diesem Haus, das wird Dich nicht überraschen, ich brauche Dir weiter nichts zu sagen.
Es kamen auch Briefe von zu Hause, die zu lesen ich noch nicht den Mut hatte, dermaßen bin ich melancholisch.
Bitte sage doch Herrn Aurier, er solle keinen Aufsatz mehr über meine Malerei schreiben; sage ihm eindringlich, daß er sich über mich täuscht. Ich fühle mich wirklich zu sehr durch den Kummer gestört, als daß ich dem Publikum gegenüber auftreten könnte.
Das Malen zerstreut mich, aber wenn ich davon sprechen höre, macht es mir mehr Mühe, als er weiß. –
Ich wurde krank, als ich die Mandelbäume malte. Hätte ich mit meiner Arbeit fortfahren können, so kannst Du glauben, hätte ich noch mehr gemacht. Jetzt ist es mit den Bäumen und Blüten vorbei. Ich habe wirklich keine Chance mehr. Man muß versuchen, hier heraus zu kommen, aber wohin gehen? –
Schicke, was Du an Figurenzeichnungen von mir findest. Ich will das Bild der essenden Bauern noch einmal malen, den Lampeneffekt. Das Bild muß jetzt ganz schwarz sein, vielleicht kann ich aus dem Kopf es noch einmal ganz malen.
Du wirst mir vor allen Dingen die Ährensammlerinnen und die Grabenden schicken, wenn sie noch da sind.
Dann, wenn Du willst, male ich noch einmal den alten Turm von Nuenen und die Strohhütte. Ich glaube, daß wenn Du sie noch hast, ich jetzt etwas Besseres aus dem Gedächtnis daraus mache. (629)

Ich danke Dir vielmals für die Radierungen, Du wähltest gerade einige, die ich seit langem liebte, den David, den Lazarus, die Samariterin und die große Radierung vom Verwundeten. Du legtest den Blinden bei und die andere, ganz kleine, so geheimnisvolle Radierung, vor der ich mich fürchtete; ich will nicht wissen, was darauf ist. Ich kannte den kleinen Goldschmied nicht. –

Vielleicht versuche ich nach den Rembrandt zu arbeiten. Vor allem denke ich an den betenden Mann; eine Farbentonleiter, die vom Hellgelben bis zum Violetten geht. –
Ach, wie hätte ich ohne diese verfluchte Krankheit arbeiten können, was hätte ich, von den anderen isoliert, gemacht, ganz darauf hörend, was das Land mir sagt. Aber ja, mit dieser Reise ist es nun zu Ende. Aber das große, sehr große Verlangen, Dich, Deine Frau und Dein Kind wiederzusehen, tröstet mich, und so viele Freunde, die sich meiner im Unglück erinnern, wie auch ich nicht aufhöre, an sie zu denken.
Ich bin fest überzeugt, daß ich im Norden rasch genesen werde, zum wenigsten für längere Zeit; in einigen Jahren wird der Verfall wiederkehren, aber nicht gleich.
Ich glaube, an den anderen Kranken beobachtet zu haben, daß ein beträchtlicher Teil älter als ich ist, und daß, soweit sie jung sind, es Taugenichtse oder Studierende waren. Schließlich, was wissen wir davon. –
Ich betrachte die Reise hierher wie einen Schiffbruch. Man kann dann nicht, wie man will, und noch weniger, wie man müßte. Ich gewann, als ich einmal ein wenig in den Park ging, meine ganze Klarheit für die Arbeit wieder, ich habe mehr Gedanken, als ich jemals ausführen kann, ohne daß mich das benebelt. Die Pinselstriche gehen wie mit der Maschine. Ich verlasse mich darauf und glaube, im Norden meine Kraft wiederzufinden, wenn ich aus dieser Umgebung, aus diesen Verhältnissen befreit bin, die ich nicht verstehe und nicht verstehen will. – (630)

Zunächst schlage ich es kategorisch ab, daß man mich, wie Du sagst, auf der ganzen Reise begleiten muß. Bin ich einmal im Zug, dann fürchte ich nichts mehr. Ich bin nicht einer von denen, die gefährlich sind. Gibt es nicht, falls eine Krise kommen sollte, andere Passagiere und weiß man nicht auf allen Bahnhöfen, was man in solchen Fällen tun muß? Du machst

Dir soviel Unruhe, das fällt schwer auf mich und ängstigt mich.

Ich sagte das gleiche Herrn Peyron. Ich beobachtete, daß solchen Krisen, wie ich eine hatte, immer 3-4 Monate vollkommener Ruhe folgen. Ich will diese Zeit für den Umzug benutzen. Ich will auf jeden Fall wechseln. Mein Wunsch, von hier weg zu gehen, steht fest. Ich fühle mich nicht fähig, die Art, wie man hier die Kranken behandelt, zu beurteilen. Ich will darüber keine Einzelheiten berichten, aber erinnere Dich bitte, daß ich Dich vor ungefähr 6 Monaten benachrichtigte, daß, wenn eine gleiche Krise wiederkommt, ich das Haus wechseln wollte. Ich zögerte bereits zu lange, da ich den Anfall vorübergehen ließ. Ich war jedoch in voller Arbeit, und wollte die Bilder, woran ich arbeitete, beenden. Ohne dies wäre ich nicht mehr hier. –

Ich lasse mich bis Tarascon begleiten, sogar 1 oder 2 Bahnstationen weiter, wenn Du darauf bestehst. Wenn ich in Paris ankomme, telegraphiere ich Dir (bei meiner Abreise und Ankunft), dann kommst Du an den Gare de Lyon, um mich abzuholen. Dann scheint mir, es wäre am besten, wir gehen sobald als möglich zu dem Landarzt, und lassen das Gepäck auf dem Bahnhof. Ich bleibe bei Dir nicht länger als 2-3 Tage; dann reise ich in das Dorf, wo ich zunächst im Gasthaus wohnen werde.

Du kannst dieser Tage, ohne zu zögern, an unseren künftigen Freund, den betreffenden Doktor, schreiben: »Da mein Bruder besonders wünscht, Ihre Bekanntschaft zu machen und es vorzieht, Sie vor einem längeren Aufenthalt in Paris zu konsultieren, hoffe ich, Sie halten es für gut, wenn er einige Wochen in Ihrem Dorf zubringt. Dort will er arbeiten. Er vertraut vollkommen, daß er sich mit Ihnen versteht und glaubt, daß die Rückkehr in den Norden ihm besser tut, als ein längerer Aufenthalt im Süden, wo der Zustand sich zu verschlimmern droht.«

Das könntest Du ihm schreiben, und ein oder zwei Tage nach meiner Pariser Ankunft wird man ihm depeschieren, daß er mich am Bahnhof abholen soll.

632 Mon cher Theo, encore une fois je t'écris pour dire 35
que la santé continue à aller bien, pourtant
je me sens un peu éreinté par cette longue crise
et j'ose croire que le changement projeté
me rafraichira davantage les idées
je crois que le mieux sera que j'aille
moi même voir ce médecin à la campagne
le plus tôt possible ; alors on pourra bientôt
décider si c'est chez lui ou provisoirement
à l'auberge que j'irai loger ; et ainsi on
évitera un séjour trop prolongé à Paris, chose
que je redouterais –

Auvers-sur-Oise

Mai bis Juli 1890

Ein Jahr hatte der Künstler in Saint-Rémy unter Geisteskranken gelebt. Trotz wiederholter schwerer Anfälle hatte er hier seine Arbeit nicht nur ebenbürtig fortsetzen, sondern womöglich noch steigern können. Aber nun hielt es ihn nicht länger in der Absonderung der Anstalt: Weit davon entfernt, sich für geheilt zu halten, fürchtete er, ein längeres Zusammenleben mit lauter apathischen Gemütskranken und Irrsinnigen könne seine eigene Krankheit nur stabilisieren (statt bessern); auch hatte er Angst, die fortgesetzte Internierung würde ihn schließlich dem Leben und Arbeiten in Freiheit endgültig entwöhnen. Hinzu kam, daß er sich nach nördlichen Breiten zu sehnen begann. Seit längerem schon bewegten ihn Bilder und Erinnerungen seiner frühen holländischen Jahre. Der Süden – das »Japan« seiner Künstlerseele – hatte zwar seine schöpferischen, seine visionären Kräfte bis zur Raserei zu entfesseln vermocht, aber auf Kosten seiner Nerven, seines geistigen Gleichgewichts, seiner mentalen Gesundheit!

Auf Anraten Theos wurde als nächste Station das Dorf Auvers-sur-Oise in Aussicht genommen, ein Ort unweit Paris, wo schon Cézanne und Pissarro gemalt hatten. Dort würde er notfalls den Landarzt Dr. Gachet in der Nähe haben, einen erklärten Freund der Künstler, der selber als Maler und Radierer dilettierte.

Am 17. Mai verläßt Vincent Saint-Rémy und tritt seine »Heimkehr« in den Norden an. Bevor er sich nach Auvers begibt, will er Paris besuchen, um den Bruder wiederzusehen, aber ebensosehr, um endlich seine Schwägerin und den nach ihm benannten Neffen, dessen Pate er ist, kennenzulernen.

»Ich hatte erwartet, einen Kranken zu sehen«, schreibt Jo (Johanna van Gogh-Bonger), »und vor mir stand ein kräftiger, breitschultriger Mann mit gesunder Gesichtsfarbe, einem fröhlichen Ausdruck und etwas sehr Entschiedenem in seinem Auftreten... Offenbar hatte es wiederum so einen plötzlichen, unerklärlichen Wendepunkt in seinem Zustand gegeben... Drei Tage blieb er bei uns, und die ganze Zeit über war er heiter und fröhlich. Von Saint-Rémy wurde nicht gesprochen. Er ging allein aus, um Oliven zu kaufen, die er täglich zu essen gewohnt war und die wir unbedingt auch versuchen mußten; am ersten Morgen war er schon sehr früh in Hemdsärmeln zur Stelle und betrachtete seine Bilder, von denen unsere Wohnung voll war... Es kam auch viel Besuch, aber Vincent merkte sehr bald, daß das geschäftige Pariser Leben doch nicht das Richtige für ihn war, und er sehnte sich danach, wieder an die Arbeit zu gehen. Und so fuhr er denn am 21. Mai nach Auvers...«

In Auvers nimmt Vincent seine Arbeit sogleich und mit unverminderter Produktivität auf. Er wohnt billig im Gasthaus Ravoux am Rathausplatz, wo er auch seine Mahlzeiten regelmäßig einnimmt. Zu dem Landarzt entwickelt sich ein distanziert freundschaftliches Verhältnis. Es kommt zu einem Besuch seiner Angehörigen aus Paris und in den ersten Julitagen zu Vincents Gegenbesuch, der aber überstürzt abgebrochen wird:

»Wir waren infolge einer ernsten Unpäßlichkeit des Kindes übermüdet... es waren Tage voll Sorge und Spannung. Auch kam dauernd Besuch für Vincent, unter anderen Aurier, der... nun noch einmal mit dem Maler selbst alle Arbeiten durchsah, und Toulouse-Lautrec... Guillaumin wollte auch noch kommen, aber es wurde Vincent zu viel; er wartete diesen Besuch nicht mehr ab und fuhr übereilt nach Auvers zurück, übermüdet und überspannt...« (Die Schwägerin)

Die Zeit in Auvers dauert nur wenige Wochen. Die künstlerische Arbeit, farblich im Vergleich zum Vorhergehenden gedämpft, im Pinselduktus nicht mehr flammend wie in Saint-

Rémy, sondern auffallend geknickt, aber darum nicht minder intensiv, ist stilistisch eindeutig eine Weiterentwicklung, aber sie ist spürbar einer verzweifelten Einsicht in die Unheilbarkeit der Krankheit abgerungen. An der pessimistischen Grundhaltung können auch die sich mehrenden Zeugnisse der Anerkennung nichts ändern, die Theo getreulich nach Auvers berichtet. Unter diesen Meldungen findet sich sogar eine Verkaufsmeldung: Auf Einladung der »Vingtisten«, einer Künstlervereinigung in Brüssel, hatte Vincent an einer Kollektivausstellung teilgenommen und sein erstes (und zu Lebzeiten einziges) Bild verkauft.

Am 27. Juli, wohl im Vorgefühl einer bevorstehenden neuen Krise, legt Vincent auf freiem Feld mit einem Revolver Hand an sein Leben. Er kann, schwerverwundet, aus eigener Kraft in sein Zimmer zurückkehren, wo er am 29. Juli im Beisein des telegraphisch herbeigerufenen Bruders stirbt.

Theo an die Schwester Elisabeth-Huberta (5. August 1890): »... Während ich bei ihm saß und ihm zuredete, daß wir versuchen würden, ihn zu heilen, und daß wir hofften, er bliebe dann von seinen Verzweiflungsanfällen ganz verschont, erwiderte er: ›La tristesse durera toujours.‹ (Die Traurigkeit wird immer bleiben)... Kurz darauf bekam er einen Anfall von Beklemmung, und in der nächsten Minute schloß er die Augen. Er wurde dann ganz ruhig und kam nicht mehr zur Besinnung.«

Theo starb wenige Monate später: im Januar 1891, in Holland. Die beiden Brüder sind auf dem Friedhof in Auvers beigesetzt.

Auvers ist sehr schön, besonders die alten Strohdächer, die selten sind.

Ich hoffe ernsthaft, daß, wenn ich einige Bilder mache, es uns möglich ist, die Kosten des Aufenthaltes einzubringen. Denn es ist wirklich ernst und schön, dieses weite charakteristische und malerische Land.

Ich habe Herrn Dr. Gachet gesehen, er scheint mir ziemlich exzentrisch zu sein, aber seine Erfahrungen, die er als Arzt machte, halten ihn im Gleichgewicht und bekämpfen sein Nervenleiden, von dem er ebenso schwer wie ich befallen zu sein scheint. –
Er besitzt einen sehr schönen Pissarro, ein rotes Haus im Schnee und zwei Blumenstücke von Cézanne.
Dann noch einen anderen Cézanne, ein Motiv aus dem Dorf.
Ich möchte hier so gern mit meinem Pinsel einen Hauptstrich tun. –
Sein Haus ist voll alten Trödelkrams mit Ausnahme der genannten Impressionistenbilder. Der Eindruck, den er auf mich macht, ist nicht ungünstig. Als wir von Belgien und den alten Malern sprachen, erhellte sein von Kummer gefurchtes Gesicht ein Lächeln. Ich glaube, wir werden bestimmt Freunde sein und ich werde sein Porträt malen.
Er sagte, ich müßte tüchtig drauflos arbeiten und nicht an das, was ich hatte, denken. – (635)

Im letzten Brief vergaß ich, Dir meine hiesige Adresse zu geben. Diese lautet vorläufig: Rathausplatz bei Ravoux. Als ich Dir schrieb, hatte ich noch nichts getan. Jetzt arbeite ich an der Studie alter Strohdächer, im Vordergrund ein Feld blühender Erbsen und im Hintergrund ein Hügel. Ich glaube, Du wirst diese Studie lieben. – (636)

Oft denke ich an Dich, Jo und den Kleinen und ich sehe, daß die Kinder hier im Freien frisch und gesund aufwachsen. Trotzdem ist es hier schon ziemlich schwer, sie groß zu bringen, um so schwieriger ist das mitunter in Paris in einer vierten Etage. Trotzdem muß man die Dinge nehmen, wie sie sind. Herr Gachet sagt, die Eltern müßten sich natürlich gut nähren. Er spricht von 2 Liter Bier täglich und ähnlichen Maßregeln. Sicher wirst Du gern mit ihm bekannter werden. Er rechnet darauf und spricht jedesmal, wenn ich ihn sehe davon, daß Ihr alle kommen sollt. Er scheint mir ebenso krank und nervös zu sein wie Du und ich und ist dazu noch viel älter. Er verlor vor einigen Jahren seine Frau. Aber er ist durchaus Arzt, sein Handwerk und sein Glauben halten in aufrecht. Wir sind schon ganz Freunde. Zufällig kannte er Brias von Montpellier. Er denkt das gleiche über ihn wie ich, nämlich, daß er in der Geschichte der modernen Malerei wichtig sei. Ich arbeite an seinem Porträt, dem Kopf mit einer weißen Mütze, seine blonden Haare in ganz hellen Tönen; das Fleisch der Hände ist auch ganz hell; ein blauer Frack, der Hintergrund kobaltblau. Er stützt sich auf einen roten Tisch, auf dem ein gelbes Buch liegt und eine Digitalis mit purpurnen Blüten steht. Dieses Bild ist aus der gleichen Empfindung entstanden, wie mein Selbstporträt, das ich vor meiner Abreise machte. – (638)

Ich beabsichtigte ein wichtigeres Bild vom Haus und Garten Daubigny's zu malen, wovon ich bereits eine kleine Studie arbeitete.

Bin sehr froh, daß Gauguin mit de Haan weggeht, natürlich scheint mir die Fahrt nach Madagaskar wenig ausführbar, ich zöge es vor, wenn er nach Tonkin reiste. Wenn er nach Mada-

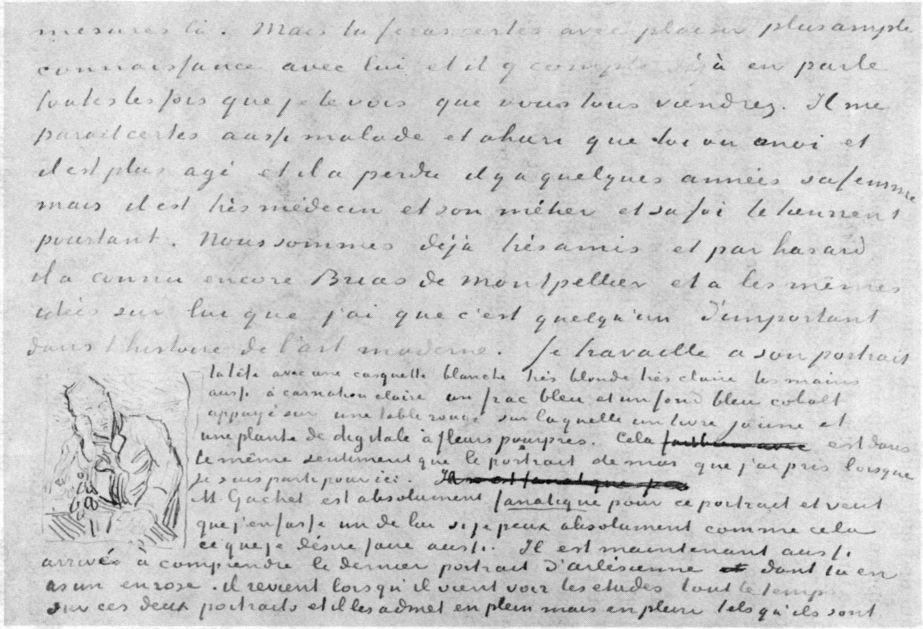

mesures là. Mais tu feras certes avec plaisir plus ample
connaissance avec lui et il y compte déjà en parle
toutes les fois que je le vois que vous tous viendrez. Il me
paraît certes aussi malade et ahuri que toi ou moi et
il est plus agé et il a perdu il y a quelques années sa femme
mais il est très médecin et son métier et sa foi le tiennent
pourtant. Nous sommes déjà très amis et par hasard
il a connu encore Bruas de Montpellier et a les mêmes
idées sur lui que j'ai que c'est quelqu'un d'important
dans l'histoire de l'art moderne. Je travaille à son portrait
la tête avec une casquette blanche très blonde très claire les mains
aussi à carnation claire un frac bleu et un fond bleu cobalt
appuyé sur une table rouge sur laquelle un livre jaune et
une plante de digitale à fleurs pourpres. Cela ~~[illegible]~~ est dans
le même sentiment que le portrait de moi que j'ai pris lorsque
je suis parti pour ici. ~~[illegible]~~
M. Gachet est absolument fanatique pour ce portrait et veut
que j'en fasse un de lui si je peux absolument comme cela
ce que je désire faire aussi. Il est maintenant aussi
arrivé à comprendre le dernier portrait d'arlésienne ~~et~~ dont tu en
as un en rose. il revient lorsqu'il vient voir les études tout le temps
sur ces deux portraits et il les admet en plein mais en plein tels qu'ils sont

gaskar ginge, könnte ich folgen; denn dahin müßte man zu zwei oder drei gehen. Aber wir sind noch nicht so weit. Sicher liegt ein gutes Stück Zukunft für die Malerei in den Tropen, sei es nun Java, Martinique, Brasilien und Australien und nicht hier. Aber Du weißt, für mich ist es nicht bewiesen, daß ich oder Gauguin die Leute der Zukunft sind. Aber sicher wird noch einmal da unten, nicht hier, ein Tag kommen, an dem man dort Impressionisten arbeiten sieht, die sich an Millet & Pissarro halten; daran zu glauben ist natürlich. Aber dahin ohne Existenzmittel und Beziehungen mit Paris zu gehen, ist kopflos, während man Jahre lang hier vegetiert und versauert hat. – (642)

(An P. Gauguin)
Sie können versichert sein, daß ich seit meiner Rückkehr an Sie denke. Ich blieb in Paris nur drei Tage, zumal der Pariser Lärm auf mich immer einen schlechten Eindruck machte. Ich hielt es für klug, so rasch wie möglich aufs Land zu gehen, ohne das wäre ich einmal bei Ihnen vorbeigekommen. Es freut mich ungemein, wenn Sie sagen, daß das Porträt der Arlesierin Ihnen gefallen hat.
Ich bemühte mich Ihrer Zeichnung andächtig treu zu bleiben, trotzdem nahm ich mir die Freiheit, sie vermittelst Farben vorsichtig zu interpretieren und dabei den schlichten Charakter und Stil der Zeichnung beizubehalten.
Es ist eine Zusammenfassung der Arlesierin, wenn Sie so wollen. Da diese Synthesen der Arlesierinnen selten sind, so nehmen Sie das für ein gemeinsames Werk von mir und von Ihnen, als das Ergebnis der Monate unserer gemeinschaftlichen Arbeit. Ich bezahlte es meinerseits mit einem Monat Krankheit, aber ich weiß, es ist dies ein Bild, das Sie, ich und andere seltene Menschen so begreifen, wie wir wünschen, daß es erfaßt werde.
Mein Freund Dr. Gachet sagte plötzlich, nachdem er 2 oder 3mal gezögert; wie ist das schwer, einfach zu sein. Gut, ich will

die Sache noch unterstreichen, indem ich das radiere, basta, mag sie haben wer will.
Sahen Sie die Olivenbäume? Jetzt arbeite ich am Porträt Dr. Gachets. Sein Gesicht hat den schmerzlichen Ausdruck unserer Zeit.
Das ist etwas, das, wie Ihr Christus auf dem Ölberg, dazu bestimmt ist, nicht verstanden zu werden. Aber gerade darin folge ich Ihnen und mein Bruder versteht diese Nuance sehr gut.
Ich habe noch von da unten eine Zypresse mit einem Stern, ein letzter Versuch. Ein nächtlicher Himmel mit einem glanzlosen

Mond, die wachsende Sichel tauchend aus dichten Schatten, der auf die Erde gesenkt ist. Ein hellblinkender Stern, wenn Sie wollen, ein lieblicher Glanz von Rosa und Grün am Ultramarinhimmel, über den Wolken laufen. Unten eine Straße, die mit hohen gelben Staketen gesäumt ist, dahinter die blauen niederen Alpen; ein alter orangefarbener Gasthof mit erleuchteten Fenstern. Eine Zypresse ganz dunkel. Auf dem Weg ein gelber Wagen, davor ein Schimmelpferd gespannt und zwei verspätete Wanderer. Sehr romantisch, wenn Sie wollen aber auch, glaube ich, ganz die Provence. Wahrscheinlich werde ich dies und an-

Avez vous encore vu les oliviers ? Maintenant j'ai un portrait du Dr Gachet à expression navrée de notre temps. Si vous voulez quelque chose comme vous disiez de votre christ au jardin des oliviers pas destiné à être compris mais enfin là jusque là je vous suis et mon frère saisit bien cette nuance.

J'ai encore de là bas un cyprès avec une étoile

un dernier essai – un ciel de nuit avec une lune sans éclat ~~dans~~ à peine le croissant mince émergeant de l'ombre projetée opaque de la terre une étoile à éclat exageré, si vous voulez, éclat doux de rose et vert dans le ciel outremer où courent des nuages. En bas une route bordée de hautes cannes jaunes derrière lesquelles des Basses Alpines bleues une vieille auberge à fenêtres illuminées orange et un très haut cyprès tout droit tout sombre.
Sur la route une voiture jaune attelée d'un cheval blanc et deux promeneurs attardés. Très romantique si vous voulez, mais aussi je crois de la Provence. Probablement je graverai à l'eau forte celle là et d'autres ~~[illegible]~~ paysages et motifs souvenirs de Provence alors je me ferai une fête ~~pas~~ de vous en donner un tout un résumé un peu voulu et étudié. Mon frère dit que Lauzet qui fait les lithographies d'après Monticelli a trouvé bien la tête d'Arlésienne en question.

Alors vous comprenez qu'étant arrivé à Paris un peu ahuri je n'ai pas encore vu de vos toiles. Mais bientôt j'espère y retourner pour quelques jours. Très content d'apprendre par votre lettre que vous retournez en Bretagne avec de Haan. Il est fort probable que – si vous me le permettez je viendrai pour ~~un~~ un mois vous y rejoindre pour y faire une marine ou deux mais surtout pour vous revoir et faire la connaissance de de Haan. De ces jours là nous chercherons à faire quelque chose de voulu et de grave comme cela serait probablement devenu si nous eussions pu continuer là bas.

Tenez une idée qui peutêtre vous ira je cherche à faire des études de blé ainsi

je ne peux cependant pas dessiner cela – rien que des épis tiges bleus verts feuilles longues comme des rubans vert et rose par le reflet épis jaunissants légèrement bordés de rose pâle par la floraison poussiéreuse un liseron rose dans le bas enroulé autour d'une tige.
Là dessus sur un fond bien vivant et pourtant tranquille je voudrais peindre des portraits. C'est des verts de différente qualité de même valeur de façon à former un tout vert qui ferait par sa vibration songer au bruit doux des épis se balançant à la brise.
C'est pas commode du tout comme coloration.

dere Landschaften und Motive radieren. Erinnerungen an die Provence; dann wird es für mich ein Fest sein, Ihnen etwas davon zu geben. Das Ganze wird etwas Gewolltes und ein ausgearbeitetes Ergebnis der Provenzer Zeit sein. –
Sie begreifen, daß ich, weil ich so ermattet in Paris ankam, Ihre Bilder noch nicht sehen konnte. Doch hoffe ich, auf einige Tage dorthin zurückzukehren, Ich entnahm Ihrem Brief mit Vergnügen, daß Sie mit de Haan in die Bretagne zurückkehren. Es ist wahrscheinlich, daß, wenn Sie es erlauben, ich auf einen Monat zu Ihnen komme, um einige Seestücke zu machen. Vor allem, um Sie wiederzusehen und de Haan kennenzulernen.
In diesen Tagen werden wir versuchen, gewichtige Sachen fertig zu bekommen, wie es uns wahrscheinlich geglückt wäre, wenn wir hätten im Süden bleiben können.
Halt ein Gedanke, der Ihnen vielleicht paßt. Ich versuche Studien nach Weizenfeldern zu machen. Ich kann das indessen nicht zeichnen. Nichts als Ährenhalme blau, grün, schlanke Blätter wie Bänder, die grün und rosa leuchten, Ähren, die etwas gilben, vom Blütenstaub hellrosa gesäumt; unten eine rosafarbene Winde, die sich um einen Ährenhalm rollt.
Darüber möchte ich auf dem ganz lebhaften und trotzdem ruhigen Hintergrund Porträts machen. Da gibt es Grün, von verschiedener Art, aber gleichem Tonwert, die in ihrem Beben eine Einheit bilden, die an das süße Rauschen der Halme erinnert, die sich im Winde schaukeln. –
(Unvollendeter Brief, der in den Papieren gefunden wurde.) (643)

Ich sage, was ich denke, und Ihr versteht es, daß ich Interesse für meinen kleinen Neffen habe und viel auf sein Wohlbefinden gebe. Da Ihr ihn nach mir nanntet, wünsche ich, daß seine Seele weniger unruhig als die meine sei, die sich verdunkelt. –
Es geht in diesen Tagen recht gut. Ich arbeite hart, habe vier Malereien und zwei Zeichnungen.

Du wirst eine Zeichnung von einem alten Weinberg mit einer Bäuerin sehen. Ich hoffe, daraus ein großes Bild zu machen.
Ich glaube, man darf auf keinen Fall auf Dr. Gachet rechnen. Zunächst ist er kränker als ich, wie mir scheint, oder wenigstens ebenso krank. Wenn ein Blinder einen anderen Blinden führt, fallen da nicht beide in den Graben?
Ich weiß nicht was ich sagen soll. Sicher kam mein letzter, so furchtbarer Anfall zum größten Teil durch das Zusammenleben mit den anderen Kranken. Dieses Gefängnis machte mich kaputt, und Vater Peyron beachtete das gar nicht. Er ließ mich mit diesen im Innersten vernichteten Menschen vegetieren. –
Ich fühle mich am Ende, so steht meine Rechnung. Ich fühle, das ist mein Schicksal; ich nehme es an, und es wird sich nicht mehr verändern. Das ist ein Grund mehr, jeden Ehrgeiz lassend, daß wir jahrelang zusammen leben können, ohne uns zu ruinieren. Du siehst, mit den Bildern, die noch in St. Rémy sind – dort sind wenigstens 8 – und den vier hier, will ich recht in der Übung bleiben. Trotzdem ist es wahr, es ist schwer, eine gewisse Leichtigkeit des Schaffens zu erlangen, und wenn ich aufhöre zu arbeiten, werde ich sie rascher und leichter verlieren als ich unter großen Anstrengungen dazu kam. Die Zukunft verdunkelt sich und ich sehe sie gar nicht glücklich. – (648)

Jos Brief war für mich wirklich wie ein Evangelium, eine Befreiung aus der Angst, die mir die für uns alle schweren und schlimmen Stunden verursachten, die ich mit Euch teilte. Das ist nicht wenig, wo wir alle unser tägliches Brot gefährdet sehen. Das ist nicht wenig, da wir fühlen, wie brüchig unsere Existenz ist. Als ich hierher zurückkam, fühlte ich mich sehr niedergeschlagen, und ich fühlte, wie der Sturm sich auf mich herabsenkte, der Euch bedroht. Aber was soll man machen. Seht, ich versuche, bei guter Laune zu bleiben. Aber mein Leben wurde bei der Wurzel angegriffen, und mein Schritt ist schwankend.

Ich fürchte nicht sehr, aber doch ein wenig, daß ich Euch zur Last fiel, aber Jos Brief beweist mir klar, wie Ihr es fühlt, daß auch ich arbeite und mich mühe wie Ihr.
Als ich zurückkam, stürzte ich mich in die Arbeit, aber der Pinsel fiel mir fast aus den Händen. Da ich aber wußte was ich wollte, malte ich trotzdem drei große Bilder.
Das sind ungeheure, ausgestreckte Felder unter wolkigem Himmel, und es fällt mir nicht schwer, meine ganze Traurigkeit auszudrücken, die äußerste Einsamkeit. Ihr seht das hoffentlich in Bälde, denn ich will es Euch sobald wie möglich nach Paris bringen, zumal ich glaube, daß diese Bilder Euch sagen, was ich nicht in Worten ausdrücken kann, was ich in dem Landleben Gesundes und Tröstliches sehe.
Das dritte Bild ist der Garten Daubignys, ein Bild, an das ich dachte, seit ich hier bin. –
Ich denke oft an den Kleinen. Ich glaube, es ist sicher besser, Kinder aufzuziehen als seine ganze Nervenkraft den Bildern zu geben. Aber was wollt Ihr. Ich fühle mich jetzt zu alt, um damit aufzuhören und etwas anderes zu wollen. Dieser Wunsch verging mir, obwohl die innere Trauer mir bleibt. –
Brief, den er am 29. Juli auf sich trug (Beischrift von Theo.) (649)

Die anderen Maler halten sich, was sie auch davon denken, instinktiv von Besprechungen über den heutigen Handel fern.
Wirklich, wir können nur unsere Bilder sprechen lassen.
Aber trotzdem, mein lieber Bruder, das sage ich Dir immer, und ich sage es noch einmal mit der ganzen Schwere, die eine hartnäckige Gedankenarbeit eingeben kann, ich sage es Dir noch einmal, ich sehe Dich immer für etwas anderes an, als für einen einfachen Kunsthändler. Durch mich hast Du selbst an dem Zustandekommen gewisser Bilder teilgenommen, die sogar in der Verwirrung bestehen bleiben.
Denn da sind wir wieder, und das ist alles oder zum wenigsten

die Hauptsache, die ich Dir im Augenblick einer ziemlichen Krise sagen kann. In einem Augenblick, wo die Dinge zwischen den Händlern von Bildern toter Künstler und denen lebender Künstler etwas gespannt sind. Nun, meine Arbeit gehört Dir. Ich setze dafür mein Leben ein, und meine Vernunft ging dabei zur Hälfte drauf. Gut, aber Du gehörst nicht zu den Menschenhändlern, das weiß ich und Du kannst, wie ich finde, Stellung nehmen, da Du wirklich mit Menschlichkeit handelst, aber was willst Du –

(Hier endigt der Brief.) (652)

Nachwort

Am Anfang dieser Künstlervita steht nicht die Begabung, auch keine auffallende Neigung zu künstlerischem Tun, ja nicht einmal ein gewisses Geschick. Am Anfang steht die bare Verunmöglichung; Verunmöglichung als Zeichner auf Grund einer ausgesprochenen Ungeschicklichkeit, ja Begriffsstutzigkeit, darüber hinaus aber Verunmöglichung im Leben schlechthin. Der in verschiedenen Anläufen zu einer bürgerlichen Existenz verunfallte, gescheiterte Vincent greift zum Zeichenstift buchstäblich so, wie der Ertrinkende nach dem Strohhalm greift. Der Zeichenstift wird für den Isolierten zum einzig verbleibenden Instrument menschlichen Partizipierens, Kommunizierens; sozialen Handelns überhaupt.
Nicht die sogenannte Berufung zum Künstler, sondern die bis zum Grade der Erstarrung empfundene *Vereinzelung*, das schmerzliche Eingeständnis der eigenen Nutzlosigkeit, eine schiere Anpassungsunfähigkeit an die herrschenden Verhältnisse und deren Konventionen – insgesamt Entfremdungstatsachen – lassen den bereits siebenundzwanzigjährigen Vincent van Gogh in einem wahren Verzweiflungsakt seinen Weg wählen.
Das ist die Prädisposition oder Motivation, allerdings sind sie in diesem Falle gepaart mit Charaktereigenschaften, die das fehlende Talent wenn nicht aufheben, so doch relativieren. Er macht sich mit einer ungeheuren Energie und Starrköpfigkeit ans Werk, mit Willenskraft und einer Opferbereitschaft über alle Grenzen des Belastbaren hinaus. Vor allem aber ist da von Anfang an eine einmalige Gabe (oder Veranlagung) des Mitleidens mit Mensch und Kreatur, ein Drang zu Anteilnahme und Mitteilung. Der Drang nach menschlicher Verbundenheit ist grundlegend für seine Art, wie er bestimmend sein wird für sein Werk.
Nochmals: der Ausgangspunkt ist unkünstlerisch, aber das Un-

ternehmen ist eine Existenzfrage; auf Gedeih und Verderb, auf Leben und Tod.

Da ist also von Anfang an dieser Drang nach »sozialem Nutzbringen« oder dieses »Ringen um Einordnung in eine übergreifende Gemeinsamkeit, in der die Selbstverwirklichung sich nicht anders vollzieht als im aktiven Bezug auf das menschliche Kollektiv«.*
Dieser Drang drückt sich beim Jüngling vorerst bloß in einem gesteigerten Familiengefühl, in einem Gefühl der Zugehörigkeit und einer auffallenden Teilnahmefähigkeit aus. Zum stark entwickelten sozialen Bewußtsein gehört das gleichermaßen in der Veranlagung verankerte Bedürfnis nach einer ethischen Überhöhung des Daseins. Das Leben kann seinen Sinn nur im Hinblick auf ein höheres Ziel – dies im Sinne einer Gottesgefolgschaft, mindestens Gottes*kindschaft* – finden. Diese Züge sind im Wesen des ganz jungen Menschen axiomatisch enthalten. Sie sind christliches Erbteil seiner Herkunft.

Vincent stammt aus einem strenggläubigen Pfarrhaus. Aber in der Familie gibt es seit je neben Pastoren auch Kunsthändler; drei seiner Onkel sind es, und insbesondere sein Patenonkel hat sich in diesem Beruf profiliert. Neben dem christlichen Denken gehört die Liebe zur Kunst zur Stubenluft seines Milieus, so ist es nicht abwegig, daß er als Kunsthandlungslehrling debütiert: familienkonform.
Er tritt in die Haager Filiale der Firma Goupil & Cie ein, deren Hauptsitz in Paris und deren Teilhaber sein Patenonkel Vincent ist (der sich im Kunsthandel ein großes Vermögen erworben hat). Leiter des Geschäfts im Haag ist H. G. Tersteeg.
Er tritt seine Lehrzeit mit sechzehn an, ausgesprochen munter und sogar erfolgversprechend, geradezu lebenslustig überdies.

* Fritz Erpel im Nachwort der 6bändigen deutschen Briefausgabe (Henschel Verlag, Ostberlin 1968, Lizenzausgabe bei Kindler).

Eine Quelle seiner Lebenslust ist seine Naturliebe, die sich in langen Spaziergängen und schwärmerischen Briefbeschreibungen derselben äußert und seinen Grundeigenschaften zuzuzählen wäre. So harmlos beginnt dieses außerordentliche Leben: Ein Jüngling tritt seine Bahn an im Gefühl einer starken Familienzugehörigkeit, im Gefühl einer unbezweifelbaren Gottesbezogenheit außerdem, naturverliebt und im Bewußtsein, dank seinem rechtschaffenen Beruf ein vollwertiges Mitglied der menschlichen Gesellschaft zu werden. Heiraten wird er und eine Familie gründen. Zur Weiterbildung versetzt man ihn in Goupils englische Filiale nach London. Er lernt englisch, liest englische Literatur, lernt die englische Kunst kennen. Er kleidet sich gut, trägt einen Zylinder. Zur Untermiete wohnt er bei einer Mrs. Loyer, der Witwe eines Pfarrers aus Südfrankreich, die mit ihrer Tochter Ursula eine Art Kindergarten betreibt. Er verliebt sich in die Tochter des Hauses – und wird abgewiesen.

Die Zurückweisung hat in seinem Fall verheerende, katastrophale, ganz und gar lebenswendende Folgen. Die Wirkung ist nicht anders, als wenn er aus der menschlichen Gesellschaft ausgestoßen würde. Er ändert sich von Stund an, wird über Nacht ein Sonderling, eigenbrötlerisch, grüblerisch, aufsässig, ungenießbar. Vor allem aber: lebensabgewandt, glücksunfähig. Er stellt sein Leben unter den Leitsatz: »Wir sind nicht auf Erden, um glücklich zu sein, sondern um unser Glück zu verdienen.« Er vertieft sich in die Bibel und alle erreichbaren religiösen Schriften. Er muß seine ganzen Lebensauffassungen überprüfen. Kunst, Literatur, die er bislang um ihrer selbst willen geliebt hatte, verbietet er sich. Er verbietet sich jede Art von Genuß, noch der Naturgenuß fällt unter das Verdikt. Ausgesprochene Tendenzen zur Kasteiung werden sichtbar. In Kunst und Literatur läßt er, wenn überhaupt, nurmehr gelten, was einen erbauenden, entschieden ethischen Charakter hat; was von christlicher Nächstenliebe und Selbstaufgabe handelt. Die fol-

gende Passage von Ernest Renan, neben Michelet einer der meistzitierten Autoren seiner frühen Jahre, ist ihm aus dem Herzen gesprochen:
»Um in der Welt tätig zu wirken, muß man sich selbst absterben; das Volk, das sich zum Verbreiter eines religiösen Gedankens macht, hat kein anderes Vaterland mehr als diesen Gedanken. Der Mensch ist nicht auf Erden, nur um glücklich zu sein, er ist nicht einmal hier, um schlechthin anständig zu sein. Er ist hier, um für die Gesellschaft große Dinge zu vollbringen, um Seelengröße zu erlangen und die Gemeinheit hinter sich zu lassen, in der sich das Dasein fast aller Menschen hinschleppt.«
Die Abweisung durch Ursula Loyer, seine erste Liebe, ist der Stoß, der ihn aus der Bahn und ganz und gar auf sich selbst geworfen hat.

Als Kunsthandlungsgehilfe ist er fortan ein unbequemer, ja unverträglicher Angestellter; ein Eiferer, Sektierer, Bekehrer am falschen Platze. Die Verantwortlichen aus Geschäft und Verwandtschaft verschreiben ihm einen Ortswechsel: er wird nach Paris versetzt – und bald einmal entlassen. Das kann ihm nur recht sein, denn nun scheint ihm sein Weg vorgezeichnet: er will dem Vater nachfolgen, mehr: er wird die Nachfolge Christi antreten.
Zunächst kehrt er noch einmal nach England zurück, um da einem Methodistenprediger, Leiter eines kleinen Internats in der Küstenstadt Ramsgate (Grafschaft Kent), gegen Kost und Logis als Hilfslehrer an die Hand zu gehen. Die Schüler rekrutieren sich aus armen Londoner Familien. Die Stelle hat er über eine Anzeige gefunden. Zu den Pflichten des Hilfslehrers gehört das Einkassieren rückständiger Schulgelder, was ihn auf langen Fußmärschen in die Londoner Armenviertel führt. Diese Gehilfentätigkeit dauert kein Jahr, sie ist eine Art Vorpraktikum für die eigentliche Berufsausbildung. Er kehrt nach Holland zurück, um sich ernsthaft auf die Aufnahmeprüfung für die theo-

logische Fakultät vorzubereiten. In Amsterdam, wo ihm ein anderer Onkel, Konteradmiral a. D., eine Dachkammer anbietet, sucht er im Privatunterricht das schulisch Versäumte nachzuholen, darunter hauptsächlich die alten Sprachen. Er ist kein guter Schüler, schon darum nicht, weil er viel zu stark vom Eigentlichen, von der Lehre Christi, absorbiert, von christlicher Literatur abgelenkt ist. Er fertigt eine Landkarte an, die die Reisen des Apostels Paulus herausstreicht; er stellt eine Liste auf mit den biblischen Gleichnissen und Wundern, chronologisch geordnet. Das Büffeln von trockenem Schulstoff wird für den nach praktischem Einsatz, nach Bewährung lechzenden Vierundzwanzigjährigen eine Pein. Er arbeitet sich krank, Nachtarbeit ist die Regel, sonntags besucht er an die sechs bis sieben Kirchen und Zusammenkünfte, darunter sogar die Synagoge. »Wie sehr sein Nervensystem überreizt war, beweist, daß er einmal in den Kollektenbeutel seine silberne Uhr, ein ander Mal seine Handschuhe hineinwarf«, berichtet eine seiner Schwestern. Nach etwas mehr als einem Jahr gibt er auf zugunsten eines Schnellverfahrens: er bezieht in Brüssel eine Missionsschule, um sich in einem dreimonatigen Kursus auf den praktischen Einsatz als Evangelist und Prediger vorzubereiten. Diesen Kursus besteht er, erhält aber vorerst keine Anstellung, angeblich weil er nicht frei zu sprechen imstande sei, vor allem aber darum, weil er keine Unterordnung kennt. So erteilt man ihm lediglich die Erlaubnis zu einer (freiwilligen) unentgeltlichen Probezeit auf drei Monate. Er begibt sich ins Borinage, einen belgischen Kohlebergwerksdistrikt, wo er sich im Abhalten von Bibelstunden und in Krankenbesuchen üben kann. Im Januar 1879 wird er dann auf sechs Monate angestellt, wiederum probeweise, aber danach wird sein Engagement nicht verlängert. Er wird, weil er durch eine allzu wörtlich genommene Interpretation seines christlich-evangelitischen Auftrags maßlos übertrieben und sich darum in den Augen der Behörde unmöglich gemacht hat, entlassen.

Er ist jetzt durch und durch ein Versager, brotlos, unterstützungsbedürftig durch die Familie, ein mißratenes Subjekt – mit seinen bald dreißig Jahren. Die Kirche, Christi Statthalterschaft auf Erden, hat ihn verstoßen, die Familie betrachtet ihn als verlorenen Sohn und unnützen Querulanten. Die Gesellschaft hat für ihn keine Verwendung. So ist er nun wirklich ein Ausgestoßener, und dies nicht nur seinem subjektiven Erleben nach. Am meisten zählt wohl, daß er in dem in seinem Naturell unumstößlich angelegten Grundverlangen – nach ausgelebter Brüderlichkeit – verunmöglicht ist, zählt diese grauenhafte Isolation. Seine Gottesbezogenheit, wie sie ihm durch Familie und Erziehung tradiert wurde, ist ins Wanken geraten. Und sogar der Natur ist er ein Fremder geworden.

Er nimmt an diesem Tiefstpunkt seines bisherigen Lebens das Zeichnen auf, kaltgestellt wie er ist – und wohin soll er sich wenden? –, einfach darum, weil er auf irgendeine Weise mit seiner menschlichen Umwelt Kontakt halten muß. Er hat als Kind nicht ungern gezeichnet, und auch später hat er immer wieder kleine Skizzen angefertigt; aber von Begabung oder gar Berufung kann keine Rede sein. Das Zeichnen ist das einzig verbliebene Instrument eines Teilhabens, und da er es ohne alle handwerklichen Voraussetzungen, wahrhaft dilettantisch, ohne jede Ahnung von Anatomie und Perspektive, entsprechend ungeschickt betreibt, ist es ein sprachloses Buchstabieren, ein Kaspar Hausersches Stammeln: ein Versuch, die Wirklichkeit zu erbetteln. Übertrieben gesagt: die bis zum Grade der Erstarrung erfahrene Entfremdung (von allem) drückt sich in einer entsprechenden zeichnerischen Begriffsstutzigkeit aus.

Die Tätigkeit des Zeichnens hat für ihn vom allerersten Anfang an doppelte Bedeutung. Es ist eine Art Überlebensgarantie, insofern als er dadurch die tödliche Isolation bis zu einem gewissen Grade aufheben kann; so verstanden, ist er selber an die »Kunst« angeschlossen wie an ein Beatmungsgerät. Kunst als

Lebensanschluß. Zum anderen soll die Kunst von Anbeginn an auch gleich noch Sprachrohr einer Hilfeleistung für andere Arme werden. Er wird auch als Zeichner von seinem Erwekkungspredigeranspruch nicht ablassen. Er möchte nicht weniger als eine erkaltete, vertotete Welt – und das ist für ihn zunächst nur eine gottesferne und weitgehend inhumane, also erbarmungswürdige Menschenwelt – mit dem Instrument seines Stifts beleben, wiederbeleben, wiederherstellen, retten. Kunst als Reparatur.

Bald einmal aber beginnt er seine traurigen Erfahrungen in gesellschaftlichen Zusammenhängen zu sehen. Er wird Inhumanität mit Ver-sachlichung des Daseins, mit Warendenken, Ausbeutung, mit Klassenunterschieden zusammenbringen. Denn inzwischen ist ihm aufgegangen, daß es nicht an ihm allein liegen kann, daß er überall anstieß mit seinem radikalen Lebensanspruch; daß es nicht an ihm liegen kann, daß ihm die Verhältnisse, die er vorfindet, entmenscht vorkommen, das Dasein entgöttert; daß es an der Gesellschaft liegt, die krank oder absteigend, wenn nicht zum Tode verurteilt sein müsse, weil sie in Institutionen von unmenschlicher (ausbeuterischer) Art erstarrt, alles in allem verlogen sei. Er nahm Abstand von dieser Gesellschaft mitsamt ihrer staatlichen Kirche, die er zu verabscheuen begann, mitsamt ihrer falschen Moral, ihren fragwürdigen herrschenden Werten und suchte Trost bei milderen Meistern und Geistern, bei Meistern der Literatur und Kunst, bei einem Shakespeare, einem Rembrandt, Millet und Delacroix – wobei ihm allerdings die Christusgestalt selber bis zuletzt von zentraler Bedeutung bleiben sollte.

Gegen die allgemeine Vertotung wollte der Anfänger (in Sachen Kunst) antreten mit dem Instrument seiner noch kaum lebensfähigen Zeichnung. Kunst als Selbstrettung *und* als Verkündigung – soviel (vorerst) zur »Funktion der Kunst« in Vincents einsamem Fall und Verständnis. Und dies gilt vom ersten Moment an, da der Stammler seine Laufbahn antrat.

Es folgen die Lehrjahre. Nach einer Schnupperlehre an der Brüsseler Akademie sucht er, natürlich auch aus Geldgründen, Zuflucht im elterlichen Pfarrhaus, das damals in *Etten* war, um sich vor der Natur zu bilden. Dieser Anfang fällt in die Zeit vom April bis zum Dezember 1881. An diesen Landaufenthalt schließt sich die Zeit im *Haag* an.
Sein einziger Vorzug ist in dieser Anfängerzeit die Gabe der Hineinversetzung (in seinen Gegenstand), diktiert von rigorosem Mitleiden. Sein Gegenstand: die Verlorenen, Randexistenzen, Unterproletariat also; und die Arbeiter.
Und was bringt die erste Lehrzeit ein? Jammergestalten sind das Produkt, Vogelscheuchen, Geduckte, vom Leben Gezeichnete. Sein Stift fängt Leblose, einem echten Leben nicht mehr Teilhaftige, formal: Kleiderständer, Präparate! ein, die allerdings in ihrem armseligen Zustand eine Art stillschweigender Hoffnung auf Erlösung manifestieren, oder doch: *Aussicht* auf einen Erlösungsanspruch. Das geht nicht nur aus den Briefen hervor, es kommt auch formal zum Ausdruck, in den Horizonten nämlich, einer spezifischen Horizont-Erzwingung, sowohl in den Landschafts- wie in den Figurenzeichnungen. Bei den Figuren – denaturierten Kreaturen, alles in allem – beschwören die Konturen des Elends auf den Blättern jeweils einen oberen Raum der Ergänzung, einen Lichtblickraum, wo eine Hoffnung sich mitteilt. Sie werden unter einen Horizont gekrümmt, der als Entsprechung zum Unteren einen Raum heraufbeschwört, der über sie hinaus weist. Eindeutiger kommt es in den Blättern mit Stadt- bzw. Vorstadtansichten zur Geltung, wo sich das erbärmliche Unten der Baracken und Schrebergartensiedlungen in gewalttätigen Sehnsuchtslinien den Himmel oder das Unendliche erzwingt.
Den Haag: das ist der angestrengte Versuch, zeichnerisch der menschlichen Wirklichkeit habhaft zu werden, aber der Ertrag ist deprimierend in seiner Beinernheit, seiner Natur- und Lebensferne, seinem schleichenden Tod. Einesteils ist da natür-

lich auch die Inkongruenz zwischen praktisch-technischem Können und hochgestecktem (philosophischem, religiösem) Wollen mitbeteiligt. Zum andern sind es auch die Augen des selber bis zum Grade der Entmenschung Geduckten, der Solches sieht und sich zu Entsprechendem hingezogen fühlt. Aber es genügt ihm nicht.

Was er bisher als *Bild des Menschen* zu Tage gefördert hatte, glich bestenfalls einer ›âme en peine‹, einer Seele im Fegfeuer; der künstlerische Niederschlag war von einer peinvollen Dürre, darin sind sich Theo (der den Bruder materiell am Leben erhält) und Vincent einig. Dieser sieht und nennt zwei Ursachen. Einmal ist sein eigener erschöpfter Zustand daran schuld. Er ist halbtot, weil er mit dem wenigen, das der Bruder vom eigenen nicht allzu üppigen Gehilfensalär (im Pariser Kunsthandel) abzweigt und ihm monatlich zukommen läßt, nicht nur für Farben und sonstiges Malmaterial, sondern auch noch für den Unterhalt seiner »Familie« aufkommen muß, was für ihn selber Hungern bedeutet und sich schlecht mit der maßlosen körperlichen und geistigen Verausgabung verträgt. Aber die Ursache sieht er auch im Gesellschaftlichen. Was ihn, sowohl als Vorlage wie als Adressat, interessiert: die Armen und Arbeiter, gehört ja zum verelendeten Industrieproletariat, er kann von ihnen nicht Kraft zehren – ebensowenig wie er sie umzudeuten vermag. Das Bild des Erbarmens genügt ihm aber nicht für seine höheren Absichten. Er will nicht Lebenslarven, nicht Gelichter und Masken, er will – als Volksmaler: Maler aus dem Volk für das Volk (wie er sich versteht) – einen lebensfähigen, zukunftsvollen, nicht degenerierten Menschen erschaffen, der sowohl seinen ethischen Selbstanforderungen wie seiner künstlerischen Passion zu genügen vermag. Und zu diesem Zwecke muß er sich aus dem Armutsmilieu des städtischen Proletariats, dessen Lebensbedingungen er teilt, ausbürgern. Die Stadt ist für ihn Synonym für Notstand, Untergang, für Schlechtigkeit und Unnatur. Er aber muß jetzt in die Natur, er muß sich erneuern, geradezu von neuem hervorbringen. Sobald dieser Entschluß einmal gefaßt ist, wird er sich auch von seiner »Familie« trennen. Er hatte diese Frau mit ihren Kindern nicht nur aus Erbarmen aufgenommen, sondern weil er »Familie« (die er anders nicht bekommen konnte) haben mußte. Will einer solche Leute malen, dann muß er sein Leben mit ihnen teilen: Das ist eine seiner unumstößlichen Überzeugungen. Die Verbindung mit der ehemaligen Hure hat ihn mit den Repräsentanten seiner Herkunft, der bürgerlichen Klasse, auseinandergebracht, aber er war ja in mancher Hinsicht schon vordem ausgetreten. Jetzt geht jedoch das Diktat der Kunst vor. Angesichts der eigenen Stagnation optiert er – schweren Herzens – für den Bruch mit der Gefährtin.

Im September 1883, nach einer fast zweijährigen Lehrzeit im Haag, flieht er aufs Land, nach *Drenthe*, einer Gegend, die damals noch wenig urbar gemacht war und in welcher der Kleinbauer ein ärmliches Dasein fristete. Der an ausgiebigen Streifzügen reiche Aufenthalt dauert allerdings nur ganz wenige Monate, war aber doch so etwas wie eine Mauserung, eine Zeit der Läuterung. Die Quintessenz besteht etwa in den folgenden Gedankengängen:
Wenn man wachsen, das heißt Mensch werden will, dann muß man aus den üblen gesellschaftlichen Verhältnissen austreten, man muß sich richtiggehend entwurzeln, um anderswo Wurzeln zu schlagen. Denn diese gesellschaftlichen Verhältnisse sieht er als unrettbar dem Untergang geweiht an. Da ist kein Sprießen, schreibt er dem Bruder, den er auch aufs Land locken will. ›Zur Natur zurück‹ lautet (vereinfacht ausgedrückt) die Devise, und an diesen Entschluß knüpft sich die Hoffnung einer radikalen Neubegründung der eigenen Existenz. Er flieht eine alte verlorene Welt, um in sich selbst die Erneuerung zu betreiben durch Anschlußsuche in einem Reich von gleichsam ge-

schichtsloser Frühe. Dort wird er den eigenen Geschöpfeszustand in sich reaktivieren, dort wird er gesunden. Eine Wiedergeburt soll es sein, so viel verspricht er sich von der ins Auge gefaßten Natur(heil)methode.
Es ist ein Pionierunternehmen. Er vergleicht es wortwörtlich dem Auslaufen der Puritaner auf der Mayflower – aus einer alten in eine neue Welt. »Sie schlugen Wälder, wir würden es in der Kunst suchen müssen.« An den Puritanern aus Cromwells Zeiten fesselt ihn besonders deren Tatdenken. Ist einmal eine Richtung gewiesen, dann gilt es, nicht zu grübeln, sondern zu handeln – zäh, mit einer Ochsengeduld, mit Vertrauen in die Metamorphosenkraft der eigenen Natur. In seinem Falle ist das Handeln künstlerischer Art, eine dem Pflügen und Ackern vergleichbare Arbeit, und zwar mit dem Hebel der künstlerischen Intuition, mit der ihm in ganz besonderem Grade eigenen Gabe der Hineinversetzung. Mit diesem »Gerät« gilt es sich den Naturgründen entgegenzuwühlen, von welchen er sich Rettung verspricht.
»Sage ich das etwa, weil ich Kultur oder dergleichen verachte? Im Gegenteil, gerade weil ich das echt Menschliche, das Leben *mit der Natur und Kultur* im Auge habe und respektiere.«
Fast käme es über dieser Frage, die für Vincent die Bedeutung einer Barrikadenentscheidung annimmt, zur Entzweiung zwischen den Brüdern. Man kann nicht gleichzeitig auf beiden Seiten der Barrikade stehen, man kann sich aber auch nicht über die Barrikade hin Bruder sein. Man muß Partei ergreifen, entweder für das konservative Prinzip oder für das Prinzip einer neuen Gesellschaft, die bereits im Aufbau begriffen ist. Es gibt das revolutionäre Prinzip, sagt er, und es gibt das andere, das überlebte, refraktäre. Das ist der essentielle Ertrag seiner Expedition nach Drenthe, und mit dieser Erkenntnis und Zielrichtung begibt er sich im Dezember 1883 von neuem ins elterliche Pfarrhaus zurück, das nun in *Nuenen*, Brabant, einer ebenfalls rückständigen Gegend, steht. Hier wird er nach dem Vorbild

der von ihm verehrten Maler der Schule von Barbizon zum *Bauernmaler*.

Die zweijährige Nuener Periode hat – immer in Vincents Vision – den Charakter und die Bedeutung einer Expedition in eine überlebende Enklave eines menschlichen Urzustands, um dort an Ort und Stelle die Verhältnisse zu studieren (oder das Geheimnis zu ergründen). Es ist ein freiwilliges Rückschreiten in eine Frühstufe und ein Wurzelfassen mit dem Instrument künstlerischer Assimilierungskraft. Das Freilegen einer verschütteten Kreatürlichkeit wird als Voraussetzung für eine echte Humanität (auch im Hinblick auf eine neue Gesellschaft) gewertet.
In der Brabanter Zeit findet er in seiner Kunst, was er bisher vergebens gesucht hat: die Belebung, Lebendigkeit, Lebensfähigkeit. Es sind prachtvoll primitive Gestalten, die da entstehen, Gestalten eines Halbmenschentums gewissermaßen, die noch an der Adamsrippe der Erde zu hängen scheinen. Aber sie sind keine Larven mehr. Sie *leben* – nicht zuletzt dank ihrer dem Boden, den Gründen zugewandten berserkerhaften Arbeit. Und das will er betonen und freilegen, das Tatdenken, dieses stumm-verbissene, auch dumpfe Pioniertum im Tätigsein. Er macht es frei mit dem Mittel der Verzeichnung, Übertreibung, Brutalisierung, wenn man will, aber der Gewinn liegt im Ausdruck, Ausdruck einer Lebendigkeit *und* Lebensfähigkeit, die sich packend mitteilt, obwohl oder besser, weil die Auffassung der Figur aller akademischen Richtigkeit spottet. Was hier mit künstlerischen Mitteln anvisiert wird, ist im tiefsten nicht weniger als eine Wiederholung der Genesis.
Dieses Dasein im Dunkel bestimmt auch die Palette, die erdfarben ist, bestenfalls »grüneseifeartig«, wie er es definiert.
In seiner neuen Figurenauffassung sieht er das wahrhaft Moderne, weil er so den Menschen hochgradig *belebt*, aber auch weil er, was sich in der alten Malerei nirgends findet, die Reali-

tät der Arbeit direkt zu evozieren vermag. Auch seine Palette ist bewußt so tief gestimmt, weil sie ein Dasein nicht nur an, sondern beinah unter der Erde fassen soll. In Nuenen ist er im übrigen zum Maler geworden. Die Auseinandersetzung mit der Farbe, vor allem im Studium der Farbtheorien Delacroix', hat ihn intensiv beschäftigt; und künstlerisch weitergebracht.
Alles in allem ist Nuenen gleichzeitig ein Zurückschreiten und ein Vorstoßen. Tief zurückgelehnt in die Vergangenheit hat sich Vincent außerdem durch sein Studium der alten holländischen Meister – im Mittelpunkt Rembrandt und Frans Hals. Wie sehr er trotz seiner Dunkeltonigkeit am Phänomen Farbe an sich interessiert war, zeigt der Bericht eines Zeugen: »Er verglich die Malkunst oft mit der Musik, und um ein noch besseres Verständnis von Wert und Abstufung der Töne zu bekommen, nahm er Klavierstunden bei einem alten Musiklehrer, der gleichzeitig Organist... war. Das dauerte aber nicht lange, denn da van Gogh während der Stunde die Töne des Klaviers immer mit Preußischblau und Dunkelgrün oder dunklem Ocker bis zu hellem Cadmium verglich, dachte der gute Mann, er habe es mit einem Verrückten zu tun, und bekam solche Angst vor ihm, daß er mit dem Stundengeben aufhörte.«

Die Aufhellung der Palette setzt schon in der darauffolgenden Periode in *Antwerpen* ein, wo Vincent, hungrig nach Kunst, Umgang mit Künstlern und, ja, Stadt- bzw. *Tag*leben – nach dem zweijährigen beinah unterirdischen Dasein – den Winter 1885/86 verbringt. Aber das wichtigste Ereignis dieser kurzen Ubergangsphase ist zweifellos die Entdeckung der Japaner, der japanischen Holzschnitte oder »crepons«, die damals anscheinend sogar als Packpapier im Umlauf waren.
Nach der im wahrsten Sinne als Grundlagenforschung anzusprechenden Nuener Zeit ist er jetzt fähig, dem Tagesgeschehen, der fluktuierenden Passagenwirklichkeit standzuhalten mit seinem Stift und Pinsel, weil er jetzt viel stärker als vordem

»frei«, das heißt, aus einem im Modellstudium erstarkten Vorstellungsvermögen heraus arbeiten kann. Er zeichnet schnell in einem neuartigen Skizzierverfahren. Zwar studiert er noch Akt an der Akademie, denn dazu hatte er bei den Brabanter Bauern und »Halbmenschen« keine Gelegenheit; er malt Blumen und sogar leichte Mädchen aus dem »Café dansant«. Dann zieht er, Februar 1886, nach *Paris*, um nochmals Akt nachzuholen, und zwar im Atelier Cormon, wo er Emile Bernard und Toulouse-Lautrec begeget.

Das entscheidende, geradezu schockartige Pariser Erlebnis muß die Bekanntschaft oder besser: der Zusammenprall mit den französischen Kameraden der Avantgarde – den Impressionisten vom Schlage eines Monet und Pissarro, den Neoimpressionisten oder Pointillisten Seurat und Signac und den Symbolisten oder Synthetisisten um Gauguin – gewesen sein. Alle waren sie bereits »am Licht«, und alle hatten sie, jeder auf seine Weise, den Japanismus bereits absolviert.
Die Metropole als kulturelle Lokomotive! Der von neuen zeitgenössischen Ideen brodelnde Hexenkessel mit seinem Überangebot an Herausforderung muß auf den von einem langen einsamen Marsch kommenden »Hinterwäldler« zündend und bedrohend, vor allem aber nervenaufreibend gewirkt haben: explosiv.
In Kürze macht Vincent den Schritt in diese damals vorderste Front der modernen Kunst. Seine Palette hellt sich weiter auf, sein bereits in Antwerpen entwickelter Notierstrich nähert sich dem kleinteiligen flüchtigkeitshaschenden Pinselhieb der Impressionisten an, den Pointillismus verarbeitet er sich gewissermaßen im Vorübergehen ein – wenn auch seine Pinselschrift bei aller Spontaneität und neuen Kleinteiligkeit letztlich doch zeichnerisch, ja modellierend, körpererschaffend! und darüber hinaus mit Regungen einer ganz persönlichen Anteilnahme aufgeladen bleibt. Er malt jetzt Blumen, Stilleben; Fabrikland-

schaften der Vorstadt ebenso wie Caféhäuser des Montmartre; Stadtlandschaft und freie Natur draußen vor der Stadt; und Selbstbildnisse, Porträts überhaupt, darunter dasjenige des Farbenhändlers und einst am Aufstand der Kommune beteiligten »Père Tanguy«, der den Künstler-Revolutionären Malmaterial gegen Bilder und immer eine offene Tür anbietet. In dieses Bildnis hat Vincent einen ganzen Almanach von Gedanken miteinverarbeitet.

Es ist die einzige Zeit, da die Brüder Vincent und Theo zusammenleben. Sie bewohnen eine Bürgerwohnung an der Rue Lepic unterhalb Sacré Cœur, die sich allmählich in ein überladenes Bildermagazin umwandelt. Theo leitet derzeit Goupils eine Kunsthandlung auf dem Boulevard Montmartre, in deren Soussol er – halb illegal – die Bilder der Avantgardisten propagiert. Dieses Ladenuntergeschoß wird zu einer wahren Zelle der Revolutionäre, in deren Mitte Vincent nicht nur Zuhörer ist, sondern auf leidenschaftliche Weise seine Ideenfülle ausbreitet.

Eine dieser Ideen betrifft die Gründung einer Künstlergenossenschaft, die zweierlei Zweck dienen soll: einerseits der finanziellen Stütze der Künstler, und zwar insofern als die Erträgnisse aus Bildverkäufen je nach Bedürftigkeit unter *alle* verteilt werden sollen; zum andern soll das Unternehmen in der Form eines ambulanten (und schließlich international expandierenden) »Jahrmarktsunternehmens« die neuen Gehalte und mit ihnen Glück und Trost der impressionistischen Werke billig unters Volk bringen. Vincent möchte den Bruder dazu bewegen, seine Stellung als (kapitalistischer) »Tulpenhändler« (wie er ihn tituliert) aufzugeben und der idealistischen Genossenschaft vorzustehen. Dieses neue Missionieren Vincents wird für den so schon überbeanspruchten Theo zur schweren Belastungsprobe. Einmal mehr droht den Brüdern Entzweiung. Aber nicht nur darum kommt es zu Vincents Exodus aus Paris: das Großstadtleben hat ihn aufgerieben, und gewissermaßen über Nacht hat er sich entschlossen, aufs Land zu fliehen, aber jetzt nicht mehr in den Norden zurück, sondern – wohl auf den Spuren des von ihm hochverehrten Meisters Monticelli – in den tiefen Süden, nach Südfrankreich. Erst wird Marseille anvisiert, dann einigen sich die Brüder auf Arles.

Vincent kommt im Februar 1888 in *Arles* an – und fühlt sich in Japan. Die erste Phase, bis zu seiner erstmaligen Hospitalisierung nach dem Besuch Gauguins, wird ihm zu einer gewaltigen Erntezeit; zu einer glücklichen Zeit überhaupt. Er findet hier nicht nur *zur Farbe*, sondern zu einer Selbstverwirklichung, die ihn den Impressionismus und alle anderen neuen künstlerischen Positionen, die er in Paris kennengelernt hat, aufs selbstverständlichste abstreifen läßt.
»Du weißt, warum ich in den Süden ging... Ich wollte ein anderes Licht sehen und glaubte, daß man unter einem klaren Himmel die Natur besser versteht, sie ruhiger empfinden, wiedergeben und zeichnen kann. Schließlich wollte ich eine stärkere Sonne sehen, weil ich fühlte, daß ich, ohne dies zu kennen, nicht imstande wäre, die Technik Delacroix' zu verstehen, und sah, wie die Farben des Prismas im nordischen Nebel verschleiert sind.«
»Man darf Afrika nicht fern von sich haben, um die Farbe bis zum äußersten zu treiben.«
Was hatte er nach Arles mitgebracht? Eine Art Vor-Japanismus, nämlich die Fähigkeit, mit starken farbigen Konturen in der Bild*fläche* kompositorisch zu operieren; eine gewisse Neigung zum Dekorativen (die er auch in den Arbeiten Gauguins und Bernards findet); seine nur ihm eigene Pinselschrift (die er bei aller Bemühung nicht zu glätten verstand), dieses Striche-Stakkato, das nicht nur die geradezu »handfeste« Erschaffung des Gegenstandes vor Augen führt, nicht nur diese Sensation, sondern darüber hinaus die Kurvatur seines seelischen »Kardiogramms«.
Mit dem Impressionismus konnte er gar nicht viel gemein haben. Ihm geht es ja nicht um den »reinen Eindruck«, nicht um

die Widerspiegelung der Dinge im Luftmantel, nicht um diese Sehweise, die, im Grunde von einem wissenschaftlichen (von den Gesetzen der Physiologie abgeleiteten) Denken und dazu noch von der Photographie inspiriert, im tiefsten eine ungläubige, ja nihilistische Sehweise ist, reine »Illusion«. Augentäuscherei.
Ihm ging es seit je darum, das Wunder der baren *Existenz* (von Natur, Mensch oder Ding) zu beschwören, mehr: die Schrecksekunde der fürchterlichen Erschütterung mitzumalen, die solches Erkennen auslösen kann. Nicht um Luftmäntel und andere Verschleierung: um Entschleierung ging es ihm. Um die Fixierung dieses Einswerdens mit dem Du oder Ding im Augenblick, da der Vorhang reißt; um die Evokation dieses Existenzinnewerdens, das auch immer eine Offenbarung Gottes (oder der Schöpfung oder des Ewigen) bedeuten muß. Um diesen eigentlich nur in der Ekstase erreichbaren »Zusammenhang«.

So gelingt in Arles, unter der Einwirkung des entschleiernden Lichts des Südens, eine Synthese von allem, was er je angestrebt und erträumt hat:
Die denkbar packendste – »realistische« – Vergegenwärtigung eines Einzelnen und gleichzeitig dessen Entrückung in einen Raum der Zeitlosigkeit. Dieses Ver-ewigen; die Aufhebung des Gegensatzes von Vereinzelung und Allzugehörigkeit, eins und All, Zeitlichkeit und Zeitlosigkeit, Zweifel und Glauben, Täuschung und Wahrheit (»ich bin ein Gläubiger in meinem Unglauben«, heißt es in einem frühen Brief aus dem Borinage).
Es ist, in Vincents Verstand, vermutlich nicht weniger als eine sinnenhafte Vorführung des Gottesbeweises. Und das Einigende, die Macht, die dieses Erleben und die daraus folgende Creatio ermöglicht, ist das *Licht;* die Sonne.
»Leute, die nicht an die Sonne glauben, sind fast Gottlose...«
Die Sonne ist es, die das Einzelne in seiner schmerzendsten Einmaligkeit hervorschleudert, zuckend von Gegenwart; und

die Sonne ist es, die die Gegenwart verzehrt und das Gegenwärtige »ver-ewigt« zu nichts weiter als einer Grimasse vor dem Plane der Zeitlosigkeit.

Um so zu erleben, zu schaffen, bedarf es einer besonderen Disponibilität, und diese bringt der von jeher mit dem Medium der Identifikation arbeitende Holländer mit, nur daß sich die Anlage jetzt bis zum Grade der Ekstase steigert.

Vincent zeichnet und malt in Arles in einer Unio mystica, halluzinatorisch. Er malt ganze Bilder in einer Sitzung, die manchmal nicht länger dauert als eine Stunde, motorisch, unter Diktat, hellseherisch.

»... dann überkommt mich eine so schreckliche Hellseherei, ... dann fühle ich mich nicht mehr, und das Gemälde kommt mir wie im Traume.«

Es ist dieselbe Optik, die Aldous Huxley in seinen Berichten über Erfahrungen mit Meskalin beschreibt, und diese Optik oder besser: dieser Geisteszustand hat zweifellos mit *Zen* zu tun. Über eines seiner Selbstbildnisse aus Arles schreibt er an Gauguin: »ich faßte dieses Porträt auf wie das eines Bonzen, eines Anbeters des ewigen Buddha.«

Das Wort Kalligraphie gehört auch in diesen Zusammenhang, am naheliegendsten auf dem Gebiete der Zeichnung, der Rohrfederzeichnung, die er bewußt in Anlehnung an die Japaner macht und die ihm, wie er sagt, so schnell entstehen wie wenn er schreibt. Aber diese Kurzschrift oder Zeichenschrift ist nicht nur Evokation (Abstraktion) der räumlichen und körperbedeutenden Beschaffenheit von Landschaft, es ist auch Suggestion der Farbe mit schwarz-weiß. »Sie sind ein kühner Versuch, Farbe zu übersetzen. Durch Stränge, Punkte, Linien, die der ausdrucksstärksten Richtung der Form folgen, geben sie mit eigentümlicher Kraft die glühende Vision wieder, die seine Einbildungskraft den geschauten Dingen abgewann.« (E. Bernard)

In Arles malt Vincent anfangs, was er an Entzückungen des Frühlings erfährt: die blühenden Fruchtbäume und -gärten – sicher denkt er dabei an die Gärten und Zweige Hokusais. Er ist jetzt wieder der Malersmann (wie in Nuenen schon), der mit seinem Gerät unterm Arm und einem geflochtenen Sonnenhut, wie ihn die Camargue-Hirten tragen, auszieht ins Freie, um die Landschaft »aufzunehmen« und den Malrausch zu lernen. Er malt die weite Ebene mit dem Mont Majour, aber auch Stadtlandschaften – die »Zugbrücke« – und die Cafés, auch Nachtcafés; überhaupt malt er nun erstmals auch Nachtlandschaften mit dem gestirnten Himmel – so wie er sein uraltes Thema, den Sämann, jetzt unter eine riesengroße Sonne stellt.
Er malt die Freunde, die er hier gewonnen hat, einfache Leute: den als Postboten in die Geschichte der Kunst eingegangenen Roulin (der in Wirklichkeit Frachtmeister auf dem Bahnhof, aber großartig uniformiert war) und mit ihm seine ganze Familie. Madame Roulin wird unter seiner Hand zur »Berceuse«, und Madame Ginoux zur Romanleserin oder »Arlésienne«. Zu den Freunden zählt auch der Unterleutnant der Zuaven Milliet, der Vincent auf seinen Streifzügen begleitet, weil er sich für Malerei interessiert und selber ein bißchen als Maler dilettiert.
Er malt zu jeder Zeit, Tag und Nacht, auch unter der glühenden Mittagssonne und beim nervenzehrenden Wehen des Mistrals. Anfänglich logiert er in billigen Gasthäusern, dann mietet er sich ein gelbes Haus, das er innen weiß kalkt und überhaupt mit allem Nötigen versieht, sogar mit einer neugelegten Gasleitung, weil er mit diesem Haus besonderes vorhat: es soll eine Art Kloster für eine echte Künstlerkommune werden, für eine Brüderschaft der Maler, die armen »Pariser Droschkengäule« – ihnen allen möchte er zur Gesundung den Süden, das heißt, sein Japan, verschreiben. In dieser Vorstellung ist alles enthalten, was ihn schon seit der Zeit im Haag bewegt und beschäftigt hat hinsichtlich einer zu praktizierenden Maler-

gemeinschaft mit dem Ziel, »Bilder fürs Volk« zu machen. Als erster soll Gauguin kommen, der oben in der fernen Bretagne, in Pont-Aven, darbt. Im Gedanken an die Kommune (vorerst aber ganz konkret im Gedanken an den von ihm hochverehrten Gauguin) beginnt er *»Dekorationen«* zu malen, Dekorationen zum Schmucke des Hauses, so die Sonnenblumen, aber auch ganze Zyklen vom »Garten des Dichters«. Er beginnt über das einzelne Format hinaus in Bilder-Familien zu denken und zu schaffen.

Aber als Gauguin dann endlich kommt, und zwar durchaus nicht als pflegebedürftiger Flüchtling (wie er sich brieflich dargestellt hatte), sondern sehr selbstbewußt, kühl, mit einer außergewöhnlichen Begabung für alles Praktische, einer Begabung, die den ehemaligen Seemann und Bankfachmann verriet (der Gauguin in seiner bürgerlichen Vorzeit gewesen war), auch als ausgesprochener Frauenheld – durchwegs Eigenschaften, die Vincent abgingen –, ist von Brüderlichkeit und Brüderschaft wenig mehr die Rede, desto mehr von Spannungen. Nach den andauernden Diskussionen, über Unvereinbarkeiten, die im allzu stark kontrastierenden Naturell der beiden angelegt waren, erheben sich die beiden oft mit dem Gefühl von Batterien nach der Entladung. Die Hausluft ist immer häufiger wie von einem elektrischen Fluidum geladen. So endet dieser erste Versuch zu einer Künstlerkommune mit Vincents Hospitalisierung im Irrenhaus und Gauguins überstürzter Abreise nach Paris (oder Selbstrettung von einem sinkenden Schiff, wie es Vincent in schwarzseherischen Stunden interpretiert).

Nach seiner ersten Entlassung aus dem Hospital malt Vincent den leeren Lehnsessel Gauguins und auch seinen eigenen Stuhl, mit Tabakpfeife.

Der arlesische Malersmann Vincent lebte und arbeitete nicht anders als seinerzeit das »Malermännel« in Nuenen, nur daß er seine Motive nun mit seinem neuen ekstatischen Vermögen, einer endlich erlangten meisterlichen Freiheit in der Formvereinfachung und einer zur höchsten Intensität gesteigerten Farbgebung malte. Aber grundsätzlich, in seinem Kunstwollen, seinem Engagement, hatte sich seit Nuenen und seit dem Haag nichts geändert.

»Aber ich . . . sage es frei heraus, komme immer mehr auf das zurück, was ich vor Paris suchte, und ich weiß nicht, ob irgendeiner vor mir von der suggestiven Farbe gesprochen hat . . .«
». . . Denn anstatt daß ich das, was ich vor mir habe, genau wiedergebe, bediene ich mich willkürlicher der Farbe, um mich stark auszudrükken . . .«
»Wenn man die Farbe oder die Zeichnung ganz richtig wiedergäbe, brächte man nie diese Erschütterungen heraus.«
Er denkt nach wie vor an »Bilder fürs Volk«, und trösten möchte er auch immer noch, doch fast wichtiger als Trost ist ihm jetzt die Erschütterung – eine Ausdrucksfrage. Von seinem Caféhausbild meint er, er habe darin auszudrücken versucht, »daß das Café ein Ort ist, wo man verrückt werden und Verbrechen begehen kann . . . Das alles drückt eine Atmosphäre von glühender Unterwelt aus, ein bleiches Leiden. Dies alles drückt die Finsternis aus, die über einen Schlummernden Gewalt hat . . .« Aber die Liebe zweier Liebenden muß man »durch die Ehe zweier Komplementärfarben, durch ihre Mischung und durch ihre Ergänzung und die geheimnisvolle Vibration der verwandten Töne ausdrücken. Den Gedanken einer Stirn durch das Ausstrahlen eines hellen Tons auf einer dunklen Stirn ausdrükken; die Hoffnung durch einen Stern . . .«
Aber trotz der erschütternden Wirkung sollen die Bilder grundeinfach sein. Darum »möchte ich immer an solchen Volksbildern malen, selbst wenn sie grell herausschreien . . . Kalenderbildchen, Bildchen alter Bauernkalender machen, auf denen Hagel, Schnee, Regen, schönes Wetter in einer ganz primitiven Art dargestellt sind.«

»Und im Gemälde möchte ich eine Sache sagen, tröstlich wie Musik. Ich möchte Männer oder Frauen malen mit dieser Ewigkeit, deren Zeichen der himmlische Schein war und die wir in dem Strahlen suchen, in dem Beben unserer Farben ...«

Im Mai 1889, nach erneuter Hospitalisierung, begibt er sich freiwillig in eine geschlossene Anstalt für Geisteskranke, die in einem alten Kloster in *Saint-Rémy* bei Tarascon untergebracht ist. Obwohl sich die Anfälle in Abständen wiederholen, erleidet seine Arbeit keinen Unterbruch und vor allem keine Einbuße an Intensität.

In ruhigen Phasen arbeitet er unter Bewachung draußen im Garten oder auf freiem Feld, in kritischen in einem vergitterten Raum der Klosteranstalt. Es entstehen eine Reihe mächtiger Landschaften, neben Ansichten des Klostergartens, auch Bildnisse. Das Seinsgefühl aus Arles, diese (dem Zen verwandte) Existenzentschleierung, herbeigeführt in der Schrecksekunde einer plötzlichen Offenbarung, in einem ekstatischen Einswerden mit dem Gegenstand – dieses Glücksgefühl ist jetzt einem hochdramatischen Wahrnehmungszustand gewichen, der alles in Mit-Leidenschaft zieht, alles demselben seelischen Seismogramm unterwirft, einer schwingenden, kreisenden, bisweilen flammenden Kurvatur. Im Gegensatz zur früheren Vergegenwärtigung der Dinge handelt es sich jetzt um eine dem Grundgefühl von Einsamkeit und Angst abgerungene Vergewisserung, und da sich diese Vergewisserung nur in einem gewaltigen Glaubensaufschwung – gegen die Verzweiflung – erreichen läßt, ist der künstlerische Atem dieser Bilder hochdramatisch, aber auch alles einigend (in dieser Form von »Belebung«): Unten und Oben, Erde und Himmel, tote und lebendige Natur. Der der Angst abgerungene Aufschwung transponiert alles und jedes in einen kosmischen Alleinheitsraum; und gleichzeitig stempelt er die Werke mit dem Signum des Widerstands. Die Zypresse, der Obelisk des Südens – ein auf einsamem Posten

ausharrender Zeuge des Widerstands. In der Farbe Verdüsterung.
In einer an Theo gerichteten Bildbeschreibung spricht Vincent von »durch Grau melancholisch gemachtem Grün...«.
»Was ich in meinen besten Augenblicken erträume, das sind keine heftigen Farbeneffekte, sondern eher solche von Halbtönen...« »In Wirklichkeit strebe ich danach, grauer zu malen.«

Ein Rückschreiten? In mancher Beziehung kann man von einer Rückkehr sprechen; auch von einem Zurückdenken. Stärker als in Arles – von Paris gar nicht zu reden – treten die alten Motive in den Vordergrund, der Sämann, der Schnitter..., Motive der Frühzeit, die immer schon mit dem Gedankengut aus den biblischen Gleichnissen, mit religiösem Gehalt, aufgeladen waren. Aber jetzt gewinnen die religiösen Vorstellungen beherrschende Macht über ihn.
»Ich bin erstaunt, daß ich mit meinen modernen Ideen... Anfällen unterworfen bin, wie sie Abergläubische haben, wo mir wahnwitzige religiöse Ideen kommen, wie ich sie nie in meinem Gehirn im Norden spürte.«
Noch aus der Zeit vor seinem ersten Anfall in Arles datiert die Bemerkung: *»Allerdings glaube ich nicht, daß mein Irrsinn Verfolgungswahn sein würde, weil meine Empfindungen im Zustand der Erregung immer auf eine Beschäftigung mit der Ewigkeit und dem ewigen Leben gerichtet sind.«*
Rückkehr auch zu den geliebten alten Meistern der Frühzeit – zu Millet, Delacroix, Daumier, selbst Doré, die er in Zeiten eines zustandsbedingten Hausarrests nach kleinen Schwarzweiß-Vorlagen »kopiert«.
»Ich will Dir sagen, was ich darin suche, und warum es mir gut scheint, sie zu kopieren. Man verlangt von uns Malern, daß wir immer selbst komponieren, und nichts als Kompositeurs seien. Gut, aber in der Musik ist's nicht so, und wenn jemand Beethoven spielt, dann wird er seine persönliche Deutung hinzufügen. In der Musik und vor allem im Gesang bedeutet die Interpretation des Komponisten etwas; und wenn es nicht so

ist, müßte man nur den Komponisten, der seine eigenen Arbeiten spielt, gelten lassen. Gut, aber besonders, wo ich krank bin, versuche ich, eine Sache zu machen, die mich tröstet, die mich besonders freut. Ich setze das Weiß oder Schwarz Delacroix' oder Millets hinein oder stelle mir ihre Arbeiten als Modelle vor die Augen. Und dann improvisiere ich darüber Farben, aber wohlverstanden, ich bin dabei nicht vollständig ich, sondern suche Erinnerungen an ihre Bilder zu geben. Aber die Erinnerung, den vagen Zusammenklang der Farbe, die ich im Gefühl habe, gleichgültig, ob sie richtig sind; das ist meine Interpretation.
Eine Menge Leute kopieren nicht, andere wieder kopieren. Ich kam durch Zufall darauf, und ich finde, das belehrt einen, und vor allem tröstet es. So schnell gehen meine Pinsel durch meine Finger wie ein Bogen über die Violine hin, und durchaus zu meinem Vergnügen.«

In alldem bereitet sich eine Heimkehr vor. Es ist zunächst die Heimkehr in den Norden, die im Mai 1890 in die Tat umgesetzt wird: über Paris reist Vincent nach *Auvers-sur-Oise*, wo er die letzten Monate seines Lebens verbringen wird.
In Auvers entstehen neben Bildnissen hauptsächlich Landschaften, aber auch Dorfansichten, darunter die zum Nationalfeiertag bunt beflaggte Mairie (Bürgermeisterei) und die (in ihrem inneren Brausen) beinah aus den Fugen platzende Kirche.
In den Landschaften, besonders in den unter tiefgezogenen Strohdächern halbverborgenen Bauernhäusern, werden Reminiszenzen an Holland wach. Die Figuren sind klein eingefügt und wirken merkwürdig gedunsen und irgendwie »knieweich« – wie jetzt überhaupt die Kurvatur nicht mehr das hochdramatisch Einheitliche aus Saint-Rémy besitzt, nicht mehr das alles in Mitleidenschaft ziehende Kreisende, Flammende, dafür etwas unruhig Geknicktes, auch unruhig Akzentuiertes. In der Farbe ist Vincent jetzt gedämpfter, im Unterschied zu Arles könnte man den Gesamtton wirklich »grauer« nennen.
Er stirbt am 27. Juli 1890 in seinem Zimmer im Gasthaus Ravoux, siebenunddreißigjährig, im Beisein Theos, der, nach E.

Bernard, »ins Herz getroffen durch den Selbstmord seines Bruders, dem Wahnsinn verfiel und gelähmt dahinsiechte...«. Theo folgte Vincent im Januar 1891 im Tode nach. Im Friedhof von Auvers liegen sie Seite an Seite begraben.

»Ich kann im Leben und in der Malerei recht gut ohne den lieben Gott auskommen, aber ich leidender Mensch kann nicht eine Sache, die stärker ist als ich, entbehren, die mein wirkliches Leben ist, die Macht zum Schaffen. Da man körperlich um das Schaffen betrogen ist, sucht man Gedanken anstatt Kinder zu zeugen, und steht trotzdem mitten im Menschlichen.«

»Das ist, das bleibt und das kommt immer wieder für Augenblicke im ganz vollen künstlerischen Schaffen, die Sehnsucht nach dem wahren Leben, dem idealen und nicht verwirklichbaren. Und mitunter wünschen wir nicht mehr, uns voll der Kunst hinzugeben und dafür wieder aufzuleben. Man fühlt sich wie ein Droschkengaul und man weiß, es ist immer noch die gleiche Karre, in die man sich einspannt. Und dann wünscht man nichts mehr von solchen Dingen. Man möchte nur noch auf einem Stück Wiese leben mit etwas Sonne, möchte einen Bach haben und die Gesellschaft anderer Pferde, die auch frei sind, und dann sich fortzeugen.«

Vincent ist zur Kunst gekommen, weil »Kunst« oder eine ähnliche Betätigung an einem bestimmten Tiefpunkt seines Lebens sich als die einzig verbliebene Möglichkeit zur menschlichen Partizipation anbot. Tödlich gefährdet in seiner extremen Isolation, schloß er sich an die Kunst an wie an ein Beatmungsgerät. Im zeichnerischen Buchstabieren erstammelte sich der Ausgeschlossene auf einem autodidaktischen Anmarsch von titanischem Kräfteaufwand die Wirklichkeit; den Lebensanschluß und, ja, einen weitergehenden »Zusammenhang«. Kunst als Lebensgarant, auch als Überlebensgarantie.

Gleichzeitig aber verlangte er seiner Arbeit vom allerersten Anfang an einen über das Individuelle hinausreichenden höheren

»Nutzen« ab. Seine Kunst soll ein Instrument der Lebensrettung oder doch der Tröstung vor allem auch für andere sein. Für ihn wird sie »eine Heimat«. Sie soll den in einer versachlichten Welt darbenden Brüdern Öffnung anbieten in eine lebendigere, möglichst unsterblich lebendige, also wohl »ewige« oder göttliche Lebensdimension. Kunst als Erweckungsinstrument, auch als Mittel der Wiederherstellung, der Reparatur.

Da er eine solchen Radikalansprüchen genügende vorbildhafte Menschenwirklichkeit in seiner sozialen Umgebung nicht vorfinden konnte, machte er sich auf eine Entdeckungsexpedition, um seiner Kunst das Fehlende zuzuführen. Den für sein Vorhaben tauglichen, weil lebensfähigen Menschen findet er im primitiven Typus des Brabanter Bauern, der noch an der Erde zu hängen, also wohl unverdorben zu sein scheint. Seine als Bauernmaler betriebene Ausgräberexpedition weist eine Analogie auf zu jenen »agrarromantischen Tendenzen, die zur selben Zeit im französischen Anarcho-Kommunismus Kropotkinscher Prägung dem leidenschaftlichen Protest gegen eine unerbittlich raumgreifende Industrialisierung mit ihrer Verelendung und Ausbeutung des städtischen Proletariats Gehalt und Farbe gaben.«*

Er findet, mit der Wünschelrute seiner Kunst sondierend, eine Art Lebensquell, findet seiner Kunst das bisher vermißte »Leben«, aber dieses Finden geht auf Kosten des eigenen Lebens. Kunst als Lebensersatz.

Er gehört zu jenen, die, mit Flaubert, das Leben nur aussagen, nicht aber besitzen. Und das bleibt ihm ständig bewußt »auf diesem Planeten, auf dessen Oberfläche die Liebe zur Kunst die wahre Liebe vernichtet«.

Vincent, der gegen seinen Willen, aus Verzweiflung und nicht aus Neigung, geschweige denn aus Berufung, zum Künstler wurde und Kunstwerke bloß als Notbehelf herstellte, hat nie

* Vgl. Anmerkung S. 346

vergessen, daß es darum ginge, ein anderes Leben zu gewinnen statt der Kunst oder auch darum: einen neuen Menschen in einer menschenwürdigen Gesellschaft schaffen zu helfen. Und dazu kann die Kunst nur einen bescheidenen Beitrag liefern. Bis zuletzt hat er sich selber nur als einen Vorbereiter und Vorbedeuter, als Künstler nur als einen Wegbereiter unter vielen, als ein unbedeutendes Glied in einer Kette betrachtet.

»*Warum bin ich so wenig Künstler, daß ich immer bedaure, daß Statuen und Gemälde nicht leben.*«

Daß sein Künstlerleben ein Ersatzleben oder ein Lebensersatz ist, durch Zwänge diktiert, aber nicht das eigentliche, bleibt für ihn ebenso bestehen wie seine hohe Verehrung für Christus, diesen größten aller Künstler, der es verschmähte, in Ton oder Farbe zu arbeiten, dafür aber lebendige Menschen erschuf.

»Die Gedanken über Christus... führen sehr weit. Sie lassen uns die Kunst, das Leben zu gestalten, ahnen, die Kunst, unsterblich-lebendig zu sein.«

Das kurze Leben Vincent van Goghs ist die Vita eines Mannes, der nicht die Kunst, sondern die Menschen zu finden und zu verändern träumte und in die Kunst abgetrieben wurde.

Erst hatte er dieses Schreckerlebnis – des entleerten Seins – damit zu beantworten versucht, daß er sich missionierend an die Armen wandte, sie unbeholfen, doch inständig und selbstlos zu Christus treibend.

Dann tat er's in der Malerei. Diese ist nichts anderes als ein rasender Versuch zur Lebenserweckung. Er wendet sich an die Kreatur, an jedes tote Ding, um es aufzurütteln aus seiner Verlorenheit, Ohnmacht. Er läßt nicht davon ab, es ist einer Art Mund-zu-Mundbeatmung zu vergleichen, was er künstlerisch unternimmt, lazaronisch und aufsässig-verrückt zugleich. Auferstehung, schreit er unausgesetzt mit seiner Arbeit, auf seinem verlorenen Posten, bis die allem Zusammenhang entfallenen scheintoten Dinge und Lebewesen sich zu rühren und zu atmen beginnen – wenigstens im Gemälde.

Und dabei bleibt ihm immerzu deutlich, daß es Ersatzhandlung ist; auch daß er dabei sein Leben verliert; daß es auf jeden Fall besser wäre, im Fleische zu schaffen, oder auch nur: im Leben zu weiden. Aber wo ist dieses Leben?
Es ist die Vita eines Mannes, der ein anderes, wahrhaft unsterblich-lebendiges Leben zu erreichen und zu vermitteln träumte, in die Kunst als Notbehelf abgetrieben wurde und, da er seine auf das immer Gleiche gerichtete Leidenschaft dort einsetzte, die Kunst revolutionierte, obwohl er das andere meinte.
»Ich scheine mir immer ein Wanderer zu sein, der ein Stück Weges zieht, zu irgendeiner Bestimmung. Wenn ich mir sage, das Gewisse, die Bestimmung, das gibt es gar nicht, so scheint mir das nicht unwahrscheinlich ...«

Mai 1977
Paul Nizon

Anhang

Die Briefe an den Bruder Theo sind der von Johanna van Gogh-Bonger herausgegebenen zweibändigen Cassirer-Ausgabe (Berlin, 1914) entnommen. Übersetzung: Leo Klein-Diepold.

Die Briefe an Bernard und Gauguin entstammen dem Buch: Vincent van Gogh. Briefe an Emile Bernard, Paul Gauguin, Paul Signac und andere. Herausgegeben (und übersetzt) von Hans Graber; dritte, vermehrte Auflage, Benno Schwabe & Co. Verlag, Basel, 1938.

Zur Übersetzung teilt Graber mit: »Van Gogh, der Holländer, schrieb alle diese Briefe französisch. Sein Französisch ist aber nichts weniger als klassisch. Es ist fehlerhaft, ungelenk und von Wiederholungen und anderen Schwerfälligkeiten nicht frei. Die Übertragung sucht diese Mängel nicht zu verbergen. Die Ausdrucksweise Vincents, die in ihrer Unbehilflichkeit manchmal etwas Rührendes hat, wurde gewahrt. Der Wert der Briefe liegt ja nicht in ihrem Stil, sondern in ihrem Gehalt, in dem, was sie über den Menschen und Künstler aussagen ...«

Die Numerierung der Briefe bezieht sich auf die Gesamtausgabe der Briefe, hrsg. von Fritz Erpel, 6 Bände, Henschel Verlag, Berlin, und Kindler Verlag Zürich, 1966.

Bildnachweis

Der Verlag dankt den genannten Museen und Instituten für die Reproduktionserlaubnis und die Bildvorlagen

farbige Abbildungen

1 *Nachtcafé* (September 1888) F 463. (Yale University Art Gallery, New Haven/Conn.)
2 *Die Kirche von Auvers* (Juni 1890) F 789. (Louvre, Paris)
3 *La Berceuse* (Portrait Frau Roulin) (Dezember 1888/März 1889) F 505. (Sammlung Annenberg, Philadelphia, USA)
4 *Straße mit Zypresse und Stern* (Mai 1890) F 683. (Rijksmuseum Kröller-Müller, Otterlo)
5 *Selbstbildnis* (à mon ami Paul Gauguin) (September 1888) F 476. (Fogg Art Museum, Cambridge/Mass.)
6 *Der blaue Karren* (Juni 1888) F 412. (Rijksmuseum Vincent van Gogh [Laren], Amsterdam)
7 *Die Kartoffelesser* (Mai 1885) F 82. (wie 6)
8 *Portrait Père Tanguy* (1887) F 363. (Musée Auguste Rodin, Paris)

Schwarzweiß-Abbildungen

1 *La Crau, gesehen vom Mont Majour*, Rohrfederzeichnung (Juni 1888) F 1420. (Stedelijk Museum Amsterdam)
2 *Kornfeld mit Zypresse*, Rohrfeder- und Bleistiftzeichnung (1889) F 1538. (Sammlung V. W. van Gogh, Laren, Stedelijk Museum, Amsterdam)
3 *Der Sämann*, Rohrfederzeichnung (Juni 1888) F 1441. (Sammlung V. W. van Gogh, Laren, Stedelijk Museum, Amsterdam)
4 *Sommerabend bei Arles*, Rohrfederzeichnung (Juni 1888) F 1514. (Kunstmuseum Winterthur)
5 *Hackender Bauer*, Kohlezeichnung (Sommer 1885) F 1325. (Rijksmuseum Kröller-Müller, Otterlo)
6 *Bäuerin*, Kohlezeichnung (Sommer 1885)
7 *»Sorrow«*, Bleistiftzeichnung, laviert (April 1882) F 939. (Sammlung Erben Dr. Bremmer, Den Haag)
8 *Landschaft* (Häuser in Bäumen), Kohle und Wasserfarbe (Juni 1890) F 1640. (Stedelijk Museum, Amsterdam)

Der Abdruck der Zeichnungen in den Briefen erfolgte mit freundlicher Genehmigung des Stedelijk Museums, Amsterdam.

Kunst und Musik

Alban Berg. Leben und Werk in Daten und Bildern
Herausgegeben von Erich Alban Berg. it 194

William Blake. Lieder der Unschuld und Erfahrung
Nach einem handkolorierten Exemplar des British Museum. Herausgegeben und mit einem Nachwort versehen von W. Hofmann. Deutsch von W. Wilhelm. it 116

Carl Gustav Carus. Gedanken über große Kunst
Herausgegeben von Paul Stöcklein. Mit zeitgenössischen Illustrationen. it 267

Caspar David Friedrich
Auge und Landschaft. Zeugnisse in Wort und Bild. Mit farbigen Abbildungen, Interpretation von G. Eimer und Zeugnisse von Carus, Körner, Tieck, Runge, Kleist. it 62

Vincent van Gogh. Briefe
Ausgewählt von Paul Nizon. Mit Farbtafeln. it 177

Claude Lévi-Strauss. Masken
Mit zum Teil farbigen Illustrationen. it 288

Michelangelo. Leben und Werk in Daten und Bildern
Herausgegeben von Harald Keller. Mit mehrfarbigen Abbildungen. it 148

Michelangelo. Zeichnungen und Dichtungen
Ausgewählt und kommentiert von Harald Keller. Übertragung der Dichtungen von Rainer Maria Rilke. Mit einem Essay von Thomas Mann. Mit Abbildungen. it 147

Mozart. Briefe
Ausgewählt, eingeleitet und kommentiert von Wolfgang Hildesheimer. Mit zeitgenössischen Porträts. it 128

Dolf Sternberger. Über Jugendstil
Mit farbigen Abbildungen. it 274

Heinrich Wigand Petzet. Das Bildnis des Dichters. Rainer Maria Rilke/Paula Becker-Modersohn
Eine Begegnung. Mit farbigen Abbildungen. it 198

Richard Wagner. Ausgewählte Schriften
Herausgegeben von Dietrich Mack. Mit einem Essay von Ernst Bloch. it 66

insel taschenbücher
Alphabetisches Verzeichnis

Defoe: Robinson Crusoe it 41
Denkspiele it 76
Dickens: Oliver Twist it 242
Die Erzählungen aus den Tausendundein Nächten
(12 Bände in Kassette) it 224
Die großen Detektive it 101
Diderot: Die Nonne it 31
Eichendorff: Aus dem Leben eines Taugenichts it 202
Eisherz und Edeljaspis it 123
Fabeln und Lieder der Aufklärung it 208
Der Familienschatz it 34
Ein Fisch mit Namen Fasch it 222
Fabre: Das offenbare Geheimnis it 269
Flaubert: Ein schlichtes Herz it 110
Flaubert: Lehrjahre des Gefühls it 276
Fontane: Der Stechlin it 152
Fontane: Effi Briest it 138
Fontane: Unwiederbringlich it 286
le Fort. Leben und Werk im Bild it 195
Caspar David Friedrich: Auge und Landschaft it 62
Manuel Gassers Köchel-Verzeichnis it 96
Gasser: Tante Melanie it 192
Gebete der Menschheit it 238
Das Geburtstagsbuch it 155
Geschichten der Liebe aus 1001 Nächten it 38
Gespräche mit Marx und Engels (2 Bände) it 19/20
Goethe: Dichtung und Wahrheit
(3 Bände in Kassette) it 149/it 150/it 151
Goethe: Die Leiden des jungen Werther it 25
Goethe: Die Wahlverwandtschaften it 1
Goethe: Faust (1. Teil) it 50
Goethe: Faust (2. Teil) it 100
Goethe: Hermann und Dorothea it 225
Goethe: Italienische Reise it 175
Goethe: Liebesgedichte it 275
Goethe: Maximen und Reflexionen it 200
Goethe: Reineke Fuchs it 125
Goethe – Schiller: Briefwechsel (2 Bände) it 250
Goethe: Tagebuch der italienischen Reise it 176
Goethe: West-östlicher Divan it 75
Gogh: Briefe it 177
Gogol: Der Mantel it 241
Grandville: Bilder aus dem Staats- und Familienleben
der Tiere (2 Bände) it 214
Grimmelshausen: Courasche it 211

Gundert: Marie Hesse it 261
Hauff-Märchen (2 Bände in Kassette) it 216/it 217
Hebel: Bildergeschichte vom Zundelfrieder it 271
Hebel: Kalendergeschichten it 17
Heine: Aus den Memoiren des Herren von Schnabelewopski it 189
Heine: Buch der Lieder it 33
Heras: Am Anfang war das Huhn it 185
Hesse: Dank an Goethe it 129
Hesse: Geschichten aus dem Mittelalter it 161
Hesse: Hermann Lauscher it 206
Hesse: Kindheit des Zauberers it 67
Hesse: Leben und Werk im Bild it 36
Hesse: Piktors Verwandlungen it 122
Hesse/Schmögner: Die Stadt it 236
Hesse/Weiss: Der verbannte Ehemann it 260
Hillmann: ABC-Geschichten it 99
E. T. A. Hoffmann: Der unheimliche Gast it 245
E. T. A. Hoffmann: Kater Murr it 168
Hölderlin-Chronik it 83
Hölderlin: Dokumente seines Lebens it 221
Homer: Ilias it 153
Horváth: Leben und Werk it 237
Ricarda Huch: Der Dreißigjährige Krieg (2 Bände) it 22/23
Jacobsen: Die Pest in Bergamo it 265
Jacobsen: Niels Lyhne it 44
Kant-Brevier 61
Kaschnitz: Eisbären it 4
Kästner: Die Lerchenschule it 57
Kästner: Die Stundentrommel vom heiligen Berg Athos it 56
Kästner: Griechische Inseln it 118
Kästner: Kreta it 117
Kästner: Ölberge, Weinberge it 55
Keller: Züricher Novellen it 201
Zum Kinderbuch it 92
Kinderheimat it 111
Kinder- und Hausmärchen gesammelt durch die Brüder Grimm (3 Bände in Kassette) it 112/it 113/it 114
Kin Ping Meh it 253
Kleist: Geschichte meiner Seele it 281
Kleist: Der zerbrochene Krug it 171
Klingemann: Nachtwachen von Bonaventura it 89